U0491422

意大利创新信息

Italy Innovation Information Overview

张琼妮 张明龙 著

企业管理出版社
ENTERPRISE MANAGEMENT PUBLISHING HOUSE

图书在版编目（CIP）数据

意大利创新信息概述/张琼妮，张明龙著．—北京：企业管理出版社，2021.8

ISBN 978-7-5164-2372-1

Ⅰ．①意… Ⅱ．①张… ②张… Ⅲ．①技术革新-研究-意大利 Ⅳ．①F154.643

中国版本图书馆 CIP 数据核字（2021）第 071522 号

书　　名：意大利创新信息概述
作　　者：张琼妮　张明龙
责任编辑：刘一玲
书　　号：ISBN 978-7-5164-2372-1
出版发行：企业管理出版社
地　　址：北京市海淀区紫竹院南路 17 号　　邮编：100048
网　　址：http：//www. emph. cn
电　　话：编辑部（010）68701322　发行部（010）68701816
电子信箱：LiuYiling0434@163. com
印　　刷：北京市青云兴业印刷有限公司
经　　销：新华书店
规　　格：710 毫米 ×1000 毫米　16 开本　29 印张　460 千字
版　　次：2021 年 8 月第 1 版　2021 年 8 月第 1 次印刷
定　　价：118.00 元

前　言

意大利是文艺复兴发源地及世界时尚之都，科学研究与艺术设计具有优良传统。人们登临意大利，往往会对其文化、艺术、时尚、服饰和美食啧啧称美，同时更会对其科技创新成果惊叹不已。20 世纪，意大利科学家获得诺贝尔物理、化学和医学奖的有 9 人。意大利在物理与天文领域，如同步辐射加速器、液态氙探测器和大型天体望远镜的研制，以及宇宙射线和引力波的探测，一直走在世界前列。在生命基础、临床医学和材料化学等领域，也有不少成果居于世界领先地位。在高新技术领域，如空间技术、纳米技术、通信技术、高性能并行计算机、机器人，以及太阳能开发利用等，均有一定国际竞争力。

一、意大利经济社会发展概况

意大利位于欧洲南部，包括亚平宁半岛及西西里、撒丁等岛屿，国土面积 301333 平方公里。北以阿尔卑斯山为屏障，与法国、瑞士、奥地利、斯洛文尼亚接壤，其余三面由海洋环绕，东临亚得里亚海，南靠爱奥尼亚海，西连第勒尼安海。海岸线长 7200 多千米。大部分地区属亚热带地中海式气候。平均气温 1 月 2~10℃，7 月 23~26℃。

意大利全国由 20 个行政区组成，其中包括 15 个普通自治行政区和 5 个特别自治行政区，共有 101 个省、8001 个市镇。2019 年数据显示，全国人口 6024 万，主要是意大利人。讲意大利语，西北部的瓦莱·达奥斯塔、东北部的特伦蒂诺—上阿迪杰和弗留利—威尼斯·朱利亚等少数民族地区，分别讲法语、德语和斯洛文尼亚语。大部分居民信奉天主教。

意大利是发达工业国，为欧洲第四大、世界第八大经济体。中小企业发达，被誉为“中小企业王国”，中小企业数量占企业总数的99%以上。区域经济非均衡发展状态明显，北方工商业发达，南方以农业为主，相对较为落后。据意大利国家统计局公布的主要经济指标可知：2019年国内生产总值（GDP）1.787万亿欧元，人均国内生产总值2.85万欧元。由于受到新冠肺炎疫情影响，2020年第一季度开始，GDP出现大幅度下滑。2020年5月，意大利政府颁布资金规模达550亿欧元的“复兴法案”，旨在帮扶受疫情影响陷入困境的个人、家庭和企业，支持引导经济快速重启。

意大利是欧盟内仅次于德国的第二大制造业强国，产品在国际上有较强竞争力，出口商品种类非常齐全。主要有机械仪器、汽车、农产品加工、钢铁、化工化学、制药、家用电器、服装、制鞋、贵重金属等工业制成品。值得一提的是，意大利中小企业专业化程度高，适应能力强，传统上以出口为导向，各类特色产品，如面食加工机器、珠宝制作工具、石材开采与加工设备，以及家具、厨卫、瓷砖、首饰等，常以过硬的质量畅销世界各地。

意大利著名企业有：莱昂纳多公司，产品涉及航空、航天、能源、电子防务、交通和信息技术等领域，是该国最大的军工和高科技集团企业。忠利集团，属于欧洲第四大保险集团，也是世界十大保险集团之一。菲亚特-克莱斯勒汽车公司，系全球第七大汽车制造商，拥有23万多名员工，在140多个国家开展业务。倍耐力集团，主要生产橡胶轮胎、电缆和通讯设备。意大利电信公司，业务分布于意大利、巴西等9个国家，拥有近1亿的客户。埃尼集团，主要经营石油、天然气、化学品和石油化工产品。国家电力公司，该国最大电力公司及第二大天然气输送公司。芬坎蒂尼集团，是世界造船种类最多的水运工具制造企业之一。

意大利教育体系由三部分组成：一是小学阶段的5年初级教育；二是中学阶段的8年中级教育，其中初中安排3年，高中安排5年；三是大学阶段的大学和专科院校的高等教育，16岁以下可享受义务教育。该国著名大学有罗马大学、米兰博可尼大学、米兰理工大学、都灵理工大学、波伦亚大学、帕多瓦大学、那不勒斯大学、比萨大学和佛罗伦萨大学等。这些著名高校师资队伍强大，科研实力雄厚，不断推出大量高水平的创新成果。

二、意大利促进创新活动的主要举措

（一）意大利科技创新活动主体的特色

在典型的创新型国家，企业既是研发经费的大量投入者及科技项目的重要承担者，也是创新成果的主要占有者和应用者，通常扮演科技研发活动和产业创新的主体角色。

据有关部门统计，在意大利的企业总数中，10人以下的微型企业占95%，10~49人的小型企业占4%，50~249人的中型企业占0.92%，250人及以上的大型企业仅占0.08%。以中小企业为基础的高度灵活的生产体系，具有强烈的创新意识和丰富的创新经验，善于打造不同款式的名牌产品。

意大利政府在制定创新政策时，对中小企业给予“倾斜”，除了财政支持和税收优惠外，还运用高水平的国家科研体系，鼓励各类著名的研究中心，积极为中小企业创新服务。有关资料显示，意大利制造业销售额中创新产品的比例达到13.5%，比欧盟各国平均值高出一倍多，雄居欧盟之首。

然而，对照欧盟设置的创新活动18个评估指标，可以发现，意大利创新能力的发展参差不齐。它的创新产品销售额占制造业销售额比例、中小企业实施内容创新比例等2个指标，大大高于欧盟平均值。中等高技术及高技术制造业的就业比例、高技术服务业的就业比例、居民在家庭使用互联网的比例、信息通信产业市场份额（占GDP的比例）4个指标，大体接近欧盟平均值。其余12个指标均低于欧盟平均值20%。特别是在R&D投入比例、高技术专利、高技术风险资金、劳动人口中接受过高等教育的人员比例4个指标，远低于瑞典、丹麦、芬兰、荷兰和爱尔兰等国家。

（二）意大利建立和完善促进创新活动的支撑机制

意大利政府面对本国企业及其创新活动的实际情况，进行反复思考，决定从建立和完善创新活动支撑机制入手，通过实施国家科研体制改革，制定科技发展规划，推出一系列鼓励技术创新的举措，在充分发挥原有优势的基础上，促进靠后的创新指标迅速前移，力求提高国家的整体创新水平和创新能力。其主要措施有以下几种。

1. 形成有利于提高整体创新水平的政府机构

(1) 建立国家科研与创新政策部长委员会，统一制定科技政策、创新政策与其他国家重大战略决策，通过统一的政策加强对科技创新活动的协调和管理。

(2) 通过组建国家创新局，建立国家科技评估局，组建国家计量研究院，同时推进原有科研机构改革，如把国家材料物理研究院（INFM）从国家研究委员会（CNR）中分离出来、调整国家空间局高层领导等，完善公共研究和创新管理系统。

(3) 把教育大学研究部分为公共教育部、大学与科研部，加强对大学和科研机构的领导。2006 年后，形成以科技部、经济发展部、大学科研部等机构组成的，由专门委员会进行政策协调的促进创新领导机构。

2. 制定增强科技创新整体能力的规划与政策

(1) 以里斯本战略为重点提出导向性政策。21 世纪之初，欧盟各国领导人曾会聚葡萄牙首都里斯本，共同发出了在 10 年之内使欧盟成为“世界上最具竞争力的经济体”的宏伟誓言，并为此制定了一系列战略目标。意大利政府据此提出以下促进创新的措施：资助生命科学、材料科学、替代能源、信息通信技术、空间科学等重点领域的项目，形成与欧盟科研计划互补的实施方案，对研究与开发提供税收信用，给聘用研究人员提供税收优惠，为取得国外研究合同提供 50%的税收信用，通过特别计划、资助项目和申请欧洲专利等以促进技术转移。

(2) 颁布 2006—2008 年国家空间计划。提出依据少而精的原则集中力量开发地球观测、宇宙观测、交通系统等项目的研究，增加电信、卫星导航、医学和生物技术、人类在空间的可居性等技术方面的投资，政府部门其他相关的计划要优先支持地球观测、宽带电信、综合应用、医学和生物技术。

(3) 制定《工业 2015》法案。把振兴工业作为提高竞争力，使国家摆脱多年来经济困境的突破口。其主要目标是：生产体系向提高附加值的经济活动重新定位，开发和推广对整个生产体系具有重大影响的新技术；通过网络系统或其他协作形式，巩固和推动地方生产体系、工业区、中小企业的规模化增长；提高国际市场占有率；促进年轻人就业，提高就业质量。

(4) 启动国家研究计划战略项目。共批准立项 196 个，总资助经费超过 10 亿欧元，其中 10%～20%为无偿资助，其余部分为年息 0.5%的贷款。

(5) 制定《环境法典》，含 318 条和 45 个附件，包括 6 个部分：垃圾及处理、水、土地保护、大气污染、环境程序、环境危害。主要目的是确保国家能源安全，减少二氧化碳排放，加强国家对可再生能源发展的政策支持。在此基础上，于 2013 年 3 月颁发《国家能源发展战略规划》。该战略提出四大目标：①大幅降低能源成本，到 2020 年将国内能源价格降至欧盟国家平均水平；②实现乃至超越欧盟气候与能源战略的目标，争取至 2020 年在能效、发展可再生能源及二氧化碳减排等方面成为欧洲乃至世界的典范；③提高能源安全效度，到 2020 年将能源对外依赖度由 84%降至 67%；④通过能源发展与转型，促进经济复苏与可持续增长。

(6) 制订推进电子商务、电子政务和社会信息化的有关新措施。早在 20 世纪 90 年代，意大利政府开始大力支持网络电子商务技术的发展。1997 年推出《意大利信息通信产业发展政策指南》，旨在促进信息产业的发展。1998 年发布《意大利发展电子商务的指导方针》，标志着意大利电子商务技术发展进入一个新的阶段。1999 年 2 月 5 日发布总理令，决定把信息化社会发展，作为意大利政府的一个基本行动目标，并决定制订意大利信息化社会发展行动计划。2008 年，引入并建立完整的网络安全编码技术。2019 年 1 月 1 日，意大利全面强制实施网上电子发票管理制度。2020 年 3 月，意大利邮政网络开始为全国客户提供一系列创新服务，包括数字支付和电子商务配送。

3. 制定增强优先领域竞争力的国家计划

意大利政府从即时的国际发展现状出发，综合考虑市场、就业、公共开支、民众需求和期望、企业竞争力、产品技术、工艺和服务等因素，确定机械制造、IT 和通讯、能源、环境、交通，以及农业食品、健康保健用品、文化商品等为优先领域。

为使优先领域具有可持续竞争力，意大利政府决定通过实施国家计划着力解决以下关键技术：生物技术、生物医学技术、分布式和多媒体先进信息技术、网络实施和控制系统、机器人和先进设计系统、微电子和智能传感系统、激光光电子、微米和纳米技术、结构和功能材料技术、分离工艺、化学加工、电子化学、流体动力学和燃烧技术等。

4. 建立促进中小企业技术创新的运行机制

意大利政府意识到，中小企业面对的挑战，是从低技术含量的传统领域，转向高技术含量的新空间。为此，意大利政府专门组建技术局，促进中小企业与大学和研究单位的联网，支持研究单位与中小企业的合作，帮助中小企业获取专业化的技术诀窍，加快技术在中小企业的推广，并拨出专款支持中小企业的转产和创新活动。

5. 通过加强国际合作提高国内科技创新实力

意大利政府一直重视国际科技合作，科研的国际化是其长期推行的战略之一。意大利国际合作的主要特点是，积极参与国际大科学计划，如积极参加南极计划、国际海洋钻探计划、同步辐射加速器的建设、欧洲核子中心 CERN 的建设，以及国际热核聚变反应堆、欧洲伽利略系统等大型国际科技合作计划，同时突出空间领域国际合作的位置。

近年，意大利继续推进与美国、日本、德国、英国、法国、加拿大和俄罗斯等大国的合作，加强与西班牙、葡萄牙、瑞士、波兰等欧盟国家的合作，全面开展与地中海地区国家的合作，并重视与中国等亚洲国家的合作。例如，2011 年 12 月，意大利与法国、德国、英国、匈牙利、拉脱维亚、西班牙、瑞典等国一起，参与建设欧盟大科学基础设施项目：世界一流的核散裂中子源。2019年6月，意大利与比利时、德国、卢森堡、马耳他、荷兰、西班牙等国一起，加入了集成高技术的量子通信基础设施计划。

三、本书的框架结构

本书从21世纪以来意大利社会经济发展现状出发，集中探索其科技创新的进展情况。着手从意大利现实科技活动中搜集和整理有关资料，博览与之相关的国内外论著，细加考辨，取精用宏，在充分占有原始资料的基础上，抽绎出典型材料，经过精心提炼和分层次系统化，设计出全书的框架结构。本书共有9章内容。

第一章　机械制造领域的创新信息，主要研究拖拉机、播种机、联合收割机和根茎收获机等农业机械设备，食品、纺织、皮革、塑料、陶瓷、玻璃、珠宝和印刷等轻工业机械设备，数控车床、数控镗铣床、电动概念车、多功能概念车、概念跑车、汽车发动机，以及工程机械和石材机械等重工业设备范围内开发出来的新成果。

第二章　电子信息领域的创新信息，主要探索电子器件、电子探测设备、精密检测仪器、传感器、传声器、电子电表设计平台、超级计算机、计算机技术应用、机器学习技术、机器人，以及通信设备与网络技术领域的新成果。

第三章　光学领域的创新信息，主要分析光学新技术、X光光刻技术、光纤维护和检测技术、光学材料与照明灯具、特殊光源装置与太阳能光模拟器、光电超声波检测器、光纤网络设备、激光烧结增材制造技术、超小锁模激光器、激光切割与焊接设备等方面的新成果。

第四章　宇航领域的创新信息，主要阐述宇宙时空本质、宇宙射线、引力波与暗物质、地球磁场、月球基地、火星地质地貌及大气、土星光环、土卫六湖泊，以及木星、水星、矮行星与彗星等太阳系天体，还有银河系、恒星、中子星和黑洞等探测和研究的新成果。

第五章　材料领域的创新信息，主要研究天然合金、金属氧化物、透光水泥、印花瓷片、玻璃制品、超导材料、硅锗集成半导体、羊毛与大豆纤维合成面料、牛奶布料、新型塑料及薄膜、纳米金刚石、石墨烯、分子多面体、纳米发动机、纳米生物材料等新成果。

第六章　能源领域的创新信息，主要探索研制高效率太阳能电池、建造太阳能光伏电站、开发聚光太阳能热发电系统、利用风筝发电、建造太阳能风力发电桥、建设海上风电项目、研制风力发电机、建造生物地热电厂、建成氢能发电站、利用洋流发电等新成果。

第七章　环境保护领域的创新信息，主要分析治理雾霾、减少二氧化碳排放、增加可用水资源、清除海洋石油污染、提高污水处理工艺水平、回收工业废弃物、分类处理生活垃圾、研制节能环保产品、注视气候变化影响生态环境、研究生态环境灾害防护等新成果。

第八章　生命科学领域的创新信息，主要阐述致病基因、基因疗法、基因组图谱、基因技术、蛋白质与消化酶、大脑细胞、心肌细胞、分离和培植干细胞、干细胞疗法、罕见细菌、新冠病毒、粮食作物和油料作物、蔬菜水果、古生物、哺乳动物和其他动物的研究成果。

第九章　医疗与健康领域的创新信息，主要研究致癌因素、抗癌因素、癌症诊断和防治、大脑生理及疾病防治、神经与脊髓疾病防治、心脑血管疾病防治、呼吸系统疾病防治、消化与代谢性疾病防治、器官移植与骨科治疗，以及生殖、衰老与遗传病防治的新成果。

张琼妮　张明龙

2021年3月

目　录

第一章　机械制造领域的创新信息/1

第二章　电子信息领域的创新信息/112

第一章　机械制造领域的创新信息

意大利是机械制造大国，其产品质量过硬、性价比高、品种规格繁多、款式齐全，销售遍布世界各地。特别是，意大利机械制造产业集群经久不衰，科研设计实力雄厚，创新产品不断涌现。21世纪以来，意大利在农业机械设备制造领域的新成果，主要集中于开发以新能源氢为动力的拖拉机，推出半履带式新型拖拉机，设计甲烷动力拖拉机概念车，研制百年纪念限量版系列拖拉机，造出性能卓越的新型拖拉机。开发马特马克气吸式精密播种机，研制马斯奇奥气吸式精量播种机，推出不同型号的薯类播种机。研制纽荷兰多系列联合收割机，开发自走式和半自动化烟草收获机，推出多种系列葡萄收获机，开发多功能根茎收获机。此外，还研制出节水灌溉装备、精准施药植保机械和各种园林绿化设备。在轻工业机械设备制造领域的新成果，主要集中于研制食品机械设备，如加工烘烤面包、糕点和比萨饼的设备，加工乳制品饮料的设备，加工与冷藏肉类的设备，食品自动包装机械，食品自动灌装的机器设备。开发纺织机械设备，主要集中于研制纺织品加工及纺纱设备、织造与针织设备、染整设备。研制皮革机械设备，其创新重点是由单机变为成套设备，并朝着更加完善的方向挺进；与此相关的制鞋机械设备，则朝着单机自动化方向发展。开发塑料加工机械设备，如巨型注塑机、用于硬质食品包装的热成型塑化机、节能模塑设备。研制陶瓷机械设备，如卫生洁具瓷制品微压组合浇注、中压及中高压浇注、低压快排水浇注，以及高压浇注系统的成型设备。开发玻璃机械设备，主要集中于制造玻璃产品、玻璃原材料设备，以及相关的检测与控制设备。研制珠宝加工机械设备和印刷机械设备。在重工业机械设备制造领域的新成果，主要集中于开发数控立式车床、数控卧式镗铣床、数控落地式铣镗床、数控龙门镗铣床。设计针对年轻人口味的电动概念车、混合动力多功能托纳莱概念车、阿尔菲力概念跑车、塞尔吉奥概念车及其上市产品、现代版斯特拉托斯概念车及其量产车。研制新型V6清洁柴油发动机、Cursor系列发动机、不同排放标准发动机模块化产品、混合动力和低排放发动机。研制工程机械设备，如土石方机械设备、混凝土机械设备、道路施工及养护器械、钻孔钻探设备。研制石材机械设备，如花岗岩砂锯、大理石框架锯、多股绳锯等大板加工机械，工程板材、石材拼花、薄板、异型石材和人造石等生产设备，以及全自动机器人雕刻设备等前沿新型石材加工机械。

第一节　农业机械设备制造领域的新进展

一、研制拖拉机的新成果

（一）开发以新能源氢为动力的拖拉机

1. 推出全球首台氢动力驱动拖拉机概念车

2009年2月，车市网站报道，随着人们越来越意识到环境保护的重要，在日常的需求方面也倾向于选择更加环保的产品，而汽车作为主要的有害气体排放源，各大厂商正在致力于改进产品，让它越来越环保。于是，就诞生了混合动力或纯电动、氢动力的轿车、越野车等。意大利一款氢动力的拖拉机被研发出来，这在世界农用车辆领域绝对是首创。

这款拖拉机是由著名农机制造商意大利纽荷兰（New Holland）公司设计的，尽管它尚处于概念阶段，但仍然非常多彩诱人，第一眼看上去让人想到的像是变形金刚，而不是我们平时所接触的拖拉机。它具有宽大的轮胎、彩色的车身，车顶布置着Led灯组，这些都使得这款拖拉机非常奇丽。

新型拖拉机的动力驱动为氢动力燃料，能够实现真正意义上的零排放，而氢的来源则依靠水中提取，这比从农作物中提取酒精燃料复杂得多，而提取的动力则需要电力系统支持。虽然听起来整个过程要难度很大，但为了环保，人们有理由这么做。

这款氢动力拖拉机概念车，来自法拉利的故乡意大利，它实现量产的最大障碍来自高额的成本，毕竟拖拉机的需求相比轿车要小得多，如何降低生产成本是现阶段最需要考虑的。因此，这款拖拉机最终实现量产，可能要在数年之后。

2. 研制出第二代氢动力拖拉机

2011 年 11 月 13 日，在德国汉诺威农业展览会中，意大利纽荷兰公司展示了第二代氢动力拖拉机，受到参观者的广泛关注。它让人们看到未来在农机领域新能源燃料的模式。纽荷兰发布消息称，决定将于 2012 年夏季，在意大利把氢动力拖拉机投放到农场作业，这再次确认了纽荷兰在清洁能源领导者的地位。据研发人员介绍，该氢动力拖拉机具有下述性能和特色。

——通过双倍动力和扭矩来增加操作的自主性

这款氢动力拖拉机，以纽荷兰 T6000 型拖拉机为原型，它将装备各种农具及工具，来适应不同的作业需求：如耕地、播种、打捆和前悬挂。

与第一代氢动力拖拉机相比，其具有燃料电池的新模式，可以提供双重动力，功率从 49.3 千瓦（67hp）增大到 99.2 千瓦（135hp）。拖拉机上电动马达的数量保持不变：一个用于牵引，另一个用于操作动力输出轴及辅助电路，但拖拉机的额定功率和扭矩都翻了一番。每一个新电动马达都提供 99.2 千瓦动力，扭矩达 950N·m，最大时为 1200N·m，曲轴的最高转速为 3000r/min，功率最大转换高达 96%。

当然，为了增加操作中燃料电池的数量和确保拖拉机能够保持长时间工作，新型拖拉机上安装了更大的氢气罐。全新的氢气罐中可以容纳 8.17 千克的氢气，相对于最初的 2.27 千克，已有了很大的提升。

——具有零排放的全新特征

这款氢动力拖拉机的其他配置还有：一个 12 千瓦/时、300V 电池组，最大输出功率 50 千瓦；用新的无级变速器，取代传统的手动变速箱；有减振式前桥，并把前装载机安装点作为标准配置。

这款氢动力拖拉机的性能水平，与一台类似大小的常规拖拉机接近。当然，其最大优势，在于它的有害废气排放量为零，排出只有热的水汽，最高时速 50 千米/时，相当于一个配备功率为 88.2 千瓦柴油发动机的拖拉机的驱动力，液压系统最大流量为 114L/min（与 T6140 型拖拉机模式相同）。它是一款真正的农用拖拉机，随时准备用于田间工作。

研究人员表示，该拖拉机于 2012 年夏天在意大利洛塔实验农场正式试用。这个农场因而也成为第一个纽荷兰能源独立的农场。能源独立这个新概念的提出，是基于对农场的电能来源于自然生产资料，十分环保便捷；同时还会以氢的形式储存起来供日后重复利用。这个项目由纽荷兰公司率先发起，同时，与另外 13 家大型集团组成的财团通力合作，并且获得意大利经济发展部提供部分的研发基金。

——有可能用于制造氢气的 3 种方法

一是电解水，将其分解成氧和氢。这部分所需的电能，由农场已安装的太阳能电板系统产生。二是小规模的天然气、蒸汽转换，这已被证实是十分可行的。在意大利的拉贝洛塔农场，已经有一个沼气发电机运作了一年时间。三是最具有创新的产生氢气方法，就是利用生物的厌氧发酵过程产生的气体混合物，这其中包含大比例的氢。此方法在可行性、成本和效益方面仍有待进行评估。

由以上方法产生的氢，将被储存于安装在农场的罐中，由一个特殊的压缩机连接，使第二代氢动力拖拉机像一台传统拖拉机一样操作和加油。

纽荷兰创新产品发展负责人理查德·莫塞利介绍说："全新的第二代氢动力拖拉机，是从 2009 年法国国际农牧业设备及技术展览会上获得金奖的概念拖拉机中，进化完善而来的。通过多方面的通力合作，第二代氢动力拖拉机得到快速发展。新型拖拉机性能的完善过程，需要确保它可以发挥普通柴油拖拉机一样的作用，无论是在田间还是在路上。"

（二）研制出半履带式新型拖拉机

2015 年 1 月，国外媒体报道，2014 年，意大利卡拉罗（Carraro）拖拉机公司研制的 MACH2 型半履带新型拖拉机，正式上市。这是一款经过精心打造，专门提供给坡地农场用户的新产品，其整机、驾驶室、发动机、变速箱、前后桥、液压系统及配套装备都有不少创新之处，形成了一些特有的风格与品质。

1. 针对坡地作业设计出整车

这款拖拉机有两种外型结构：一种装用驾驶室；另一种装用安全框，安全框为系列化装备，而驾驶室为用户选装设备。它可以反向驾驶操纵，采用了前装驱动轮胎和后装橡胶履带的半履带新型结构型式，主要是为一些坡地作物种植农场用户所设计的，在斜坡地上作业时，具有很大的地面附着效率，其牵引功率、行走稳定性和操纵安全性均极高。

该拖拉机装用的前驱动轮胎规格为 11.2R20，整机质量加安全框为 2950 千克，加安全驾驶室为 3100 千克。整机总长度（前配重至后置挂钩）为 3550 毫米，总高度至安全框为 2420 毫米，至驾驶室顶为 2195 毫米，总宽度为 1475 毫米，轴距为 1465 毫米，离地间隙为 335 毫米。

这款拖拉机由于在结构上进行了简化设计，完全可以保证其能够在各种复杂地形的情况下作业。另外，一些装有标准轮胎拖拉机不能完成的农田和农地作业，它也能凭借自己特有的结构轻松完成。因其结构尺寸和质量的特点，将成为各类农场辅助作业的一个特殊机种，其行驶最高速度可以达到 35km/h，整机结构重心较低，还可以根据用户需要，选装舒适型的驾驶室等。

2. 具有作业环境优越的驾驶室

该拖拉机的驾驶操纵位置，上下通道设计布置十分宽大，驾驶员进出较方便。驾驶平台采用弹性悬架式结构，被支撑在一个整体式隔音块上，这个隔音块可以吸收振动阻力和较少噪声。

其操纵仪表盘功能齐全，设计布置比较直观，由于采用了背光防眩光显示屏，有利于夜间作业操纵。仪表盘上还有“on-off”型信息系统、数字转速表和专用于动力输出轴转速的数字转速表，还设计有电子液压操纵按钮。

拖拉机作业大灯，均采用整体式结构安装在拖拉机的保险杠上，其前大灯具有抛物面反光镜结构，在进行道路行驶时，灯光向前照射得更远。另外，在进行田间作业时也可以更加清晰地照射到作业机具及其周围的地面情况。

该拖拉机设计装用有星光型超级舒适安全驾驶室，其流线型的圆形外廓，表观整体朴实而美观大方。该驾驶室的设计采用了密封型内衬和整体型门窗扇形铰链构件，使拖拉机可以进入行距窄小的农作物地里进行作业，而不损伤和碰坏植物、花蕾及植物果实。驾驶室前后玻璃窗均可以看见拖拉机所挂接的农机装备和行驶的道路路面。驾驶室的通风系统装有一个管道，专门用于前置雨刷的快速除霜和防冰操纵。由于采用了隔音材料，驾驶室内的噪声较低，几乎与汽车驾驶室内噪声相同。如有需要，其驾驶室内饰可以进行更换，且十分方便。

驾驶室还装有一个 JPM 型操纵控制器，可以用于拖拉机液压提升器和前置及后置液压输出分配器的激活和操纵。另外，这个控制器还可以将流向液压输出分配器和液压提升器的液压油流量进行调节，以保证对挂接作业机具的速度和移动的绝对控制。设计装用在控制器柄端的操纵按钮，具有不同的颜色标识。因此，操纵时十分方便，一般不会出现失误操纵。

3. 配置适宜的发动机与变速箱

（1）发动机性能。该拖拉机装用日本生产的 4 缸直喷水冷发动机。这种发动机每缸有 4 个气门，采用涡轮增压和中冷系统，装有一种防逆向运转的配重。发动机已达到 3A 废气排放标准，总排量为 3319 立方厘米，根据 97/68/CE 标准测定，发动机功率为 64 千瓦（87 马力），最大转速为 2500 转/分，在发动机转速为 1800 转/分时的最大扭矩值为 286.7 牛·米。采用安全框机型的燃油箱容量为 60 升，采用驾驶室机型的燃油箱容量为 50 升。

（2）变速箱性能。该拖拉机装用同步式传动系统，具有 32 个传动速比，并配装有一个同步式逆向器，这样，变速箱就具有 16 个前进挡和 16 个倒退挡，最高行驶速度为 35 千米/时。变速箱离合器采用液压操纵，离合器解锁则采用电子液压操纵方式。

拖拉机的后置动力输出轴为独立式结构，有两种转速，采用渐进式电子液压操纵离合器。

另外，该拖拉机的动力输出轴还装有一种转速机构，这一机构具有和变速箱各档次速度同步的转速，采用 6 齿花键轴连接各种作业机具，操纵极为方便。该变速箱离合器的结构尺寸较大，具有较高的使用可靠性。同时，由于采用液压操纵方式，不需要进行任何调整即可柔顺地操纵启动离合器，且无任何磨损。此外，该变速箱还装有外摆式传动齿轮，大大方便了作业操纵。

该机型还可以根据用户要求，选装 e-DRIVE 型变速箱。在拖拉机的方向盘上，装有一个 e-DRIVE 型变速箱同步逆向器操纵手柄，当拖拉机装用装载机和铲斗，对一些相关物料进行运输转移作业时，即可使用这个手柄进行操纵。由于采用了电子操纵助力系统，驾驶员的双手可以不离开方向盘，而对拖拉机的各种作业进行安全而渐进式操纵，大幅度提高了拖拉机的操纵安全性。该拖拉机的动力输出轴采用电液式离合器，可以渐进式启动，采用一个安全按钮进行操纵。这样，在动力输出轴启动时，也就避免了与发动机不适配的现象。

4. 设计出特色鲜明的前后桥

该拖拉机装用 ACTIOTM 型整体式结构的底盘架，前桥安装两个驱动轮胎，而后桥则安装两个橡胶履带行走系统，还装有一种反向驾驶操纵系统。该拖拉机的 AC 型反向驾驶操纵系统，装置在一个可以绕轴传动的滚动装置上面，可以在几秒钟内改变拖拉机驾驶操纵位置的方向，大大方便了拖拉机在进行牵引和装载作业时的操纵。拖拉机的座椅、方向盘、仪表盘等设计为整体式连接结构，其组合件可以绕轴 180 度转动，以使其移动到与拖拉机驾驶操纵相对称的位置上。

5. 配置合理的液压系统及配套设备

（1）液压系统结构及性能。该拖拉机装有后置液压提升机构和后置动力输出轴，设计布置为一个整体结构系统。该系统还包括液压油路，其动力输出轴可以驱动各种农机具进行各类作业。液压提升器由一个带有 3 点液压悬挂装置的垂直油缸组合件、一个液压泵和一个液压油路构成。后置液压提升器结构坚固，提升力较大，装有一个可以自动伸缩延长的拉杆和一个快速挂接机构，挂接机构为Ⅰ类和Ⅱ类标准，其挂接宽度可以进行调整。

拖拉机液压系统装用的液压提升器的提升力为 22540N。

拖拉机的转向器为双活塞式液压转向结构，前后轴均装有湿式盘式制动器，采用液压操纵。紧急刹车和停车制动器，则采用传动带式操纵。

（2）系列化的配套装备。该拖拉机的系列化配套装备主要有 RGS™ 型反向驾驶操纵系统、后轴差速锁或前轴差速锁（电子操纵式）、分离式双液压油泵型液压油路系统、方向盘（高度和斜度可调）、快速挂接可调式提升拉杆（可以向两边移动）、可调式弹性悬架减振座椅（带有安全带）、前置式安全防护框（可以折叠存放并装有一个减振器）、具有两个操纵手柄的后置辅助液压输出油路系统、后置式挂接挂钩（其高度可调）、前置式挂接挂钩、多功能数字显示仪表、蓄电池、直流电连接器、装在逆向器和动力输出轴上的安全启动机构、装在滚动装置上的控制机构（带有一个悬浮式踏板)。

(3) 可供选配的装备。该拖拉机的选装装备主要有星光型安全驾驶室(装在一个隔音减振块上，在室顶装有空调机，根据要求可以装一个活性炭式空气滤清器)、e-DRIVE 型变速箱（具有电子液压式逆向器和速度区段换挡机构，操纵手柄装在方向盘上)、ESC 型电子速度控制机构（可以对各档次速度和发动机转速进行电子控制和自动控制)、用于液压提升器和液压输出分配器操纵的 JPMTM 型控制器（该控制器是 joystick 控制器的变形)、UNIFLEX 型液压弹性悬架减振机构、带有 DAMPING 型电子机构的液压提升器（具有力控制和位控制)、带有 6 个配重块的前配重架、后配重块、垂直挂接拉杆、电液操纵的 3 点液压悬挂装置、液压油路输出快速连接器（最多可以具有 11 个连接输出接头)、气动式弹性悬架减振座椅、前风窗、前大灯保护罩，以及清洁装置和可换向式风扇，用以保证散热器的清洗和散热效率。

(三) 推出甲烷动力拖拉机概念车

2017 年 9 月，CNH 网站报道，意大利纽荷兰公司推出甲烷动力拖拉机概念车，主动把替代燃料与先进农业技术相结合，创造出符合现代需求的、可持续实施方案。该概念机型采用了农业领域前所未见的设计，重新定义了拖拉机产品，可以从作物、农业废料和食品行业废料中获得所需燃料。它除了使用替代燃料外，还具有以下主要特色：

1. 具有全天候运行的充足动力

为最优利用空间，该款拖拉机的燃料被储存在位于拖拉机前部、造型流畅且集成式储存结构内层状复合管路结构生产的气罐内，并且在机器左侧和右侧有两个气罐。这一布局为该拖拉机进行全天农场作业提供了充足动力。这款拖拉机使用单一喷嘴，再次灌注燃料，与使用传统柴油的拖拉机一样简单，节省灌注时间。为减少甲烷燃烧产生的污染排放，该拖拉机采用了一套简化的后处理系统，即一个免维护的单一标准催化转换器。

2. 具有适应农业作业的多种功能

纽荷兰公司的概念甲烷动力拖拉机能够完成同性能标准柴油动力拖拉机可以完成的所有工作。从地头转运到运输、高速田间作业、耕种和各种重负荷（如犁地）到饲喂动物和谷物装载工作，该款概念甲烷动力拖拉机，以其高效的生产效率和多功能性，展示了它在性能和可持续发展方面的优势。

3. 具有未来感的独特农艺设计

凯斯纽荷兰工业集团的国际设计团队重新设计了拖拉机的风格，使其更接近未来拖拉机设计愿景。加强了纽荷兰的关键风格要素，如富有表现力的引擎盖进气格栅，并结合了各种未来派元素，包括延伸至驾驶室“领部”的卷绕式引擎盖、形成流线型设计的集成式前挡泥板和定制的金属蓝涂装。完整的 LED 照明系统采用带纽荷兰标识照明，包括集成至前气罐、前挡泥板的照明灯、安装在引擎盖和顶部的工作灯、安装在顶部的停车灯和富有个性的后挡泥板灯，提供无与伦比的田间能见度。同时，使用了一系列技术先进的材料，提升操作环境的舒适度并降低疲劳度。纽荷兰新款座椅采用富有创意的蜂巢结构吸水织物制造。这一织物可促进空气流通，让驾驶员在炎热天气中保持凉爽，并在较冷天气中为其保暖。坐垫的布局可进一步增强空气流通。

4. 具有全玻璃驾驶室形成的广阔视野

甲烷动力概念拖拉机驾驶室，采用与驾驶员以往工作空间完全不同的设计，可提高安全性、生产效率和舒适度。另外，智能手机上专门的软件，使手机成为农场办公室与拖拉机之间的联系工具。可使用指纹识别流程对拖拉机进行定位和解锁，可在驾驶室内作为一项额外的安全措施重复该流程。只有当完成该流程后，才能开始拖拉机的“启动”程序。智能手机也可被用于控制后部联动装置，使得可更容易连接工具，因为在整个连接过程中，驾驶员可站在工具旁边。

甲烷动力概念拖拉机，还通过线条优美的集成式顶部天线，形成全套“精准农业”技术，使其能够自行沿着田间地块进行驾驶。该款拖拉机还拥有各种自动技术组件，例如自动障碍物探测。纽荷兰甲烷动力概念拖拉机，可以把先进驾驶员环境、互联耕作与即将面世的可持续和可靠动力系统技术相结合，从而进行高效的农业生产，它代表了农业技术的未来发展。

（四）研制百年纪念限量版系列拖拉机

2018 年 12 月，CNH 网站媒体报道，纽荷兰公司在第四十三届意大利博洛尼亚国际农业机械暨园艺机械展览会展会期间举行了系列活动，庆祝首款拖拉机诞生 100 周年。

1. 菲亚特研制出首款 702 型拖拉机

随着第一次世界大战进入尾声，意大利菲亚特（Fiat）公司研制出 702 型拖拉机。此时，解决农业劳动力短缺问题，提高农业生产力正是当务之急。而机械化是克服人力不足的重要途径，也是耕种在战争期间因疏于照料而硬化田地的极佳方案。702 型拖拉机专为满足不同的农业作业需求而开发，配备 4 缸发动机、后轮驱动、转向前桥和刚性后桥。这在当时是一个不同寻常的选择。

702 型拖拉机通过采用福特森拖拉机的方法，打破了传统设计，它配有承重传动系，所以不需要底盘。福特森拖拉机，是专为北美疏松的土壤和广袤的平坦田地设计的，采用较小的牵引力。与此不同，702 型拖拉机更强大，它非常适合欧洲农户必须应对的难处理的土壤及常有斜坡的田地。

经过大量田间测试后，702 型拖拉机于 1918 年 8 月 14 日交付给意大利主管部门。这样，农业领域最具代表性的一款拖拉机正式登台。在赢得其第一场耕作比赛后，它立即引起轰动。它在比赛中把成名已久的对手都甩在了身后。第二年，凭借它在田间的成功表现，菲亚特公司与意大利各地的农业财团签署了供应协议，开始生产 1000 台拖拉机。

2. 菲亚特研制出不同年代不同型号拖拉机

702 型拖拉机是一系列拖拉机中的第一款，最初是为满足特定需求开发的。为了拓宽全球的农机市场，菲亚特在 1932 年推出 700C 型拖拉机，这是欧洲第一台履带式拖拉机，它凭借在坡地和泥泞地形上的出色牵引力、稳定性和安全性开拓了新的应用领域。

又经过十年摸索，菲亚特研制出 40 型拖拉机，这是另一款履带式拖拉机，其优点包括重量轻、安全、经济，因为它可以使用比汽油便宜的多种燃料。

接着，菲亚特研制的 50 型拖拉机，是第二次世界大战后重建时期的产物，它在市场竞争中，可谓不可阻挡且又坚不可摧，使得菲亚特产品在履带式拖拉机中处于遥遥领先的地位。

20 世纪 60 年代，菲亚特把迪亚曼特（Diamante）概念引入拖拉机系列，研制出四种迪亚曼特型号拖拉机，功率从 22 马力到 70 马力不等。其标志着，菲亚特首款用于窄葡萄园拖拉机机型的诞生。这也是菲亚特所属纽荷兰公司，在专用拖拉机领域保持卓越和领先的原因。该公司也在庆祝其纳斯特罗（Nastrod'Oro）系列拖拉机推出 50 周年。多年来，该系列拖拉机一直受到中小型农户的钟爱，它拥有各种用于葡萄园、果园、山地和行作物等多种型号。凭借迪亚曼特和纳斯特罗系列拖拉机，菲亚特及纽荷兰成为欧洲农机市场中的重要参与者。

到 20 世纪 80 年代，纽荷兰推出 90 系列拖拉机，这是农业史上最受欢迎的拖拉机系列之一。它设计出悬浮驾驶室，装有空调，并把驾驶室内噪声降到当时的最低水平，给驾驶员带来了全新的舒适度。在推出后的多年里，该系列产品不断发展和升级，不断突破极限，直到 2002 年推出最后一款 110-90Tradition 机型。凭借其持久的成功，90 系列取得了标志性的地位。

在 1990 年，纽荷兰运用开发 90 系列拖拉机的成功经验，研制出另一款叫作优胜者的拖拉机。优胜者系列拖拉机从汽车行业汲取灵感，把驾驶室设计及其技术含量提升到一个新的水平。驾驶室的全玻璃门和窄侧柱提供了前所未有的全方位视野。驾驶室采用消音块悬架，非常安静，噪声只有 75dB（A）。驾驶室内功能包括空调和饮料冷藏室。车载电脑以拖拉机上从未见过的“条形图”格式实时提供每小时和每公顷的油耗数据。在推出 20 年后，优胜者系列拖拉机的驾驶室仍然被认为是有史以来最好的驾驶室之一。

1999 年，纽荷兰公司与凯斯公司合并，新成立的公司称为凯斯纽荷兰工业集团。两大公司合并后，其农用拖拉机和联合收割机的生产世界排名第一，工程机械生产列世界第三。目前，凯斯纽荷兰集团总部设在美国，拥有 3.5 万名员工。它在世界上 16 个国家设有分支机构，其 9 个品牌的产品，通过 1 万多个分销商，销往世界 160 多个国家和地区。该集团是纽约证券交易所的上市公司，它在意大利等 13 个国家建有 46 个生产基地，另外有 10 个合资企业分布在世界 8 个国家，其全球销售总额超过 100 亿美元。

3. 设计制造菲亚特百年纪念拖拉机概念车

报道称，2017 年，凯斯纽荷兰工业集团设计中心推出菲亚特百年纪念

(Fiat Centenario) 拖拉机概念车。在这款新型拖拉机研发过程中，科技人员受90系列的启发，重新审视标志性的拖拉机系列，同时采用时下现代拖拉机的流畅线条及类似结构，并以最新的甲烷动力概念拖拉机的环绕式车身为标准，形成新的设计。其机罩标识以90系列的标识为基础，把菲亚特的历史传承与今天的纽荷兰品牌联系在一起。

4. 推出菲亚特百年纪念限量版系列拖拉机

为了庆祝这一重要的周年纪念日，该品牌还推出了菲亚特百年纪念限量版系列拖拉机，该系列拖拉机的特殊设计外观，要求融入菲亚特拖拉机传统元素，同时把菲亚特拖拉机数十年来专门使用的独特赤土色进行更新，并赋予其金属质感。机罩标志，把纽荷兰今天用的叶子与传统的赤土联系起来。机罩和挡泥板上的特殊标识，把今天的拖拉机，与菲亚特的起源机型及标志性的90系列拖拉机联系起来。

纪念版拖拉机将提供六种款式，其涵盖通用、专用和履带式系列的拖拉机型号（T5. 120EC、T5. 115、带驾驶室的 T4. 110F、T4. 110LPROPS、T4. 110FB ROPS 和 TK4. 110 ROPS）。每台拖拉机都有一个带编号的标牌，标明它是该系列中的100周年限量版机型之一。

(五) 研制出性能卓越的新型拖拉机

2019年9月，凯斯纽荷兰网站报道，该公司推出纽荷兰 T1404B 型拖拉机，这是一款性能卓越的新型农机。与以往拖拉机比较，它具有下述主要特点：

1. 发动机额定功率大

它配备菲亚特动力科技6缸带涡轮增压 NEF 发动机，可提供103. 6kW (141hp) 的额定功率，专为农业机械配套设计，动力强劲，油耗更低。采用自动差速锁和四轮驱动，提高拖拉机的牵引性能和作业效率，降低拖拉机和轮胎的损耗。

2. 驾驶作业条件好

它拥有先进的区域动力换挡变速箱，可供多种挡位选择，能满足不同的作业需求。拥有动力换向手柄，换向操作更顺畅方便；拥有自动换挡功能，可使使拖拉机始终处于最优作业状态。拥有舒适的驾驶室，噪声低、视野开阔，并配备冷暖空调，可最大限度地减少驾驶员疲劳，为拖拉机提供更可靠的作业效果及舒适的作业环境。

3. 农耕劳作适应性强

它拥有卓越的液压和悬挂系统，农耕适配性强大。它采用主泵供液压及悬挂系统，并由独立的转向泵供转向系统，各系统互不干涉，可保证驾驶安全，液压系统总流量达 80L/min，可以搭配不同农具进行犁地、深松等多项作业。

4. 水旱兼备用途广

（1）防水前桥。采用全新密封设计，在保证现有转弯半径和工作特性的同时，可提供更强大的水田耕种功能。

（2）防水传动系统。传动系统经过严格密封处理，配套全新设计的四驱传动轴，在增强防水防杂质效果的同时，可大大减少水田内作物或杂质在传动轴附近的堆积和缠绕。

（3）防水后桥。采用独特设计的后桥密封组件，可全面防止后桥各关键部件遭受液体和固体的冲击。另外，它在疲劳测试中的卓越表现，也会给客户带来最优的质量和可靠性的保证。

（4）水田胎与配重配比。采用前轮 14.9R28、后轮 18.4R38 的水田高花胎，形成整车配重配比的重新设计，保证设备在具有最佳通过性的同时，能够提供最佳的牵引力。

二、研制播种设备的新成果

（一）开发马特马克气吸式精密播种机

2014 年 5 月，有关媒体报道，马特马克（MaterMacc）气吸式精密播种机，是意大利马克公司近几年重点推出的代表世界最新技术的播种机产品。该播种机可在已耕地和未耕地播种，适合于播种玉米、豆类、甜菜、花生、棉花和蓖麻等大粒作物，该播种机装有 EASY—SET 平行滑道系统，播种单体可在平行滑道上自由滑动，根据不同的播种产品，可以让用户在几分钟之内利用定位杆快速调节行距。

1. 马特马克气吸式精密播种机的工作原理及结构组成

（1）工作原理。马特马克气吸式播种机是应用气吸原理进行排种，气吸式排种器是它的中心部件。播种机工作时，拖拉机的动力输出轴驱动风机高速运转，通过吸气管在气吸式排种器的吸气室产生负压，当排种盘的吸种孔通过处于吸气室始端的种子室时，在两侧压力差的作用下，种子被排种盘上的吸孔吸住，排种盘由地轮通过传动机构驱动，随着排种盘的转动，刮种器刮去吸种孔上多余的种子，只带着一粒种子转到开沟器的上方。当吸种孔离开吸气道的末端后，负压消失，种子靠自身重力下落到滑刀式开沟器开出的种沟内，经覆土器覆土和镇压轮镇压后完成播种。

（2）技术参数。产品型号：MaterMacc；配套动力：50~70 马力拖拉机；播种机宽度：2.54 米；作业速度：8~10 千米/小时；播种行数：6 行；工作效率：32~46 亩/小时；行距调整范围：0.37~0.8 米；整机质量（包括肥箱）：1020 千克；种箱容积：210 升；肥箱容积：340 升。

（3）基本结构。播种机可通过三点悬挂或快速挂接与拖拉机连接，由拖拉机悬挂播种机运作。主要由播种机大梁、动力输出轴、液压装置、负压表、划印器、标识牌、变速箱和播种单体箱组成。附件由施肥箱、犁刀施肥开沟器、双圆盘施肥开沟器和微肥箱组成。

2. 马特马克气吸式精密播种机的主要性能及特点

该机可满足播种各种作物的需要，保证播种质量。用于播种甜菜、玉米、豆类、谷物和油料等多种作物。配套 50~70hp 拖拉机，拖拉机前需加一定量的配重。可一次性完成施肥、播种、镇压等多项作业。播种的深度和株距、施肥的深度和数量，以及苗带施药量都是可调整的。

施肥开沟器采用圆盘开沟器，与机架有缓冲装置连接，可缓冲作业中的冲击，而且对田间残留茎秆的地号有较好的通透性，可保证精确的深度、间距和播种均匀性。排种开沟器为圆盘式，两侧有限深轮，能灵活控制播种深度。可以垄作也可以平播，垄距调整范围大，可等行距、可宽窄行播种，满足各种栽培模式的需求。排种盘为不锈钢种盘，合金铜搅种器制作精良，排种效果好。施肥量和株距可通过两侧齿轮调整，操作简单。

单体仿形幅度大，可根据实际情况调整对地压力，独立限深轮可控制播种深度。V 形开沟器可形成种沟壁，增强种子拱土能力，能达到出苗后苗齐、苗均的效果，不需要人工补苗。具有表层破土系统，可有效地将干土清理掉，确保种子播到湿土层里。

风机由传动轴带动，风机传动可选配液压马达，风机转速平稳，配备具有直观检测能力的空气负压表，可根据作物的不同、种子大小不同，调整负压。

配有电子监控装置，对播种状态全方位监控。根据作物不同，可先设计好播种垄距等技术参数。播种时发现异常，监控系统将发出报警，驾驶员通过仪表盘显示，可迅速确定异常位置，及时排除故障。监控还可显示作业面积以及播种量等信息。

同时，装有可提高工作效率的液压划线器。配备了免耕组件，在播种开沟器前加拨茬轮，可使该播种机具有免耕性能，可进行原垄卡作业。另外，安装的 EASY-SET 平行滑道系统，播种单体可在平行滑道上自由滑动，可让操作者根据不同的播种产品，在几分钟之内利用定位杆快速调节行距。

（二）研制马斯奇奥气吸式精量播种机

1. 马斯奇奥 MT 型气吸式精量播种机的组成及特色

据有关报道，意大利马斯奇奥 MT 型气吸式精量播种机，呈现前三点悬挂式结构，由单刚性机架、四连杆机构、双圆盘开沟器、可调式限深轮、镇压轮、涡流风机、种子箱、肥料箱、种子电子监视器、传动齿轮、传动链条、真空管、施肥开沟器、划行器、地轮驱动等部件组成。该播种机适合于多种作物的精量播种，例如玉米、大豆、甜菜等，可以在已耕和微耕带有残茬的土地上使用。其特色主要体现在以下几个方面。

（1）播种深度一致。播种深度一致是 MT 气吸式精密播种机的特色和优势之一。其播种机带有单体仿形限深装置，即深度限位轮装备平衡摇杆。即使在田间多土块或土壤比较板结的条件下也能保证圆盘开沟器深度控制一致。限深轮相互独立，在田间平稳运行。为了避免土壤积堆，保持深度控制一致，并装配限深轮刮土器。在播种作业时，无论是秋整地还是春整地，是板结地块或是松软地块，垄上卡播还是平播，播深全部在农艺设计的要求范围内。

（2）种子分布均匀。种子分布均匀是 MT 气吸式精密播种机又一设计特点和要求。排种器由铝合金精铸而成，具有精度高、强度大的特点，并配备了不锈钢播种盘。双划种器与多地轮传动确保漏播和双籽率能够降到同类产品最低。排种器盖装有密封圈，与种盘合理地紧密配合，减少了种盘的磨损，使其经久耐用。排种器盖由一个蝴蝶螺帽固定到主壳体上，更换种盘省时省力。种子由曲线下种管输送到泥土里，抑制了种子在种管内跳动，保证种子的均匀性，使种子排放更精确。

（3）降低作业成本。减少作业层次以降低成本，是 MT 气吸式精密播种机的一大亮点。由于 MT 播种机带有单垄仿形装置，保证了其播种深度的一致性。①无论是上年秋整地的平板地，还是秋起垄地块都无须在播前耙地或旋耕作业，可直接播种。②MT 播种机播种具有均匀性，其播种单体带有可调式 V 形镇压轮，可依据土地类型和土壤含水量进行选择调整，确保镇压后形成上松下实的效果，雨后不板结，使种子与土壤接触紧密，确保种子萌发、出苗一致。播后不用再镇压，镇压效果显著好于常规镇压器的作业结果。另外电子监视器的配备使播种机在播种作业时，无须员工站立于播种机上，在拖拉机驾驶室内驾驶员本人就可全面监控播种机的各垄株距、粒数、工作量等情况，确保了播种质量，提高了工作效率。

（4）作业性能稳定可靠且调整便捷。意大利马斯奇奥 MT 型气吸式精量播种机对播种地块要求墒情合适，田间清理干净即可，而且种子一般情况下不用分级处理，作业速度 8 千米/小时以下效果最佳。以 12 行为例，更换种子涉及的所有工作 15 分钟之内就可完成，而且日播量达到 50 公顷左右。各部件连接可靠，传动布局合理。根据农艺措施要求，改装调整方便，也是 MT 播种机一大特色。从以往播种季节来看，该播种机制造工艺精度高，故障率低，结构设计合理，作业安全可靠，株距、种量、肥量调整方便准确，播种深度与镇压力度调整灵敏简单。播种机的使用，体现了节省成本增加收入的效果，经调查，播种机播种地块在同样情况下可增产 10%左右，达到预期的较好效果，是发展精准农业的有效途径之一。

2. 根据中国耕作模式开发出马斯奇奥 MT-18 型播种机

2016 年 4 月，有关媒体报道，意大利马斯奇奥公司根据中国黑龙江地区的耕作模式，开发出马斯奇奥 MT-18 型播种机，它是一款新型大豆、玉米兼用播种机。该机在保留原有 MT 系列播种机优点的同时，结构设计和功能方面进一步优化，经过在黑龙江农垦九三管理局、北安管理局、绥化管理局等地两个作业周期的实际作业验证，已成为大豆、玉米轮作区精量播种机用户的首选产品。

该机除了按常规的单体仿形、落种电子监控、双圆盘开沟波纹切刀、侧深施肥、可播多种作物等特点外，还具有以下特点：

（1）可以实现 1.1 米大垄垄上播 3 行大豆或 2 行玉米作业，相互转换只需将每条垄中间单体升起或落下，然后更换相应种盘即可，操作简便、省时省力，有效延长了作业时间，提高了作业收入。

（2）每条垄上的 3 个播种单体，采用“正品字”形设计，单体位置前后错开，避免了种箱刮擦，有效防止拖堆现象，提高了通过性能。

（3）主梁采用 10 毫米厚无缝方梁，较 MT-12 型播种机增加 2 毫米，挂接架向两侧延伸，形成一个“复梁”。4 个肥箱通过 3 根加固架牢牢地固定在一起，确保了机器的可靠性和安全性。

（4）前置式地轮行走在未经扰动的干土层上，尽可能减少地轮沾泥和拖堆现象，以及由此导致的地轮“丢转”现象。

（5）标配液压驱动风机，风压稳定，无论是播种机升起还是地头转弯，风机都能正常持续运转，确保出堑不落种、入堑不空穴。

（6）加大肥量设计，每公顷设计施肥量可达 650 千克，肥带距离分布合理，使垄上 3 条苗带都能得到同样的肥料供应。

（7）道路运输装置采用低地隙式转运车，行走轮升降和转向都是通过在驾驶室内液压控制完成，操作灵活简便，该转运车也可作为种子和肥料以及其他物料的运输工具，提高了设备利用率。

（8）与 MT-12 型播种机一样，配套动力同为 180~220 马力拖拉机。

意大利马斯奇奥公司创建于 1964 年，拥有马斯奇奥、盖斯帕多等五个国际品牌。产品涵盖耕整地、播种、中耕管理、植保、畜牧等设备。在 50 余年的行业发展历程中，公司不断适应市场需求，为消费者提供最适合的解决方案。现已在世界 100 多个国家和地区开展了业务，每年制造和销售的各类农机具 45000 多台，成为全球农具制造行业的佼佼者。

（三）最大薯类机械制造商及其研制的播种机

1. 最大薯类机械制造商思培多公司的发展概况

2018 年 11 月，意大利媒体报道，第四十三届意大利博洛尼亚国际农业机械暨园艺机械展览会（EIMA2018），11 月 7—11 日在意大利博洛尼亚展览中心举办。作为意大利最大根茎类种植机械以及收获机械制造商的思培多（SPEDO）公司，以“盛装”出席了这一届农机展。该公司产品种类齐全，既有与手扶拖拉机配套使用的半自动单垄作业机械，也有与中小型四轮拖拉机配套使用的自动式单垄和多垄作业机械，技术先进而且价格适中，深受众多发展中国家用户的喜爱。

在本届意大利博洛尼亚国际农机展上，思培多公司展出了其生产的最具典型的大中小薯类收获机械、种植机械，吸引了诸多观众前来参观咨询，有的还应邀前去参观该公司的生产车间。

思培多公司总部位于意大利北部的维罗纳市，是一家家族企业，由思培多兄弟于1952年出于对农业巨大的热情而建立。在公司成立初期，思培多兄弟凭借着其非凡的创造性和坚韧性，根据农业生产的实际需要和在各领域工作中获得的经验，设计制造出了一系列用于播种和收获马铃薯的农业机械，而且这些机械在农业生产上迅速地普及，使得公司的技术及组织规模进一步成熟。

面对日益激烈的竞争，思培多公司不仅配备了现代化技术来优化生产过程，也更加重视创新。思培多公司不断地对技术升级、产品创新加大支持力度，以保证在某一领域本产品有着绝对的技术优势。而且，除此之外，技术部门还不断地致力于每个单一部件的研究，以确保使用安全和产品质量。

为用户提供可靠性最高的产品，是每一家生产商最基本的理念。参观者可以看到，思培多公司的生产车间并不是人们想象中那样的高度现代化、智能化，许多生产设备都是一般企业常见的。生产车间，也没有人们想象的那样现代化和自动化，而且相当一部分的工序，依旧是由人工来完成。

然而，其产品品牌的口碑以及产品质量，都在国际同类产品中名列前茅。究其原因，主要还是两点：创新及工匠精神。说到技术创新，就会想起抄袭行为。虽然这种现象屡见不鲜，但一个制造设备的企业，如果技术上只会抄袭，就注定其只能是跟着别人后面走。这在技术升级迅速地今天，一旦遇到技术壁垒就很容易危及企业的生存。而工匠精神虽是一个老生常谈的问题，但凭着生产一线员工的表现，就可以看出普通企业与优秀企业的差别。从考察思培多公司可以看出，一个企业只有凭借着虚心求教以及精益求精的工匠精神，不断创新发展，才能使其产品品牌的旗帜，稳稳地树立在世界高端之林。

2. 思培多公司研制的代表性薯类播种机

思培多公司研制的薯类播种机有多种型号，其中具有代表性的，是专门针对大中型农场需求研发的 Modello SPA-2 系列马铃薯播种机。该系列播种机有着越来越精确可控的块茎播种装置，大大提高了播种效率及播种质量。

该型播种机的播种原件能够倾斜块茎引导通道，因而机具可以在丘陵山地作业而不影响播种质量。种块传输带配有可容纳 30~50 毫米不同大小块茎的杯子，同时播种元件配有由两个皮带张紧弹簧支撑的上滑轮，为传送带提供了更强的黏附力，避免了漏播的现象；而且位于皮带后面的机械振动器可发出连续可调节的震动，有效避免了由于杯子带取了一个以上的块茎而导致的重播。

SPA-2 系列马铃薯播种机是一种多功能根茎播种机，可与 50 马力左右的拖拉机配套使用。

（1）工作原理。SPA-2 系列马铃薯播种机采用驱动地轮作为施肥、排种的动力来源，可一次完成开沟、施肥、下种和覆土等作业。工作时，播种机前面的开沟犁进行开沟作业，地轮随主机前进转动，其轮轴上的链轮将功力传到中间轴上的链轮，带动同轴上的勺式排种带排种。马铃薯被传送带上的勺子平稳地输送到开沟犁挖开的沟内，后面的覆土盘进行覆土并起垄，从而完成播种全过程。该机还可选配肥箱、打药器，一次性完成马铃薯种植的全部作业。

（2）主要技术参数。作业速度 6 千米/小时，行距 0.36~0.5 米（可调）。株距 0.25~0.45 米（可调），播深 0.1~0.18 米（可调）。生产效率 0.6 公顷/小时，整机质量 420 千克。

三、研制收获设备的新成果

（一）研制纽荷兰 L 系列联合收割机

1. 纽荷兰 L 系列联合收割机概况

查阅有关资料可知，意大利纽荷兰 L 系列联合收割机有 L517、L521、

L524、L624、L626 五种机型。按照其核心技术特点，可分为两大类型：一是有多功能分离器，没有调平机构；二是既有多功能分离器，又在安装了整机调平机构，包括横向调平和纵向调平。调平机构可手动控制，也可依靠传感器采集坡度信号来自动控制。由于安装了调平机构，使联合收割机可以在横向坡度 20%、纵向坡度 8%的坡地作业。由于机身保持水平状态，所以分离装置和清选装置的全宽度负荷均匀，分离、清选效果好，而且驾驶安全。整台联合收割机的 80%外表面有镀锌保护层，55%的内表面经过电镀处理，耐磨、抗腐蚀性强。

2. 割台及喂入部分的主要特点

割台宽度分别为：L517 型 4.2 米、L521 型 4.8 米、L524 型 5.4 米、L624 型 6 米、L626 型 6.6 米。割台可左右倾斜 20%，能适应在坡地作业。整个割台安装在一个专用机架上，该机架与倾斜输送器铰接，并由液压油缸控制着。割台的左右倾斜可自动控制，也可人为地手动控制。割台下面全宽度都装有滑板，使割台磨损减轻，维修成本降低。

割台高度控制有自动控制和手动控制两种模式。自动控制中又分为两种程序操作：一种是浮动式，即将割台放到地面，让割台滑板始终与地面接触，这种控制可使割茬保持在 0.05~0.18 米，适用于收获大豆等作物；另一种是自动将割台控制在某一恒定高度上，割茬高度控制范围在 0.2~0.5 米，这种控制适用于收获油菜籽等作物。自动控制割台高度的原理是：在割台下面的滑板上装有传感器，将机械信号传出，经过一只电势计，将机械信号转变为电信号指令，再经电磁阀和液压阀及油缸自动调整割台高度，使割茬高度维持在预置值上基本不变。采用手动控制模式时，驾驶员可连续改变割台高度，实际割茬高度实时显示在显示屏上。

割台推运器的上下位置及前后位置均可调整，以适应不同作物；推运器装有全宽度可收缩扒杆，喂入效果好。

拨禾轮直径大，达 1.08 米，安装着 6 排弹齿，两端封闭，收获倒伏作物能力强；拨禾轮转速可随时在驾驶室内调整（13~60 转/分）；拨禾轮高低及前后位置均为液压控制；拨禾轮为不反光暗色，不影响夜间作业的观察。

刀头箱为油浴式摆动传动，使切割速度达 1100 转/分，可允许高速收获；割刀有齿边刀，适于收获水稻和草籽；割台下面安放一套备用刀，一旦作业中割刀损坏，可迅速换上。

倾斜输送器较长，有利于驾驶员观察割台情况；倾斜输送器的下轴为自由浮动式，可适应作物量的变化；倾斜输送器的驱动及割台的驱动都装有安全离合器，在倾斜输送器上端装有集石器，可保护脱谷装置。另外，还安装了倾斜输送器及割台推运器反转控制装置，一旦发生堵塞，可及时反转排除。

3. 脱谷与分离部分的主要特点

（1）脱谷部分滚筒直径大，转动惯量也大，抗负载波动能力强。滚筒直径0.6米，长度为1.34米（L517、L521、L524型机）和1.6米（L624、L626型机），纹杆8根。工作时可在驾驶室随时调整滚筒转速（375～1210r/min）。在收获一些特殊作物时，可安装减速箱，以获得更低的转速。脱谷凹板有多种形式，可适应收获不同作物的需要；凹板进出口间隙的调整，可在驾驶室通过操纵手柄进行；凹板包角为106°，凹板表面积L517、L521、L524型机为0.83平方米，L624、L626型机为0.99平方米。

（2）分离部分包括脱谷凹板、逐稿轮、多功能分离器和逐稿器。在脱谷时谷物就经凹板进行了初分离，脱出物从脱谷装置出来后到达逐稿轮，逐稿轮后是该机特殊设计的多功能分离器（转子分离器），分离器之后是逐稿器（最终分离装置）。

4. 清选与卸粮部分的主要特点

（1）清选部分的清选筛为双运动式，即上下筛运动方向相反，振动轻、清选能力强，还能消除短秸秆；清选筛面积L517、L521、L524型为4.76平方米，L624、L626型为5.66平方米；清选筛都镀有保护层，抗腐蚀。风扇速度由电子控制调整，可调范围大，在350～1050r/min之间，而且可以微调。

（2）粮箱和卸粮部分：粮箱容积大，L517、L521、L524型为6.5立方米，L624、L626型为7.0立方米。因此作业受卸粮车的影响小。在驾驶室安装着粮食取样门，驾驶员在作业中不仅可以掌握箱中粮食量，而且可以检查所收获粮食的质量。卸粮速度可调节，最大速度为70升/秒，对卸湿粮的适应性强。

5. 行走与发动机部分的主要特点

（1）行走驱动为液压驱动，只有L517型机有液压驱动和机械驱动两种形式，驱动系统液压泵为“Sauer”型，转速 2620r/min；液压马达排量为 $100cm^3/r$；卸压阀压力为 42MPa。行走变速系统为液压变速与机械变速相结合。变速箱有 4 个挡位、3 个作业挡、1 个运输挡。

（2）L 系列联合收割机的发动机，为 IVECO-A1FD 牌 6 缸滑轮增压柴油机。其最大功率，L517 型机为 124 千瓦，I-521 型机为 151 千瓦，L524、L624 型机为 177 千瓦，L626 型机为 l91 千瓦。发动机的空气供给系统，安装着一个由排气推动旋转的旋风式除尘器，空气进入旋风式除尘器后，其中的大颗粒灰尘被甩到外边缘，并被排气带走。在散热器前方布置了冷却散热系统，安装了一个有专利技术、能自清洁的转子护罩，在转子护罩与散热器间，安装了一个强力风扇，除去尘土和杂物等，防止堵塞散热器，并将清洁空气大面积地吹向散热器。

6. 驾驶室及电子监视部分的主要特点

驾驶室整体安装在橡胶减振垫上，大大减轻了驾驶室的振动，使噪音降低到 80 分贝以下。驾驶座及舵柱均可调整，各种操纵手柄等都合理地布置在便于操纵的地方；玻璃窗面积大，视野好。驾驶室内在冷风吹过的地方设置了饮料盒架，供放置冷饮。

驾驶台上装有计算机，可提供机器运转过程中的各种指标和信息，包括滚筒转速、风扇转速、拨禾轮转速、发动机转速、发动机机油压力、发动机冷却液温度、作业前进速度、收获损失、单位时间作业面积和总作业面积等。

另外，L 系列联合收割机还有以下附件：一是配有秸秆切碎器总成，需要时可很容易地装上；切碎器装有工作状态转换控制手柄，可将切碎器置于切碎抛撒工作状态或放条铺状态，切碎刀可双面使用，寿命长。二是配有 4~8 行的玉米割台，同时配有脱玉米用的专用凹板。三是配有多种专用筛片，以适应收获不同种类的作物。四是配有收获水稻的专用部件，包括钉齿式脱谷滚筒和凹板及半履带装置等。

（二）研制纽荷兰 CS 系列联合收割机

1. CS 系列联合收割机概况

2007 年 2 月，有关媒体报道，创建并成长壮大于意大利的纽荷兰公司，与凯斯公司合并后，新推出纽荷兰 CS 系列联合收割机，共有 3 种型号：CS6050、CS6070 和 CS6080，它们采用先进的高压共轨发动机，结构简单，能适应各种作物的收割，可靠性高。制造纽荷兰 CS 系列联合收割机的工厂位于比利时，它是欧洲最早生产自走式联合收割机的企业，在收割机技术创新方面一直走在同行业的前列。

CS 联合收割机驾驶室安静，视野好。信息监视器观察方便。标准配置的空调舒适，可调的座椅、转向柱和扶手控制台符合人机工程学原理，能根据操作的需要进行调整。

2. CS 系列联合收割机作业系统的主要特征

（1）割台方面。CS 收割机可选择 3. 96~9. 14 米刚性割台，6. 12~7. 62 米挠性割台和 5~6 行玉米割台，能够适应各种作物的收割。割台配有大拨禾轮，收获能力可靠稳定。CS 收割机安装了割台仿形系统，即使在起伏不平的田间，也能保持割茬高度的一致。液压割台反转装置，能够快速省力地清除割台内所有的阻塞物。

（2）脱粒和分离系统方面。纽荷兰 CS 系列收割机具有大滚筒和较宽的凹板角度，有助于提高各种作物的田间收获能力。凹板调整方便，面对不同的作物和各种收获条件，均能保持强大的收获能力；脱粒干净、破碎率低。CS6050 谷物凹板面积为 8600 平方厘米，CS6070 和 CS6080 为 1. 04 平方米，凹板与脱粒滚筒的包角为 121°。坚固的高惯性滚筒直径 0. 6 米，即使是带穗作物的脱粒，也可以轻松完成。为了改善逐稿器的性能，CS 联合收割机配备了作物强制分离装置。转子式作物强制分离装置，是纽荷兰的重要发明。使用强制分离装置后，CS6050 凹板的脱粒揉搓面积，会增加 0. 84 平方米；CS6070 和 CS6080 凹板的揉搓面积，将增加 1. 01 平方米，作物强制分离滚筒和凹板大大增加了离心力和凹板摩擦面积，对各种作物的适应性更好，脱粒效率能提高 20%。

（3）清选系统方面。谷物进入筛子前有一段 0. 45 米长的斜坡，不但增加了可控制风量的筛子区域，还会产生强烈气流，在最后清选前，带走谷物中大量的谷壳和细小的秸秆。下筛调整方便，能适用于不同籽粒大小的谷物。对于特定的收获作业，可以使用圆孔筛。清选风扇转速由装在驾驶室中的电子控制仪表监控。坡地作业时，纽荷兰专利的智能化筛子，能自动调平 25%的侧向倾斜所带来的影响，筛子可以根据需要，调整倾斜角度，由电子执行机构控制筛子的摆动位置，调整横向振动的振幅。智能化的筛子自动调平系统使风机转速与谷粒大小相匹配。

（4）秸秆处理方面。CS 收割机作业后留下完整优质的秸秆，能打出结实的草捆。脱粒和分离部件可以根据谷物和秸秆状态进行多种调整，确保秸秆的完整性。不留秸秆的用户，可以将其切碎还田。CS 收割机上采用整体秸秆切碎器，切碎效果良好，秸秆切碎后的抛洒宽度可以超过割幅。

（三）研制烟草收获机的新信息

1. 开发自走式烟草收获机

意大利国内对烟叶采收的成熟度要求较高，烟叶采收分 4 次完成，其烟叶采收已实现机械化作业。烟草收获机主要有 3 种：一是完全机械化采收，一人操作一台采收机，一次采收 2 行烟叶。二是大型人工采收机，一台采收机需要 5 个工作人员，其中：1 人驾驶机器、2 人采收烟叶、2 人在车厢内整理烟叶。三是小型人工采收机，驾驶和采烟由 1 个人同时操控。近年，意大利大多数农场为了节省人力成本，使用自走式烟草收获机采收烟叶，实施全机械化的作业模式。以下择要介绍意大利研制的自走式烟草收获机。

——2TTH 系列烟草收获机

意大利德克洛特（DeCloet）公司是最早研制烟草收获机的厂商。1979 年，该公司研制出世界第一台全自动自走式烟草收割机。后来，它又继续开发，制造了较为先进的 2TTH 型烟草收获机。

这个系列烟草收获机采用 84.5kW 的约翰迪尔发动机，整个机器长 6.8 米、宽 2.9 米、高 3.3 米；与美国 6360 型收获机相似，也采用三轮全液压驱动技术，转弯半径较小为 3.2 米，速度范围上限为 24 千米/小时；双行输送带由液压马达驱动，速度可调，烟叶卸载高度为 3.5 米，车辆作业过程中的性能参数可实时地进行屏幕显示。

德克洛特公司生产的 2TTH 系列烟草收割机，已广泛应用于美国、墨西哥、印度、巴基斯坦、南美洲和欧洲国家。

——RA 系列烟草收获机

意大利斯帕佩里（SPAPPERI）公司生产的 RA 系列烟草收获机，包括 RA341、RA632、RA731、RA742 及 RA942 等机型，它们均属于自走式烟叶收割机，但它们可以根据不同标准进行分类。

根据烟杆上烟叶分布位置的不同而采取不同的收获方式，RA 系列烟草收获机可分为两类：一类是针对烟叶分布于较低或中间部位的烟叶采摘机，其机型有 RA341、RA632、RA942 等三种；另一类是针对烟叶分布于顶端的烟叶采摘机，其机型有 RA731 和 RA742 两种。

根据烟草收获机车辆底盘轮胎驱动形式不同，RA 系列可分为三轮液压驱动和四轮液压驱动。以三轮液压驱动为主的机型有 RA632、RA731。RA632 机型的烟叶采摘机在田间适宜行走的行间距为 1.15 米，通过液压驱动系统驱动 3 个轮胎行走，并且通过前轮进行转向。RA731 机型是全自动化适用于顶端烟叶采收的烟叶收获机，一次性收割 1 行烟叶，在田间适宜行走的行间距为 0.8~1.2 米，通过液压驱动系统驱动 3 个轮胎行走，通过后轴转向。以四轮液压驱动为主的机型有 RA341、RA942 和 RA742。

根据机器作业时采收烟叶行数的不同，RA 系列又可分为自动化 1 行采收和 2 行采收。作业时，自动化采收 1 行的机型有 RA341 和 RA731。自动化采收 2 行的机型有 RA632、RA942 和 RA742。

按照农艺要求，烟叶采摘机必须以成熟度为标准，从最低的开始逐渐向上进行收获，可一次性收割两行烟叶。收割时，当烟草受到旋转橡胶圆辊螺旋运动冲击时，烟草将会被拔出来；通过特殊的电子液压传感器持续感知跟踪地形轮廓和作物行间距的直线度，落叶装置的精确性和稳定性将会得到保证；收获后的烟叶通过金属辊被送到输送带上，进而通过举升机构将烟叶送入存储箱，利用风机的作用，存储箱箱内的烟叶将会受到持续空气流的吹动；当存储箱满载时，烟叶将会被卸到运输车上，最终完成烟叶采收。

——履带式烟草收获机

意大利有一家农机公司专门针对收获布赖特烟叶，研制出一款履带式的自动摘叶烟草收获机。其履带轨距为 1.9 米，收获行距为 0.9 米的烟叶一次可以收获两行，机高为 2.2 米；机架上可以装配烟叶打顶装置和喷药装置，进行打顶和喷药作业。收获机上装有 26 千瓦的发动机，各作业机构都由液压机传动。为了适应在潮湿烟田里行走，收获机装配了超长履带，从驱动轴到导向轮距离为 2.8 米，可以减少整地宽度和转弯时间。

2. 开发半自动化收获机及其他收获机型

自走式烟草收获机多为大功率收获机械，适用于面积较大的烟田。对于小块地，半自动式和人工辅助采收的机器则适应性更好。

（1）德克洛特公司制造的半自动采摘机。该采摘机在降低一定采摘速度的前提下，大幅度减少了烟叶的破碎率，适合小块烟田使用。在机器作业过程中，需要操作机手负责操控机器，使得机器沿行间随烟叶行行走，机器跨在烟垄上；两端车架上设有放置装烟叶的烟筐，烟筐后设有座椅，人工坐在座椅上负责采收烟叶，机器行走的速度与人工采摘烟叶的速度相匹配，大约为0.5~1千米/小时。该机器的优点是，人工采收烟叶对烟叶的损伤较小，烟叶完整，采收效果较好；但是相比于机器采收作业，半自动采摘机作业效率较低，较适合小块烟地。

（2）斯帕佩里公司制造的RA1TO型烟草收获机。该机器结构尺寸较小、方便灵巧，跨一行烟行作业采收，行宽为0.45米，整机质量仅为540千克，车速范围为0~5千米/小时；采用液压转向和液压制动机构，执行动作通过驾驶员处的操纵杆来实现，从而可以有效地控制车辆的前进。液压元件的有效布置使得车辆在田间作业的前进、转向、制动和采收等动作性能更好。采收烟叶时，通过采收刀把烟叶拨到两侧的输送带上，被打落的烟叶通过风机口的通道，被吹落到机器后方的采收烟框里，从而完成烟叶采收。

（四）研制葡萄收获机的新信息

1. 研制布劳德9000L系列葡萄收获机

查阅资料可知，1870年，亚历山大·布劳德创立了布劳德（Braud）公司，目前，它是统一在纽荷兰蓝色树叶标志下最早成立的公司。走过近一个世纪后，该公司在1975年推出世界上第一台自走式葡萄收获机，从而彻底改变了葡萄收获的状况。

在此基础上，纽荷兰公司的专家团队，经过40多年的创新设计，精细调整，用心生产，终于使纽荷兰布劳德（Braud）9000L系列葡萄收获机，凭借其生产率高、收获质量好，并具有多功能性等特点，成为葡萄收获行业的标杆。

当今，纽荷兰及其布劳德品牌葡萄收获机，已经成为卓越葡萄收获技术的代名词。目前，全球投入使用的该品牌葡萄收获机，已有15000多台。布劳德9000L系列，使用公认的最好的采摘技术，即高效的SDC振动系统。独立的振动连杆可以根据产量自动结合、停止，从而保护果实和作物；这些震动连杆，可以快速轻松地根据不同的作物状况及产量组合使用。

纽荷兰布劳德9000L系列中的布劳德9080L款式，近年营销业绩突出。它包括四种机型，可以满足中型、大型及超大规模葡萄园的收获需求。布劳德9000L系列葡萄收获机的功率范围为141~175马力，有4~6缸配置可以选择，并配有菲亚特隶属的FPT工业公司开发的共轨电控发动机。这些发动机与智能管理系统一起，为用户提供无与伦比的作业性能和经济效益。此特点允许由电子控制发动机转速和调整机器本身，以减少燃料消耗。

布劳德9000L系列是专为全天候生产设计的机型，其工作涵盖从预修剪到葡萄收获各环节。采摘头可以由一人进行拆装，无须特殊工具。可快速安装器具，包括修剪器、预修剪工具、修枝剪和喷药的工具，以满足葡萄种植者在不同季节的不同工作需要。

9000L系列采摘头的设计可显著降低洗涤时间，其半自动清洗系统可作为选装配置。所有的收获机头的润滑点被组合成一个单一的点。自动润滑系统作为选装配置提供。这系列机型拥有长达600小时的保养周期。

驾驶室采取悬挂式设计，具备隔音、通风、密封、防水的功能，并配有暖气和空调。窄方向盘增加了能见度，同时座椅为驾驶员提供了上乘的舒适感受，而符合人体工程学的操作环境，能够减轻操作者的疲劳，提高作业精准率。驾驶室内的智能视图触摸屏显示器，通过几个自定义的页面，可显示和设置所有的机器功能。共线系统全兼容，可以操作一系列的多功能设备和喷药机，这消除了单独操作的需要，减少了工作间的转换时间。

2. 研制VML系列葡萄收获机

2014年，纽荷兰公司向市场推出VML系列葡萄收获机，该系列共有5种机型：VM3080型、VM3090型、VL5060型、VL5080和VL5090型。

该系列葡萄收获机最大的特点，就是装有SDC型动态控制式振抖机构。振抖机构的每个逐稿器的后置固定采用一种柔性结构，这样，就不需要进行规律性的维护操作。另外，除 VM3080 型和 VL5060 型外，其他 3 种机型还可以根据其水果分布区域的高度，快速断开逐稿器，以改变其逐稿器运转的转数。

纽荷兰科研人员在进行设计时，就十分重视对葡萄树、葡萄粒、橄榄树、橄榄果的双重保护措施。该系列葡萄收获机设计采用了 NORIA 型新型结构的无级链式提水斗，提水斗的外壳由一种食用型聚氨基甲酸酯材料制成，极为柔顺光滑，就是提水斗受到葡萄藤蔓和橄榄树枝裹缠，也不会被损坏，也无任何磨损，而且水也不会洒泼到地面上。这种 NORIA 无级链式提水斗，由于对其无极链轨道进行了技术质量上的改进提高，采用了双开启的设计原理，其使用寿命与旧机型相比，提高了 2~3 倍。为了能够使收获葡萄粒达到最佳化分布，该系列机型均装有一个清理输送机。这样，所装用的吸除器，就可以将混在收获葡萄中的杂质有效地清理干净。

由于在设计时采用了很多创新措施，因此，该系列新型葡萄收获机的维护操作就十分简单便捷。一些新型部件，如密封轴承等的维护费用也大大降低。科研人员在设计时，就对某些部件结构布置进行了改变，如将其逐稿器改为 4 个逐稿器排为一列，极大地方便了对其进行维护操纵。

该系列各种机型，均在每个料斗上装有一个脱粒-分离器，它是葡萄收获机制造商的专利技术产品，采用这种结构可以保证收获葡萄粒的质量。经过试验证明，在其料斗上装用这种脱粒-分离机构后，不会影响料斗的生产效率。另外，当这个脱粒-分离器不工作运转时，驾驶员在驾驶室即可操纵其向反方向转动，这样，就可以将收获的葡萄粒直接输送入料斗。

该系列葡萄收获机，均装配菲亚特属下 FPT 工业公司 NEF 型工业用 4 缸发动机，采用涡轮增压和中冷技术，按照 ECER120/ISO14396 标准测定其功率为 94 千瓦，已达到 Tier3 标准规定的废气排放指标。发动机采用机械式喷油方式，但由于装有 EMS 型管理系统，从而也获得了显著的节油效果。EMS 型发动机管理系统还有另外一个好处，即当收获机作业时，在地边或行端行驶，驾驶员需要停止逐稿器和吸除器的运转时，EMS 系统就可以根据收获机所需要的功率多少，对发动机的转速进行调控，这种调控完全是一种自动操纵，而不需要驾驶员的干预。仅此一项措施，即可使收获机节约16%的燃油。

该系列葡萄收获机5种机型的底盘架，结构参数基本上相同。燃油箱的容量均为160升，均系列化装用了带有防滑系统的静液压传动机构，前轮最大转向角为90°。在没有装用脱粒-分离机构时，底盘架最大倾斜度为32°，装用脱粒-分离机构后，其最大倾斜度为30°，底盘架的倾斜坡度最大均为25°。各机型系列化装备还有：EMS型发动机智能化管理系统、行驶速度调整器，另外，还可以根据需要选装前置式多用途支撑臂。

该系列葡萄收获机各机型均装用了一种新型结构的驾驶室，有效地提高了驾驶操纵的舒适性和安全性。设计装用的驾驶座椅和方向盘，均可以根据驾驶员的需要，进行各种倾斜度和位置的调整。驾驶室装有驾驶操纵用的系列化摄像器，还可根据用户要求选装用于提高视野度的摄像器。在操纵扶手上，装有整体式结构多功能控制器，可以进行全方位调整，可以操纵收获机前进行驶速度、逆向行驶挡次、葡萄收获机采摘头以及其他各类用途的装备等。

（五）研制根茎收获机的新信息

思培多公司是意大利最大的根茎收获机械制造商，由它独立研制，或与其他机构合作开发的根茎收获机，有许多不同系列和不同型号的产品，其中CPP-BD双带多功能根茎收获机系列和JUNIOR马铃薯收获机系列，多年来深受广大用户欢迎，是其较有代表性的研发成果。

1. 开发双带多功能根茎收获机

CPP-BD系列双带多功能根茎收获机，可以在任何类型的平坦或者丘陵山区中实现良好的收获效果。该系列收获机挖掘机由多个可互换的刀片和2个横向切割盘组成；输送带由钢棒组成，并由带有轴承的橡胶辊支撑。此外，这些型号的收获机所有收到振动的点都配备了防震橡胶衬套，提高了机具作业的稳定性。

该系列收获机使用三点悬挂系统与拖拉机进行连接，挖掘深度由犁和后轮的倾斜度来调节；它可以提供1.40米和1.65米的筛道宽度。宽度为1.40米时，可以在0.75～0.80米的范围距离内挖掘2排，而在1.65米的通道中，可以在0.85～0.90米的范围内挖掘。标准筛带的间距为 0.036 米。

多年来，这个系列中的 CPP-BD-150/S 型收获机，一直保持良好的销售业绩。它由思培多公司与现代农装科技股份有限公司联合研制而成，是一种多功能根茎收获机，可与 50 马力的拖拉机配套使用。适用于收获马铃薯、胡萝卜、洋葱、大蒜及中草药的根茎，具有结构合理、使用方便等特点。

（1）主要结构和工作原理。该机由传动轴、挖掘铲、传送履带、后抖动筛组成，通过 3 点悬挂与拖拉机连接。作业时，拖拉机牵引收获机前进，带动挖掘铲把马铃薯或胡萝卜等与土层一起铲起，经过传送履带将收获对象与土层分离，收获对象继续向后传送，泥土则通过传送履带的筛子漏在地下，最后马铃薯或胡萝卜等被传送到后抖动筛处进一步和泥土分离。分离完成后，马铃薯或胡萝卜等被直接成条铺放在地上，经人工捡拾即可完成收获。

（2）主要技术参数。配套动力 50 马力，效率 0.2~0.4 公顷/小时，收获幅宽 1.5 米，破皮率<1%，明薯率≥99%，收净率≥99%。

（3）主要工作特点。一是收净率高。由于挖掘铲直接将土层和马铃薯或胡萝卜等输送到传送履带上，而且收获深度可达 0.3 米，所以在收过的土地上基本没有漏收现象。二是破皮率低。由于一些运动部件采用橡胶为原料，在作业过程中，马铃薯或胡萝卜等与橡胶产生的摩擦，比与铁器直接摩擦造成的损伤减少了 90%。三是投资回收快，估计经过一年作业产生的收入，就可以收回购买机器的成本。

2. 开发牵引式马铃薯收获机

JUNIOR 马铃薯收获机是牵引式的。该系列收获机，可一次性完成马铃薯挖掘、茎秆分离、挑拣、装箱等作业。

用于挖掘马铃薯的拾取器系统包括：3 个犁头，用于挖掘调节的摆动塞尺辊和割草盘。筛分输送带宽 0.6 米，带有桨叶横杆，可防止滚动和剥落。

分拣平台由 0.85 米宽的条带组成，横向分开 2 个叶片，以便对马铃薯进行分类。分配在桌子两侧的工作人员，通过将马铃薯转移到分拣带的侧面部分来手动选择马铃薯。然后将收集的产品输送到放置在机器后部的特殊支撑件上的袋子、板条箱或盒子中，而被挖掘出来的土块以及茎秆则会被丢弃在地上。两条皮带（电梯和分拣机）由液压驱动，变速电机可由分拣操作员轻松调节。

四、研制其他农用设备的新成果

（一）开发节水灌溉装备的新信息

意大利研究开发节水灌溉装备的企业很多，较有代表性的厂商有奥克米斯（OCMIS）公司等，主要生产卷盘式喷灌机和井用潜水电泵等产品。

1. 研制卷盘式喷灌机的新进展

目前，国际上卷盘式喷灌机主要有两种类型：一种是绞盘式喷灌机；另一种是钢索牵引平移式喷灌机。由于钢索牵引平移式喷灌机软管在地面上回形移动，机器运行要求道路较宽，故很少在欧洲使用，所以意大利厂商也很少制造这类设备，其产品主要集中在卷盘式喷灌机。

卷盘式喷灌机驱动喷头车移动的装置有两种：一种是水涡轮驱动；另一种是橡胶囊或水活塞驱动。两种产品各有特点，水涡轮驱动的结构和工艺比较复杂，但可靠性较好，橡胶囊驱动的结构简单，但橡胶囊容易损坏。一般卷盘式喷灌机上都装有自动调速装置，使塑料管移动速度基本稳定在所需要的范围内，不至于使绞盘在卷管时由于半径变化引起灌溉速度的变化，从而影响灌溉质量。

塑料卷管是卷盘式喷灌机的重要部件，在使用时它和地面直接接触，而且一直在地面上滑动。目前，卷盘式喷灌机配管的材料多是高密度聚乙烯为主要原料，再配以其他材料改性而制成，有较高的抗拉强度，一般对环境的适应性和抗开裂性能都很好，使用寿命长，有良好的耐磨性。

移动的喷头小车有两种：一种是单喷头，喷洒半径为 20~60 米，喷洒角度一般为 120°，它适合于对冲击载荷要求不高的大田作物；另一种为桁架式喷头车，它把多个低压喷头固定在桁架上，或吊装在桁架上，桁架的宽度为 20~56 米，运输时可以折叠起来，它主要适合对喷洒冲击要求较高、雾化较好和风比较大的灌溉场所。农户使用时，可根据作物的需要调换不同的喷头，以达到广泛适用。

意大利厂商设计制造的卷盘式喷灌机，其主要特点是，结构紧凑，操作方便，适用范围广。不仅适合于大田的喷灌，也适合于草坪、果园及经济作物的灌溉。它对田地表面环境要求不高，移动很方便，可以集中使用，也可以分散使用，是一种先进的节水灌溉设备。

2. 研制井用潜水电泵的新进展

意大利厂商研制的潜水电泵产品，主要有 0.1、0.15、0.2、0.25 米井用潜水电泵，其中大多数是 0.1、0.15 米的井用潜水电泵和小型地表水用潜水电泵。

0.1 米潜水电泵用的电机，最大可以达到 5.5 千瓦。大部分电机为不锈钢外壳，有的公司为了增大外壳的机械强度，同时减小整机质量，将电机外壳做成螺纹状，外观比较美观。电机有干式、充油式和充水式多种，小功率的大部分为干式或充油式，大功率的多为充水式。小功率电机有单相和三相两种，使用频率为 50Hz 和 60Hz，绝缘等级为 F 级，使用的最大环境水温允许达到 35℃。

电机轴为不锈钢制造，上下导轴承座为高强度铸铁，导轴承和推力轴承为特制的不锈钢和工程塑料，湿式电机的内腔和外表面涂刷一种特制的环氧基防锈漆，可以有效地防止使用过程中表面涂层脱落或表面生锈。

小井径潜水泵的叶轮多为正反导叶，塑料或铜材制成，外壳为不锈钢薄板焊接成整体结构。大井径潜水泵多为空间导叶，它的结构与各国同类产品相似，但从外观看，其工艺比精细，用的材料也比较考究。

3. 研制喷头及其他零配件

意大利厂商制造的喷头比较多，其主要特点是产品系列化程度和工艺水平都比较高，一个公司可以生产多种不同用途的喷头，同时还可以供应各种连接件和配件，使用户在选择时非常方便。大型喷枪式喷头和低压系列喷头可以适应不同的环境和地区。如在有风的环境中，大型喷枪式喷头可以自动调节喷头仰角，适用的范围更宽。

意大利厂商制造的管路和管路配件品种也较多。输水管路基本有两种：一种是 4~12 米长的镀锌焊接薄壁管或铝合金管；另一种是塑料管，其品种与各国常见的管路相差不多，但管路附件齐全，而且可以和各种形状的管路相配套。有些附件制造得很好，如球形连接件，在连接管路时操作很方便，而且在管路布置时变位也很容易，可以适应不同的或复杂的地面环境，连接部位保证不漏水。

（二）植保机械特色与施药技术的新信息

农业生产通常包括耕整地、播种、植保、收获、烘干和秸秆处理等主要环节，其中植保机械和农药施用技术水平，直接影响农作物病虫害和草害的防治，以及农产品产量的提高。意大利重视植保机械的研制，从2018年博洛尼亚国际农机展上，可以看到该国研制的各种各样植保机械。它们有自走式的、牵引式的或悬挂式的，有普通型的或高地隙的，有大田用的或果园用的。大田用得多采取风幕式喷杆喷雾机，果园用的有隧道式循环喷雾机和多风管定向风送式喷雾机等。

1. 植保机械具有的主要特色

（1）实现植保机械产品专业化使用和管理。在意大利，大田农作物有各种农作物专用喷雾机。果园根据果树种类的不同，有果园专用喷雾机等。同时，通过法律规定，植保机械必须由专门机构定期进行年检，年检合格发放证书后，方可进行喷雾作业。

（2）提高智能化和机电一体化水平。意大利植保机械产品，正向智能化和机电一体化方向发展，电子显示和控制系统大量应用。电子控制系统可以显示机组前进速度、喷杆倾斜度、喷量、压力、喷洒面积和药箱药液量等。通过面板操作，可控制和调整系统压力、单位面积喷液量及多路喷杆的喷雾作业等。控制系统会依据机组前进速度自动调节单位时间喷洒量，依据施药对象和环境严格控制施药量和雾粒直径大小。控制系统除了可与个人计算机组相连外，还可配GPS系统，实现精准、精量施药。

大量应用全液压系统。意大利的大型植保机械，尤其是自走式喷杆喷雾机上普遍采用全液压系统，如转向、制动、行走和加压泵等都由液压驱动，不仅简化了整机结构，而且也提高了传动系统的可靠性。有些机具还采用了液压减振悬浮系统，在牵引杆上安装电控液压转向器等。

针对玉米、向日葵、甘蔗等高秆作物病虫害防治的高地隙植保机械也非常成熟。这些机械离地间隙高，满足作物中后期植保作业要求，均采用静液压行走底盘及液压动力转向技术，可实现四轮驱动，轮距或底盘离地间隙、喷杆的工作姿态、平衡与稳定由液压控制，具有功率大、技术先进、作业效率高等特点。

2. 广泛采用精准施药技术

意大利植保机械的研究重点，是提高器具工作效率、增加农药有效利用率、减少农药对环境的污染和对人体的危害等方面，因此，广泛采用精准施药技术。

（1）发展低量喷雾技术。除了使用低量高效的农药外，还发展低量喷雾技术，开发系列低量喷头。可依据不同的作业对象、气候情况等选用相应的低量喷头，以最少的农药达到最佳防治效果。

（2）采用自动对靶施药技术。目前，意大利植保机械主要有两种方法实现对靶施药，一是使用图像识别技术。该系统由摄像头、图像采集卡和计算机组成，计算机把采集的数据进行处理，并与图像库中的资料进行比对，确定对象是草还是庄稼、何种草等，以控制系统是否喷药。二是采用叶色素光学传感器。

（3）控制药液雾滴的飘移。在施药过程中，控制雾滴的飘移，提高药液的附着率是减少农药流失、降低对土壤和环境污染的重要措施。意大利在这方面采用了防飘移喷头、风幕技术、静电喷雾技术及雾滴回收技术等。

（4）尽量降低农药污染和危害的可能性。主要采用提高植保机械作业安全的多级过滤装置、自动混药系统和农药定量注入系统等，以便减少农药对环境和操作人员的影响。

（三）园林绿化机器设备发展的新信息

1. 园林绿化机器设备营销概况

2019 年 1 月，据意大利农机制造商协会发布的消息，截至 2018 年年底，意大利园艺和园林绿化机器和设备的销售同比增长了 3.2%。统计数据显示，意大利于 2018 年共销售园艺和园林绿化机器设备 128.8 万余台，其中包含最简单的手动工具。电锯、油锯等产品销量最大，共售出 33.5 万件，其次是割草机 27.8 万台，灌木切割机 26.6 万台。草坪拖拉机、机器人割草机等实现 10 个百分点以上的增长。由电池供电的机器和设备是积极销售趋势的主要贡献者，据反馈，其性能也优于内燃机版本。

2. 电池驱动园林绿化机器设备增长强劲

以最具代表性的电锯、油锯产品为例，其总销量在 2018 年结束时，与上一年相比略有下降（-1.4%），但电池供电型号取得22.5%的同比增长。在灌木切割机和鼓风机及真空扇产品类目中，也看到了相似的趋势。灌木切割机总体增长率为7.2%，其中电池供电型号增长了34.3%；鼓风机及真空扇总体同比增长0.7%，其中电池供电型号增长24.4%。

意大利农机制造商协会认为，2018年的数据，证实了需求的逐步转变，园艺和园林绿化机器设备正朝着“绿色”方面发展，追求的是对环境的影响最小化，电池驱动的型号对销售产生了相当大的推动。

第二节 轻工业机械设备制造领域的新进展

一、研制食品机械设备的新成果

（一）研制烘烤食品与乳制品机械设备

1. 加工烘烤面包、糕点和比萨饼的设备

意大利的面食品加工设备技术先进，品种庞杂，涉及众多领域，包括磨粉、面包加工、面食、谷类等方便快餐生产设备，糕点、比萨饼生产设备，同时还有丰富多样精美实用的多类烘烤设备。

意大利最大食品机械制造商布雷邦（Braibante）集团所属的高尔菲特（Golfetto）公司，可在世界各地承接任何种类和规格的碾磨设备合同。生产麦分离机、除石机、筛选机、水分控制和测量装置，以及全新的卧式自动轧粉机、高生产力净化器和面粉套筛等。

阿格雷克斯（Agrex）公司生产的AGS6/600、AGS6/600-S4、AGS6/600-S6型磨粉设备，是新潮流的领先产品，它的外形尺寸很小。与其不同，有家公司则专门生产每天碾磨产量为20~200吨的大型碾磨机。

另外，有家公司数十年来一直研究食品挤压技术，对G型双式糊化机拥有专有技术。

富恩（Fen）公司是一家专业从事面食、快餐食品、早餐谷物食品，以及婴儿即食乳粉加工工艺和机械设计的公司。该公司研制的食品机械，具有适应性强和多用途等特点，因此，这类设备可根据市场要求，生产形状、营养、口味和质地各不相同的多种食品。

意大利面食机械繁多，布雷邦集团核心成员的布雷邦 MG 公司，在这一领域始终保持领先地位。它的设备制造范围，包括食品机器单机；生产长面食、短面食、盘形面食、蜂窝面食、波洛尼式面食，以及预煮、速煮、装馅和新鲜面食的成套设备；生产快餐食品和婴儿食品的自动生产线；面食的包装、装盒和外包装机；酵母生产厂设备，以及从谷物中生产酒精的设备。其设备特点是具有高度的自动控制功能，并具有高可靠性和高安全性。

还有两家公司则偏重于制造各种新鲜面食、饺子等单机，用以满足商店、作坊、饭店和餐厅的各种方便食品要求。

现代食品焙烤技术和烘烤设备，是欧洲食品生产必不可少的。西默（Simer）公司是意大利在商用烘烤炉测试仪器、机械设备以及附件方面的一家主要制造商，这些烘烤设备主要用于制作普通面包、长条面包、脆面包、自然发酵甜面包、羊角面包、蛋糕、蛋卷、比萨饼、饼干、糖果等，产品包括手工制作烘炉；大批量生产的全自动生产线等，该公司拥有多项专利权。

2. 加工乳制品饮料的设备

创建于 1927 年的卡塔公司（Catta），专业从事冰激凌机器、部件和成套设备的制造。主要产品有：冰激凌料液巴氏杀菌和陈化的成套生产线、连续冷冻机、纸杯冰激凌、蛋卷冰激凌和散装冰激凌灌装机，夹心冰激凌生产线、雪糕定量和包装自动设备等。

弗劳特奇公司（Frautech）积累了上百年乳品加工业领先设备的制造经验，专门研发牛奶和油类离心分离机；板式、管式、单流道和多流道热交换器；以及蒸汽发生器、牛奶提纯机、酒和葡萄汁净化机。

弗里哥马特公司（Frigomat）是世界最著名的冰激凌机和相关设备制造商之一。其研制开发的机器造型美观、方便精巧，款式丰富多彩。

斯克里马克公司（Scremac）生产乳制品、酸奶、奶酪、冰激凌或牛奶等专用机械和生产线。近几年，已有多个国家引进其研发的设备，建立生产奶酪、牛油、奶油和酸奶的工厂。

特奇诺格尔公司（Technogel）在制造工业用冰激凌设备方面，已有 60 多年的历史，生产带有微机控制的 60～100 立方米巴氏灭菌设备、大型冷冻机、熟化桶、150~200 立方米的混料、冰淇淋封闭式连续生产线。它的产品技术含量高，是国际上著名的厂商。该公司已在我国北京、武汉、南宁等地建立 10 多家中外合资企业。

真普美食品机械制造公司（Zacml），位于意大利著名的食品加工业聚集区昌尔马市。该公司 30 多年前就开始与我国企业合作，在提供大产量高质量饮料果汁生产线方面，做出了出色业绩。

科麦斯公司（Comas）是著名的灌装设备制造商，其产品覆盖洗瓶、烘干、消毒、灌装、贴标等整个自动包装生产线。其原先业务几乎全部集中在欧洲及北美大陆，20 世纪 90 年代以后，开始拓展包括我国在内的新兴经济体国家市场。

（二）研制肉类加工与食品包装机械设备

1. 加工与冷藏肉类的设备

罗瓦尼姆皮亚特公司（Rovaniimpianti）专业设计、制造和安装肉类屠宰和加工工厂使用的设备，包括牛、马、猪、羊肉的加工生产线。安装的加工生产线每小时可生产 70 头牛、450 口猪或 450 只羊。

格拉赛利公司（Grasselli）专门生产去皮削片、脱脂和切片机械，可实现精确地去皮和脱脂控制，切出各种不同厚度的牛肉、猪肉、小家禽及鱼片。

CRM 公司是一家具有最新工艺和设计特性的工业用切片机和切割机的制造商，这些机器在意大利和国际市场上已非常成功。其研究的系列多刀片切片机，在不到 4 秒钟的时间内，就可一次把整块肉切成厚度一致的肉片，在一分钟内可切割 300 片牛肉、无骨脊肉、臀部肉排、鸡肉、熟食品和其他产品。

还有一家专门针对熟食品加工机器进行研发的公司，其主要产品有盐水注射器、针式和叶片式嫩肉机、真空倾翻机、揉肉机、脱模机、熟食品包装设备。

2. 食品自动包装机械

布莱顿公司（Breton）主要从事机器及自动化工厂的特殊工业项目设计和制造，即产品的传送、包装、托板式传动及最终拾取工序的设计和制造。如极坐标工业机器人，“MODDLY”型快速托板传动线，输送线上托架分拣检查生产线等。分拣检查生产线适用于识别托板的长宽尺寸，质量可靠性，同时把未用的与已使用的拖板分开，尤其适用于流水线生产中大量的托板堆垛和处理。

蒙特帕克公司（Montpack）专业制造各种包装系统和物料搬运系统的设备，其包装机械可根据用户的各种需求进行设计制造。主要产品包括搬运、传读、读出、称量、物量、贴标签、运货托板等。

维克多公司（Victor）能提供“开箱即用”的生产线，包括进料、真空包装或调节气压包装，该线采用热成型技术，特别适用于化妆品、食品、肉制品、奶酪，新鲜面团等产品的包装生产。

ICA 公司生产可混装各种散装产品的自动包装机，可用各种包装口，自动化程度高。产品和搬运重量的范围宽，适用于食品、大米、茶叶、咖啡、糖、调味品、饼干、奶粉、坚果、大米等。

值得一提的还有以下两种包装设备：

一是辛克洛（Synchro）803 型包装切片机。它全部由不锈钢制成，是技术性能卓越的新创产品。该机采用了无刷微处理器控制伺服电机，它的旋转刀片每分钟切割次数可达 800 次，但在切片时，被切物可稳固不动，真正达到精确的连续切片的性能。该机还可以在 30°~45°范围内调节切割平面，使切屑能够全部落在分送带上，而不附在被切下的产品上。

二是撒姆（Therm）TH140 型包装热成形机。它由两个微处理器控制，其中一个用于链式传动的精密控制，分辨率达 0.1 毫米；另一个则控制一般机械功能。如果是包装液体产品，控制传动的微处理器可以使整个系统的工作状态十分平稳，可以防止产品滴到移动的薄膜上。

3. 食品自动灌装的机器设备

（1）研制出电子容量式灌装机。意大利迈格瑞公司开发的电子容量式灌装机，装有电子流量计的灌装阀，适用于各种瓶型。机内装有内存 99 组不同产品参数的控制面板，随机一起转动的中央 PLC 控制，可确保数据传输的连续可靠。灌装过程通过与灌装阀相关的专用流量计进行控制，灌装中无垂直机械运动，因而无磨损、免维护、易清洗。无菌控制阀与容器在灌装过程中不接触，非常适合在无菌环境中灌装。其 PLC 控制的全自动在线清洗系统，使灌装精度高。该机很适合不含气液体的灌装。

（2）开发出新容器反压电子灌装机。意大利博高马公司研制出的这种反压电子灌装机，是根据电磁流量计的原理，研制成的一种最新技术革新设备。它在灌装转盘上，安装了一种环形罐，其灌装阀能处理各种清澈的液体产品，或带浆料和食品纤维的液体产品。所有的工作参数，均能在机组前面的操作屏上进行存储提取。它有三种不同的灌装形式：瓶和喷嘴接触的无菌充气饮料、瓶与喷嘴不接触的无菌不充气饮料、瓶与喷嘴接触的不充气饮料和充气饮料。它是一条万能的灌装系统，能够处理各种不同规格的瓶子和产品，具有很高的产品包装质量和操作的安全性。

（3）推出新型无菌灌装机。2007 年 7 月，国外有关媒体报道，意大利萨克米集团推出了一款新型的无菌灌装机，它已在新一代生产工艺的机器上采用。这些机器，从 6000~45000 单位/小时等不同模式，都能装配这种无菌给料单元，定量给料容量从 100~1500 毫升不等。

无菌灌装机的面世，标志着该公司在技术上又迈出了坚实的一步，而这一步能使已有的和潜在的客户都受益。作为一家致力于研发和创新的公司，它此次成功的秘诀在于工艺过程的简单化。在一个无菌环境下工作，简单化是关键因素。工艺过程越简单，意味着与产品接触的部件数量越少，从而使无菌包装过程变更加容易。另外，这种工艺过程设计理念，还将机器部件的磨损率降到最小限度，从而简化了维护程序，确保了精确的定量。

这种带有流量计的新式无菌灌装机，还有众多其他优点，其中之一就是能通过控制面板来直接改变产品数量，并对每个灌装头所灌的产品量，进行抽样监控，能够在线直接测试这个单元的精确度。

二、研制纺织机械设备的新成果

目前，纺织机械领域内的竞争不断增强，只有些具备先进技术特性并有商业竞争力的产品，才能被市场接受。意大利纺织设备在公司技术水平、公司规模和地理位置上均具有优势，正是具备了这些特性，因而其产品的出口值占其生产总值的 80%以上。意大利制造纺织机械产品覆盖纺织工业的各个加工阶段，与其他地区的竞争者相比，这种设备的整体品质，在国际市场上有着不可动摇的领先地位。

（一）研制纺织品加工及纺纱设备的新信息

1. 纺织品加工及纺纱设备研制进展概况

意大利制造的第一大类纺织机械设备，是用于纺织产业的纺织品加工设备，产品覆盖生产线各个加工阶段，从混合、成网到后整理等系列化机器。这些设备技术先进，都是在传统服装和家用纺织品及特种纺织品加工设备的基础上，取其精华而设计发展的。其中，引人注目的技术是非织造布加工工艺中所使用的等离子处理技术；人造毛皮及类似产品热处理用的轧光技术；多层叠合涂层技术等。多层叠合涂层技术可加工不同纤维成分、不同结构、重量和特性的叠合织物，使用纤维范围广、加工效果好、产品品种多、适用面广。

该国制造的纺机，也包括纺织初加工设备，如纺纱准备设备、混合设备等。既有可将细支羊毛纤维与各种动物纤维均匀混合的设备，也有可加工玻璃纤维、芳香族纤维、碳纤维和其他纤维等特殊纤维的设备。

从纺织工艺角度看，意大利纺机的优势是毛纺和棉纺加工设备，包括从开清梳理到纺纱后整理的全套设备。这类设备的加工范围广，适用于各种天然纤维、人造纤维和化学纤维，以及各种纤维混纺等。产品的卷装也多样化，有管纱、筒子纱，有单纱、加捻纱和股线等等。

废纺设备也是意大利纺机产品的重要组成部分，产品系列覆盖从剪切、撕裂到专用纺纱工序的全套设备。

提到意大利纺机，值得强调的是，该国纺机辅助设备也是非常引人注目的。包括纺纱车间用空调设备、汽蒸设备、花式纱捻线设备、捻接设备、试验设备、打包机，以及生产流程自动控制和管理系统等。

2. 纺织品加工及纺纱设备创新案例

再次提高立锭走架纺纱机技术含量。有关媒体报道，意大利奥福比科公司（Offbig）在原有产品上又采用了大量新技术，使立锭走架细纱机更趋完美。新型设备不再需要备份电源供电，因此不再从零周期开始。一旦主电源掉电，新型机器不会丢失位置数据，可以从停止位置重新开车而不会引起纱线断头。

新的用户界面，配有文字操作说明，在屏幕上的数据和影像，代表新型机器运转过程中的精确位置和参数。全面实现与网络连通，并有特别研究的 Windows 系统全新程序。把报警状况和数据（包括生产数据）全部贮存起来，产生一个文件。这个文件能存储所有发生在机器上的各种事件，并有日期和时间，这对解决可能出现的故障很有帮助。分别控制机器左右侧的卷绕弓，以避免实际发生在成形方面的轻微问题。配置全新式样的个人计算机，带平板显示屏，也可根据需要配置平板触摸屏。

在新技术新材料上，由原来的钢制滚筒改为全新的铝材锭子滚筒，表面镀了一层特殊材料，非常牢固。这种新的锭子滚筒有法兰轮缘，是全新设计。新设计的压辊罗拉，可拆卸，可清洁，轴承更换简便。另外，该设备左右两侧可完全分开独立运行，左右两侧可成直线排列，也可垂直成直角排列，还可分成两排面对面排列，这样使一台机器变成两台，使用户减少设备投资，并根据厂房具体情况进行设备布局，减少设备占地面积，方便操作。

（二）研制织造与针织设备的新信息

1. 织造与针织设备研制进展概况

织造和织造准备设备，以及针织设备，也是意大利纺织机械设备的亮点之一。该类产品包括经轴、由计算机控制经纱批量和颜色并带有纱线张力电子控制装置的整经架、整经机和浆纱机等。整经和浆纱机上从煮浆筒到倒轴机的各个部分，均带有调节驱动齿轮。高质量的经纱和织造准备，为下一步的加工打下了良好的基础。

织造领域中，意大利制造商拥有可以引为自豪的关键技术，如剑杆、片梭和喷气织机上的送纬系统或多段送纬系统。意大利制造的织机，在保持织机传统性能的基础上，强调了织机的效率、可靠度和低成本。织机的自动化程度高，同时有利于快速变换系统、装卸经轴及装卸布卷等。

窄幅织机方面，意大利的织机也具有很高的地位，可加工的范围广，不仅能制造工业用布，如丝带、传送带和捆扎带，还能制造装饰用布，如花边、绷带和饰带等。

在针织方面，意大利的产品主要包括横机和圆机等。横机产品有罗纹机和套口机，圆机则有带有隔纱系统的大直径圆机和普通针织面料大圆机等。该国制造的小直径圆机，产量占世界同类产品的 90%以上。这类圆机主要用于生产男袜、童袜、女袜和紧身袜裤等。

2. 织造设备创新案例

开发超柔软起绒机。据有关媒体报道，意大利拉发公司（Lafer）开发了一款超柔软起绒机。这种适用于机织布加工的麂皮起绒机，采用了合成金刚石砂纸起绒。砂纸采用一种被称作“卡波辛”（Carbosint）的特殊耐磨金刚砂，而不是传统的金刚砂。

超细研磨机是采用滚筒概念（有 24 只罗拉）及独家生产的卡波辛金刚砂，以获得其他系统不可能达到的效果和更高的生产速度。卡波辛砂纸的另外一个优点是寿命长，运行 100 万米以上仍可正常工作，相对于传统的砂纸来说，它可在很长时间内保证恒定的起绒效果，不需要经常更换。超细砂磨机配有一种特殊的红宝石耐磨辅件，可用于湿态起绒。

3. 针织设备创新案例

推出电子无缝圆机。据国外媒体报道，意大利圣东尼公司（Santoni）推出了新型电子无缝圆机，包括：SM4-TR2 型四路单面电子提花圆机，直径 13～17 英寸，48～54G，每路有 2 个选针点用于编织，还有两个选针点用于网眼或防脱散结构的编制，配有合适的送纱器，步进马达控制每路线圈大小，用于生产无缝内衣、外衣、泳装、运动装、医疗用服装等等。

SM8-TOP2 型则是 8 路单面电子提花圆机，直径 12～20 英寸，48～75G，每路 4 个 16 级选针，配有合适的送纱器，除一般无缝服装外，还能生产毛圈产品。SM9 型是双面电子选针圆机，筒径 14～22 英寸，36～48G，其成圈三角由步进马达单独控制，每路均可在同一行中快速变化密度，在同一行中，8 路都可以在针筒进行单针选针的三路编织和在针盘上进行包括集圈的两路编织，针筒和针盘之间的移圈，配备了电子控制的卷取装置，可生产各种螺纹以及衬垫结构产品。

（三）研制染整设备的新信息

1. 染整设备研制进展概况

在讨论染整设备之前，需要明白的是，意大利纺织机械创新的着眼点，在于不断提高设备使用的灵活性和生产质量，因为这是产品附加值的主要来源。染整设备，也反映了意大利整个纺织机械工业的创新理念和制造水平。

基于以上的创新理念，意大利在染整设备这一领域中，其后整理设备厂商通常与用户保持密切的合作关系，双方相互促进。这样，在提高用户产品质量的同时，提高了制造商的技术水平。其结果是，意大利的后整理技术和产品在世界上享有盛誉。

意大利制造的印染后整理设备，包括计算机化的染色实验室和配色间设备，筒子纱自动化染色设备，短纤、毛条、丝束和绞纱染色工程技术和贵重纤维染色技术等。产品的亮点还包括梭织和针织物绳状非连续匹染设备，该设备不仅设计上有独到之处，而且自动化程度高，因此，它具有质量高、能耗低和省时等特点。

在染整加工中，无论最终产品是什么，第一道加工工序通常是洗涤。意大利不久前推出的溶剂洗涤设备，是一个引人注目的产品，该设备的特点是高效、加工范围广、环保性能好。另外，该国研制的毛纺织物连续开幅洗涤机，具有很高的产品竞争能力。该设备可保证毛织物预设尺寸的稳定性。

在这一领域，意大利厂商引以为豪的其他设备，还包括可增加织物附加价值的织物表面后整理设备，如起绒设备、剪毛设备、仿麂皮整理设备和轧光设备等等。

在纷繁庞杂的意大利纺织机械设备中，还值得一提的是成衣染整设备。这类设备，是意大利纺机系统的后起之秀。近几年，其工业产值每年以两位数的增长速度提升，充分展示了意大利制造商的设计灵感和创新精神。

2. 染整设备创新案例

研制先进的高温高压卷染机。有关媒体报道，意大利美赛拉公司（Mercera）开发的C143型高温高压卷染机，号称是体现了国际上卷染机最新技术的产品，具有领先水平。

该机卷布辊采用交流电机驱动、矢量变频变速控制。有一套荷载探测器安装在一根中心导布辊轴头上，精确控制织物在染色水洗加工过程中的张力。这是一套动平衡系统，为闭环式参数反馈控制，机内有一套中心轴摆动式补偿器，这套装置包括两个导向辊，两个开幅杆。补偿器可以沿着它的中心轴转动，并保持开幅杆和导向辊之间织物的角度恒定，以保证在卷绕织物（轻薄织物）过程中没有折痕，导向辊与布卷距离在卷布过程中始终精确恒定。

另外，该机具有全自动加料计量滴定系统，可根据需要自动滴定或连续添加，生产过程中由计算机全自动控制。

三、研制皮革机械设备的新成果

（一）皮革机械产业发展概况

意大利制革与制鞋业在世界范围内取得成功，一个重要原因，是其已经建立起完整的产业链。这条产业链大体由三部分组成：制革及皮革加工、鞋类产品零部件与成鞋制造、制革与制鞋机械设备研发。其主体构成部分是中小企业，通常每家企业员工人数少于50人，它有传统结合时尚的设计特色，有灵活应对市场的经营方式，有满足顾客多样性选择的运作机制。正是这条完整的产业链，使意大利成为出产精品皮鞋的国家。作为这条完整产业链一部分的皮革机械行业，在皮革加工和鞋类制造持续增长的过程中，它有了稳定的服务对象和牢固的产业基础，可以共享繁荣，赢得稳步发展的格局。

据意大利外贸委员会（ICE）网站报道，尽管全球市场竞争激烈，意大利皮革机械工业仍然保持稳步增长。目前，该行业约有350家制造商，就业人数约6200人。实现年营业收入5亿欧元左右，营业收入的60%来自出口，出口目标国已达130多个国家和地区。其中对欧洲各国的出口约占38%，对亚洲各国的出口约占36%。据意大利皮革机械制造商协会估算，全球皮革机械的50%是由意大利制造的，制鞋机械的1/3也由意大利制造。

（二）研制皮革机械设备的新信息

1. 制革机械创新重点由单机变为成套设备

自从20世纪80年代以来，国际上皮革产品朝着高档化方向推进，消费水平日益提升，然而人力资本日渐昂贵，熟练技术工人供给紧张，加上原料皮短缺，以及环境和生态等方面的原因，在一些工业发达国家里，都相继减少了皮革生产，尤其是制革工业出现了种种衰落迹象。在此背景下，制革机械行业的创新重点发生了变化，由研制开发单机为主，转向研制开发成套设备为主。也就是，许多制革机械制造厂商，不再满足于制造和销售单项机械设备，而把更大的兴趣和精力转向承包成套工程设计、设备配套、人员培训、工程安装和技术转让等业务。

例如，康高乐制革公司（Cogolo），是意大利皮革机械制造业里规模最大的企业，目前，其很少制造单件的皮革机械产品，而主要是为国内外厂商提供成套设备。多年来，它已数次成功地向国外出口用硅橡胶法生产移膜二层革的成套设备。这套设备的主机，由意大利卡莱西公司（Carlessi）配套制造，而供料系统则是由德国亨塞克公司（Hennceke）配套提供。又如，阿连铁公司（Aletii）过去以生产削匀机、磨革除尘机、挤水伸展机等为主，后来转向成套设备的设计与制造，曾为国外专门设计了一个大型猪皮制革厂，并承担污水处理以及铬和硫化物回收等工程设计。

2. 制革机械设备朝着更加完善的方向创新

自从制革机械设备产业转型升级以来，其产品不仅越来越多地采用自动化单机及联动机组形式，而且这些设备具有更高的效率和更高的精度，安全装置也都采取双保险系统，性能上更臻完善。

制革转鼓是制革企业广泛使用的设备，有不同的型号和规格。常见的是用优良硬质木材制成的木转鼓，它由圆桶状鼓体和传动机构组成，鼓内有凸桩和升皮隔板，操作时皮与制革液一起搅动，加速化学反应及改变革的物理性能，木转鼓应用范围包括制革大部分湿加工工序及摔软、起绒等。

厂商把提高自动化水平作为木转鼓的主要创新方向，多年来，经过不断改进，技术上已达到新的高度。目前，木转鼓的鼓门通常在 1 平方米以上，用铲车装料，液压自动开关，装载量达 15~20 吨。它的管道加料，以及运转和装卸作业，全部由电脑控制，不需要人工操作，仪表可以自动显示 pH、温度、液量、压力等参数。

意大利制造自动化木转鼓的公司，主要有韦勒罗公司（Vellero）、帕朱索公司（Pajuseo）和比乐立公司（Billeri）三家。意大利是个多山的国家，优质木材并不少见，但是这里的转鼓制造商对原料要求十分严格，通常要到非洲和南美洲寻找合适的优质硬木。找到的木材，他们不采取人工干燥，而通过自然堆放三年，使水分慢慢达到平衡。齿轮等金属件也要经过自然陈放，以消除内应力。这样，意大利木转鼓的使用寿命一般都在 20

年以上，而其他地方制造的木转鼓通常只能使用四五年。

在木转鼓创新过程中，韦勒罗公司推出一种称作“紧凑型”的转鼓，把所有附件全部组装在一起，形成浑然一体的产品。它占地面积小，易保养，安全系数高，特别是结构变得更加简单了。韦勒罗公司经过深入的研究后，采用一种滚轮驱动系统，因此，承重装置的几何形状与传统的轴承完全不同，它在转鼓外缘装有两条圆形钢轨以承担重量及反应力。这种结构，可消除装载物在转动时产生的冲撞力。而冲撞力，是常规轴承结构中常需注意的因素。这里的钢轨必须具有良好的刚性，以避免鼓身的变形及保持钢轨的同心度。新型木转鼓的一对驱动滚轮装在可摇摆的基座上，而被动滚轮装在座架上，这样，可以保持两条钢轨的平行度。为避免钢轨与滚轮间的磨损，滚轮用肖氏硬度为 93°~95°及耐热 95℃的丁腈橡胶做的，易腐蚀的机械部件都被设计安排在不与腐蚀液体接触的地方，加料系统因不需复杂的密封套，结构较简单，由于驱动结构及支架都简单了，韦勒罗公司估计成本将比传统的低 40%左右。

意大利制造商开发的转鼓，常见的还有两类：一是钢制倾斜转鼓，形态如同水泥搅拌器，用途与木转鼓相似，但它多用于制革的准备阶段；二是分格转鼓，又称 Y 形转鼓，用不锈钢制成，特点是机械作用缓和，装载率大，节约化工材料，适用于染色工序。另外，近年又根据制革需要，开发出涡轮式转鼓、螺旋形转鼓等新产品。

3. 制鞋机械设备朝着单机自动化的方向创新

卡莫兹公司（Comelz）开发的自动缝帮机、自动挽边机和自动上胶机等，系采用电脑记忆装置，生产效率较高。由电脑控制的电子缝帮机，可以绣出不同的图案和花样，摆脱了人工操作。自动挽边机动作灵活自如，加工速度快，质量好。

西尔姆公司（Cierm）研制的绷植机，是由绷尖、绷腰窝机与绷跟机组成的两台一套设备，能自动喷胶。其结构上的新颖之处，是增加了光电投影校准中心线的装置，对于保证绷植质量起到重要作用，每小时可绷 120~200 双。

卡莫加公司（Camoga）开发的制鞋机械设备，主要是各种鞋用和皮件用电脑控制的自动片皮机。如 Cn4n 型片皮机，工作面宽 400 毫米，刀片速度每分钟 230 米，片皮速度每分钟 8～24 米，片皮厚度最大 6 毫米，最小 0.15 毫米，可任意调节。

奥特牧公司（Aotm）是意大利一家专门生产下料机的公司。其研制的 G999Sab 型全自动下料机，由专用的电脑软件程序控制，动作灵活，操作方便，压力为 20 吨，有很大的自由度，可以在任意位置根据指令进行一次下料或多次下料，是技术比先进的下料机械之一。该公司还推出一款龙门式自动下料机，适用于加工各种合成材料，它采用电子程控自动调压，设计也很先进。

在制鞋领域，意大利不仅生产大量高档皮鞋，而且还生产价格低廉的聚氨酯等塑胶类鞋，以供应出口和不同用途的需要。塑胶类鞋主要有运动鞋、工作鞋及家内日用鞋等。用塑胶物质制作鞋底和鞋帮，需要一种叫作注射机的制鞋机械。意大利洛伦兹公司（Lorenizn）是一家专业研制注射机的公司，其产品包括高速的、高效的和双色的各种各样鞋用注射机。不久前，该公司推出多种圆盘式注射机，含有 8～12 个工位，适用于聚氨酯、聚氯乙烯、橡塑发泡材料等不同硬度和不同材质的原料，也可以加工热塑性橡胶材料，还可以双色注射，鞋帮和鞋底一次性成型，每台每小时产量达 150 双左右。这类设备大多用于生产中低档鞋，成型方便，生产效率高。

四、研制塑料加工机械设备的新成果

（一）研制塑料成型装备的新信息

1. 制造巨型注塑机

意大利米兰的宝胜公司正在建造具有 6600 吨锁模力的注塑机，它是公司有史以来所生产的最大的机器。这台巨大的机器，将用于生产 2200 升的轮式箱。

这个双动力的注塑机，有两个注塑装置，采用并排平行分布的布局，产生 100 千克材料注射能力。宝胜公司还提供一个自动化的生产单元。在机械手将垃圾箱移出后，自动设备将加工打磨，插入轮子，然后检查整个机件。

在这台机器建成之前，当德国供应商将巨大的模板，通过阿尔卑斯山西侧连接法国和意大利的白朗峰隧道运到米兰时，就曾引起轰动。卡车载着模板从隧道穿过时，管理当局把 11 千米的隧道关闭，引起 3 小时的交通阻塞。宝胜公司负责人说，每个模板都有 4.4 米宽、4 米高。机器有 26 米长、重 582 吨。可以使用重达 132 吨的塑模。

2. 开发用于硬质食品包装的热成型塑化机

意大利阿穆特（AMUT）公司，已研制成一款新型热成型塑化机，用来生产硬质食品包装。这一生产设备，由膜片共挤和复合热成型组成，专用于生产聚丙烯杯。其制成品分单层透明型杯、内芯采用回用材料的三层不透明型杯等，生产能力大约为 6 万只/小时。

该设备主要包括原材料上料和计重加料系统，由挤出段和热成型段两部分组成。

挤出段包括：阿穆特单螺杆主挤出机，EA100 系列，配有 35∶1 长/径比塑化系统，配置油动式双路换网器、齿轮泵和静态混合器；阿穆特单螺杆共挤机，EA48 系列，配有 33∶1 长/径比塑化系统，配置换网器；三层共挤流动箱，带有互换式分料器；卧式扁平模头，带有内部熔体调节棒，最大有效宽度为 0.9 米。

热成型段包括：配备模内同步成型和切割装置，采用下模板倾斜技术，便于多模腔生产时合理快速堆垛最终产品；有效成型/切割面积为 0.78 米×0.74 米。杠杆系统倾斜工序，由固定于 4 根刚性柱上的凸轮控制。

（二）研制节能模塑设备的新信息

1. 开发结构先进的节能注塑机

随着卓越的热塑性塑料加工连续工艺的开发，需要研制出相应的先进装置和设备，而这些装置和设备必须具有更大的功率和生产能力，其结构系统会更加优化，操作要求也会更加复杂。意大利 MIR 公司针对这些要求，研制出 Compact 型新的注塑机系列，它适合于液压-机械（液压块）锁模系统。这种注塑机的主要特点，是板的尺寸和厚度大于传统的锁模系统。

它通过应用动板和定板，可以把力用到夹具上，其锁模系统没有支架板，而这是传统注塑机上不可缺少的零件。这种新型注塑机与传统设备相比，它自身机器尺寸偏小，而可以模塑的制品尺寸却是偏大的，从而达到节能省耗的效果。

该注塑机的闭合和开启运动，是通过设定操作的。首先，作为闭合顺序，动板的快速移动是通过两只液压缸来实现的，动板有导向装置，通过两个特殊零件使动板保持平行，而这两个特殊的零件位于底部导向板的侧面，连杆-拉杆螺纹的锁紧，让动板得以封闭。在这一阶段，一个特殊的装置在定板上，它可以根据动板停止的位置，正确地设定半环和连杆-拉杆之间的螺距。

锁模力是通过四个短行程的高压液压缸来达到的，液压缸安装在连杆-拉杆上，并封闭在固定板上。开启的顺序，由位于连杆-拉杆上较大液压缸卸压开始，它不需要协调这个系统的机械支撑，并且在模具上力的分布是均匀的。

该注塑机的结构及注塑系统设计合理，可以避免在模塑相当大的注射量时，所出现的任何塑化问题。实际上，其内部设置了一根特殊的塑化螺杆，而塑化螺杆配备有混合器，它在一定情况下，可以改善和均化聚合物的温度。

该注塑机的另一个重要的优点，是能够补偿任何能出现在连杆-拉杆上的未设定现象，特别是在模塑不对称表面和厚度差别很大的情况下，其表现尤其出色。

2. 开发高效节能注塑机

内格里博西公司（Negribossi）开发的新型 Vector 系列注塑机，锁模力从 550~1400 吨，最高节能量可达 1. 5 万多人工小时。推出首台 800 吨型注塑机后，系列产品已经逐步扩大，目前，该系列的最小型号为 550 吨，最大型号为 1400 吨，已经证明注塑模塑者对它们有很大的兴趣，他们特别感兴趣的是能量的保存和可重复性，这些与它有同一特性的机器，通过一个标准的液压机，可以节省电耗 40%。

在它的标准配备中，机器的液压系统，通过可变速度马达的泵机构组成，它带有一个用电子控制输送和产生压力的辅助可变输送泵。

为了给出一个运动所必需的速度，是通过可变旋转速度的主泵和辅助泵的输送来得到的。当选择重叠运动时，主泵为主运动输送必要的油，反之可变泵提供重叠运动的动力，两种运动（主运动和重叠运动）都是单独控制速度和压力的。因此，模具开启和闭合期间，塑化的周期时间可以比标准节省得多。

主液压泵和塑化螺杆是通过特殊设计的，带有鼠笼电机三相同步电动机驱动，它的冷却风扇是单独驱动的，这些运转的控制是通过导向频率转换器，使其保持精确的电流和速度控制，消除了用通常交流电动机在运作时高位的启动电流。

转换器的驱动操作，是通过一个在技术上称为脉冲宽幅调制器去综合正弦曲线波形来实现的。正弦曲线波的振幅和频率是可变的，把它提供给马达，通过变化频率可以在一个很宽的范围内，无级变化马达的速度，通过变化提供给马达的电压和振幅，与频率成比例，使得转换器能保持扭矩的常数，由于综合提供的波形是非常重合的正弦曲线，因此，即使是在很低的速度下，马达的旋转仍然是很平稳的。

为了使马达能在必要的扭矩矢量转换中提高等级，以便能突然提高定子磁动势波的振幅，对于新的频率的突然加速和对于转子通量和电流波能保持合适的相对相。

对于定子磁动势波的瞬间位置能够使其突然变化，以便使马达能在瞬间达到从一个速度转换到下一个速度，这是唯一的特征。为此，马达需要达到这样一个精巧的数学模式，实现复杂的控制计算，需要大量快速的计算去连续完成，这也就是最近才有可能。所以，直接的瞬间电压适用于定子的每个缠组。

矢量转换器的动力与低惯性相结合，在马达上的电流和速度的闭合回路和在执行元件（来自数字编码器）上速度的闭合回路，不仅保证了带有伺服阀的系统的动力需要，而且它的精确度和可重复性高于电流系统。

螺杆的驱动性能要比采用现有技术设计（可变输送量的泵）的要好20%，比传统的机器要好40%。塑化阶段通常是整个周期中最重要的部分，而且它是全部用电的，在液压系统上的载荷是最小的，油不须受任何叠合的支配。结果是在低加热和接下来的长持续时间，驱动可以使其随后最大扭矩和保证最大扭矩下的最小速度，而旋转稳定性可以好于每分钟 1 转。

油的流量精确地满足给出运动的需要，它有一个高的总效率，低的液压能损耗和低的冷却需要。注意，没有配备压力和流量控制阀，由此而引出的液压系统大大地简化，从而提高了可靠性，同时也容易维修。

用在一次模塑周期中的油量平均为 40~50 立升，而普通机器上，循环所必需的油在 150~200 立升，这就使得油箱的蓄油容量可以减少一半，当泵不承载时，主马达的速度减少到大约 60 转/分，这就大大减少了能量的消耗。

系统中不同零件之间的对接，允许转换器的常规监视，马达的温度，一个循环中每一阶段的能量消耗，以及特殊的程序，都涉及常规分析和机器的能耗。

新系列注塑机的能量消耗，比传统设计的要低 40%，而传统设计用固定的输送泵，通过分级，用比例压力和注量来控制。另外，新注塑机系统的能耗，要比用可变排量泵用定速马达驱动的机器能耗节省 20%。

3. 开发能够优化模塑周期的装置

前不久，奥玛公司（Oima）开发出一套节能装置，能够降低注塑模塑系统中的特殊能耗、部分能耗和积累能耗。这套节能装置可以用在 Stratos 系列的所有注塑机上，它有利于节省实际模塑成本，降低模塑零件价格，优化模塑周期。

预测能量消耗，有瓦/周期、瓦/小时、千瓦/天等计量标准，但必须选用精确的方法来计算。在所有其他价格参数为已知的条件下，允许新设备制造的产品有不同的生产成本，但不可能在传统设备消耗的平均值之上。而对于所有的热塑性塑料加工者来说，更重要的并非每小时或每天的能耗，而是一个模塑零件的周期。所以，能够优化模塑周期的设备，才是实现节能的关键。

为了优化能量消耗，在不影响产品质量的前提下，通过使用奥玛节能装置，在实际时间内对比消耗的读数，就可以得到周期的最优化使用。有了这种节能装置，可以很容易地测定出某些能耗浪费的地方，如在注塑机器的开模和闭模阶段，是否存在能量损失；在保压阶段，可测定作用在上面的保压压力和用在压制断面上的压力，可测定这个压力是否允许进行补压。另外，在剂量计量期间，可测定作用于螺杆上的速度，得到较高的能量输出时，是否放慢了周期的时间。

奥玛节能装置，是对张力和能耗进行测定的主要设备，根据它指示所描述的结果，管理人员可以与机器管理计算机进行对接，及时转化测定结果，提高工艺装置的实际精确度，并允许在同样的时间里，对最佳的模塑周期进行所需动力的计算。

五、研制陶瓷与玻璃机械设备的新成果

（一）研制瓷制品压力浇注成型设备的新信息

意大利生产卫生洁具瓷制品压力浇注成型设备的公司，主要有西蒂公司、纳塞提公司、萨克米公司、内奇公司等。以下以西蒂公司和纳塞提公司的浇注成型设备作模板，对其有关指标和性能做一些介绍。

1. 卫生洁具瓷制品微压组合浇注成型设备

微压组合浇注成型方式，是当今卫生洁具瓷成型中使用较为广泛的一种。设备简单、投资少、模型寿命长，工人劳动强度低。西蒂公司根据生产需要，设置了四种不同脱模装置的微压组合浇注系统。

（1）配备辅助脱模小车的浇注设备。该设备适合的产品主要有：洗面器、立柱、冲洗水箱、蹲便器、小便器。辅助脱膜小车带可伸缩辊道，它不仅可以前后伸缩，而且还能上下升降，在脱模时辊道伸出靠近坯件、并通过辊道把坯件输送到贮坯台上。

（2）浇注台上配备模具操作器的轻型产品制造系统。该设备可以生产不太重但由于坯件强度不够而不能立式脱模的坯件。包括洗面器、蹲便器和小便器。模具操作器安装在浇注台上。可以在浇注台的滑轨上前后移动。上面有一条可伸缩横向辊道，用于将脱模后的坯件送向贮坯台。

（3）浇注台上配备模具操作器的大尺寸产品制造系统。该系统适合于生产大尺寸产品。可以浇注浴盆、大尺寸洗面器、厨房洗涤槽。这里，浴缸模具操作器是一辆横跨在浇注台上的钢结构滑行车，它可沿平行于浇注台的轨道移动，脱模坯件的接收和传递由双层运输车完成。

（4）配备脱模装置的坐便器和妇洗器制造系统。该设备适合于制造坐便器和妇洗器，它由立式闭合机械装置、蕊模提升装置和脱模小车组成。脱模开始时，蕊模提升装置先将上蕊模提起，再推开两边侧模，然后将小车两条平行支杆插入坯托下部，并将坯托连同坯件顶起。这样，坯件连同坯托升起，而下蕊模留在浇注台上，最后脱模小车将坯件送到贮坯台上。

2. 中压及中高压浇注系统的成型设备

中压及中高压浇注的主要特点，是生产效率高、成型质量佳，可连续

生产，模具不需干燥，作业环境好。中压注浆最大压力为 6 巴，中高压注浆最大压力为 10 巴。中压及中高压浇注适宜于生产妇洗器、立柱、冲洗水箱、淋浴盆等产品。其采用化学石膏模或微孔树脂模具，模具强度高、使用寿命长，化学石膏模具寿命可达 500～600 次，微孔树脂模具寿命可达 10000～12000 次。

3. 低压快排水浇注系统的成型设备

低压快排水模具浇注工艺的最大优点，是使普通微压组台浇注的周期发生根本变化。一班可进行两次、每天 2～3 班，而且模具不需干燥，每次脱模后只需对模具作简单处理，就可以进行再次浇注，效率大大提高。

该系统的模具内埋有多孔纤维毛细管网，该毛细管系统与真空管相连。在成型期间，石膏模具内产生真空一。该真空系统有利于模具吸水。坯体达到厚度后，通过压缩空气进行排浆并帮助坯体巩固。

在压缩空气作用下，经毛细管网，能在石膏模表面产生一层水膜，可以非常方便地脱模。脱模结束后，继续通压缩空气，模具脱水。此浇注设备增加了真空或空气管道，用毛细管石膏模具取代了传统的石膏模具，可以 24 小时连续生产，提高了生产效率，并延长了模具使用寿命，其寿命可达 180 次。

4. 高压浇注系统的成型设备

意大利西蒂公司和纳塞提公司高压浇注压力为 11～15 巴，与中压浇注的区别，在于它的压力较高。其操作过程与中压浇注类似，它配备自动控制系统，可以实现从模具夹紧到脱模、修坯各工序的自动化，生产效率很高。模具采用微孔树脂模具，且整个生产过程中都不需要干燥，节约能源。对于单模设备，平期浇注周期为 10～16 分钟。对于组台浇注设备，生产周期大约为 30 分钟。本设备可用于坐便器、卫生洁具小件、日用瓷之类的产品，既可生产厚度恒定的产品，也可生产中空产品。

为了强化卫生洁具瓷制品的浇注过程，许多意大利浇注成型设备公司，正在上述设备具有优点的基础上，继续推进研究与开发，如对于高压浇注设备，一些公司正加紧研制卫生洁具瓷制品等静压成型工艺。近年，随着科学技术的进一步发展，卫生洁具瓷制品的成型效率及产品的质量、档次，又往上提升了多个平台。

（二）研制玻璃机械设备的新信息

1. 玻璃机械制造业的组织形式

意大利玻璃机械设备制造业，从表面上看呈现松散形式，没有具体的政府部门加以统一管理与领导，但实际上，其组织系统和组织形式是相当严密的，这主要由意大利玻璃机械及配件供应商协会实施指导与协调。该协会的指导对象，包括意大利玻璃机械设计和加工制造商、相关配件和仪器设备制造商、玻璃机械设备制造商和特种玻璃设备制造商，以及与这一系列制造商相关的供应商。

这个协会成立于 1980 年，最初由一小群厂商组成，如今已成为整个玻璃机械设备行业的指导者，对意大利玻璃机械设备行业和海外市场都具有指导作用。协会的基本目标是：维护行业的最大利益，促进生产增长和商业文化推广，开展扩大意大利玻璃机械产品在全球影响力的活动等。

该协会 30 多年来的商业活动发挥了它在行业中的代表性作用，大大加强行业整体的供应链状况。协会成员企业的销售量有大幅度增长，意大利玻璃机械、配件及特种深加工玻璃制品制造商的营业额整体增加了 80%多。多年来，随着会员们认可程度的提高和成员企业数目的稳定增长，协会的核心价值和可靠性显著提高。该协会的部分创始会员公司已经成为行业巨头，但是行业的主要成员仍然是中小型企业，它们才是行业稳步前进的基础。认识到成员企业之间彼此尊重的重要性，协会为每一位会员企业提供参与和完善协会战略和管理决策的机会，把协会打造成具有内聚力的集体，加强协会的国际影响力和全球知名度。

2. 研制的主要玻璃机械设备

从多年来德国杜塞尔多夫国际玻璃展、意大利米兰国际玻璃展等处，可以发现意大利玻璃机械设备制造商研制开发的产品，主要包括以下几大类：

（1）制造玻璃及其产品的设备。主要包括日常用品玻璃加工设备、工业玻璃制造与加工设备、艺术玻璃设计与制造设备。电子玻璃专业蚀刻加工设备、光学玻璃定制加工设备、特种玻璃制作设备、玻璃机械设备。玻璃切割与裁剪工具，以及制造玻璃门窗及五金配件等产品所需的设备。

（2）制造玻璃原材料的设备。主要包括玻璃纤维制造设备、玻璃棉及制品加工设备；玻璃磨料磨具、耐火材料制造设备，以及玻璃原材料及辅助材料制造设备。

（3）制造玻璃过程的检测与控制设备。主要包括玻璃制造过程所需的仪器仪表及检测装置，玻璃加工过程所需的自动控制和各种配套设备，玻璃生产过程所需的测量系统、调节与控制技术设备等。

六、研制珠宝加工与印刷机械设备的新成果

（一）研制珠宝机械设备及产品的新信息

意大利的珠宝金饰，主要以匠心独运的巧妙工艺著称，加上审慎不苟的铸造过程，例如铸金倒模时绝不能有水气孔、选用最优质的名贵宝石、精确无误的设备系统，以及以新颖款式及原创性为主旨的人手打磨，全都充分显示了意大利珠宝及金饰业的成功之道。

因此，意大利不但为当代全球最重要的珠宝生产国，它同时也为全球珠宝机械行业提供了80%的产品。虽然珠宝、金银首饰市场时常会走入低迷状态，但意大利产品却曾多年高居全球珠宝首饰出口榜首。

1. 意大利珠宝机械厂商在中国国际珠宝展首次亮相

2017年11月9日至13日，中国国际珠宝展在中国国际展览中心（老馆）隆重举行。此次展会面积达5万平方米，2500多个展位，汇聚了国内外知名珠宝商的各类宝石、首饰珍品，是中国大陆规模最大，业界备受瞩目、国内最具人气和影响力的珠宝展览盛会。

中国的珠宝制造及生产基地，主要集中在以深圳为首的中国南方地区，北方市场一直相较弱势。在意大利使馆与意大利对外贸易局的大力支持下，中宝协与意大利珠宝机械制造商和出口商协会，达成国际战略合作，在本次展会上组成“意大利珠宝机械制造商和出口商协会展团”，首次亮相中国国际珠宝展。此次引进珠宝机械展团，意在加强北方珠宝加工领域的对外交流与合作，同时借此契机展现意大利珠宝机械制造的精湛工艺。

意大利珠宝机械制造商和出口商协会，服务于意大利最优秀的珠宝设备生产商和全世界的珠宝、黄金、首饰生产商，促进推动生产者和使用者之间的接触。协会通过组织展会、研讨会等在全球推广活动。此次该协会

携手一些顶尖意大利珠宝机械制造商，在 1 号馆 2 层 2A101-108 展位，展出世界先进的珠宝器械及设备。

2. 顶尖珠宝机械制造商及其主要特色

西米奥公司（Ciemmeo）自 1998 年以来，一直为行业提供高效、优质的珠宝首饰加工器械，并拥有多项自身的专利技术。该公司主要业务是为客户工厂定制生产所需设备，同时它在绳、链、卡扣方面的加工技术，尤为出色。

C. I. M. O. 公司拥有完整的服务链，能为购买者提供专业的培训和售后服务。在黄金加工机械设计与制造方面基础扎实，具备特有优势，通过其专利技术 ST. LOUIS 制作的首饰模，具有速度快、无污染和出货量大等优点。

GB 麦加尼卡公司（GBMeccanica）自 1973 年开始，从事珠宝机械加工业务，其研制开发的珠宝加工设备，主要有轧机、宝石切割机、金刚石切割机、熔炉、珠宝雕刻机器等。

OMBI 公司自 1946 年成立以来，一直是金饰机器设备的领导者，并在技术上不断创新和探索，可以根据客户需求量身定制珠宝加工机械。

法斯特工业公司（Fasti Industriale）从事链条机设计和制造 60 多年，以其上乘的质量和专业的态度享誉全球，具有丰富的市场经验。

奥拉菲公司（Orafi）的品牌信誉度享誉全球，在设计和制造贵金属加工机器方面，拥有 40 多年的经验，并具有顶尖的技术人员。其产品包括：分析仪器、废水处理、电子物料回收、铸件等。

3. 研发的珠宝加工机械设备与技术

意大利珠宝首饰业在世界上的领先地位，与其金银及珠宝加工机械设备研制、技术创新和新材料开发，是密切相关的。意大利生产的珠宝加工机械，大约满足了国际市场上 80%的需求量，产品类型无所不包，覆盖了整个设备的范围，从链条加工机械到感应电炉、从冲压机到滚轧机、从自动焊接机到抛光及表面处理系统等等。

意大利研制的珠宝加工设备，有可以每分钟生产 600 多个链环的机器，有可以并列焊接链条且每小时达 6000 击的机器，有可以测量及切割链条的机器。还有的机器，可以焊接戒指的两端、打印、调整及弯曲步骤同步进行，每分钟达到处理20条项链的速度。此外，通过使用数控设备，可以在几分钟内完成链条的钻石切割工序。

意大利研制的感应电炉，可完成整个金属熔化循环，能在自然状态、真空状态或中性气体的状态下铸造银、金及白金。

通过运用最新技术，进行抛光处理时，不会造成对任何贵金属的浪费，因为技术上采用了旋转、振动及磁化滚筒等方式。

在意大利，通过高速马达与微型电动机相结合，钻石打磨机可以进行特别高质量的表面处理；在这个操作过程中，仍然保留了人工操作部分的介入，并且是符合人类工程学的、具有安全性的工作台。装配了最先进的抽吸及过滤系统，而这是节省成本和保障工人健康的唯一途径。

意大利制造商还向全球珠宝行业，提供最新的电铸成型技术，以及先进而又实用的激光焊接技术。

4. 研发用于制造珠宝首饰的新材料

意大利制造商除研发珠宝加工机械设备外，还推出首饰（含仿真首饰）企业所用的母合金、金属和焊接材料等。其中最著名的厂商是LEG. OR公司。

该公司生产大量的供金饰加工企业用的各种各样的合金，用于制造黄色、白色、粉红色和红色的K金，从8-9-10-14-18到21-22K。众多的产品其实可以可为两大类：一是用于失蜡铸造工艺的抗氧化合金，二是含有纹理精整剂主要用于机械和手工作业的合金。

用于失蜡铸造工艺的抗氧化合金，是将最高纯度的金属与特殊抗氧化剂混合在一起制成的，这种合金绝不会被氧化，经过多次铸造仍可光亮如新。此外，它们还被用来避免常常与气泡和气孔收缩有关的场合，它们具有优良的流动性，是在蜡模中预置有宝石或钻石时进行铸造的理想材料。用于机械加工的合金含有特殊纹理精整成分，可以改进金的纹理。采用这种合金，可在滚压和拉延过程中实现很高的压延比。焊接变得更加容易后，在很多情况下，可通过热处理对材料进行硬化加工。

所有LEG. OR公司的合金都配有详细的技术图表，包括推荐使用的铸造温度、型箱温度、退火时间、淬火方法等等。所有的合金，都能在几种场合被重熔，按重量计可以利用高达70%的合金屑。

LEG. OR 公司有一系列新型合金，用于生产白金。该公司实验室对这些合金所做的扩展实验明确一致地表明，一旦与金熔成合金，这些合金就拥有很低的镍析出量，符合现在实施的 EC 指导性规定。

LEG. OR 公司也生产防锈合金。用标准纯银铸造。这些合金的抗氧化能力比普通银铜金强 10 倍以上。此外，还制造用于黄、白和红金焊接的不含铬的合金，用于链条的焊接粉、焊接液等产品。

意大利的珠宝产业已有丰富悠久的历史，其工艺、设计的水平之高，乃是世界上屈指可数的。意大利珠宝在传承与保护传统技艺的基础上，结合现代科技的开发和创作手法不断更新，使得意大利在设计制作方面有了更多的文化底蕴和灵感。

在珠宝首饰生产加工方面，意大利拥有丰富的经验、高端的工艺、先进的技术和新颖的材料，特别是，其设计制造的珠宝加工机械设备，种类繁多，而且能够准确控制精度，从而使其在国际竞争中遥遥领先。

5. 研发珠宝类高端奢侈品的典型案例

嵌镶珠宝的全球最贵鞋子诞生。2019 年 11 月，意大利媒体报道，世界上总是会有一些很奇怪的事物出现，比如全球最贵高跟鞋。该国著名设计师安东尼奥·维特里在迪拜发布了一款时尚高跟鞋，售价为 1990 万美元(约合 1.4 亿元)。该鞋成为目前世界上最贵的一双高跟鞋。

据报道，这双鞋被意大利设计师命名为“月亮之星”，由来自迪拜的神秘买家定制。目前的状况是，阿拉伯联合酋长国的富豪们，长期以来一直痴迷和追捧意大利高端奢侈品。

为什么会卖得这么贵呢？这款鞋子除了纯金鞋跟外，还包括 30 克拉的钻石，以及一颗于 1576 年坠落在阿根廷的陨石碎片组成，这才是交易价格如此之高的主因。

（二）印刷机械设备代表性企业及其产品信息

意大利印刷、包装及造纸机械设备，以工艺先进、配套齐全、质量优良，在国际市场上享有盛誉，占有重要地位，尤其是在凹版印刷机、柔性版印刷机、造纸机、纸板加工机和包装机等设备的制造方面，处于世界领先地位。以下介绍若干有代表性的企业及其主要产品。

1. 罗西尼公司及其产品信息

罗西尼公司（Rossini）源于创始人艾敏奥·罗西尼的一个想法，并于

1928 年开始生产第一根用于印刷机的墨辊。这项发明也促使该公司在 1954 年的第一次大规模扩张，并迁往意大利第二大城市米兰。

罗西尼公司在整个发展和成长的历程中，一直忠于创始人艾敏奥·罗西尼的经营理念，并不断研究和创新，为公司稳步发展打下坚实基础。该公司致力于柔印碳纤维材料的套筒式印版与网纹辊等部件的生产，并对产品实施全面质量管理，要求旗下产品使客户（其中很多是行业领导者）完全满意。

2. 欧米特公司及其产品信息

欧米特公司（Omet）总部位于意大利北部莱科市，属于意大利工商经济最发达的伦巴第大区，地理位置处于阿尔卑斯山南麓，与瑞士隔山相邻。1963 年，欧米特公司创始人，现任公司董事长安高洛·巴特萨吉，作为当地一家大企业的机械工程师，凭借丰富的机械设计经验和强劲的创业精神，创立了这家公司。在此后多年的发展历程中，该公司一直在为窄幅机的设计和制造做努力。除了涉足柔性版印刷机外，该公司还推出了丝网印刷、凹印、冷热烫金、全息烫金等机械设备。

欧米特公司在紫外线柔印工艺及相关设备研发上有着丰富的经验，其中起至关重要作用的就是公司一直强调的客户满意定律。这也使该公司在技术变革和新型印刷解决方案中占有领先的地位。

欧米特公司制造的印刷机以柔性版印刷机为主，轴传动是旗下印刷机的突出特点。其高精度的特性，组合了丝网印刷、凹印工艺以及连线全息技术，可为客户量身打造丝网印刷、烫金等联机设备，广泛用于软包装印刷、标签印刷等领域。

欧米特公司的核心竞争力，来自强大的研发能力。其坚持把最先进的科技，与传统精密机械设计相结合，并始终能够根据客户与终端用户的市需求做出敏锐的反应。其中，Vatyflexy 型无轴传动柔性版印刷机，是一台完全无轴、无齿轮传动机型，E 版滚筒和压印滚筒均由单独电机控制，能承印 12u 薄膜、不干胶等多种复合材料。

3. 康茂胜公司及其产品信息

康茂胜公司（Camozzi）1964 年成立于意大利北部伦巴第大区的布雷西亚，它是印刷机械行业内的佼佼者。该公司最初的业务范围，主要是纺纱机械和机床制造，核心业务是气动元件的生产，并具有很高的自动化水平。

康茂胜公司拥有五个工厂，分别设置在卢梅扎内等五个不同城市，这五个工厂基于相同的理念，进行产品的制造和控制。

康茂胜公司在印刷工业自动化和机械零部件等制造方面，具有很强的竞争力。它是一个在欧洲处于领先地位的国际集团。该公司的核心理念是“创新和专业”，“以客户为导向”是这家公司的经营理念。令人印象深刻的是：康茂胜公司一直强调顾客满意是成功的关键，顾客满意是最好的创新原动力。该公司不断发展创新文化，并以此作为不断改进生产能力，与客户建立更密切关系的准绳。

4．希多玛公司及其产品信息

希多玛公司（Sitma）成立于1965年，在出版物包装和分发系统设备制造领域，处于世界领先地位。该公司活跃于世界上70多个国家和地区，行政总部和工厂位于意大利北部的斯皮兰贝托。希多玛公司起家于包装行业的机械制造。现在，它已将业务领域扩展到印刷行业，提供服务于报纸、周刊杂志、书籍、直邮等行业的高质量机械设备，是业界的领头羊。

希多玛公司目前拥有30800平方米的两个现代化工厂，本部企业有240名技术精湛的员工，分公司还有60名员工。其科研团队直接负责技术解决方案的开发工作，所有的项目方案都可根据客户的要求，提供个性化服务。现在，这家公司70%的产品，通过设在法国、日本和美国的子公司，以及70多个世界各地的代理商，出口到海外。

5．格拉夫孔特罗公司及其产品信息

格拉夫孔特罗公司（Grafikontro1）意大利语全称是Grafikontro1 ControlliGrafici，其含义就是印刷质量控制。它由安东尼奥·德格兰迪斯与乌姆贝托·菲利披创办于1969年。该公司开发的电子系统和质量控制系统是图形工业领域的佼佼者。

该公司的核心理念就是提高印刷质量，减少停机时间和印刷浪费。如何开发新一代设备的图形和印刷控制设备，是其首要课题。经过半个世纪的创新开拓，该公司成长迅速，拥有100多名员工，是印刷质量控制领域内公认的行业领先者。

该公司一直致力于自己的创新技术。除此之外，它在高性能控制印刷质量方面得到了市场高度认可，其产品可满足大量重要客户的要求。

6. 优泰克公司及其产品信息

优泰克公司（Uteco）成立于1985年，主要为市场提供涂布、复合、裱糊等纸加工及软包装设备，这些设备与柔印机、凹印机等相结合，可以对食品、卫生用品、化妆品、烟草、糖果等套管包装，进行涂布、复合、铝塑、挤出等操作。

此外，该公司还提供与纸张、铝箔挤出层压复合膜，这些产品广泛应用于冷冻食品、快餐、牙膏等各种材质的包装印刷上。

7. 诺德美克公司及其产品信息

诺德美克公司（Nordmeccanica）以“发展无止境”为企业核心理念，以制造涂布复合包装机为主，其创始人克顿尼奥·塞尔西略，于1998年起带领该公司实现了质的飞跃。现在，他的儿子文森佐工程师和弗雷多博士，分别担任公司的技术主管和财务主管，三人一起带领这家公司不断取得新发展。

涂布复合包装系统的生产线，在不间断运行时，其效率与产品优质率是最高的。在时下对于商品价格高度敏感的市场中，使用高可靠度的自动化不停机收放卷设备，以避免任何停机和废料产生，是涂布复合包装设备产品创新的主要方向。诺德美克公司正在尝试运用简洁而巧妙的设计，来达到产品质量提升的目的。

8. Re公司及其产品信息

Re公司是优秀卷材设备配套产品的专业制造商，其开发的卷材张力控制系统，以其高精度、高性价，比广泛应用于世界各加工工业领域。

在世界印刷领域，Re公司高质量、低成本的设备配套系统和质量控制产品，拥有很高的市场地位。特别值得称道的是其研发的T-ONE张力控制系统。T-ONE张力控制系统是Re公司最新研制的一款高度集成的全自动张力控制系统，在控制器的面板上就可直接对系统进行校准，以及对系统参数进行设定与调节。

除此之外，Re公司新一代的印刷图像静止观测系统，也能对整个印刷过程进行优化生产，并能有效减少停机时间和浪费。

第三节　重工业机械设备制造领域的新进展

一、机床制造业研发的新成果

由于出色的制造技术和高超的设计能力，意大利机床制造业整体实力雄厚，享有较高的市场声誉度，到2018年，该国机床、机器人、自动化和辅助技术制造业迎来破纪录的一年，所有经济指标都实现了两位数增长，其企业营业额已逾90亿欧元，在国际业务中占据主导地位，制造商排行中占据世界第四，而在出口商中更是高居世界第三。根据意大利机床制造商协会统计，意大利共有机床制造企业6600家，员工18万人。

（一）研制数控立式车床的新信息

意大利皮特卡纳基公司是目前世界上生产立式车床产品历史最悠久的厂家之一，经过近百年的不断努力，现已成为著名的重型机床生产厂商。该公司主要生产大型立式车床即车、铣、磨复合加工中心，龙门移动型龙门铣床即铣、车、磨复合加工中心。就立式车床产品来说，主要包括单柱固定式立式车床与双柱固定式立式车床两大类，它们还有柱移动式和工作台移动式之间的差别。其适于能源、航空航天、采矿和推土机械、轴承、通用机械等领域零件加工。

1. 数控单柱立式车床

皮特卡纳基生产的数控单柱立式车床，分为ATT系列、ATF系列和AS系列三大系列产品。

其中ATT和ATF两个系列属于紧凑型设计机床，采用立柱热对称结构，刚度高，阻尼性好，具有强大的切削性能。它们的共同特点是，都采用双工作台形式，也就是立柱采用并联结构，工作台中间隔开，形成全封闭式双工位布局，可以节约占地面积，降低厂房使用成本。

ATT采用双刀架滑枕结构，共用一个操作悬挂，操作者同时操作两台机床。而ATF则采用大型圆工作台形式，在这个工作台上设置双工位工作台，共用一个立柱和横梁及刀架，在一台机床上可控制双工位工作台，这是该系列产品的一大技术结构上的创新，双工位工作台中间用隔板隔开，构成相对独立的两台机床，节约辅助装卡时间，生产效率可提高 2 倍。

数控单柱立式车床可配备双工位工作台或交换工作台，工作台采用静压支撑技术，工作台承载大，转数高，最高可达到每分 600 转。刀架和滑枕快速移动可达到 30 米/分。配有刀库，可实现快速自动换刀，并配备自动排屑装置，是目前立式车床中加工性能水平较高的产品，特别适合于高速加工航空发动机等精密零部件。

2. 数控双柱立式车床

皮特卡纳基制造的双柱立式车床，大体包括 AC、AP 和 AY 三大系列产品，其中：AC 与 AP 两大系列为数控双柱立车床，AY 系列为工作台移动式双柱立车床，下面以 AP 车床为例做些分析。

数控双柱立车床分为定梁式与动梁式两种结构，工作台分为固定式和移动式两类布局。工作台轴承有两种支承结构可选用：一是由滚子轴承支承；二是由静压滚子轴承支承，最大可承载物件为 500 吨，最大切削功率为 300 千瓦。具有承载能力大，刚度好，大扭矩，重切削，稳定性好等特点，适合加工超大零件。

数控双柱立式车床的优势，在于具有多种可选择性，它在结构形式、加工范围以及工艺性能等方面，都为用户提供了不同的选择。尤其是工作台采用可移动形式，可满足用户在承重范围内选择工作台移动式结构，扩大加工直径，容纳更多加工对象，从而加工性能也会变得更灵活。滑枕配有铣削功能，能对回转零件进行多工序加工，这是超重型数控立车在工艺性能方面重要的技术升级。

（二）研制数控镗铣床或铣镗床的新信息

1. 帕玛公司开发的数控卧式镗铣床

意大利研制数控卧式镗铣床的厂商，主要有帕玛公司、茵塞公司和 Fpt 公司等。帕玛是从事高精密数控镗铣床生产的专业厂家，在世界上享有镗铣床世家的美誉，产品以精密、高效而闻名于世。茵塞在镗铣床领域已经探索了数十年，积累了丰富的经验，重点是研制和生产重型、超重型镗铣床。Fpt 主要为机械和模具领域提供数控机床，在制造大中型铣床和镗床方面居于领先地位，并拥有代表目前科技水平的最新式设施。下面以帕玛数控卧式镗铣床为例进行分析。

帕玛制造的卧式镗铣床以其高速、高精密、大功率、大扭矩而闻名，主轴箱装在立柱中央，保证良好的刚性和运行稳定性，X 轴与 Z 轴床身安装在同一水平线上，以降低机床安装时间和地基建设成本。采用模块化设计，卧式镗铣床与镗铣加工中心的工作台和交换台、主轴箱、滑枕都可以通用。同时，它融入环保制造理念，把排屑装置和冷却液回收装置，全部集成在防护罩内，机床实行全封闭，保证了机床的清洁度。可以一机配备多个交换工作台，组成柔性加工单元或柔性加工系统，这在大型镗铣床中并不多见，体现了创新技术与制造能力的高度融合。

该卧式镗铣床的主轴箱设计，考虑到高速加工时刀具所产生的热量，会导致主轴伸长，使温度对主轴精度造成影响，为此专门设计出一个对主轴进行数控实时控制的装置，进行主轴延伸补偿，这是帕玛的专利技术。卧式镗铣加工中心的技术，在目前世界同类产品中保持领先水平，快速进给和移动速度高达 45 米/分。同时，可以配备各种铣头附件，实现五轴联动加工。

2. 茵塞与帕玛两公司开发的数控落地式铣镗床

意大利研制数控落地式铣镗床的厂商，主要以茵塞公司和帕玛公司为代表，这两家都是世界上最早专门从事数控落地铣镗床开发的企业之一。特别是茵塞，属于生产重型、超重型落地铣镗床的传统厂商，具有这个领域较明显的技术优势和制造能力，被誉为重型落地式铣镗世家。以下简要介绍这两家厂商开发的数控落地式铣镗床。

数控落地式铣镗床的主要运动轴，都采用静压导轨或滚珠丝杆副传动，X 轴和回转工作台都属静压导轨，回转工作台既可做回转运动也可做垂直移动，最大台面尺寸达到 6.5 米×12 米，最大承重可达 600 吨。这里设计的可翻转式回转工作台，是一个创新亮点。它既可以回转，也可以进行任意角度翻转，采用液压油缸升降与支撑定位，可以实现对任意角度的面和孔进行加工。另外，把铣镗床立柱置于圆形工作台的中心，回转台作回转运动，可以分度，再进行镗铣加工，可以解决大型回转零件的内孔车铣镗加工，能满足个性化加工需要，特别适合核电反应堆吊篮内部加工。这种结构非常新颖，制造难度也较大。

落地铣镗床可以配备各种回转可移动工作台、附件和刀库等。附件是落地铣镗床扩大加工范围的有效手段，可以配备圆形、矩形、可翻转等回转台，可以直线移动和分度，高精密定位。厂商通常备有几十种附件可供选择，附件全部实现自动更换。同时，还配备有各种刀库，最多可以配备600工位刀库，用以完成各种不同零件多种工序的加工。这些工艺性能和优势，是其他机床无可比拟的。

3. 茵塞公司开发的数控龙门镗铣床

在意大利，茵塞公司和帕玛公司是研制数控龙门镗铣床的主要厂商，两家的产品各有特色和优势。茵塞是世界上生产数控龙门镗铣床最早的企业之一，而帕玛是20世纪90年代才开始开发这类机床，因此无论是品种规格，还是承载能力和重切能力，都不如茵塞的产品，但是，其制造工艺和精度要优于茵塞产品。数控龙门镗铣床主要分为龙门固定式和龙门移动式两大类，并有固定梁和动梁两种结构差别，下面以茵塞产品为主，结合帕玛产品，介绍龙门固定与龙门移动式镗铣床。

大型、超重型数控龙门镗铣床的关键部件，是龙门框架。它的高刚性、高稳定性和高动态性，决定了整个机床的高速、高效加工性能。该产品允许客户根据需要在龙门架两边分别设置操作台，操作台随龙门移动，采用人体工程学原理，工作台独立升降采取全封闭式结构，安全、美观，环保。龙门移动导轨采用闭式静压导轨。

龙门移动式镗铣床的优点是运行灵活，能加工超大面积零件，且各种功能部件配置齐全。该产品可配备圆形工作台进行车或铣加工，能配置超大型附件库、超大容量刀库，附件库与刀库采用矩阵式结构，设置在机床旁，专门安装了一个能随龙门移动的机械手，更换附件和换刀非常迅速、便捷，大大扩充了加工范围。

二、汽车制造业研发的新成果

（一）汽车概念车设计研究的新信息

1. 菲亚特克莱斯勒发布针对年轻人口味的电动概念车

2017年1月，在国际消费电子产品展览会上，菲亚特克莱斯勒公司（FCA）与其他许多汽车厂商一样，将其作为一次预演的机会，带来代表业界未来走向的概念产品。该公司推出一款电动概念车，据称是专门针对千禧年前后成长起来的年轻人口味。

这款车名为克莱斯勒 Portal，其开发初衷为“探索千禧世代全新生活方式下家庭用车的新形式。”对于菲亚特克莱斯勒公司来说，这款概念车需要吸引从 20 岁出头的年轻人到孩子已经几岁了的年轻夫妻。

（1）动力方面，该车采用纯电驱动，其车地板下方布置了 100 千瓦时的锂离子电池组，最大续航里程可达 402 千米，通过最新一代的直流快速充电技术，可在 20 分钟内获得约 241 千米的续航里程。

（2）外形方面，新车采用了大量的现代化设计，超大尺寸的玻璃车顶能够让更多自然光进入驾驶舱内，视野更加开阔。同时，该车采用 3 排布局，车门采用对开式滑动开启，方便乘客上下的同时，也营造了极强的未来感。在这辆车上，设计研制人员已经考虑到必须兼顾乘客、驾驶员的感受。同时，为了未来的拼车与货物运输服务等应用，该车用上“魔术座椅”，它不但可以在车内自由滑动，还能藏进车辆地板中或彻底拆除。

（3）配置方面，该车是新技术有效集成的结合体，上车之后，用户的手机、相机、平板电脑和笔记本电脑都能与车辆连接。同时，在松下工程师的帮助下，该车还加入最新的面部识别和语音生物识别等技术，能给乘客提供个性化的乘车体验。举例来说，通过面部识别该车能获知谁在车上，随后便可自动对车内灯光、温度、音乐和座椅角度等进行针对性的调整。

（4）内饰方面，该车的全玻璃化显示座舱非常新颖，研制人员还用操控杆代替了传统的方向盘，上下 2 个液晶显示屏除了显示汽车基本信息外，还能提供有趣的多媒体及人机交互界面。当然，时下最为火热的自动驾驶技术自然不会缺席，虽然没能达到最高的 Level-5，但它也支持 Level-3，车身上摄像头、雷达、激光雷达以及超声波技术等一个不少。同时，该车还搭载 V2X 通信系统，车身传感器能和公共设施、互联网和其他车辆进行实时通信。

当然，Portal 只是一款概念车型，想让它当年就开卖有些不现实，它的意义更多的在于彰显菲亚特克莱斯勒公司对于未来的洞见。应该说，该公司这次市场定位比较准确，18~35 岁的年轻人，正在成长为社会消费的重要一极，获得这一市场的认可与赞赏，不但能赚得盆满钵满，而且还能大大改善品牌形象。

2. 阿尔法·罗密欧发布首款电动化概念车

2019年3月，有关媒体报道，意大利阿尔法·罗密欧公司在2019日内瓦国际车展上，发布其品牌首款中型插电式混合动力多功能概念车——托纳莱（Tonale），宣告进军电动汽车市场。该概念车是阿尔法·罗密欧首款中型多功能车型，不仅充分展现了阿尔法·罗密欧百年意大利式工业设计美学理念，同时还可为消费者带来无与伦比的驾驶乐趣，可谓中型多功能车市场中的车型典范。

——以百年设计美学为基础研制全新车型

这款托纳莱概念车车型，传承意大利传统工艺，并将经典造型与前瞻设计集成为一体。其设计灵感将人体美学、纯粹的线条，以及自然光线运动形成的轨迹相融合，并通过现代化的表现手法，把阿尔法·罗密欧悠久历史中的经典设计元素，再次展现出来。而花瓣式轮毂传统，可追溯到20世纪60年代，最初用于标志性的阿尔法·罗密欧33 Stradale车型，独特的轮毂设计与专属的倍耐力轮胎相得益彰。

车型前脸保持了阿尔法·罗密欧标志性“三叶式”前脸格栅，侧面配有“3+3”的前置大灯。概念车车尾拥有一面包围式的优雅后窗，顶部悬挂的翼子板增强了透明顶棚和后窗之间的连续性。阿尔法·罗密欧的每一处设计均浸润着人文关怀，车尾照明也是如此，不仅是照明构件，更是匠心独运的艺术品。

概念车的内部设计，从根本上来说，受到了阿尔法·罗密欧汽车赛道历史的启发，带来富有激情、令人兴奋的驾驶体验。虽然是以驾驶员为中心的布局，但也兼顾到了其他乘客的舒适需求。流畅的线条遍布整个内饰，产生一种蓄势待发的视觉效果。而材料的运用更为丰富，从坚硬、冰冷的铝材，到柔软的皮革和有类似于翻毛皮材质的运动座椅，既有鲜明的对比，同时又相得益彰。中央通道由透明的背光板组成，为阿尔法·罗密欧的核心部件智能驾驶系统选择器，提供了完美的位置。概念车的整个内饰贯彻人性化设计理念，它反映一种包容性的体验和专属设计的细节，同时具有车迷们所看重的动感属性。

概念车配备了最高标准的车内配件技术，确保互联、舒适、动感的用户体验，同时突出动感驾驶乐趣。驾驶员在专注于路面的同时，又能够无障碍的操作 12. 3 英寸的数字仪表组及 10. 25 英寸的触摸屏信息娱乐系统。而全新的信息娱乐系统拥有无缝的、流畅的多任务界面，让驾驶员能够轻松使用所有的最新配置和功能。

车上安装了两款全新的信息娱乐应用软件：一是全方位的阿尔法·罗密欧生活方式体验软件，为精选的阿尔法·罗密欧俱乐部和社区活动，如聚会、驾驶和集会等，提供完全互联的界面。它能够让驾驶员获取关于阿尔法·罗密欧品牌现状的实时新闻和动态。例如，用户可以确认是否参加活动和聚会，预订阿尔法·罗密欧赛事门票，以及申请获得参加阿尔法·罗密欧专门赞助活动的贵宾机会。二是车内购买专用商品软件，它可以实时查看最新车用内饰和外观性能升级情况，了解相关商品的仓库和市场位置，并及时购买需要更新的配件。该车这款载应用软件，还可让用户能够滑动浏览阿尔法·罗密欧最新的商品，并且能够通过触屏直接下单。

——以品牌理念为依据提升电动化性能

阿尔法·罗密欧致力于在紧凑型多功能市场上提供一款新车型，它将拥有最佳的动态驾驶性能，并将在电动化过程中充分展现时尚的操作体验。而此次发布的托纳莱概念车，是阿尔法·罗密欧旗下首款紧凑级多功能，并拥有品牌车型的所有典型特征。

电动化的设计既突出了驾驶动感，也强调其品牌“源于激情、成于科技”的理念。因此，在全新的概念车身上，找不到过度华丽的涂装，只有在一些小的细节上强化一下自己的个性，比如阿尔法·罗密欧标志性徽标及图案。

后置电动发动机增强了动态驾驶能力，可实现最大化驱动及驾驶乐趣。驾驶模式也随着车型的更迭不断进化，概念车内置了特别的能源管理功能，从前阿尔法智能驾驶系统中的单一动力模式变成现在的双电源模式，由两台发动机提供最大输出功率。位于信息娱乐触摸屏的电子控制按钮，提供了特定的油门设置、更清晰的制动和更直接的转向响应。传动模式得到最佳性能优化，并且可通过自动管理，实现在电动机和内燃机之间的快速切换。因此，根据品牌的理念，插电式混合动力推进器，把阿尔法·罗密欧车型的美感、运动感和动态驾驶特性提升到新的高度。在托纳莱概念车车型上，电动化不仅提升了性能，更令强大的驾驶动力与洋溢的驾驶乐趣相结合，达到一个空前的水平。用电能提升动力，是阿尔法·罗密欧100多年传奇历史上的最新重要突破。概念车惊人的越野能力，不仅能够传承品牌固有的驾驶激情，而且也能轻松应对城市交通。

值得一提的是，托纳莱（Tonale）概念车的名称，源自意大利北部的托纳莱山口（Tonale Pass）。它与阿尔卑斯山著名险境斯泰尔维奥山口不远，是位于伦巴第和特伦蒂诺之间的高山通道，那里有雄伟山峰、天然飞瀑和常年积雪，令人叹为观止。托纳莱山口与阿尔卑斯山斯泰尔维奥山口相连，因此托纳莱概念车在开发上也继承了品牌连续性和地理邻近性的感念，能让人追本溯源，浮想联翩。

3. 玛莎拉蒂发布阿尔菲力概念跑车

2014年3月，菲亚特克莱斯勒集团旗下的玛莎拉蒂公司，在日内瓦车展上首次发布阿尔菲力（Alfieri）概念跑车。该车的命名，是为了纪念品牌创始人玛莎拉蒂兄弟中特别重要的一位，即阿尔菲力·玛莎拉蒂先生。该车由位于意大利都灵的玛莎拉蒂设计中心负责研发，采用经典的两门布局，这明显区别于该公司前几年推出的总裁轿车等四门运动豪华轿车。

从玛莎拉蒂公司的发展规划看，这款概念车预计在2016年形成实体性产品，2018年确认投入企业生产，2020年在车展上正式向公众亮相，2021年或2022年实现量产，并开始推向市场销售。

从展出的概念跑车可以看出，它整体具有优美的线条感，并用漂亮的曲线勾勒出迷人的色彩，通过强有力的翼子板，以及延伸到引擎盖上的突起部分，展现出其雄健有力的运动车风貌。这也表明，意大利技术开发人员在跑车设计方面确实有过人的才华。更加让人欣喜的是，将来量产车与概念车相比，除了个别细节之外，并不会有太大的调整。

毫无疑问，阿尔菲力概念车代表了玛莎拉蒂品牌的核心精髓。它具有鲜明的意大利风格，具有清晰的玛莎拉蒂赛车基因，同时又具有诸多的时尚前卫特色，从而使其成为引领未来跑车的设计原型，并预示着著名品牌的现代设计方向。

（1）动力系统。阿尔菲力概念跑车，采用玛莎拉蒂GT赛车的变速驱动桥平台，发动机是来自马拉内罗的4.7升自然吸气V8引擎，能以每分钟 7000 的转速提供 460 制动马力，以每分钟 4750 的转速提供 520 牛·米扭矩，将赋予其强劲的驱动力。

（2）传动系统。采用 6 速电磁驱动变速箱，即 MC 系列车型上档转换设备，它安装在一个带有止滑后差速器的单一机组内，并通过刚性扭矩管与引擎相连。变速驱动桥的安装方式，为该车提供最佳的前后车身重量比，后车身略重。该车的碳陶瓷盘式刹车碟，源自 GT 赛车与 Brembo 公司专门设计的制动卡钳。

（3）车身形状。阿尔菲力沿用 GT 赛车 MC 系列车型的底盘，但轴长短 240 毫米，赋予这款概念车真正的超级跑车比例。阿尔菲力车身长 4.59 米、宽 1.93 米、高 1.28 米，轴长 2.7 米。头部具有长而低矮的车鼻，它在玛莎拉蒂现有车型基础上演变而来，格栅被分成两部分并采用凹形设计，看起来像悬在空中。日间行车灯通过清晰的线与中间的标志性 V 字形联结起来。双氙气 LED 灯和特别的车眉，让前大灯显得富有进取气势。同时，把尾灯设计成三维糖果罐型，由外部两个红色元素和内部一个白色元素构成，其形状和谐地映衬出车的尾肩以及通风口，并与布局合理的双排气尾管组合在一起，创造出令人印象深刻的赛车风格尾部。

设计师以流线型的一体式设计，出色地整合了车轮拱罩上重新设计的三重通风口。车轮也经过特别设计。直径 20 英寸的前轮和 21 英寸的后轮，都用铝锻造而成，并辅以装饰性的辐条，颇有 20 世纪 50 年代经典轮辐的风采。

（4）色调与外饰。尽管车身形状是最主要的元素，但车的颜色和细节也是创新重要内容。为玛莎拉蒂百年庆典而设计的这款概念车，采用了一种类似钢材原色的液态金属色，让其外形看起来更优雅，更富有技术含量和现代感，仿佛一块金属面纱掩盖在美丽的肌肤之上。

外饰方面随处呈现玛莎拉蒂的经典之作，如装饰性的车轮辐条，具有艺术冲击力的制动卡钳和格栅，标志性的三重通气管，外形富有特色的扩散器和排气尾管，以及富有挑逗性的车眉等。另外，还从玛莎拉蒂历史文档里复制出阿尔菲力的签名，并用蓝色镌刻在车的尾部。前保险杠气流偏导器和后扩散器，则是用含有铝嵌件的碳纤维新材料制成的。

（5）驾驶舱及仪表板。月白色和深玄武岩蓝色是阿尔菲力驾驶舱的主要颜色，外观和触感都很自然的人造皮革，覆盖在座位、仪表板和中央控制台上，铜色巧妙地勾勒出主要造型线条，并把一种复古之风带入这辆充满未来感的概念车中。

驾驶员座位的侧面插件、变速箱杆和中央控制台上的椭圆形的表盘，都用单块铝坯手工制成，并通过阳极化处理呈现出自然的铜色。所有其他铝配件，包括踏板、变速箱杆和方向盘辐条也都是手工制成，经处理后呈现钯色。包含三个辐条的方向盘和嵌入其中央的冠形构成一个立体雕塑，宛如一位意大利艺术家在他的工作室创造出的艺术品。跟阿尔菲力内部的其他配件一样，它也是100%手工制成。

悬浮的汽车仪表板的设计概念，深受玛莎拉蒂5000GT仪表板的启发，仪表板围绕着中央TUFT屏幕，采用双色表面，整洁而有序。仪表板采用经典的布局，上面有两个主指示表盘，两者中间还有两个较小的表盘。每个表盘的边缘都饰有一个小巧的玛莎拉蒂总部办公楼标记。仪表板采用薄膜晶体显示器而不是传统指针式钟面，在显示时速和引擎转速时使用类似现代照相机菜单的显示方式，不再采用指针旋转来指示，而是围绕着表盘直接以数字显示当前速度和引擎转速，并以类似放大镜的效果凸显出来。

（6）地板与乘客座位。地板用的是一种类似氧化钢的材料，这种材料常用于20世纪50年代的赛车中。乘客座位设计，尽管是受到20世纪50年代赛车凹背座椅的启发，但依然充满未来感，采用现代结构的座位包括半一体式头枕和用于支撑的桥状侧翼。后座靠背的设计独特而细长，这些靠背从外部清晰可见，给内部整体设计增添了一种速度感。后座前倾90°，也可用作行李隔板。

4. 法拉利推出塞尔吉奥概念车及其上市产品

——法拉利塞尔吉奥概念车的主要特征

在2013年的日内瓦车展上，意大利著名汽车设计机构宾尼法利纳公司，展示了塞尔吉奥（Sergio）概念跑车，这款贴着法拉利车标的概念车的推出，是为了纪念2012年7月病逝的该公司第二代掌门人：塞尔吉奥·宾尼法利纳（Sergio Pininfarina）。

伟大的汽车设计师塞尔吉奥·宾尼法利纳，出生于意大利都灵。自从都灵理工大学毕业后，就进入其父亲巴蒂斯塔·法利纳所创建的宾尼法利纳公司工作。他在公司兢兢业业从事设计工作60年，设计出100多款法拉利新车，如 20 世纪 80 年代末法拉利的旗舰跑车 F40 就出自他手，还有像 288GTO、F50 等稀有车型，他对法拉利品牌的成长做出了杰出贡献。

塞尔吉奥概念车外观设计方面的特色与亮点。

据悉，概念车的车身，是在法拉利 458 为基础打造的，其尺寸为：长 4527 毫米、宽 1934 毫米、高 1212 毫米，轴距 2650 毫米。设计人员并没有公布概念车外观设计的灵感来自何处，也没有公布通过风洞实验和下滑实验所确定的风阻系数，但从它低矮、扁平的车头，以及仿佛铲子一般夸张的头部前包围造型，就不难想象它势必会有不错的空气动力学表现。

从正面看，概念车的长相似乎有些怪异，由于车身整体较宽而前大灯的尺寸却又比较小，因此让人看去，它有一副“小眼睛怒视前方”的感觉。当然，这种外观设计到底体现何种工艺美术思想，只有设计师心里有数，消费者就只能意会了。

塞尔吉奥概念车采用了法拉利旗舰车型才会使用的蝴蝶门设计，车门不是向两边侧面打开，而是通过铰链朝前上方开启，斜向扬起的车门如同蝴蝶展开的翅膀，这与法拉利 458 有着很大区别，类似设计还出现在了在法拉利之前的旗舰车型 Enzo 车型，以及最近非常火的 Laferrari 车型上。这款概念车并没有安装前挡风玻璃，因此后视镜被设置在中控台中央。不过，在车头位置通过特殊设计，可以达到隐形挡风玻璃的效果，当然这对车速是有一定要求的。

塞尔吉奥概念车采用双五辐铝合金轮毂，尺寸为 21 英寸，前轮规格为 255/30 ZR21，后轮则为 305/30 ZR21，轮胎采用了倍耐力 P Zero Nero，也就是俗称的“P0 黑飚”。前制动系统采用了碳陶瓷浮动打孔刹车盘加 6 活塞刹车卡钳，后制动系统则为 4 活塞卡钳。

车尾方面，概念车的设计，依旧存在明显的“天马行空”感觉。尾灯中央似炮筒的式样非常抢眼，当然这也不禁让人联想到空调出风口。底部中置三出的排气管布局，与法拉利 458 车型类似，只是形状做出了变化，两侧则是硕大的扩散器设计。

实际上，仔细观察可以发现，尾灯中央的“炮筒设计”原来是散热孔装置，只有外围红色部分才是真正的尾灯。车尾中央为法拉利车标，以及塞尔吉奥（Sergio）字样的铭牌，在车标的周围同样环绕着密密麻麻的圆形散热孔。

塞尔吉奥概念车内部设计方面的特色与亮点。

车内方面，概念车内饰设计，并不像其外观那样前卫。如果把它与法拉利 458 进行比较，可以发现，其实两者内饰装置几乎相同，主要区别仅仅存在于材质与配色之上。方向盘顶部弧度非常平缓，并采用“D”字形的平底设计，整个轮廓不再呈现传统的圆形，而是更接近于六边形。

概念车车内与法拉利 458 最大的不同当属它的座椅了，从造型来看，它的包裹性，不如一般超级跑车那么严实，尤其是肩膀部位，几乎是平的。另外，悬浮式的头枕造型很新颖，也可算是塞尔吉奥概念车内的一个独有元素。

打开引擎盖，可以看到碳纤维搭载的发动机舱，十分时尚而出色，发动机舱设计也非常精致，这辆塞尔吉奥概念车搭载的是一款 4. 5L V8 自然吸气发动机，与发动机匹配的是 7 速双离合变速箱。这辆车的最大马力能够达到 605 匹，百公里加速仅需 3 秒，最高时速可达每小时 330 千米，性能要比法拉利 458 强悍。

——法拉利塞尔吉奥上市成品车的主要特征

法拉利是超级跑车的顶尖产品之一，许多铁杆车迷都梦想把它收藏到自己的车库中。实际上，法拉利这个称号，现在已经不仅是一个汽车品牌，而且还是理财神器。谁都知道，有钱人往往善于理财，当然理财不慎也会出现亏损。但是，如果把积累的钱买一辆限量版法拉利，很可能会给理财者带来意想不到的结果。

2014 年发布的法拉利塞尔吉奥（Sergio）概念车，由于外观造型比较特别，吸引了世界上许多人的眼球。只不过 1 年以后，该公司就把它做成限量版法拉利塞尔吉奥上市产品。

法拉利塞尔吉奥全球限量制造 6 辆投入市场，数量非常少。其中三辆在美国，两辆在欧洲，还有一辆在日本。这款投放到市场的法拉利塞尔吉奥真实制成品，设计上与其他法拉利风格并不一样，有着自己独特的风格，前脸的大灯以及车身的曲线，与法拉利超级跑车相差还是比较大的。

法拉利塞尔吉奥成品车的车身属于比较有运动感的设计，其外观线条以及内饰都与法拉利 458 比较相似，但是塞尔吉奥却比法拉利 458 更加轻量化，更符合空气动力学原理，车身采用了黄黑色设计，显得更加时尚，而制动系统的卡钳也是黄色的，与车身颜色相呼应。特别是，轮毂设计增加了该车的运动风格，让整车看起来更加时尚而有特色。

这辆投放市场的成品车，其实与概念车还是有点差别的。这辆成品车设计上增加了专用的赛车头盔，它是为了确保车主驾驶更安全。毕竟这辆车没有顶棚，虽然设计上已有保护车内乘客的安全措施，但是高速行驶之下，带上头盔总是会更加安全。

由于这辆车增加了许多创新设计，被车迷们誉为最不像法拉利的法拉利跑车。特别是它具有的独特外观，有些人一时难以接受，觉得它有点像山寨法拉利，也有些人甚至觉得它有点像玩具车。

这辆塞尔吉奥成品车的尾部，采用炭黑色的发动机舱盖，并配上蜂窝网状的散热孔，与车身相得益彰，突出的小尾翼看起来十分拉风，也为该车提供了强大的下压力，两个圆形尾灯与法拉利 458 一致，两边单出的排气孔设计可以看出这辆车的性能强悍，夸张的下挡风设计，大大减轻了该车的风阻，整个尾部也显得它更具运动风格，并凸显出它与普通的法拉利 458 不同。

法拉利塞尔吉奥成品车的内饰，采用黑色皮革与碳纤维打造，与法拉利 458 的内饰整体一致，运动的方向盘，液晶仪表盘，为了与外观相呼应，整车是用黄色线缝制的皮革，车内设计也是十分具有运动风格。虽然这辆车在概念车的时候，被许多人质疑，但它的纪念意义以及其稀有的数量，还是让它卖出了好价钱。塞尔吉奥成品车以标价 300 万美元，折合人民币 2000 多万元投放市场，结果宣布发售的声音刚刚落下，就被抢购一空。

后来的市场行情表明，这辆车还在不断升值。特别是，只有一辆的法拉利塞尔吉奥概念车，在两年之间就拍出 600 万美元的天价。而法拉利塞尔吉奥成品车，也是不断升值，在 2017 年它就升值到 500 万美元的价格，到 2019 年它已升值到 600 万美元以上，4 年之间升值了 300 多万美元，即人民币 2000 多万元，价格涨幅如此之大，真可谓成了投资者手中的理财神器。

5. 蓝旗亚推出现代版斯特拉托斯概念车及其量产车

——蓝旗亚打造现代版斯特拉托斯概念车

在 2010 年的都灵车展上，蓝旗亚公司经过精心筹划和周密准备，推出现代版斯特拉托斯（Stratos）概念车。这辆经过严谨程度远超过一般车型而打造出来的概念车，登台亮相之后，马上得到空前的关注。

该概念车拥有夸张式的运动外观，略向下倾斜的前保险杠采用大嘴式设计，19 英寸的大轮毂使得前轮拱明显凸起，前大灯的形状也十分特别。不仅如此，斯特拉托斯概念车的尾翼和 4 个粗大的排气筒，也预示着这是一款性能强悍的车型。

这辆概念车车身长 4.181 米、宽 1.971 米、高 1.24 米，轴距为 2.4 米。它采用铝金属底盘，前后重量比为 44∶56，车身采用全碳纤维材料，车重仅 1247 千克，风阻系数为 0.357。

动力方面，现代版斯特拉托斯概念车搭载 4.3 升 V8 发动机，发动机 ECU 程序为博世出品，排气系统也经过特别优化，还采用了 Capristo 的催化装置，性能更加出色，最大功率为 540 马力，在转速为每分钟 3750 转时可达到 500 牛·米的最大扭矩。与之相匹配的是 6 挡自动变速箱，换挡时间不超过 60 毫秒，而这款车从零到百公里加速时间仅 3.3 秒，最高车速可达每小时 272 千米。

不仅如此，法拉利 430 所使用的电子差速器，也出现在这款现代版斯特拉托斯概念车上，变速箱的尺比为了达到更高的极速还重新进行了调整。另外，由专业工程师负责调校部分底盘，可调的电子减振器和倾角调节等功能，都出现在这款概念车上。

——斯特拉托斯是一款具有传奇色彩的经典车

20 世纪 70 年代，曾经少量生产的蓝旗亚斯特拉托斯（Stratos），一直被公认为是拉力赛车史上最成功的拉力赛车之一。它富有当年时代气息的车身外观设计，中置并取自法拉利的 V6 发动机，还有那新颖罕见却潜力深厚的底盘，所有这些元素的构成，使其成为一款具有传奇色彩的经典车。为了满足参加世界拉力锦标赛对于参赛车辆的规定，蓝旗亚公司生产了 200 多辆符合一般道路行驶法规的民用斯特拉托斯。

然而，过于高昂的售价，使得这 200 多辆斯特拉托斯中的大部分，直到 20 世纪 80 年代初期，都一直停在各个蓝旗亚的销售展厅里。当然这些来自世俗的负面反馈，在当时的蓝旗亚厂商看来都是浮云，他们真正关心的是它可以在拉力赛中斩获多少荣誉。最终，蓝旗亚厂商的努力没有白费，斯特拉托斯在整个服役期内，让他们收获了 3 次世界冠军头衔和无数荣耀，并成为一段传奇。

众所周知，再辉煌的荣耀也禁不住时间的消磨，经典的斯特拉托斯也不能例外。但是，有些蓝旗亚品牌的忠实追随者，一直不愿向时间低头。在欧洲，已经有一些专业生产配件车的厂商，开始提供以 20 世纪 70 年代斯特拉托斯为原型的复制版产品，发动机可以根据个人需求进行随意搭配，而发动机的位置、驱动形式、悬挂形式，甚至包括非常别致的踏板方向盘位置都与原车一模一样。不过这样的产品，还是有些瑕疵因而不能让一些人满足，比如车辆的稳定性就很成问题。

在此背景下，一位名叫迈克尔·斯托切克的经典赛车收藏者兼业余车手，不满足于刻板复制。他通过自己的资源，研发并制造出一辆更现代化的斯特拉托斯。他从一开始构思创意，到现在这辆现代化的斯特拉托斯真正行驶在路上，整整花费了七年的时间和难以计算的金钱。

原版蓝旗亚斯特拉托斯的外形，由意大利博通公司设计，而独特的车身设计也是斯特拉托斯最具标志性的特点。另外，在制造原型车的过程中，设计师和工程人员曾经长时间的通过风洞，解决了大量空气动力学上的问题。

作为一款继承原版斯特拉托斯特点的概念车，如何在外观和内饰体现该车神韵的同时，又能表现出应有的现代车型功能，成为这款新车设计师最看重的内容。在所有原版斯特拉托斯设计元素重新体现在概念车上之后，如何从机械结构上进行优化，使得性能有所提高，成为设计师的又一个难题。同时作为一款能够满足所有交通法规的一般民用车辆，与当年的拉力赛车肯定存在许多差别，如何为满足各种民用交通政策法规的稳妥设计，也必须由设计师和工程师尽量进行优化。

——制造出第一款斯特拉托斯量产车车型

2019 年 2 月，蓝旗亚公司在日内瓦车展上展示第一款斯特拉托斯量产车车型，并宣布将于 3 月 7 日开始正式投产。

蓝旗亚公司制造的斯特拉托斯，可以说是第一辆专用的拉力赛车。20 世纪 70 年代早期，它在所有赛车上排名靠前，并且连续在近十年的时间里，始终保持旺盛的竞争力。

有 2019 年的日内瓦车展上，设计 2010 年斯特拉托斯概念车的项目经理宣布，蓝旗亚公司正在准备一系列好东西：首批批量生产的斯特拉托斯汽车和配备手动变速器的原型。

据悉，批量生产的斯特拉托斯汽车发动机，与 4.3 升自然吸气式 F136E V-8 发动机相同，但采用了改进的进气和排气装置。这辆车从 0 到 100 千米的加速时间仅为 3.3 秒，从 0 到 200 千米的加速时间仅为 9.7 秒。最高时速为每小时 273.6 千米至每小时 330 千米，具体取决于传动比。它前面有 15.6 英寸宽的通风碳纤维圆盘，后面有六个卡钳，后面有 13.7 英寸宽的圆盘，带有四个卡钳。悬架采用液压双管铝制阻尼器。

（二）发动机研究开发的新信息

1. 推出新型 V6 清洁柴油发动机

2007 年 3 月，国外媒体报道，本月 8~18 日，在面向公众开放的第 77 届日内瓦车展上，意大利厂商展出了减少尾气中的有害物质、带可变喷嘴涡轮的 2.9L 排量 V 型 6 缸柴油发动机。它采用新式燃料喷身系统和燃烧技术，同时实现了高输出功率和清洁性能。新型发动机主要面向欧洲，预定两年内配备于“卡迪拉克 CTS”汽车。

最大输出功率为 185 千瓦（250PS），最大扭矩为 550 牛·米。特点是：为了达到尾排气规定，配备了反馈控制系统。燃料喷射系统配备使用压电元件的燃烧压传感器。该传感器采用与发动机电热塞为一体的设计，可获取燃烧程序的实时数据，优化燃料喷射程序。将来还打算将该清洁燃烧控制系统配备在通用其他的柴油发动机上。

共轨系统的燃料喷射压力为 200MPa，通过使用压电元件，1 次循环可实现最多 8 次喷射。该 V6 发动机采用了蠕墨铸铁制发动机缸体，与铝合金制气缸头以及较重的普通铸铁及低强度的铝合金相比，重量更轻、强度更高。缸径×冲程为 83.0mm×90.4mm。作为尾气处理系统，配备了氧化催化剂和 DPF（柴油颗粒过滤器）。支持两轮驱动及四轮驱动，既可纵置也可横置。

该发动机由位于意大利琴托的 VM 发动机公司及位于都灵的 GM 欧洲动力总成公司联合开发。GM 欧洲动力总成公司负责清洁燃烧程序、发动机电子控制系统、尾气后处理系统以及与通用车的适配性。VM 发动机公司负责发动机设计中机械部分的开发，以及基准测试，新型发动机由该公司的工厂生产。

2. 研制开发 Cursor 系列发动机

2005 年 3 月，美联社报道，意大利菲亚特集团宣布，今后它将把投资重点放在其强项业务：汽车发动机和变速器的生产上。

菲亚特集团声称，集团新组建的业务部门“菲亚特动力科技公司”，计划雇用 2.3 万多名员工，它将使菲亚特在柴油发动机生产方面的投资获利能力得到提升。新的部门每年可生产 220 多万台发动机和 200 多万个变速器，创造的年收入将达 60 亿欧元。

目前，菲亚特下属好几个部门都在生产柴油发动机，其中包括菲亚特汽车公司、菲亚特研究中心、玛涅蒂玛瑞利和依维柯。菲亚特集团认为：“把柴油发动机生产加以整合，有助于制造出极富创新性和竞争力的产品。”

除了承担制造业务，菲亚特动力科技公司还将投资于甲烷、混合动力和燃料电池技术的研究开发。以生产汽车零部件为主的玛涅蒂玛瑞利公司的前首席执行官多梅尼科·博尔多内将成为新部门的最高负责人。

据著名市场研究机构美国环球通视公司（Global Insight）的调查，过去 8 年来，全球柴油发动机汽车的销售额增长了 141%，而新车市场的整体销量仅增长 14%。菲亚特集团首席执行官塞尔焦·马尔基翁内表示：“菲亚特的柴油发动机技术声誉不俗，我们在机械特别是发动机方面的能力，在汽车界一向无可争议。”

在意大利汽车市场，菲亚特所占的份额，已经从 20 世纪 80 年代的 60%降到目前的约 30%。由于销售疲软和汽车生产能力过剩，菲亚特 2004 年再次出现巨额亏损，金额高达 15.5 亿欧元。马尔基翁内说：“组建新的部门，是菲亚特集团实现再次腾飞的根本性步骤。”

近年，菲亚特动力科技公司已开发出多种系列的新型发动机，其中 Cursor 系列发动机主要有：

——研制清洁能源的强劲动力 Cursor9 天然气发动机

2016 年 5 月 23 日，北京国际展览中心新馆开始举办“2016 北京国际道路交通运输、城市车辆及零部件展览会”。菲亚特动力科技公司在本次展会上召开了最新 Curaor9 天然气燃气发动机的全球发布会，新品以“清洁能源的强劲动力”为主题进行发布，体现了菲亚特在新能源发动机领域的雄厚实力。

菲亚特动力科技公司市场及产品全球副总裁盖亚帆，在发布会上首先介绍了天然气相比化石燃料的优势，压缩天然气与液化天然气是传统化石燃料的有效替代方案，也是如今市场上最环保、最经济的选择。天然气燃烧所产生的有害气体排放要比其他化石燃料少得多，并且噪音也小，最重要的是使用成本相对更低。

盖亚帆称，菲亚特动力已经站在天然气发动机开发的前沿，由于新型 Curaor9 天然气发动机的面世，展现出当今市场上强大的天然气动力机械，以及最宽功率范围的发动机系列，使用范围扩展至长途运输卡车、短途配送车以及市用车，在城市公交大巴车上同样能够应用。

菲亚特动力科技公司亚太区总工程师马克说，在天然气发动机的研发领域，菲亚特动力并不是一个新手，早在 1995 年就已经开始涉足研发当量比燃烧技术的天然气发动机，紧接着 1997 年就开始量产 105 马力和 310 马力的天然气发动机，在 2004 年推出了新型 6.7 升和 7.8 升的天然气发动机，此次推出的 Cursor9 天然气发动机排量达到了 8.7 升，拥有 300~400 马力宽范围系列，最大扭矩为 1700 牛·米。

马克介绍，为了符合即将到来的欧 6 第三阶段排放标准，菲亚特动力科技公司的天然气发动机续，采用三元催化器作为后处理解决方案，该装置由一个紧凑的催化器组成，安装于排气管的末端，可将 95%的有毒气体转换为无害物质。这种催化器之所以被称作“三元”，是因为其内部多孔陶瓷载体表面涂有铂、钯和铑三种贵金属，它们可作用于发动机燃烧产生的三种污染物氮氧化物、一氧化碳、碳氢化合物，铂和钯可将一氧化碳和碳氢化合物转换为二氧化碳和水，铑有助于反应，可将氮氧化物转换为氮气。

Cursor9 天然气发动机结构采用耐腐蚀高镍铸铁制造，配备了水冷涡轮增压器，稳定性和可靠性更强。经过强化的缸盖，搭配更高流量的天然气喷嘴和气轨，可优化喷射角度，多点燃料喷射控制，可将发动机的噪音降低到 72 分贝以下。同时还可匹配自动变速箱，对驾驶舒适性要求高的用户也完全可以满足。

——用严苛的管理体系制造出 Cursor11 环保型发动机。

在 2016 北京车展上，上汽菲亚特红岩动力总成公司，展示了其开发的 Cursor11 环保型发动机。该公司是由上汽依维柯商用车投资公司、意大利菲亚特动力科技公司、重庆机电控股集团三方共同投资建设而成，通常简称为“上菲红”。

该发动机最早应用在依维柯重型卡车上，在欧洲市场获得广泛好评。此次，上菲红采用了严苛的世界级制造管理体系，该体系以实行“零浪费、零缺陷、零故障、零库存、零事故”为管理目标而著称。在这样严格要求的控制下，上菲红生产的欧 VI 排放 Cursor11 发动机，已经可以返销欧美地区，品质实力可见一斑。而未来该发动机的制造，也将执行同样的技术标准，同步欧洲科技。

Cursor11 发动机排量为 11.12 升，它是作为替代依维柯早期的 Cursor10 而开发的新款环保发动机。它将有 4 个马力段，分别 350 马力/1700 牛·米、390 马力/1900 牛·米、430 马力/2000 牛·米，以及 450 马力/2100 牛·米，所有机型的起步排放均符合标准，尾气后处理则采用目前国内最主流的可控硅技术。

车友们如果仔细观察，可能会发现，该发动机的功率段，与目前已经批量装车的 C9 及 C13 有所重叠。实际上，这并不奇怪，欧洲主流卡车制造商的发动机，不同排量都会有部分功率重叠，消费者在选择时清楚自己购车的用途与使用状况都能选择到合适的机型。

该发动机在采用 E4 级机油的情况下，换油周期为 8 万千米，更低的维护成本以及可靠的使用性，使其成为同级别产品中的典范。这款发动机标配的制动系统，比目前不少发动机采用的排气制动更加有效。重型卡车下长坡时，使用发动机制动系统能够有效降低行车制动的使用频次，提高安全行车的可控车速，降低制动系统的磨损，有利于提高安全性。

另外，这款发动机，将会沿用目前 Cursor 系列引以为傲的可变截面涡轮增压系统。该技术最大的亮点就是其增压器可以改变截面积，而提供的大小不同截面积在运行的时候，相当于车辆在两套涡轮之间切换，分别匹配不同的发动机转速。在转速较低时，增压涡轮会采用较小的截面积，即使转速很低的状态下涡轮也可以顺利启动，大大缓解了涡轮迟滞。在高转速状态下，增压涡轮会采用较大的截面积，这样可以大幅度提升增压值，从而提升发动机的最大功率和扭矩。

据悉，车展上亮相的 Cursor11 发动机，已经经过 3000 小时长耐久试验和 2000 小时的热冲击试验，所有试验时间超过 2 万小时。

——研制用于长途物流的强大动力 Cursor13 重型天然气发动机

2017 年 10 月 30 日，菲亚特动力科技公司在年度技术日上，首次发布全新的天然气主打产品：Cursor13 重型天然气发动机。它是目前同级性能最强大，并专为长途物流应用定制开发的天然气动力。这款发动机的推出，强化了该公司在天然气发动机领域的领先地位。

近几年，随着全球环境问题愈发严峻，各国对于汽车尾气排放要求也更加严格，这让以天然气车、电动车等为代表的新能源车型，越来越受到业界追捧。而菲亚特动力科技公司在探索天然气发动机方面，也已经走过很长的一段路，在世界各地运行的天然气发动机，也已超过 3 万台。

这次推出的 Cursor13 天然气发动机，可输出最高功率达 460 马力，峰值扭矩可达 2000 牛·米。强大的动力功能，打破了人们对于天然气发动机动力不足的印象，而较低的气耗水平让这款产品更加出色。与 Cursor9 天然气发动机相比，大约功率高出 15%、扭矩输出高出 18%。这款发动机可兼容天然气和生物甲烷两种燃料，同时碳排放水平大大低于同系列柴油发动机，如使用生物甲烷，还可实现二氧化碳接近零排放，可以说是非常环保了。

菲亚特动力科技公司从 1995 年涉足天然气发动机研发，传承企业 20 多年的天然气发动机当量燃烧技术开发经验，Cursor13 天然气发动机不仅已实现欧六 C 阶段排放要求，且兼具卓越的经济型。

Cursor13 天然气发动机对环境及客户的可持续性承诺，源自该公司深厚的技术积累：消除废气的再循环系统，多点燃气喷射技术，卓越的气耗水平，其燃料成本比 460 马力柴油机低 30%~40%。同时，针对天然气发动机的机械性能及热负荷的设计优化，确保了产品一如既往的高可靠性，如耐腐蚀镍铸铁排气歧管，水冷旁通阀增压器及蠕墨铸铁缸盖。

菲亚特动力科技公司先进的天然气发动机产品，使得用户在柴油机之外有了更轻量化及更紧凑的动力选择。研制出这款全新的天然气发动机，使长途物流有了更经济的实施方案，用户可以兼得发动机的经济型、高性能及高可靠性等优势。

研究人员表示，Cursor13 天然气发动机的顺利上市，不尽完善了菲亚特动力科技公司天然气发动机的产品系列，同时也为动力用户提供了更多的可选方案。

——研制出大功率重量级的 Cursor16 发动机

在 2018 年法国戛纳国际游艇展上，菲亚特动力科技公司推出功率达 1000 马力的重量级新品：Cursor16 1000 船用发动机。

Cursor16 系列产品，原是作为非道路的生产设备发动机的，拥有良好的耐久性和可靠性。它采用技术领先的共轨喷射系统，以确保最佳的燃烧效率；久经考验的涡轮增压器架构允许优化气流，可实现高性能和低油耗。这类产品专为重型非道路应用而设计，经过验证的坚固性和可靠性，已装备于条件苛刻的农业、建筑和工业等领域，如为大型拖拉机，收割机，轮式装载机，林业设备等提供动力。

新款 Cursor16 1000 发动机，主要为商用和休闲应用设计，发动机结构紧凑，不仅具有很好的耐用性，还能够提供 1700 多匹的马力，性能表现一流。

值得一提的是，新款 Cursor16 1000 的神秘面纱虽然刚刚被揭开，但它已经获得了一项吉尼斯纪录。在 2017 年 3 月，这款发动机安装在法比奥 · 布齐设计公司（Fabio Buzzi）研发的一艘带有船体的动力船上，获得水上每小时 277. 5 千米的最快速度记录。

为了最大限度地提高可靠性和耐盐耐水性，它还配备了有助于提高强度的新材料部件、最新一代的燃油共轨喷射系统、多点燃油喷射系统。跟所有菲亚特动力科技公司的发动机一样，Cursor16 1000 在满足最严格环境法规的同时，能有效减少气体排放，降低噪音和振动，为航行提供更高的舒适性。

在此次游艇展上，除了新款 Cursor16 1000 发动机外，NEF 系列的 N67 570EVO 和 Cursor 系列的 C9 650 船用发动机，也一并亮相于菲亚特动力科技公司的展台上。

3. 菲亚特推出不同排放标准发动机模块化解决方式

2016 年 11 月 23 日，在上海第八届中国国际工程机械、建材机械、工程车辆及设备博览会上，菲亚特动力科技公司带来旗下可满足 Tier 3、Tier 4B 及 Stage Ⅴ等不同排放标准的系列发动机模块化解决方式，进一步彰显其在全球动力总成领域的技术领导地位。

发布会现场，菲亚特动力科技公司亚太区总裁卡罗重点介绍了发动机的发展情况。他说，该公司品牌拥有 150 年的发展历史，不断引领发动机技术创新步伐，其分别于 1869 年制造出蒸汽机、1892 年制造出汽油机、1908 年制造出柴油发动机。截至 2016 年第三季度，该公司销售业绩同比上涨近 1 倍，利润上升 1.7%。卡罗表示，该公司拥有 1000 名专业工程技术人员，其已经做好了从 Tier4 至 Tier5 的切换工作。

自从中国国内对非道路发动机严格执行国三排放标准后，工程机械行业特别是相关发动机领域迎来了一次升级浪潮。排放标准升级意味着成本的增加，对于成本控制敏感的工程机械企业，亟须经济高效且符合法规要求的发动机产品。因此，在本次展会期间，符合非道路三阶段排放标准、便于未来升级优化且成本最低的发动机产品受到各方关注。

为了满足更高的排放要求、更低的升级成本，菲亚特动力科技公司首次提出模块化的全球解决方案。得益于无外置废气再循环解决方案，菲亚特动力科技公司的发动机从 Stage Ⅲ 到 Stage Ⅴ 散热系统尺寸保持一致，无须变更布置。同时，为 Stage Ⅴ 排放标准而新增的颗粒捕捉器与 Stage Ⅳ 的可控硅集成在一起，使后处理系统与 Stage Ⅳ 保持一致。

据悉，该模块化的平台解决方案，让该公司发动机在散热和后处理系统上，比竞争产品的体积平均减少 10%，可最大程度降低原始设备制造商客户在优化升级发动机时产生的转换成本。

4. 菲亚特研制混合动力和低排放发动机

——展示新的 F28 混合动力发动机

2020 年 3 月 10—14 日，在拉斯维加斯举行的发动机展览会上，菲亚特动力科技公司展示了新的 F28 混合动力发动机，这是一款搭载了电子飞轮的柴油发动机，可为非道路应用提供高效、紧凑和可持续的动力来源。借助这一混合动力发动机，该公司进一步完善了其模块化和多动力模式的动力总成系统。

菲亚特动力科技公司开发的这款 2.8 升混合动力发动机，旨在为紧凑型设备提供理想的性能，从而提高生产率和作业效率。直列四缸的柴油机可提供最大 74 马力的功率，而电动机则可增加 27 马力的持续功率和 40 马力的峰值功率。对于轻型工程机械，如滑移式装载机、滚筒式压路机和反铲装载机，在某些时候峰值功率可以让它们更高效地完成任务，同时节省燃料。

报道称，F28 混合动力发动机集外形紧凑、高性能和低油耗等优点于一身，并具有高效的系统、简化的架构、快速响应以及优化过的启停功能，从而使发动机启动过程更平稳。

菲亚特动力科技公司，作为完整的系统集成商，运用专有的控制软件，对该款发动机的混合动力系统进行动力输出的集成管理。

该公司产品工程副总裁皮耶尔帕罗・比法利说："新型 F28 混合动力发动机的一些主要功能，体现了我们对未来动力总成的愿景。该款发动机彰显了我们对开发可替代能源动力系统的承诺，并通过其具有的高效性和紧凑性等优势，展示了我们卓越的工程能力。"

该公司强调了 F28 在北美市场的商业化上市及其在工程领域的应用。此外，它还适用于农业机械。F28 于 2019 年 11 月发布，提供柴油、天然气和现在的混合动力版本，它已成为真正的模块化和多动力模式的发动机。

由于其多功能的设计，F28 适合用于租赁类设备，例如物料搬运设备，如伸缩臂叉车、高空作业升降机、剪叉式起重臂；适合用于固定类设备，如空气压缩机、焊机和泵等；也适合用于多种小型工程机械类，如切片机、研磨机和挖沟机等。

该发动机兼具外形紧凑和高性能的优点，同时能减少维护工作量，改善瞬态响应，并降低总生命周期成本。凭借 F28 发动机，菲亚特动力科技公司在其全面的产品系列中，又增加了适用于紧凑型设备的发动机。

——四款低排放船舶发动机通过中国排放认证

2020 年 4 月，第一工程机械网站报道，菲亚特动力科技公司开发的 3 款船用发动机，通过了船舶发动机排气污染物国Ⅱ认证，1 款发动机通过了国Ⅰ认证，意味着在排放标准愈来愈严格的船舶发动机领域，该公司具有了更强有力的竞争实力。

鉴于中国国内港口和船舶大气污染防治的紧迫形势，2018 年 8 月 1 日《船舶发动机排气污染物排放限值及测量方法中国第一、第二阶段》正式实施。法规要求，自 2018 年 7 月 1 日起，新型船用发动机需满足国 I 阶段排放型式核准，2021 年 7 月 1 日起船用发动机需达到国 Ⅱ 阶段排放型式核准。

为确保在船舶发动机领域稳占一席之位，2019 年 12 月，菲亚特动力科技公司将 C9380、C9620、NEF67550、NEF67450 四款船用发动机，送到经中国船级社认证的检测中心进行排放认证。通过台架测试等多项严格测试，最终 C9380 通过了船舶发动机排气污染物国 Ⅰ 认证，C9620、NEF67550、NEF67450 均通过了船舶发动机排气污染物国 Ⅱ 认证。

此次 4 款船用发动机通过 GB15097-2016 认证，再一次展示了，菲亚特动力科技公司在追寻可持续发展道路上的产品研发理念，以及雄厚的技术研发实力。作为全球动力总成领域的标杆企业，菲亚特动力科技公司致力于打造更低排放的发动机产品，为建设美丽中国的可持续发展战略贡献力量，也为不同用户带来多元化、高品质的发动机产品。

三、研制工程机械设备的新成果

（一）可供土石方机械设备信息

——意大利土石方机械设备的主要产品

（1）挖掘平地设备系列，包括推土机、履带式挖掘机、轮式挖掘机、平地机、履带式装载机、轮式装载机。

（2）挖掘装载设备系列，包括 AWS 挖掘装载机、铰接式挖掘装载机、自卸式挖掘装载机。

（3）小型设备系列，包括迷你型挖掘机、滑移装载机、履带式滑移装载机，以及自卸车、叉装车。

（4）路面设备系列，包括单钢轮压路机、双钢轮振动压路机、摊铺机。

（5）破碎锤设备系列，包括迷你型挖掘机和滑移装载机用破碎锤、挖掘装载机用破碎锤、挖掘机用破碎锤。

（二）研制混凝土机械设备的新信息

1. 研制自行式小型混凝土搅拌运输车

传统的混凝土搅拌运输车都是大、中型的，意大利达维诺公司（Davino）开发出自行式小型混凝土搅拌运输车，或称自行式小型混凝土搅拌站，共有三种型号，填补了混凝土搅拌运输市场无小型混凝土搅拌运输设备的空白。

自行式小型混凝土搅拌运输车主要特点：①多功能功能。以微型汽车为基础，底盘上安装混凝土原料斗（重力式料斗）、混凝土搅拌筒等装置，具备混凝土搅拌站和混凝土搅拌运输车两种功能，机动灵活。②外形尺寸小，机动灵活，可在狭窄工地上作业。③采用先进的液压传动方式，配备可精准控制混凝土原料质量的电子称量系统，确保混凝土质量。④驾驶室可 315°回转，视野广阔，视角无盲区。⑤自行式小型混凝土搅拌运输车可为混凝土工程量不大的施工工地供应现场搅拌的混凝土或商品混凝土，用户购机成本和运行成本低。

2. 用赛法技术研制出新混凝土搅拌运输泵车

意大利赛法公司（Cifa）是欧洲著名的混凝土机械企业，2008 年被中国中联重科以购买 100%股权成功收购。2009 年，中联重科利用赛法技术，开发出一款新型混凝土搅拌运输及泵车，也称作赛法搅拌臂架泵车。

据介绍，赛法搅拌臂架泵车有效地将搅拌、泵送、布料功能结合起来，实现了 1 辆车完成 2 车的混凝土运输加泵送过程，适用于小方量、频繁转场的作业情况。

其主要特点如下：①1 个操作人员和 1 辆车就可以完成混凝土运输、泵送全过程；②无须等待其他混凝土搅拌车，即可开始泵送环节，在多泵送点的小规模泵送情况下，仅需移动和布置 1 辆这种车辆；③在无法摆开常规的 1 辆混凝土泵车和 1 辆混凝土搅拌车的狭窄空间，该种车型即“搅拌臂架泵车”是个不错的替代品；④搅拌筒里的混凝土有着稳定的效果，可保障在不完全稳定支撑情况下的安全泵送；⑤可以灵活使用的设备：根据每次工作条件要求的不同，既可以分别单独用作搅拌车或泵车，也可以两车合一使用。

（三）研制道路施工及养护器械的新信息

1. 开发多功能环保道路施工搅拌设备

节能和环保是全世界永恒不变的主题，意大利博纳地公司（Bernardi）研制的道路施工用 MET 型搅拌设备（多功能环保塔楼），就是为实现这一目标而设计的。该搅拌设备采用新颖而且与众不同的热骨料储存和计量方式，是对间歇式固定搅拌设备的一次彻底革新，它具有以下几大特点：

（1）热骨料储存以多个独立圆形的料仓，代替传统的单一储料仓，每个圆形料仓分别储存一种规格的骨料，所有的热料仓和骨料秤被石棉保温板封闭在一个独立的与外界隔离的空间内。该搅拌设备由于每个热料仓均由多点支撑并装有一个称重传感器，可以不断地提供一个线性信号，更加准确的表示出料仓内的料位状况，能精确控制冷料的输送量，从而节约能源 5%~10%，并且达到降低成本的目的。

（2）每一个热料仓下面都装有一套单独的称量系统。每一个搅拌批次过程中，先将下面的骨料秤装满，然后再由骨料秤根据设定的产量向拌缸中放料，通过减量方式称量。这种计量方式比传统计量方式在精度上有了很大的提高，每个搅拌批次的各项计量指标均可控制在±0. 1%内，从而使成品料的质量得到了更好的保证。

（3）不同规格的骨料分别单独计量，这就意味着在骨料称量阶段，热料仓门可同时开启，比依次放料的方式在称量时间上节约很多，使每批次拌和周期缩短至 30 秒，产量可提高 50%左右。

（4）所有的热料仓和称量装置均被密封在一个单独的框架内，而控制和机械传动部件被安装在外部安全的位置。通过这种方式，可以大幅降低甚至完全消除那种典型的“爆炸”式的粉尘和废气污染。

（5）MET 型拌和楼不但适用于产量低的小型设备，而且还可用在高产量的大型设备上。而且用户可以通过选择配置大容积的热料仓而省去成品料仓的配置，从而减小占地面积，避免材料的浪费，同时也避免成品料过期所造成的浪费。

2. 开发多种型号沥青混凝土摊铺机

意大利玛连尼（Marini）公司，建厂已有 100 多年历史，是世界上专门生产路面机械的最大厂家之一，共有职工 5000 余人，生产的筑路机械以品种、型号齐全而著称于世。例如，其生产的沥青混凝土搅拌设备，根据不同工况要求，研制各种类型的强制间断式和滚筒连续式的搅拌设备，共有 26 种型号，生产能力从 1 吨/小时到 400 吨/小时。下面介绍该公司开发的沥青混凝土摊铺机。

玛连尼沥青混凝土摊铺机，是世界上名牌产品之一。它共生产四种型号产品，年生产能力可达 250 台左右。该公司的摊铺机主要有以下几方面的技术特点：

（1）全液压的驱动系统。轮胎式摊铺机的行走系统的传动路线是及：发动机→分动箱→静液压油泵→液压马达（带有四挡速度的齿轮变速箱）→差速器→轮边减速器→驱动轮。这样，它可获得四个不同区间的无级变速，用以适应各种不同工况的要求。履带式摊铺机行走系统的传动相对简单。它的传动路线为：发动机→分动箱→静液压油泵→液压马达→传动箱→链条（或齿轮）传动→履带驱动轮。左、右履带分别独立驱动。沥青混合料的刮板输送器、螺旋摊铺器、熨平板的振动装置振捣梁、液压伸缩以及操作各种动作的油缸等，均由液压油泵、马达、各种液压阀和电传感器等部件来驱动和控制。

（2）该公司生产的摊铺机，除可以摊铺各种沥青混合料之外，还可以摊铺各种路基的稳定材料。经过熨平板的振动和振捣压实后的路面密实度，一般可达得 90%以上。

（3）沥青混合料供给到熨平板部位，是沿着两条独立的路线进行的。每边刮板输送器和螺旋摊铺器都由并联的液压马达驱动。通过比例控制器、刮板输送器和螺旋摊铺器可根据工作要求，选择不同的工作速度，以满足供料量的变化。在熨平板两端装有料位传感控制装置，使之在螺旋摊铺器部位的沥青混合料，始终保持在一个合适的料量位置。

（4）熨平板可根据不同的工作要求予以选择。同时，该机装有纵向和横向自动找平装置。全套有关机械传感部件以及各种基准构件等。

（5）操作座位设置左右边各一个，或一个座位可以左右移动，以便于不同工况的操作。操作台上装有监测发动机和液压系统工作状态的仪表和警报器，可以及时地发现机械和电气系统的各种故障

3. 开发筒装沥青熔化专用设备和液态热沥青运输罐车

玛连尼公司研制的沥青熔化专用设备，每小时大约可熔化 5000 千克筒装沥青，它是利用导热油循环加热方式来进行的。

该设备是一个装有夹层保温材料的大型金属结构件，其底部装上四个行走轮胎后，可直接用汽车拖行。它的上部为熔化筒装沥青的加热室，可

同时放入两排共十六筒沥青，每筒加热熔化时间大约需要 15 分钟时间，每隔 2 分钟即可推入一批新的筒装沥青。熔化后的沥青直接流入金属结构件的下部贮存罐内。筒装沥青加热室内装有导热油的循环加热装置。它还装有沥青泵，用以完成液态热沥青的循环和输送工作。

筒装沥青由装在大型金属结构件上部的电动葫芦吊装，吊装卡具为专用的工具。该公司还生产一种每小时加热熔化 1500～2000 千克筒装沥青的小型设备。它采用喷燃器直接加热熔化的方式。

为了能够方便切开筒装沥青筒盖，该公司还专门设计生产了切割筒盖的风动工具。它由一台 1000 马力柴油机驱动一个容积为 200 升的压缩空气筒的空压机，可同时带动两把切割筒盖的专用风动工具。

液态热沥青运输罐车主要包括沥青保温罐体、喷燃器、沥青泵以及拖挂车底盘等。喷燃器装在沥青保温罐的后端部，它通过罐内底部的蛇形管对沥青进行加热和保温。该系统由小型柴油机驱动。这种运输罐车可根据用户的要求，与各种拖头汽车配套进行运输作业。沥青泵主要用于输送或吸入液态热沥青。

沥青保温罐车的容量有五种不同规格。该公司还生产专门用于液态热沥青的大型贮存罐体、有筒形卧式和立式的。均采用配套的导热油锅炉的导热油进行保温的方式。

4. 开发水泥稳定材料连续式厂拌设备

玛连尼公司研制的这款设备，包括土壤、骨料、水泥和水的供给和计量系统、搅拌装置、输送机和机架等。土壤、骨料的供给和计量装置，基本上与沥青混凝土搅拌设备相同。由较长的皮带运输机直接进入搅拌器。水泥装入两个密封的立式水泥罐内，由螺旋糙器把水泥送入一个 1 立方米容量的计量罐内，再由旋转阀来控制水泥的加入量。

水的计量和加入是通过独立的一套控制系统，直接加入到搅拌的水泥稳定材料中。搅拌器为双轴长筒型、由电动机通过减速箱来驱动双轴进行搅拌作业。土壤、水泥、骨料等材料连续由搅拌器的一端的上顶部加入，经过搅拌后由另一端的底部卸入贮料仓。可直接装入汽车或由较长的皮带运输机堆放到稳定材料场地。皮带运输机的支承轮可以沿着弧形滑道移动，以便堆放较多的稳定材料。

5. 开发旧沥青混合料路面再生设备

玛连尼公司研制的旧沥青混合料路面再生设备，主要包括热、冷配套设备两大类。它们又有厂拌和就地再生两种的配套机械设备。冷再生的黏结剂采用乳化沥青、泡沫沥青等，因此再生后的混合料必须经过一定时间的养护才能正式开放交通，故一般应用在等级比较低的路面维修和养护工程。

厂拌热再生设备，在标准的间断式沥青混合料搅拌设备的基础上，开发出下述四种的再生设备。

第一种、第二种在标准的间断式搅拌设备上，增加一套专用的冷旧再生混合料配料装置，其底部装有一条较长的供料皮带、料仓内装气动破拱器，以防止冷旧再生混合料黏结。第一种形式是将上述配料装置内的冷再生混合料经计量后送入到热骨料提升机，与新热骨料一起进入到不再经过筛分的专用旁通热料仓内，经计量后进入搅拌器。第二种形式是新热骨料仍经过筛分、计量后进入搅拌器。而冷旧再生混合料经计量后直接送入搅拌器，与新热骨料一起搅拌出热再生混合料。这两种形式结构简单，投入成本低，易于改制。不过由于各方面条件所限，它们生产出的再生沥青混合料，只适用于路面下层的铺筑。

第三种是在干燥滚筒上增加一套进入冷旧再生混合料的再生环，经计量的冷旧再生料由再生环进入干燥滚筒内与新骨料一起加热，进入热骨料提升机，不经筛分直接进入专用旁通热料仓内，计量后进入搅拌器。这种方式投资成本较低，冷旧再生混合料的加入量可达 35%，但由于新热骨料不经筛分，故新的再生混合料质量难以控制。

第四种是在标准间断式搅拌设备的基础上，增加一套独立的冷旧再生混合料顺流式干燥滚筒和计量装置，冷旧再生混合料通过独立的重量式计量和干燥加热，可使其计量准确，加热升温至 130℃。这种新热骨料和冷旧再生混合料分别独立加热、计量，且新热骨料筛分后再计量等方式，可确保新热再生沥青混合料的质量，生产率不会降低，冷旧再生料的加入量可达到 50%，是一种较理想的再生搅拌设备。但整套设备较前面三种方式复杂，且成本比标准间断式搅拌设备增加 30%以上。

6. 开发高速公路道路养护的机械设备

2016 年 7 月，有关媒体报道，意大利高速公路道路养护机械设备种类齐全，以多功能为主，充分显示了机械化养护的高效和快速。高速公路道路养护的内容为：路面挖补，桥面翻修，防撞护栏更换，隧道面层加铺等。

（1）路面养护维修及设备：维修现场500~2000米以外，可见到第一个闪烁强黄光的移动式养护标志，并显示前方维修工程的内容，沿线逐渐加密隔离引导车辆的塑料黄红或黄白间横环线的锥墩，间置自发光用于警示夜间车辆的引导安全墩，靠近施工现场再加一个闪光移动标志，以警示过往车辆，施工现场用隔离墩全封闭，开挖和压实，混合料及加热设备均在现场，据工作量大小由1~3个工人操作机械进行维修，夜间施工用拖式照明车提供灯光，施工效率很高，维修质量大于建设技术标准。

（2）护栏更换及设备：多是由1个工人人工拆卸损坏的护栏板，吊装新板和螺栓连接均为机械化操作。

（3）桥面铺装维修和更换伸缩缝及设备：其现场采用封闭维修一侧的桥梁，隧道大修也采用这种方式；而另一侧的桥梁或隧道，保证车辆双向混合通行，以给现场维修设备的展开提供安全场地，由于机械化程度很高，通常施工人员1~3人。锥型黄色隔离墩引导双向车辆接近施工地点前，以拖式养护标志用灯光提示车辆限速30千米，在双向车辆交汇处，中央分隔标线上设置高约0.1~0.2米，间隔2~5米的橘黄色反光分道地标，提示双向车辆各行其道。意大利山区高速公路的养护施工现场，管理规范，安全标志齐全醒目，各类养护设备种类多、配套好、施工流水作业，既保证道路安全通行，养护维修作业效率很高，也保证了维修工程的质量。

意大利的各种养护设备与欧洲发达工业国家在高速公路养护中所用的基本一致，桥梁维修使用先进的检测维修车，路面养护中大修，开挖路面底基层、基层和面层，采用液压挖掘机，用液压冲击锤先对水泥路面、损坏桥梁的附属构造及路面、路基较硬的地点进行破碎，小修（如补坑槽）采用人工液压镐开挖，路面及路面基层的摊铺均采用世界先进的自动找平摊铺机，各种拌和料均在工厂化的拌和站拉来成品料到现场。

值得一提的是，拌和站安装有砂石料自动化水清洗设备，以保证高速公路沥青混凝土面层质量；压实使用双钢轮压路机，运料车为自卸翻斗车。路面设施维修养护，护栏更换主要使用带起重装置的 2 吨货车，配以电动工具，包括立柱更换用打拔桩机；路面清扫及护栏和隧道清洗，采用自行式清扫机和多功能道路养护机的清洗装置完成；多功能道路养护机多采用德国产乌尼莫克底盘，四种动力输出，可悬挂 100 多种工作装置，可以完成许多种养护和维修的内容，也常见到前后悬挂工作装置的中小型液压底盘，抢险排障采用专用拖式或上载式排障车。

同时，在养护维修的现场，意大利极为重视维修施工和过往行车的安全，各种提示的、闪光的、警示的、反光的安全和施工标志标牌，非常规范、醒目，闪光警示标志均为黄色强力光源，用于大雾或雨雪天气；国外养护技工操作机械为多面手，有的养护现场一人可使用不同的四种机械，充分体现了快速、高效、高质量、安全的高速公路养护的特点。

（四）研制钻孔钻探设备的新信息

1. 土力公司研制的钻孔钻探设备

意大利土力公司（Soilmec）由大卫·特雷维萨尼先生和他的弟弟詹路易吉创建于 1969 年，其前身为当时的 PALI TREVISANI 集团下设的工程公司，现在仍隶属于特列维 TREVI 集团，主要生产钻机和基础施工设备。产品从小型便携式钻机到大功率的用于各类地层和气候条件的钻机。包括大直径钻孔机、水井钻机、锚固钻机、地下连续墙液压抓斗、振动锤、双轮铣槽机、隧道施工机械等。土力公司推出的每一种新型设备，都要经过自身工程部门多年施工检验，并对设备的结构配置、动力分配、各技术参数的确定等进行优化定型后，再推向市场。这项措施，保证了该公司钻井钻探设备质量、安全和可靠性。

——研制钻机设备的新进展

土力公司的 R 系列旋挖钻机，采用了多项获得国际专利的设计，如平行四边形结构，它可使钻机在改变工作半径时保持塔身的垂直度不变。钻机的底盘形式分为挖掘机底盘专用多功能底盘和履带式起重机底盘等 3 种。其中专用的多功能底盘的特点，是可通过更换或增加不同的工作装置，在同一底盘上实现地下连续墙挖掘机、套管钻孔机、长螺旋钻孔机等多项功能。

土力公司的 R−930 型液压旋挖钻机，装在土力公司的专用多功能底盘上，可以用于下述工程施工：①钻孔灌注桩（直径达3米，使用或不用钻进泥浆）；②套管钻进（仅用回转动力头）；③长螺旋钻进（最大钻孔直径为1.2米）；④贴桩（使用双动力头，最大直径1米）。

该公司开发的紧凑R208CFA多功能回转钻机，主要用于在空间受到限制的施工现场，进行快速的长螺旋钻进和钻孔灌注施工。另外，技术先进的桩孔钻机27吨履带式钻机，主要用于不同的施工用途，可满足不同层条件和客户的要求。这款钻机具有土力公司其他大钻机的许多特点，可施工长螺旋钻孔桩的直径0.75米，深度可达15.3米，也可钻进直径为1.2米的钻孔桩（干式钻进或使用膨润土加聚合物泥浆，深度可达32米或40米）。它使用4节或5节的标准可伸缩式方钻杆和3米的给进行程，在钻进之可安装所需的导向孔套管。

土力公司开发的钻机设备产品还有SM系列多功能小口径钻机，G系列车装水井钻机等。

——开发地下工程专用设备双轮铣槽机

开发涉及地下岩层结构施工等专业操作，如果没有专业精良设备，便难以保证工程的顺利推进。早在1990年，土力公司收购了雷蒂欧公司（Radio），并融入法基公司双轮铣制造的经验，逐渐形成了市场竞争力强大的双轮铣产品，并取得了世界领先的地位。特别值得一提的是，土力研制的双轮铣槽机，保持着世界最深铣槽250米的施工纪录。

双轮铣槽机的主要由履带底盘、主卷扬机、发动机以及铣刀架等组成，铣刀架是在地下开挖的执行器件，也是该机械最核心的部分。铣刀架是一个带有液压系统、软管、泥浆泵以及铣轮刀具的钢制框架结构，铣刀架高达十几米，重量也达到了30多吨。铣轮上的刀具是可以根据地层岩石的强度进行更换的，主要的刀具种类有适用于软土层的平齿，适用于岩层的锥形齿，还有适用于较硬岩层的滚形齿。双轮铣槽机比普通抓斗的效率要高出二三倍，而且精度很高，通过调整两个铣轮的转速，可将所挖墙体的垂直偏差控制在3‰以下，而且还能保证所挖槽壁非常光滑。

双轮铣槽机投入作业前，要用抓斗在地面上开挖出一定深度的导墙，再通过主卷扬机将双轮铣槽机钢制框架调入到地下导墙内，让其在地面下做垂直开挖，还要把水、膨润土和纯碱等原料制成泥浆输入导墙内。泥浆的主要作用是提高开挖效率，减少清渣时间，以及避免卡阻刀具事故的出现。

在开挖时，通过液压系统驱动两个带有刀具的铣轮低速反方向转动，其刀具将岩石破碎，中间的液压马达驱动泥浆泵。通过刀具中间的吸口将岩渣和泥浆混合物输送到地面，再将泥浆进行分离处理，其中净化后的泥浆再次输送到槽内，从而实现持续开槽，如此循环直至开槽成功。

土力公司于2007年开发出系列化新型双轮铣槽机，其主推的产品包括T系列和C系列。其中T系列由起重机加软管卷盘系统组成，其工作深度大，达到120~250米（有时需要配备动力站），而C系列由起重机加软管张紧和回卷系统组成，适合地下较浅的连续墙挖掘，一般小于70米。值得一提的是，土力双轮铣槽机的纠偏系统，除了斗架上的12块纠偏推板外，其独特的铣轮摆动机构，也能起到联合纠偏的作用。铣轮上装有两个油缸，能使铣轮沿y-y平面摆动，这样同样能解决斗架在y-y平面的偏斜。同时，两个铣轮沿不同方向摆动，可纠正z-z平面的偏斜。

目前，土力拥有SC-135双轮铣槽机等著名品牌产品，该产品从用户思维出发，在满足各种类型地质施工要求的同时，可为业主缩短工期30%、降低成本20%。

2. 卡萨格兰地公司研制的钻孔钻探设备

卡萨格兰地公司（Casagrande）创始于1963年，主要从事钻孔机械以及基础工程专用设备的开发和制造。现有两大部门，即桩工设备部和水泥预制件生产设备部。产品主要有大口径液压桩孔钻机系列，如长螺旋钻机；小口径液压履带钻机系列，如锚固钻机、旋喷钻机、微桩钻机和工程勘察钻机等；地下连续墙施工设备、隧道施工设备，以及搅拌和泥浆处理设备等。多年来，该公司经过不懈努力，使其产品以高性能和高可靠性，而誉满工程机械制造领域。

据报道，该公司销给美国旧金山一家著名桩基工程承包商的C800HT40/50型钻机，是北美市场功率最大的液压桩孔钻机，钻机重量达150吨，由545马力的德国道依茨柴油发动机驱动。其特点是采用双回转动力头，上动力头的扭矩为407kN · m（作用在方钻杆和钻具上），下动力头的扭矩为542kN · m（作用在套管上）。此外，双回转动力头的行程为

13.4 米，给进和提升能力为 400kN。C800HT 钻机是为提高施工速度而设计的，可将大直径套管打入地层深处，并可快速地通过大多数的复杂地层和岩层。

卡萨格兰地研制的双轮铣槽机，主要有 FD60 和 FD100 两种，其主机形式有起重机以及桅杆式两种。至于软管的布置方式，也有软管卷盘和软管同步两种方式。该公司双轮铣槽机的特点十分明显，由于变速箱传动轴的干涉，导致前后铣轮之间必然存在传动空间，无法安装铣齿。因而其采用了整体中央链式循环结构，只要调整链带的线速度与铣轮的线速度保持一致即可。

3. 神威公司研制的钻孔钻探设备

神威公司（CMV）是世界著名的全液压钻机生产商，总部位于意大利的威纳福，成立于 1968 年，具有专业设计和生产钻机的丰富经验及多项专利技术。在意大利、美国、巴西、新加坡等世界各地设有行销机构，可向国际市场提供系列化钻孔钻探设备，其产品设计先进，性能良好，已用于许多国家基建工程领域的钻孔钻探作业。

神威的产品主要有：TH 系列旋挖钻机，适用于大口径桩、长螺旋钻进及连续墙等施工；MK 系列全液压多功能钻机，适用于锚杆、旋喷、冲击钻进及地质勘查；PNUTEL 系列钻机，适用于岩锚、注浆、潜孔锤等钻进施工；三轴水泥深层搅拌钻机，适用于搅拌桩等；高频液压振动锤，适用于预制桩、钢板桩、钢管桩、碎石桩等施工；机械和液压抓斗。

市场销量较大的 TH14/35 型数字式液压桩孔钻机，完全由基于程序逻辑控制的系统控制。它具有以下特点：触摸式液晶显示、自动提升操作桅杆和平行杆、自动回转转台和重新定位钻进位置、自动调平桅杆、可根据土层条件自动调节给进力、可显示钻进深度图形、在 CFA 模式时可根据具体的压力调节提升速度、具有全球定位系统界面等。

TH14/35 型钻机的主要性能为：回转转速为 7 转/分时扭矩是 140kN · m，钻孔直径 1.5 米，钻孔深度 36 米，主卷扬机单绳提升力 137kN，副卷扬机单绳提升力 49kN，柴油发动机功率 171 千瓦。TH14/35 型钻机也可采用仅为人工操作的型式。

另一款市场销量较好的是 MK3000 型全液压履带式钻机，可用于一系列的钻进工作，包括大口径的潜孔锤钻进、汽水/泡沫回转钻进（用岩石钻头和刮刀钻头）、旋喷施工、微桩钻进和土层勘察等。

4. 弗雷泽公司研制的钻孔钻探设备

弗雷泽公司（Fraste）注重产品创新，其推出的一种新颖钻杆自动处理系统，据悉是其他制造商都不能提供的全新装置。它在钻进性能、减少非钻进时间、提高钻机操作者的安全性等方面，具有许多优点。这种创新的、完全内置的装置，可装备在该公司各种类型的钻机上，包括车装式、履带式或拖车式钻机。该装置在法国巴黎举办的国际土木工程和建筑机械展览会上荣获技术创新奖。弗雷泽公司注意到，钻杆处理始终是钻进工作中最繁重、最危险的工作。因为钻杆分量重，而且一般都采用手工装卸。该公司研制的自动钻杆处理系统，是一种新的全液压钻杆自动装拆系统，它免除了所有的手工作业，因而减轻了劳动强度，避免了意外事故的发生，并且可节约相当多的非生产时间。

弗雷泽公司的自动钻杆处理系统，包括三个基本的组成部分：钻杆贮存架、操作臂（机械手）和液压卡盘。钻杆分排存放在钻杆架内，钻杆处理由液压机械手完成，而机械臂由钻机操作员从钻机控制盘进行操作。机械手先抓住一根水平放置的钻杆，使它处于垂直位置，准备与回转动力下方的特殊液压卡盘连接。当钻杆连接到钻杆柱上时，便可继续进行钻进作业整个过程都不需要任何直接的人工干预，而是由钻机的操作员一人来完成。钻进工作结束时，采取与上述过程相反的操作，便可将钻杆从钻杆柱上卸下，并存放到钻杆贮存架内。

弗雷泽可提供一系列的钻进设备，以满足不同钻进目的的需要，包括水井钻进和基础工程施工。市场影响力较大是一种特殊的 MI 系列多用途钻机，主要特点包括最大高度为 2.1 米；转盘可使桅杆侧向旋转 90°；桅杆可在垂直方向摆动 20°；扭矩为 5kN · m，提升力 3 吨，功率 50 马力。

其他产品包括 PL 系列全液压钻机，最大扭矩为 4kN · m，柴油发动机功率为 31 马力，提升能力为 2 吨，可用于土层勘察、土木工程和环境工程施工，以及浅层水井钻进。XI 系列多用途钻机，可进行反循环回转钻进和潜孔锤冲击钻进，最大扭矩 10kN · m，功率为 115 马力，提升能力为 5 吨，主要用于水井钻进。

5. 贝雷塔公司研制的钻孔钻探设备

贝雷塔公司（Beretta）开发的钻机，主要包括 T41 和 T25 液压钻机两大系列。

T41 钻机虽然极为紧凑，但动力头的扭矩可达 6kN·m，因此可与大型钻机的性能相匹敌。这种钻机具有许多用途，包括锚固、勘察、采石以及小口径水井钻进等，并且具有许多自己的特点，如配置液压绞车，其行程长度不同，还配置了双液压夹持器和潜孔锤润滑器等。

T25 小型履带式液压钻机，是采石作业的理想施工设备，也很适用于取芯钻进。其最主要的特点，是回转动力头可以由几个模块装配而成，最多可附加 3 个马达。因此，始终具有理想的转速和扭矩，以适应特殊钻进作业的需要。钻机的重量和尺寸是经过精心设计的，可以用轻型卡车在工地之间进行快速运输。

6. 康马乔公司研制的钻孔钻探设备

与一些老牌公司相比，康马乔公司（Comacchio）相对年轻一些，但其自从创建开始，一直致力于研制各种钻机设备。该公司主要生产各种紧凑钻机，这类钻机在近几年中销量增长较快，正在挤进现场勘察和岩土工程等领域，逐步取代占主导地位的大型车装式或拖车式钻机。它可用于土层勘察、微桩、锚固、旋喷、岩土和环境工程、水井和能源钻进勘探、采石、采矿和其他特殊的用途，其中 MCl500 履带钻机的扭矩为 15kN·m，转速范围 0～160 转/分，给进提升力 100kN，总重量为 24 吨。

该公司开发的 MC405A 钻机，可提供各种不同的扭矩和转速，以适用于大多数的钻进技术，包括传统的绳索取芯钻进、裸眼钻进、潜孔锤钻进和空心螺旋钻进等。钻机桅杆的能力为 4 吨，可用于深孔勘探钻进。其螺旋钻进系统的特点是不干扰绳索取芯样品，特别适用于地质和环境勘察方面，这里使用干钻技术，优于采用水作为介质的钻进方法。该钻机可安装在重型橡胶履带底盘或通用机架上

康马乔研制 MC1200 钻机，具有杰出的性能，回转动力头的扭矩为 13kN·m，转速为 600 转/分，桅杆给进行程为 6.8 米，提升力为 70kN，受到客户的广泛欢迎。该钻机配备有一个特殊的连接装置，可使桅杆在钻进时定位于不同的位置。因而钻机的实际优点，是可在狭窄的空间内进行

施工。在狭窄环境的情况下，通常只能使用低性能的小型钻机，但是，有了这个特殊的连接装置后，即使是大型钻机也能展开作业。

该公司开发的小型履带式钻机，可能属于意大利钻机制造商产品中最小的一款。这种钻机安装在宽度可调的履带底盘上，因而可以通过普通的门。该钻机具有一个双速的动力头，回转速度可达 320 转/分，配有 4 个液压稳定千斤顶、随机冲洗泵、液压钻杆夹持器和装卸器和双向绞车等，由静音的柴油发动机驱动。

四、研制石材机械设备的新成果

（一）石材机械设备发展概况

意大利是欧洲最大的石材生产国，2018 年其石材贸易金额占世界第二位，占世界总贸易额的 10.8%。尽管意大利石材制品的平均卖价最高，但依旧被世界认可，受到各地消费者的欢迎。从 21 世纪以来，其石材产品销量虽然时有波动，但总体趋势呈现平稳增长。特别是，半个多世纪以来，意大利在生产和销售石材机械方面，无论质量还是产量，一直占据世界首位，且从没有出现过替代者，这是由其“技术诀窍”和职业素质的先进性决定的。

石材机械设备主要包括：

（1）花岗岩砂锯、大理石框架锯、多股绳锯、大板胶补设备和打磨抛光设备等石材大板加工机械。

（2）手摇切边机、桥式切机、倒角机、撇底机、磨边机及配套的简易工具等工程或规格板加工设备。

（3）拼花专用桥切机或修边机、水刀机、镶嵌或粘接平台、定厚机、打磨抛光机等石材拼花加工设备。

（4）薄板条板切机、薄板卧式或立式圆锯片对剖机、全自动条板定厚及磨抛机、修切及磨边机、倒角一体加工生产线等薄板加工设备。

（5）数控绳锯弧型板造型设备、弧型板打磨（抛光）设备、线条仿形造型设备、直线与弧线的线条数控设备、线条打磨抛光一体化设备等异型石材加工设备。

（6）人造石大板的选料、配比、混料、布料、压制、固化和荒料切板的机器、大板定厚及打磨抛光机器等人造石生产设备。

（7）多功能特色工艺板面加工设备、激光板面处理设备和全自动机器人雕刻设备等前沿新型石材加工机械。

意大利很早就出现了专门研制石材加工机械的制造商，如格雷戈里公司（Gregori）创建于1885年，至今已有130多年历史。有些老牌企业虽然已经停产，但其品牌、部分技术骨干的作用仍在延续，并在各自领域继续发挥着积极作用。意大利目前石材机械领域的骨干企业，大多成立于20世纪五六十年代，也有八九十年代出现，但很快脱颖而出，后来居上的。以下择要介绍石材机械产业及其产品开发的有关信息。

（二）研制石材机械设备的新信息

1. 百利通公司研制石材机械设备的新进展

百利通公司（Breton）成立于1963年，是目前全球综合实力最强的石材机械设备制造商，其能制造的生产线及相关设备也是全球最多的。该公司拥有500多名员工，其中产品设计工程师和技术员有60多人，是意大利同行中人数最多的企业。百利通不仅研制出生产花岗岩或大理石大板的单一机械，也研制出生产花岗岩和大理石大板多个系列的设备，而且还研制出跨越多个领域众多产品系列的设备。该公司非常重视技术创新，不管研制何种类型的机器设备，每推出一项新设备或新技术，都会潜心研究、测试多年，确保能够安全正常使用，才开始投入市场。百利通在石材机械方面取得的创新成果，主要有以下几方面。

（1）提升花岗岩砂锯的性能。百利通对砂锯设备的构件和系统做过许多改进，如提升电机功率，增大飞轮直径，提高连杆与摆臂的运行质量，并改善混合切割液混料系统、洒浆喷淋系统、钢砂循环与回收系统，以及设备整体电气控制系统。在改进砂锯性能方面，该公司还有一项重要创新成果，它与比德赛公司（Bidese）、巴尔桑蒂公司（Barsanti）等一起，把砂锯设备最大幅宽从原来的6米增加到6.5米，进一步扩大了设备的有效加工范围。当时，锯切中等硬度0.02米厚的花岗岩大板，设备最大幅宽6米的一次性可加工220片，月产量7000~7500平方米；而最大幅宽6.5米的一次性可以加工240片，月产量达8000平方米以上。这样，砂锯设备一次性可制成更多花岗岩大板，提升了加工效率，降低了生产成本。

（2）攻克全自动打磨抛光设备的关键技术。早期打磨抛光设备结构比较简单，使用单个磨头，由人工进行操作，使用时按照不同品种的需要，从粗到细依次不断更换不同号数的磨头。接着改成桥式大板打磨抛光机，最后才发展到当前市场常见的大板多头连续自动打磨抛光线。百利通与莫登蒂（Mordenti）、贝得里尼（Pedrini）等公司，以制造薄板瓷砖设备生产线的经验为基础，联手发明了这种连续自动打磨抛光线。早期的大板多头打磨抛光线设备，采用的是半自动模式，后来，经过百利通等企业的研制，配备了自动机械上下板，使其成为全自动的设备，这是提高抛光线设备效率和安全性的关键。

（3）促使多股绳锯设备开发快速推进。在石材大板加工机械中，花岗岩砂锯经过100多年的演变，渐渐在设备操作、切割速度、维护保养、配套设施和工作环境等方面暴露出不少局限性。于是，新型设备多股绳乘虚而入，它造价低廉、安装基础简便、操作和维护比较容易、切割速度快，在市场竞争中大有取代传统砂锯设备之势头。百利通并不是最早开发多股绳锯的企业，但其通过直接收购研制多股绳锯多年并达到较高造诣的比德赛公司，获得相关技术，并继续投入科研力量加以培育，从而促使多股绳锯设备走向成熟，实现产品快速增长。

（4）研制薄板加工的核心装备。全自动条板定厚及磨光和抛光、修切及磨边、倒角一体加工生产线，是薄板加工最关键的核心装备，特别适合用于矿山附近利用中小型荒料的薄板加工。百利通与其他几家有陶瓷生产线制造经验的企业一起，通过独自开发或相互交流协作等办法，逐步创造出属于自己的知名品牌。

（5）开发高质量的线条打磨抛光一体化设备。意大利用于石材加工的数控机床和加工中心，一般都有三轴以上的多轴联动数控系统，能够适应各种石材平面、立体产品的雕刻、造型等加工。许多企业能够提供这类设备，其中专业制作数控设备的欧马格公司（Omag）公司研制这方面设备，以数控系统和机床柔性见长。与其不同，百利通由于可以制作几乎所有石材加工设备，其综合实力是最强的，所以它开发的这类设备，代表产品质量的标志性指标，如精度、刚性和寿命等都是最好的。

（6）引领开发人造石生产设备。20世纪中叶，人造石的工艺、设备和产品得到飞跃式发展。创建于 1937 年的意大利老牌企业隆吉诺蒂公司（Longinotti），较早从事人造石设备的开发，至今其产品还有自身明显的特征。但是，该领域当之无愧的领头者则是百利通公司。目前，百利通拥有多项人造石设备及工艺方面的全球专利技术，还拥有强大的人造石设备科研团队，更重要的是其拥有可持续发展人造石设备的公司理念。在该公司厂区及展厅中，大量展示的并不是自己研制的设备，而是用户最关心的人造石产品及其应用。其每推出一项新设备、新工艺和新产品，都先做好长期的产品性能测试工作，有的产品测试时间达 10 年以上。该公司不仅自己经常开展市场调研活动，而且还通过独立的第三方机构做大量的市场调研，随时掌握市场动态，非常重视客户选择，保证客户用上优质的人造石设备，同时重视与客户互动，设身处地地帮助购置人造石设备的客户成长。

2. 意美美公司研制石材机械设备的新进展

意美美公司（GMM）创建于 1993 年，在群星璀璨的意大利石材机械制造商团体内，属于晚辈。但其注重借鉴与传承老牌企业的优良传统，提出以“品质・触手可及”（accessiblequality）为宗旨，专心致志从事石材切割机与石材深加工设备的开发，特别是不断提升桥切机的品质与数字化功能，取得骄人业绩，并一路领先，独占鳌头，仅仅用了 20 来年时间，就创造了全球数控桥切机第一品牌。到 2016 年，为全球提供了 6500 多台高质量的石材切割机器和深加工设备。现在，意美美设备在世界各地享有很高的声誉。

——开发 Tecna36 与 Axia38 电子桥切机

这类石材机械设备，可进行矩形板与异型板等板材切割，可进行直线与弧线等不同线条加工，可进行实心圆柱、实心罗马柱和实心纽纹柱的定制造型，可进行切角、撇底和撇面作业，还可进行平面铣削等操作。

这类设备的刀架可在 90°范围内任意转角，便于加工切角、撇底与撇面，而且加工精度高。特别是，在进行线条三维切角、旋转楼梯切角及斜切加工时，由于可以把线条放倒加工，比传统的线条竖立加工，操作过程变得简单而轻松。

另外，该设备在加工多边形、圆弧形、全圆周形等异型板时，由于采用锯片切割弯位线条，加工速度快而成本低。其加工效率远高于水刀机，同时质量又超过水刀机，因为它加工出来的异型板产品没有水刀机的毛边，不需要再对毛边进行人工修补和修磨。

——开发石材专用数控五轴加工中心

这类设备是意美美目前开发的核心产品，主要包括博锐、英特尔、鹰际、力拓与齐达等数控桥切机设备。它们型号款式齐全，适合生产不同品种规格的石材产品。

数控桥切机的主要特点是，机头可做360°平面旋转，进行产品转角加工时，是在原来位置旋转切片，不是在工作台转动，因而切板效率高，且切割产品的形状也可随心所欲。另外，英特尔数控桥切机还具有垂直方向90°倾斜摆角的功能，这有利于加工石材产品的复杂线条和特殊造型。

数控桥切机品质优良，功能强大，可造型各种类型线条和几何形体，可加工各种扭曲面变形的几何体产品，可切割各种圆弧形异型板；可对线条作撇底与撇面加工，可对倒角撇底和撇面进行加工；可制作各种款式的厨房台面板，可通过旋转支架装置加工罗马柱、纽纹柱等各种造型圆柱；可制作视觉艺术效果强烈的刺猬表面，可雕刻出惟妙惟肖的人物头像以及各种精美的浮雕作品，可进行墓碑产品的图案和文字雕刻。同时，其凭借强大的内腔铣削功能，可制作那些具有内腔的石材产品，如球座、浴盆、洗手盆等。

同时，数控桥切机设计上充分体现人性化原则，操作简便，不必人工搬运和装卸制成品，劳动强度低。这类设备具有自搬搬运功能，其刀罩上方安装着真空吸盘，可用于自动搬运切割完毕的板材。真空吸盘操作简便，智能化程度高，它不仅可以把切割成的产品搬离工作台面，而且能把产品移动到工作台一侧指定区域的贮存架上，并整整齐齐地叠放在一起。

——开发石材专用数控车床

这类车床，与其他石材深加工数控设备一样，操作过程实现全自动化，操作者只需通过操作面板按钮，就可以让刀具按自己的要求切割或打磨。加工程序完成后，数控车床会自动停机、关水和断电，并返回到加工原点或退回到安全位置。倘若操作中出现异常现象，它能自动停机，实现自我保护，防止事故发生。

在石材生产中，数控车床主要用于加工柱型产品，如实心柱、正多面体柱等。它可以车削出实心柱的柱身，可以对罗马柱、纽纹柱及各种异型柱进行车削加工。它还具有打磨抛光功能，可以把实心柱外表加工成玻璃一样，润滑光亮，熠熠生辉。

3. 加斯帕里公司研制石材机械设备的新进展

加斯帕里·梅诺蒂公司（Gaspari Menotti），按照意大利语意译就是“花岗岩砂锯公司”，它创建于1956年，主要研制大板加工机械设备。石材大板加工，一般需要经过以下几道主要工序：荒料选料及大板整形、修边与锯切及粗磨定厚、胶补或加背网、打磨与抛光等，每道工序都需要一些特定的加工工具。该公司对此进行过系统研究，能制造大板加工各道工序的所有机器设备，它是目前市场上能够制造并提供全套大板加工机械的意大利典型企业之一。在石材机械的创新发展过程中，其主要贡献体现在以下几方面：

（1）研制出广泛使用的花岗岩砂锯成熟产品。切割石材砂锯设备的产生，已经有100多年了，伴随着各类大板加工机械技术的进步，它的功能、操作系统和加工范围也在不断提升。在砂锯设备的改进创新过程中，其中一个关键步骤，是扩大砂锯设备单机的有效加工范围。对此，加斯帕里公司进行潜心研究，最早实现机械的幅宽增大，并开发出广泛使用的优质设备，从而可以成熟的做到直接加工6米（最大荒料车6.15米），该公司也由此成为全球最大的花岗岩砂锯设备制造企业。

（2）推进大理石框架锯不断完善。这类设备自从产生以来，经历过多方面的创新改进，如变革金刚石刀头锯条的锯框运动方向；改进锯框的往复运动滑轨，使其加工操作过程更加稳定，噪音更低，能耗更少；增大工作电机的功率，确定合适的飞轮直径，改进连杆冲程及频率，并改进整个设备的电气控制系统等。在这一系列创新过程中，许多企业都做过贡献，其中加斯帕里公司是贡献最大的企业之一。

（3）领先研制多股绳锯设备。新型石材加工设备多股绳锯，由于具有明显的竞争优势，近年增长迅速，已在巴西、印度、沙特等盛产花岗岩的国家广泛使用。多股绳锯的创新进展也很快，特别是绳子数，由早期的2根、8根，增加到16根、30多根、40多根，到近日最多已达72根。在这项石材加工新设备研制过程中，原先制作金刚石绳的Co. Fi. Plast公司，从

20世纪90年代初率先开发和生产多股绳锯，并锲而不舍，二十年如一日坚持研制这一新产品。而加斯帕里公司则与这家企业不同，它作为花岗岩砂锯设备的最大供应商，凭借自己实力雄厚的科研团队和原有的影响力，集中力量攻克核心技术，从而使自己在多股绳锯创新活动一路领先，并赢得更大的市场份额。

4. 佩莱格里尼公司研制石材机械设备的新进展

佩莱格里尼公司（Pellegrini）成立于1960年，是意大利石材机械协会发起单位之一。该公司既重视花岗岩、大理石大板加工机械的研制，又重视异型石材加工设备的开发，在拥有制造传统石材机械设备丰富经验的基础上，积极投身现代产品的设计开发，大胆制造新型和前沿的石材加工机械，创新业绩相当突出，下面择要述之。

（1）专注于研制多股绳锯设备。多年来，佩莱格里尼公司保持着认真负责的做事态度，集中精力研发多股绳锯新产品。该公司在完成多股绳锯概念性产品，经过设计、试制、鉴定样品，形成实体性产品之后，进行了长时间的小试和中试，仅在维罗纳某小型工厂就测试了十多年，一直到确保可以安全使用后，才开始投放到市场。在该公司与意大利其他多家石材机械设备企业的共同努力下，终于使多股绳锯成为当今世界上切割硬度最高、加工性能最先进的石料切割工具。目前，多股绳锯可轻松切割超硬材料如铁红石，也可自如切割材质易碎和加工难度很高的材料如石英石，这是传统砂锯无法做到的。同时，新型多股绳锯自动化和数字化程度很高，可依据客户需求完成精准而可控的加工指令，它的运行速度可根据被切割材料的特质进行调节、大板的切割厚度也可自由设置，还具有切割速度快、效率高的特点，正常工作状态下其切割下刀速度是传统砂锯的5~7倍。不难看出，它在大大提高加工效率的同时，也有效地降低了人工成本。

（2）开发数控绳锯弧形板造型设备。在现代建筑装饰中，已出现大量异型石板材料，其中弧形板材使用相当广泛。异形石材制品，一般是通过在石材上切割或雕刻曲线、弧形图案和圆柱文字造型等内容而制成。过去，加工异型石板材料依靠手工操作，生产效率低，工期长，材料损耗多，劳动强度大，特别是粉尘污染严重危害人体健康。佩莱格里尼公司等意大利石材机械制造商，较早研制加工弧形板材的数控绳锯设备，它是由电脑控制金刚石绳运动轨迹，从而对石材进行切割加工的设备。其切割系统由主动力机构、从动力机构与绳锯组成，通过输入程序操纵机器完成各种不同类型的切割加工任务。

（3）开发多功能特色工艺板面加工设备。随着现代建筑装饰的发展，石材加工板面出现了多种形式，如手打自然面、火烧面、亚光面、喷砂面、仿古面、锤击荔枝面、水冲面和酸洗面等。佩莱格里尼公司为代表的一些石材机械制造商，主要研制火烧面、锤击荔枝面和水冲面加工设备。火烧面是用特制设备中燃料产生的高温火焰，对石材表面加工而形成的。由于火烧方法可以烧掉石材表面一些杂质和熔点低的成分，从而表面上形成粗糙自然、不反光的饰面。火烧面加工对石材厚度有一定要求，以防止加工过程中石材破裂。锤击荔枝面是以专用的机器锤子打击石材表面，使其形成粗糙和凹凸不平样子，或用带尖头的锤击器在石材表面敲打出密密麻麻的小洞，形成模仿水滴经年累月滴在石头上产生的一种效果。水冲面是用机器中喷射出来的高压水处理石材表面，通过高压水剥离石材表面质地较软的成分，形成独特的毛面装饰效果。

5. 贝得里尼公司研制石材机械设备的新进展

贝得里尼公司（Pedrini）成立于1962年，是一家专业研制石材机械设备的企业。它以运用高技术开发石材机械设备著称，非常重视技术投入，密切注视与产品开发相关的创新活动。公司拥有20多名工程师和专业技术人员，还长期聘请4名米兰大学机械设计制造及其自动化专业的教授，进行设备的新技术和新工艺研发。在目前石材机械设备市场上，该公司也是能够制造和提供全套大板加工机械的意大利典型企业之一，在改进大理石框架锯和多股绳锯等方面做过不少努力，并取得良好业绩。当然，该公司还有更突出的创新成果，其中主要表现在以下两方面：

（1）推进打磨抛光设备创新。贝得里尼公司与其他企业一起促使打磨抛光设备，由单个磨头发展到多个磨头，由手扶磨机发展到用齿条和轮轨组成的桥式机，由人工操作磨机发展到自动化打磨抛光机，由根据加工进度不断更换粗细磨头发展到多头连续打磨抛光生产线。

同时，通过技术创新，促使打磨抛光设备扩大使用范围，使其从只能单纯打磨花岗岩或只能单纯打磨大理石，通过拆换磨头演变为既可打磨花岗岩又可打磨大理石。后来，把大理石磨头安装在花岗岩磨机的机身上，研制出新型打磨设备，它具有刚性更强、寿命更久、效率更高、能适应各种大理石打磨的特点。大理石品种很多，有些产量较大的石材加工企业，经常会遇到偏硬的大理石品种，这由技术创新前的磨机很难完成任务，而对新磨机来说则是其正常适用的加工范围。

（2）研制倒角一体化加工生产线。这是薄板加工生产线上最关键的装备，特别适合于矿山附近利用中小型荒料进行薄板加工，贝得里尼公司是研制此类设备的代表性企业之一。它由全自动条板定厚机、打磨机、抛光机、修切机和磨边机等组合而成。开发这条生产线，要求石材机械设备把机械化、自动化和智能化的功能融合在一起，使一件产品从按照规定尺寸切割板料开始，经过造型整理、边角及其线条加工、打磨抛光，直至整修磨边成器，都可以一次性完成，前后工序统一安排在一条流水线上，形成有机衔接的工艺方式。这样，加工对象不必在上道工序完成后再搬运转移到下道工序，可以最大限度地减少半成品的转运时间。工件加工过程节省各道工序之间的转运时间，有利于提高整个产品的制造效率，降低生产成本。

6. 西梅克公司研制石材机械设备的新进展

西梅克公司（Simec）成立于1969年，是意大利典型的石材机械设备制造企业，能够制造和提供各类大板和薄板加工机械。在石材机械行业研制的锯切设备中，花岗岩砂锯最早出现，接着开发出大理石框架锯，多股绳锯直到21世纪才开始流行。西梅克公司创建时间稍晚，此时花岗岩砂锯已经成熟定型，很少有技术创新的必要。所以，该公司的创新重点，主要集中在后面出现的锯切机器设备，以及自动化和智能化程度较高的产品上。其创新成果主要体现在以下几方面。

（1）推进大理石框架锯技术革新。在石材机械研制过程中，用于大理石大板锯切的设备，开始时步履维艰，推进缓慢，直到有了金刚石工具，并且在石材加工上得到应用后，才猛然加速，长足发展。切割大理石大板的基本工具框架锯，经历过多次创新改进，先是改变锯框运动的方向，使其由立式运动变成水平运动。接着，使水平运动的锯框锯，通过向下面往复运动切割荒料，改变为锯框锯保持水平往复运动，不再下降，而由料车逐步抬高荒料进行切割。在框架锯定型后，对于其如何保持稳定性、如何提高加工质量和效率，以及如何减少能耗和噪音，又展开了一系列创新研究。在框架锯创新过程中，西梅克公司投入了大量精力，并取得可喜的业绩，从而使自己成为能够制造优质大理石框架锯的企业之一。

（2）促使打磨抛光设备更加完善。大板多头连续自动打磨抛光设备的技术进步和改良，从机器主要构件和系统优化方面来说，主要有以下变化：增加磨头数量，目前单机磨头大理石最多为 16~18 头、花岗岩最多为 22~23 头；增大磨盘直径，由 0.35 米提升到 0.58 米；增多磨块个数，由 4~5 个增加到 8~9 个；改进布局和主轴传动方式，由电机通过皮带传动主轴改为齿轮直接传动。另外，还提升摆桥移动速度，改进摆桥导向传动和滑轨结构，设置自动上下板，更新吸盘工作方式，添加板面自动扫描装置等。在这一过程中，西梅克公司与百利通、贝得里尼等企业一起，大胆吸取薄板瓷砖设备生产线的相关制造技术，一直走在打磨抛光设备创新的前列。

（3）参与多股绳锯技术创新。时至今日，多股绳锯仍然是意大利最有竞争力的石材机械产品，它的核心技术、制造工艺和质量标准，也一直牢牢掌握在意大利制造商手中。多股绳锯的成功，是意大利众多石材机械制造商共同努力而取得的。在多股绳锯的研制过程中，西梅克公司虽然不是率先开发者，也不是技术一路领先者，但它在自身能力所及的范围内做出努力，并由此带来相当可观的经济收益。

另外，该公司也注重薄板加工设备的研制，它设计制造的倒角一体化加工生产线，不仅把条板定厚、打磨、抛光、修切和磨边等功能集成在一起，而且采用数字化控制，具有自动化和智能化水平高、加工速度快、产品质量好等特点，使其成为这类设备的品牌代表之一。

7. 研制石材机械设备的其他新进展

——特马富高利公司（Tema-Fmgoli）的创新成果

该公司成立于 1898 年，是意大利石材机械行业的老牌企业，早年注重研制大板加工机械花岗岩砂锯。在扩大砂锯设备单机有效加工范围方面，它与加斯帕里公司是贡献最大的两家公司。

该公司体现自己特色的一项创新成果，是研制出用于加工花岗岩表面的气动凿岩机。它结构简单，由气缸、活塞、冲击头和凿岩器等组成。气缸内的活塞前端与冲击头连接，冲击头再与凿岩器连接。气缸通气后，活塞做上下往复运动，带动凿岩器工作。凿岩器是一种形如荔枝皮的锤子，由合金焊接而成，用于直接击打石材表面。

这种凿岩机是制作花岗岩板材荔枝面的专用设备，用它加工出来的荔枝面石材表面均匀美观。荔枝面是指石材表面具有如同荔枝皮一样的粗糙外形。制作石材荔枝面有机器制作和手工制作两种，一般来说手工荔枝面比机器荔枝面更细密一些，但费工费时，成本更高。经过切割的荔枝面花岗岩板材做工比较烦琐，甚至比抛光打磨的板材还费工，通常大部分荔枝面的板材都用于墙面建筑，也有作为雕刻品表面或广场石表面的，它属于深加工石材，在分类中通常归为石制品。

——SEI 公司和普罗米泰克公司（Prometec）的创新成果

这两家企业，是意大利大板胶补设备领域的著名制造商。SEI 公司成立于 20 世纪 80 年代，被认为是大板立体胶补线的鼻祖，它最早研制新兴设备“大板立体胶补线”。该设备经过多方面改良，性能结构已日臻完善。普罗米泰克公司则与意大利一家知名公司合作，研制出“布鲁泰克”品牌大板胶补设备，其多年来一直深受客户欢迎。

在石材加工过程，对花岗岩、大理石板面孔洞和裂纹的处理，早期通常顺其自然不予修补。即便修补，也只是简单地填充表面细微裂纹。操作简便，用板车和滚筒式输送带，把大板送到热干设备处，通过简单的风干、填胶和固化处理，就完成修补事项了。

后来，随着时间的推移，人们使用的石材品种不断增多，石材产品使用范围逐步扩大，市场了解各类石材品种的特性更加深刻。特别是，重要的石材化工产品石材补胶质量提高，性能更佳，而且成本日益降低，同时，市场对石材加工企业的用工、工效和品质的要求越来越高，这样，开发和使用“大板立体胶补线”设备，就是水到渠成之事了。

这项设备出现之后，经历过多方面的技术改进，如加热方式由燃料加热改为用电加热，再改为用微波加热，烘干方式由直接供热烘干改为热风循环烘干，上胶方式由人工刷胶改为自动喷胶。同时，为了增加胶水的渗透性，还专门设计出真空装置和震动装置等配套器具。

目前，在石材机械市场上，几乎所有大板成套设备供应商，都能独立或合作生产大板立体胶补线设备。另外，无论是意大利还是其他国家，达到一定规模的大板加工厂，大板立体胶补线几乎都成了必需设备。

——多纳顿公司（Donatoni）的创新成果

该公司专注于线条打磨抛光一体化加工中心等数控设备的研制，属于石材机械设备行业的后起之秀。由于其产品设计上讲究现代风格，注意数字化应用效果，在欧洲发达国家有不少用户。

目前，用于石材加工的数控机床和加工中心，一般都有三轴以上的多轴联动数控系统，能够适应各种石材平面、立体产品的雕刻、造型等加工。多纳顿公司作为后起之秀，不仅关注产品的优质、高效和经久耐用，而且更多关注产品的智能化和集成化水平。

就智能化方面来说，该公司研制的石材深加工数控设备，在用于石材产品制造前，可以进行加工仿真模拟，检查图形或程序是否正确。检查过程中一旦存在问题，设备会自动报警，并告知报警信息。设备多工序加工前后连贯，一气呵成，中间没有停顿或间歇。如果数控机床和加工中心运行过程中出现故障，它们会自我报警，并发出故障产生的位置及具体时间，便于维护人员检查和维修。

就集成化方面来说，该公司把光机电一体化技术、刚性制造与柔性制造技术、数字化控制技术等有机地融合在一起，形成高度复杂的石材深加工设备，把石材线条打磨抛光加工过程的各道工序，整合在一条生产线上，一头进去的是石材原料，另一头出来的就是按照需要加工的石材制成品。

——斯泰因克斯公司（Steinex）的创新成果

该公司是意大利石材自然面加工设备制造商的代表。这类加工设备，能把石材古朴和自然的表面效果，充分表达和展现出来，而且加工工序简单，能耗成本低。该加工设备既可以独立运行，也可添加部分输送设备组合成生产线，尤其适合在矿石周边使用。

该公司早在20多年前，就有计划地为自然山石和水泥等加工，研制出锋利的切割机械。目前，可以提供石材自然面加工的全套机械系统，从采石场初步加工到改变形状完成成品，每个环节都有专用设备，主要包括石料传送带、操作系统、动力设施、水力升降机和筒仓容器等，并配备多种附件可供选择，使石料处理实现自动化。

该公司努力帮助用户了解设备的性能和使用方法，能在专业层面对消费者做出解答，并以质量和技术为保证，允许客户提出选用合适作业系统的要求。目前，该公司研制的石材自然面加工流水线，可以装配到任何类型的石料加工企业，并可以加工任何形状和任何硬度的石料产品。

同时，该公司重视刀具技术创新，新研制的碳合金弹性纳米技术切割刀具，不仅适合于不同硬度和规模石材产品的切割，而且切断石料时几乎不会产生噪音，有人称赞它结束了产生高度噪音的传统钢刃刀具时代。

在意大利石材机械设备制造业领域，还有许多富有创新精神并取得丰硕成果的企业。例如，巴尔桑蒂公司是一家有着 50 多年生产经验的企业，在大板加工切割设备的研制过程中，做出过卓越贡献。它与百利通等企业一起有效地提升了花岗岩砂锯的加工范围与产能，特别是对大理石框架锯的结构和性能做出重大改进，使自己成为这类设备最有代表性的制造商。该公司拥有相当高的知名度，在意大利国内外市场都有较大的产品销售量，曾被认为是长盛不衰的优秀企业。可是，近年由于遭遇企业经营不善等问题，逐步退出市场竞争，可能很快会销声匿迹，真令人扼腕长叹！

当然，还有更多石材机械企业凭借创新精神和成果，增强自身实力，拓展出更广阔的市场前景。例如：

佩德姆公司（Pednm）专心研制薄板圆锯片对剖机，采用水平式安装圆锯片对剖机的刀片，并把刀片成对分装在条板两侧，再设法缩小刀缝宽度，避免对剖面出现刀片台阶，研制出刚性好、效率高的薄板加工设备，为自己赢得应有的市场份额。

科曼杜利公司（Comandulli）与蒙特利索公司（Montreso）两家企业，致力于研制规格板的板材磨边和倒角机械，虽然市场范围比较狭窄，没有大板加工机械那么巨大的容量，但它们还是积极探索产品创新，逐步突破关键技术的限制，简化工艺流程，提高生产效率，保证磨边质量均匀一致，还使用户节省大量人力，终于使自己在研制磨边与倒角机械领域，成为最有代表性的企业。

米切莱蒂公司（Micheletti）开发的数控绳锯弧形板造型设备，属于该类产品中最为经典的一种。其设计的立柱结构、切割机与工作台放置形式，以及切割机构的主动力机构、从动力机构与绳锯的组合系统，对后来出现的同类设备产生了重要影响。

布拉姆巴纳公司（Brambana）与欧马格公司（Omag），是专业制造数控设备的两家企业。它们擅长通过数控系统与机床柔性制造，整合车、铣、钻、磨各类加工刀具和刀架，并形成可通过移动共用的一体化生产线。他们能够制造石材加工过程的各类数控设备，如石材加工数控机床和加工中心，直线、弧线与弯线线条数控设备，线条打磨抛光一体化设备，全自动条板定厚、打磨抛光和修切设备等。

麦玛公司（Maema）与卢帕特公司（Lupato）两家企业，擅长开发石材工艺板面加工设备，但两者研制的产品是不一样的。麦玛主要开发能够形成石材装饰面的设备，如能够产生火烧面的制作机、能够产生锤击面的制作机。而卢帕特则主要为这些设备开发配套工具，该公司已研制出可加工各种特色表面的金刚石工具，还能根据用户需要，再开发各种新型工具。

第二章 电子信息领域的创新信息

意大利一直重视电子信息产业的发展，培育出世界最大半导体企业之一的意法半导体公司。21 世纪以来，意大利在电子器件与电子设备领域的新成果，主要集中于微电子方面探测到冷聚变中的高能中子，参与建设世界一流的核散裂中子源。研制视频与广播芯片，提出分子将成为新型混合芯片的存储单元，推出微电容瞬变的避雷器件。研发车船用电子探测设备，推出生产线精密检测仪器，研制新一代影像传感器，开发用于远距离语音人机互动的传声器系统。推出简化电动控制应用的电机驱动器平台、简化电子电表设计的参考设计平台，以及新颖无线充电设备。在计算机与机器人领域的新成果，主要集中于研制出"微型"超级计算机，参与研制新型超级计算机，推出硬盘驱动器专用控制器芯片，在水库灌溉、古乐器复原和金融市场等方面推进计算机技术应用。利用机器学习技术创建历史文献的动态数字化系统，研发仿生机器人、服务机器人和医用机器人，积极探索下一代机器人。在通信设备与网络技术领域的新成果，主要集中于开发利用手机的新功能，研制出卫星通信器材的保护产品，建成首个商业化应用的 5G 基站，参与建设欧盟量子通信基础设施计划。着手全面推行网上电子发票管理制度，推出邮政网络系统数字支付和电子商务配送服务；通过法律、技术和监管机制提高网络运行的安全性。

第一节 电子器件与电子设备的新进展

一、研究微电子理论的新成果

（一）微电子探索方面的新发现

——探测到冷聚变中的高能中子

2009 年 3 月 23 日，《电子工程时报》网络版发布消息，在当天举行的美国化学学会年度会议上，意大利与美国、日本等国科学家一起宣布，他们已经在实验室证实了冷聚变，并探测到其产生高能中子的痕迹。

冷聚变是指在相对低温（甚至常温）下进行的核聚变反应，这种情况是针对自然界已知存在的热核聚变（恒星内部热核反应）而提出的一种概念性“假设”。如果室温条件下的聚变反应能够实现商业化，我们就可以用海水中提取的重氢来生产丰富的核能。

1989 年，科学家马丁·弗莱许曼和史坦利·庞斯提出了这一“假设”，接着，犹他州州立大学制定了一个全球计划来发展这项技术。弗莱许曼和庞斯宣称，他们在一个电解槽内获得了冷聚变，但其他科学家发现他们的实验无法重复。

冷聚变的理论假设是，当对氘核进行电解时，分子被融进氦气内，释放一个高能中子，科学家已经探测到了大量热量，然而没有人探测到释放出来的中子。

在会议上，美国圣地亚哥海军空间和海洋作战部队系统指挥中心的帕梅拉·莫希伯斯表示，问题在于测量仪器无法检测出这么少量的中子。为了感应这样小的质量，她使用了一个特定的塑料探测器 CR-39。该探测器由镍和金的合金组成，将其插入一个氯化钯和氘的混合物中，这个探测器能捕捉和追踪高能中子。该塑料探测器捕捉到了许多微小的距离很近的小坑，莫希伯斯说：“这是中子存在的确凿证据，证明室温下可以出现聚变反应。”

与会的意大利和日本科学家，也提交了冷聚变及其产生中子的证据：意大利国立核物理所的安东尼拉·尼洛说，他发现了大量的热量和氦气。日本北海道的研究人员称，他们也发现了大量的热量和伽马射线释放出来的证据。

目前，这些研究人员都在进行进一步的探索，希望能够更好地理解冷聚变过程，并尽快进行商业化应用的相关开发。

（二）推进微电子研究的主要举措

1. 加强微电子研究的基础设施建设

参与建设世界一流的核散裂中子源。2011 年 12 月，欧委会研究与创新总司网站报道，欧洲核散裂中子源属欧盟大型基础设施建设计划的重点项目，建设阶段总投资 14.78 亿欧元，运转维护费用每年 1.1 亿欧元。参加项目的欧盟成员国包括意大利、法国、德国、英国、匈牙利、拉脱维亚、西班牙、瑞典等。

据报道，自 2009 年开始新建的欧盟大科学基础设施项目——欧洲核散裂中子源，即将于 2012 年在瑞典兰德落成。

该项目旨在集成欧盟成员国多国之力，建造一座世界一流的核散裂中子源，保持欧洲在该领域的世界领先地位。项目进展顺利，基础设施建设部分于 2012 年完成。按照项目计划，2019 年将首次产生中子源，并在以后 40 年内，保持世界领先地位。

欧洲核散裂中子源位于瑞典兰德，数据管理中心设在丹麦哥本哈根，监测分析实验室设在西班牙的毕尔巴鄂（Bilbao）。建成后的欧洲核散裂中子源，将是世界上首个用于研究目的、功率最大的长脉冲低能中子源，对分析和研究凝聚态物质，包括软凝聚态和硬凝聚态物质，以及电磁学、生物学、核物理学等具有特别重要的作用。

2. 选聘合适的微电子研究领导者

由意大利的希格斯玻色子发现者出任欧洲核子研究中心主任。2014 年 11 月，国外媒体报道，意大利物理学家法比奥拉·吉亚诺蒂，在两年前就曾吸引了全世界的目光，当时她和同事宣布发现了希格斯玻色子，如今，她被任命为欧洲核子研究中心下一任主任。这个位于瑞士日内瓦附近的欧洲粒子物理实验室，曾获得大量重要发现，2016 年 1 月 1 日，吉亚诺蒂将从现任主任罗尔夫·豪尔手中接过该中心。

欧洲核子研究中心有世界上最大的原子加速器：27 千米长的大型强子对撞机，年度预算高达 11 亿美元，使其当之无愧成为全球粒子物理学中心。吉亚诺蒂将成为欧洲核子研究中心 60 年历史上的第 16 任主任，也是首位女性领导者，这令女性物理学家倍感欣慰。

现年 52 岁的吉亚诺蒂，在 1994 年加入欧洲核子研究中心。2009 年 3 月—2013 年 2 月，她曾担任 ATLAS 团队发言人，ATLAS 是大型强子对撞机 4 个庞大的粒子探测器之一，约 3000 位研究人员工作于此。她曾参与了数十年来粒子物理学界最重大的事件。2012 年 7 月 4 日，她和 CMS 探测器的代表，在欧洲核子研究中心发布公告，宣布两个研究小组分别发现了科学家一直在寻找的希格斯玻色子。那一年，《时代》杂志将其评为“年度人物”的亚军。

吉亚诺蒂的同事也认为她是第一流的物理学家和领导者。同样是 ATLAS 团队成员的梅丽莎说：“她的风格是要为所有事情做好准备。她做事非常严格但却采取温和的方式。”金英姬说：“她的实践经验非常丰富。”金英姬提到，吉亚诺蒂还参加了针对美国粒子物理学新路线图的顾问小组。所以，她深刻了解粒子物理学的全球局势，因而能很好地绘制欧洲核子研究中心的未来。

二、研制电子器件的新成果

（一）集成电路或芯片开发的新信息

1. 研制视频与广播芯片的新进展

——推出首批集成安全视频处理器的机顶盒芯片

2005 年 10 月，意法半导体公司发布了第一批采用安全视频处理器技术的芯片产品，安全视频处理器是下一代开放的数字视频内容保护标准。

据悉，意法半导体推出两款产品：一是“意法半导体 B5525 机顶盒解码器”，是意法半导体的第一个在标清机顶盒上，支持双电视和双 DVR（数字录像机）需求的单片解决方案。二是“意法半导体 B5524”，它定位于日益增长的数字录像机市场。这两款产品都能用于卫星、有线和地面电视服务。

安全视频处理器联盟，负责维护和推广安全视频处理器标准，目前有 20 多家领先的媒体和科技公司支持这个标准，意法半导体是该组织的创始公司之一。安全视频处理器联盟，致力于安全视频处理器内容保护技术，能够在数字家庭网关和消费电子设备，如数字电视、机顶盒、数字录像机和便携媒体播放器等方面得到广泛应用。利用意法半导体 B5525 和意法半导体 B5524 解码器，制造商可以向消费者提供具有安全视频处理器功能的机顶盒产品，为安全电视服务开播时接收加密内容做好准备。因此，意法半导体 B5525 和意法半导体 B5524 解码器的问世将有助于安全视频处理器市场启动。

安全视频处理器技术，是一个基于硬件的安全运行机制。其设计是保护数字内容，而不是接口之间的物理连接，从而为节目内容传播开创了新的机会，同时还能保护服务运营商和内容所有者的合法权利，并承认用户在他们自己的权限范围内灵活、便捷地使用和欣赏数字娱乐内容的权利。安全视频处理器，是一个成本低廉的能够经得起未来考验的解决方案，能够与现有的条件接收和数字权限管理系统一起配合使用。决定内容复制和重新分配的使用权限与内容一起加密，并通过不同的协议，在多媒体系统内的带安全视频处理器的设备之间传输。

意法半导体公司家庭娱乐部副总裁卡尔塔比亚诺说："作为安全视频处理器联盟的创办人之一，我们是第一个部署一系列安全视频处理器兼容器件的半导体厂商，我们为此感到非常地骄傲。意法半导体采用先进的制造工艺实现这项技术意味着，硬件制造商只投入很小的成本，就可实现安全视频处理器的先进电路和数字权限管理带来的好处"。

——合作开发欧洲卫星数字广播芯片

2008 年 6 月，意法半导体公司与美国世广卫星广播公司携手，合作开发欧洲卫星数字广播芯片。两家公司宣布，双方签订欧洲卫星数字广播（ESDR）接收机芯片的合作开发、制造、销售协议，世广公司预定向泛欧和中东地区开通广播服务，2009 年由意大利开始。

两家公司的协议，在为欧洲卫星数字广播收音机开发出第一款全集成的频道解码芯片。以开放的欧洲电信标准协会标准为基础，欧洲卫星数字广播技术让世广得以利用卫星与地面混合网络传送广播信号，卫星用较低的成本覆盖广阔的地域，而地面广播发射机可以提高城郊的信号接收质量。

世广卫星广播公司为欧洲市场提供的卫星服务包括 40~50 套无广告的音乐、新闻、体育、谈话以及交通、导航、音乐下载等个性化节目。该公司计划于 2009 年先从意大利开通世卫欧洲广播，然后在主要欧洲地区和中东国家开播，包括德国、瑞士、巴林和阿联酋。

意法半导体新的信道解码器设计，采用最先进的互补金属氧化物半导体技术，系统集成度高，电流消耗低。这款芯片是按照欧洲卫星数字广播技术的要求订制的，能够在恶劣的信号条件下确保最佳接收效果，最大限度利用现有频谱。

除信道解码器外，意法半导体还将为世广的数字收音机另外提供三种芯片：超外差射频调谐器、非易失性安全数据存储器和 Nomadik 应用处理器汽车版。这个汽车电子级的芯片组将处理完整的射频和基带任务，能够满足汽车工业对收音机品质的严格要求，不论是原始设备制造商（OEM）预装，或者售后改装的零售市场。

第一批欧洲卫星数字广播收音机，将在零售渠道和其他售后零配件市场上架销售，随后还将推出原始设备制造商版的收音机。菲亚特率先与世广签订零售版收音机和原始设备制造商版收音机的经销协议，从 2009 年起，将在菲亚特、阿尔法·罗密欧和蓝旗亚的某些车型装备世广收音机。

世广卫星广播公司董事长兼首席执行官诺亚·萨马拉表示："世广和意法半导体建立了长期的合作关系，我们非常高兴能够通过这项协议延续合作。我们从意大利开始为全欧洲消费者提供真正独特的卫星广播体验，这项协议是一个重要里程碑。意法半导体为我们的合作带来悠久而辉煌的卫星收音机芯片研发资源和汽车产品合格测试经验，芯片制造能力将会帮助我们在欧洲、中东和其他潜在市场取得成功。"

意法半导体汽车产品部副总裁多梅尼科·罗西表示："在向欧洲消费者推广世广卫星数字广播服务的活动中，我们很高兴能够扮演重要角色。这个重要协议，标志着意法半导体第 12 年领先于数字广播技术领域。我们率先在一颗单芯片内集成完整的卫星数字收音机解码电路，开发出大量的卫星数字收音机技术，掌握从射频到基带信号处理的整个收音机系统。在世广的项目中，我们运用在美国卫星数字广播市场取得的成功经验，那里大多数收音机都采用了意法半导体的芯片。"

电子制造领域全球领先市场研究公司 iSuppli 的理查德·罗宾逊表："2007 年，意法半导体继续保持全球第一大信息娱乐芯片供应商的地位，全球市场份额超过 11%。意法半导体提供各种车用半导体解决方案，是音频放大器和卫星收音机解决方案的第一大供应商，音频放大器市场份额达 56%，卫星收音机市场份额高达 76%。"

据调查数据显示，欧洲卫星数字广播市场与美国市场相似，目前，全美共有大约 1800 万卫星数字广播用户。世广网络在欧洲覆盖的国家有意大利、德国、瑞士、西班牙、英国、法国、土耳其和波兰等，总人口约 4.2 亿人，汽车约 1.8 亿辆。

2. 探索芯片开发技术的新进展

提出分子将成为新型混合芯片的存储单元。2006 年 8 月，有关媒体报道，数字时代的发展，要求电子元件运行速度更快，体积更小，价格更便宜。科学家正在向这个方向努力，其中最有希望的技术之一是混合集成电路。它结合了微米、纳米和分子等不同的技术。虽然目前混合集成电路的发展遇到了很多挑战，但是这项技术很有希望生产出存储密度极高的芯片。

意大利科学家的研究表明，分子将成为新型混合芯片的存储单元。他们设计的混合集成电路装置，从微电子硅芯片出发，硅芯片上有纳米交叉点，每个交叉点上最多有一万个分子，所以被称为“微米—纳米—分子集成电路”。其中单个分子起到存储设备的作用，因为它们具有两个不同的导电状态（电压高和低），可以用来记录比特信息。每个分子都利用电子形成的电流来存储不同的状态，导通或切断。电子可以通过隧穿效应，抹除掉存储的信息。

研究者表示，这些假设的分子，可以模仿闪存单元的结构和功能。如果分子允许存在导电性差别很大的两种状态，那么整个结构，就可以看成是一个混合纳米微型集成电路，比特密度将达到每平方厘米 1000 亿。

研究者指出，为了把这项技术应用于实际生产，还需要对以下几方面进行改进：沉积技术、氧化技术和各项异性腐蚀技术，以及允许在相对短的时间内反复读写的技术，并且要求亚微米尺度上存在的化学、流变学等性质，在纳米尺度上也仍然能够存在。

（二）研制电子器件的其他新信息

——推出微电容瞬变的避雷器件

2006 年 5 月，有关媒体报道，意法半导体公司推出一系列新的通信线路保护器件。其中，SMP80MC 系列，微电容瞬变避雷器，完全符合数字传输标准。

因为容易遭到雷电浪涌的攻击，电信系统通常需要两级保护单元：一是安装在每条线路上的，吸收大部分瞬间过压的主浪涌抑制器；二是安装在每个印刷电路板上的消除残余峰值过压的辅助保护器件。主抑制器的浪涌电流处理能力必须很高，并能够承受很高的电压。与非硅保护产品（如气体放电管）相比，意法半导体公司新产品的技术具有更加优异的性能，包括使用寿命长而无老化现象、紧公差、响应时间快速和失效保护操作。此外，当出现极大的雷电浪涌时，故障模式可导致短路，以保护设备和人员的安全。

新器件的主要参数包括：120V 到 270V 的电压范围，最大 2μA 的泄漏电流，最高 345V 的导通电压，最小 150mA 的保持电流。它是保护电话、传真机、调制解调器和类似的对雷电敏感设备的理想选择，能够防止雷电浪涌攻击和电话线与电源线短路现象。

三、研发电子设备的新成果

（一）研制电子监控设备的新信息

1. 开发车船用电子探测设备的新进展

——研制出具有自行探测功能的新型集成电子传感器系统

2003 年 6 月，有关媒体报道，意大利的伽利略电子设备公司，正在为装甲车和舰船开发新型集成电子系统。该系统包括的一系列传感器，能够行使目标瞄准与追踪及目标全面搜寻和视野侦察、毒剂探测等功能，这些传感器可以通过局域网或战术无线电网和战场操作系统逐一相连。

新型集成电子系统的能源车辆，包括低速车辆、高速卡车和视频数据车。装载的“智能”传感器，具备集成预处理能力，减小了对原始数据质量的要求，即需要检测的数据，不必是一般传感器所需要的，能够被自动分析和转换的数据。

另外，新型集成电子系统热图像仪能自动行使探测，并给出 X/Y 轴的位置计算。该系统通过分析不同“智能”传感器操作中的可视和红外波段，综合提供合成图像。图像处理将由伽利略集成信号处理器来显示。新型集成电子系统显示模块，有 1 个 30 厘米长的晶体显示屏，能够提供应急处理图像、数字化地图和数据。该显示屏提供 Windows 菜单，可以使用声音或非键盘操作非常简单。

——联合研制新型舰载濒海电子侦察系统

2005 年 5 月 25 日，英国《简氏防务周刊》报道，意大利和英国合资的塞莱克斯（Selex）传感器与机载系统公司，向欧洲市场投放了新研制的被动濒海监视系统（PALS）。该系统主要用于军事和准军事巡逻艇上。

塞莱克斯是一个联合风险投资公司，股东分别为意大利芬梅卡尼卡集团（Finmeccanica）和英国宇航局系统公司。其中前者是意大利最大的工程及航空航天与防御集团，目前仍属于国家控股公司，它拥有 75%的所有权。塞莱克斯集成了英国宇航局系统航电分公司和意大利伽利略军用飞机公司的雷达、光电和电子战业务。目前，意大利伽利略军用飞机公司仍在以现有的名称从事商业活动，待各种与成立联合风险公司的法律手续完成后，将会易名为塞莱克斯公司。

被动濒海监视系统由一部接收处理器、4 部天线和人机界面组成，覆盖 2~18 吉赫频谱，可扩展到 0. 5~40 吉赫。该系统已经研制了 3 年，目前仍在开发中。被动濒海监视系统利用了塞莱克斯公司的软件和数字处理专利技术，这些技术派生于该公司研制的“天空卫士 2000”机载雷达告警接收机。系统的其他特点是天线组装在桅杆顶部，集成了 4 部螺旋状天线. 每部覆盖 90°方位，4 部就可形成 360°全方位覆盖；人机界面非常友好。

塞莱克斯公司将进一步加强被动濒海监视系统的配置伸缩性，以使其除可用于舰上外，还可用于飞机和陆地上。被动濒海监视系统已经接受了北约海军的试验、测试，期间，该系统演示了其在几种环境下正确识别发射机（敌方）的能力。除被动濒海监视系统外，塞莱克斯公司还正在开发用于轻护舰的“门神”4 海军电子侦察系统。

2. 开发生产用电子检测仪器的新进展

研制三款生产线精密检测仪器。2007 年 5 月，有关媒体报道，在近日举行的第十届中国国际机床展上，精密测量仪器供应商意大利马波斯公司，发布了三款全新产品 3DSI、OTS30 及 MERLIN 量规计算机。这三款产品主要面向汽车市场，为汽车制造企业生产工序的最终检验提供更高精准度、灵活性和可靠性的保障。

3DSI 是一款三维测量软件，可以便捷地进行编程和使用。OTS30 是一款新型红外传输对刀测头。这两款新产品配合使用，可以快速测量机床内部和检测曲面，大幅度降低工作及检测时间。

MERLIN 测量计算机，能够为标准产品测量提供硬件及软件，并可以管理 16 个感应器/测量仪。它可以通过 USB 接口或者蓝牙无线技术方便地采集数据。此外，紧凑的设计和在前面板上的 IP65 防护，让它能够适用于各种车间环境。

马波斯中国区总裁马里奥·丹东尼奥说：“马波斯公司总部位于意大利博洛尼亚，是全球领先的生产车间电子在线检测系统企业。马波斯来中国已经 20 年了，拥有北京、上海、广州 5 个办事处，以及无锡和南京的两家生产工厂。马波斯 60%以上的客户是汽车企业，我们的产品有效地推动了中国汽车产业的快速发展。目前，中国已成为马波斯集团在全球销售额及生产能力成长最为迅速的区域。”

（二）研制电子视听设备的新信息

1. 开发新一代影像传感器

2009 年 5 月，意法半导体与法国硅-绝缘体技术股份有限公司宣布，双方将签订一项排他性合作协议。根据此协议，两家公司将合作开发 300 毫米晶圆级背光技术，制造用于消费电子产品中的下一代影像传感器。

当今的前沿影像传感器技术的分辨率正在持续提高，同时也不断要求缩减相机模块的整体尺寸，特别是消费电子市场要求更为迫切。这意味着影像产业需要开发个别像素粒子更小、同时还能保持像素灵敏度和高画质的影像技术。在下一代影像传感器开发过程中，背光技术是应对这一挑战的关键技术。

据悉，两家公司的合作协议，包括法国硅-绝缘体技术股份有限公司授权意法半导体，在 300 毫米晶圆上，使用意法半导体包装键合技术制造背光传感器。意法半导体将利用先进的衍生互补金属氧化物半导体制程工艺技术，开发新一代影像传感器。

2. 推出为未来声控家庭发展奠定基础的传声器系统

2012 年 5 月，国外媒体报道，意法半导体公司将在欧洲家庭应用远距离语音互动项目，发挥重要作用。这个三年期项目，旨在于调研自然语音人机互动，在未来智能家庭应用中将面临的问题，并提出相关解决方案。

报道称，这项研究，着眼于解决远距离语音人机互动，在多噪声、多讲话者的环境中所遇到的挑战。该项目的目标，是创建一个可随时随地接收声音信息的环境，即便用户没有对准传声器讲话，也能被系统识别并使用。从声学角度来看，语音识别系统必须延伸到讲话者身边，而且语音识别性能不受讲话人所在家中位置的影响。

意法半导体公司研制的传声器系统，外观尺寸和声学参数，均完全满足远距离语音互动系统的严格要求。其精巧的尺寸，让研究人员能够轻松将整个传声器阵列，完全嵌在自动化家庭的墙壁、写字台或声控家电内，同时传声器的优异声学特性，结合先进的信号处理技术，让语音系统，能够在一间正在播放音乐的，有很多人的房间内，识别并捕获一个人，从几米之外发出的声音命令。

远距离语音人机互动，不仅能够大幅改变人机互动方式，还能真正改变那些行动不便的人群，如老人或患有运动障碍人士的生活方式。除了在家庭使用外，远距离语音人机互动系统，还适用于机器人、远程呈现、安全监视和工业自动化等方面。

这个项目分为很多工作组，项目期限总共 36 个月，总投资 480 万欧元。其主要研究领域包括：多通道声学处理、远距离语音识别、身份识别与验证，以及口语对话管理（德语、希腊语、意大利语和葡萄牙语）。最终的设计原型将被部署在试用家庭内，由真人用户对设计性能进行评估。

（三）研制电子设备的其他新信息

1. 推出简化电动控制应用的电机驱动器平台

2005 年 6 月，意法半导体公司推出一系列单片电机驱动器产品，它们构成了一个适合各种应用的开放可升级的电机控制系统的核心。新的平台利用其智能功率技术和产品，包括适合驱动直流电机、步进电机和无刷直流电机的驱动器，以及全套的支持工具，包括评估板、电脑软件及翔实的应用说明书。该系列驱动器，包括 L6205 和 L6225、L6206 和 L6226、L6207 和 L6227、用于两相直流或双极步进电机的 L6208 和 L6228，以及用于直流无刷电机的 L6235 和 L6229。

该平台采用意法半导体公司特有的制造工艺，在同一个芯片上集成了双极、CMOS 和绝缘 DMOS 结构，是一个高度耐用的经过验证的 60V 混合信号智能功率技术，它允许在一个单片内集成电机驱动所需的全部控制和功率电路。这种集成规模减少了外部元器件的数量，同时，已集成在片内的保护诊断电路提高了驱动器的可靠性、耐用性和易用性。

以 L6208 为例，该驱动器集成了驱动一个两相步进电机所需的全部电路，包括一个双相 DMOS 全桥、执行斩波调整的关断时间 PWM 恒流控制器，以及产生步进序列信号的相位序列发生器。同样，驱动三相无刷直流电机的 L6235 集成一个三相 DMOS 电桥和关断时间 PWM 恒流控制器，以及单端霍尔传感器的解码逻辑电路，该传感器用于产生功率级所需的序列信号。这两个器件，都具有热关断功能。

新的平台可在所选器件与应用需求之间实现最佳匹配，不再需要昂贵的过高技术要求。而且，设计人员很容易把这些器件并联起来，将峰值电流和有效额定值提高一倍。结合宽广的工作电压范围（8～52V），各种类型的产品封装，该平台能够满足各种电机控制需求，如工厂自动化、自动售货机、自动取款机和自动食品售货机、办公设备和医疗设备。

2. 推出简化电子电表设计的参考设计平台

2005 年 8 月，意大利媒体报道，意法半导体公司针对新兴的电子电表市场，推出一个参考设计平台，电子电表设计具有多功能性，而且成本低廉，允许电表制造商实现很多旧式机械电表无法实现的功能，因此，在家用、商用和工业市场上正在兴起一股电子电表取代机电电表的热潮。

例如，电子电表设计能够预防改表和盗电行为，还能计量和记录每天不同时段的用电量，因此，供电局可以采用按用电时段的计费方式向用户收取电费。电子电表设计还能够让自动抄表的设想变成现实，这个功能通过电力线通信链路将电表的读数数据发送到供电局。此外，电子电表还为“更小的工作单元”分户计量铺平道路。

意法半导体借助其种类齐全的专用产品和标准产品，通过与电表行业内的大型主导厂商合作，开发出一个电表设计平台，它不仅能满足所有中低端电表市场的需求，而且调整起来既快速又经济。这个参考设计平台是一个模块化的电表解决系统，要想满足供电局的某一个特殊需求，可以利用软件调整电表的设计方案。参考平台由两块印刷电路板组成，其中一个专门用于电力线功率计量功能，另一个用于执行精密的计算和监视功能。

从罗高夫斯基线圈到并联电阻器，计量板支持目前所有的电表计量技术。它能够监视火线和零线检测电表数据篡改事件，并符合所有的国际电工标准。

计量板基于意法半导体的电表芯片意法半导体 PM01，这块芯片集成了所有的必需的信号调节、信号处理、数据转换、输入/输出信号和电压参考的组件。意法半导体 PM01 可以在单相电度表内单独使用，也可以在基于微控制器的单相或三相电表内充当外设，在这种情况下，有功功率（额定的和宽范围的）、无功功率、视在功率、VRMS、IRMS、瞬时电压电流和线路频率的读数数据都通过总线传输到微控制器单元。

3. 推出三款新颖的无线充电设备

2019 年 1 月，博洛尼亚媒体报道，意大利得利捷公司，是自动数据采集和过程自动化市场的全球领先企业，近日其宣布，推出三款新颖的无线充电设备：通用型全触控设备、坚固型移动数据终端，以及 4500 系列无线扫描器。它们将为零售、医疗、制造、物流仓储等领域的客户与企业，提供以智取胜的技术方案与应用支持。

据悉，三款产品均采用了得利捷公司最具突破性的无线充电技术，作为首家在移动数据终端和手持式扫描器上采用这项技术的制造商，得利捷公司将该技术完美植入了最新产品的应用中，其消除了传统工业与零售设备的充电故障关键点，并在最短时间里实现了电源的充量，为全天候使用或停用间歇很短的设备带去了巨大的操作优势。

除了该技术亮点外，这三款产品还在设计、功能、操作及体验等方面，彰显了得利捷公司在产品制造与开发上的理念与方向。如兼具手持式与枪柄式两种外观设计的通用型全触控设备，不仅可以辅助从销售到生产车间，从后端收货到仓储配送等一系列应用，而且配备了功能强大的数字化技术软件。同时，为仓库员工、店铺经理和销售助理提供了无线语音及平台发射机终端等通话支持。

而作为经谷歌“安卓企业推荐”方案认证的设备，坚固型移动数据终端内置，用于高性能扫描的最新二维码成像解码技术，并植入了最先进的无线局域网和最新的网络标准技术。它将传统坚固型企业设备的耐用性和性能与智能手机受欢迎的款式外观融于一体，为用户打造了集安卓系统和谷歌移动服务的友好体验。

至于新品 4500 系列无线扫描器，更是为高级 2D 手持式扫描器提供无线通信和新的无线充电型号，实现了双重无线支持。虽然零售售货点结账是该产品的常见应用，但各种广泛选项、丰富的功能组合以及整体坚固度，为轻工制造、访问控制和娱乐业等诸多领域应用，打开了大门。

得利捷公司零售业总经理朱利奥·贝尔祖伊尼在新品推出后说道："得利捷公司一直走在创新的前沿。我们是首家采用绿点技术，以视觉确认正确读取条码的供应商，并且用线性成像替代了旧的激光扫描技术。从我们的无线充电技术中受益的首款设备，是自助购物设备。我们取得的成功超越了预期，证明了无线充电设备可以为最终用户带来很多益处。"相信在未来，得利捷公司将继续深耕用户在各方面的应用需求，研发一系列高精尖的智能化产品，为各个领域的用户提供先进的技术与设备支持。

报道称，得利捷公司总部位于意大利博洛尼亚市，在全球 30 多个国家拥有约 2900 名员工，在美国、巴西、意大利、斯洛伐克、匈牙利和越南设有制造工厂。2017 年，得利捷公司营业额为 6.06 亿欧元，在研发领域的投入超过 5500 万欧元，在全球拥有超过 1200 项专利及专利申请。

得利捷公司是一家专注于自动数据采集及工业自动化领域的全球领先供应商，其领先技术涵盖条码阅读器、数据采集移动终端、传感、测量与安全、射频识别视觉系统及激光标记系统等领域。得利捷公司为零售业、运输与物流业、制造业及医疗卫生业等各行业的全方位应用提供创新高效的整体解决方案。

第二节　计算机与机器人的新进展

一、研制计算机的新成果

（一）超级计算机开发的新信息

1. 研制出"微型"超级计算机

2005 年 1 月，有关媒体报道，以意大利科学家卡比波为总设计师，成员来自该国核物理研究所和欧洲科技局意大利分部的一个研究小组，不久前研制出的第四代“微型”超级计算机，已正式投入生产。

这是一种“平行结构”、每秒可运算 12 万亿次的计算机。它由 5 组数据处理系统组成，每组包括 4096 个数据处理器，皆与中心处理机相连。

卡比波介绍道，这种计算机的运算速度，虽然还低于美国和日本的超级计算机，但却是目前欧洲功率最大的计算机，并具有节能、体积小、造价低的优点。

其体积如同 3 个并排摆放的两米高的立柜，而其他同等功率计算机则要占用几百平方米的空间。此外，这台超级计算机的造价和售价，也只有美国和日本同类超级计算机的 1/4 到 1/5。研究人员说，这种计算机可先后交付意大利罗马和米兰，以及法国、德国和英国的实验室使用。

2. 启动为科学家提供服务的超级计算机基础设施计划

2010 年 6 月 9 日，国外媒体报道，根据有关部门估计，近年位于意大利、德国、法国和西班牙的超级计算机，即将开始陆续为科研工作者提供各类服务。在此条件下，欧盟在西班牙巴塞罗那宣布启动一项投入经费 5 亿欧元的计划，旨在提高欧洲超级计算机的技术水平，并向欧洲科学家提供更好的服务。

该计划被命名为欧洲先进计算伙伴关系（PRACE），将联合欧委会与 20 个欧洲国家的力量，使欧洲科学家能够共享其他国家的超级计算机，运算速度将达到每秒 1000 兆次。这样的设施，将提高欧洲科学家的研发能力，如加快发展更有效的太阳能电池等。

通过欧洲先进计算伙伴关系计划，目前欧洲最快运算速度的德国“尤金”计算机，将成为第一个为欧洲科学家提供服务的超级计算机。接着，位于意大利、德国、法国和西班牙的更多超级计算机将陆续提供类似服务。该计划将对具有提供超级计算机落户条件的国家开放。

欧委会副主席兼数字议程委员克洛斯表示，发展超级计算能力，对现代科技发展至关重要，它将有助于科学家解决当代面临的诸如气候变化、能效和人口老龄化等大挑战。

3. 参与研制新型超级计算机

2018 年 1 月 13 日，外国媒体报道，欧盟委员会透露，欧盟将计划投入 10 亿欧元用于研制两套世界级超级计算机系统。参与这一研制计划的有意大利、法国、德国、西班牙、荷兰、比利时、卢森堡等13个欧盟国家及瑞士，除了欧盟共同预算投资4.86亿欧元外，其余由参加该项目的成员国和民间企业分担。

在2017年世界超级计算机500强排名榜中，中国“神威·太湖之光”超级计算机，以每秒12.5亿亿次的峰值计算能力以及每秒9.3亿亿次的持续计算能力，再次获得第一名；排名第二的是每秒3.39亿亿次持续计算能力的中国“天河2号”。在世界超级计算机500强中，中国占了202台、美国占143台，欧盟国家中德国占19台、法国占18台，欧盟国家已远远落后于中国和美国。

欧盟现在不仅担心其在超级计算机领域的竞争能力下降，也担心欧盟的数据保护标准，包括相关的基础设施、信息领域的个人隐私难以得到保障。欧盟此次下决心投资10亿欧元于超级计算机，就是想扭转这一被动局面。

根据欧盟的目标，这两套超级计算机系统最晚在2023年建成，计算能力希望达到每秒百亿亿次级别。新的超级计算机将能够实时处理海量数据，帮助欧盟提高能源和供水效率，改善对飓风、地震和气候变化的预测，助力新药研发和快速诊断。

欧盟委员会副主席安德鲁斯·安西普，对最新的世界超级计算机前十名中没有一个属于欧盟国家非常不满，表示“欧盟必须赶上这场艰难的比赛”，并称超级计算机是“数字经济的引擎”。欧盟委员会数字经济与社会委员玛丽亚·加布里埃尔也表示，“更好的欧洲超级计算机基础设施，是数字化工业和提高欧洲经济竞争力的关键”。

（二）计算机配件开发的新信息

——推出硬盘驱动器专用控制器芯片

2006年5月，有关媒体报道，意法半导体公司，推出一个新的硬盘驱动器电机控制器芯片。该芯片集成了，驱动个人计算机驱动器的主轴电机和语音线圈所需的全部电路。这个被命名为L7207的硬盘驱动器电机控制器，适合移动设备专用5V驱动器和台式计算机专用12V驱动器。因此，给这两种类型驱动器的制造厂商，带来了降低库存和制造成本的好处，同时还能为其他类型的厂商降低组件成本。

这个新产品可以用于各种规格的硬盘驱动器，需要的外部组件数量极少。新产品利用 ST 专有的 BCD（双极、CMOS 和 DMOS）小功率制造技术，在同一颗芯片上集成了数字电路、高效功率 FET 晶体管和精密双极模拟电路，在多项数字电路技术中，ST 的 Smooth Drive 伪余弦数字驱动技术能够最大限度降低主轴电机传来的噪声。除 Smooth Drive 功能外，L7207 还包含主轴电机限流电路、启动位置检测电路和省电模式主轴电机减速电路。

语音线圈部分集成功率 FET 晶体管，并提供一个零死区和最小交越失真的 AB 类输出级。该语音线圈部分能够工作在线性和脉宽调微（PWM）两种模式下，驱动器可以节省大量的电能，这是便携设备延长电池使用寿命的一个关键功能。芯片语音线圈部分包括两个电流命令专用 14 位数模转换器（DAC）、一个敏感放大器增益开关、一个磁头载入/载出电路以及一个恒压磁头退回功能。

寄存器控制的 L7207 是通过一个 40MHz 串行总线连接到主机系统。其灵活的数字体系结构集成了现代个人计算机硬盘驱动器所需的全部功能，同时最大限度地缩减了控制电路所需的附加组件数量。驱动器内置辅助支持功能包括两个外部可调线性稳压器、两个开关稳压器（正负电压）、一个内部隔离 FET 晶体管、所有电压监控功能、一个集成延时功能的上电复位（POR）电路、一个震动传感器电路和带过热关断功能的热感应电路。

据介绍，意法半导体的产品开发计划还包括一个新的消费电子专用电机控制器，预计 2006 年 7 月为客户提供新产品的工程样片。新产品的固件兼容 L7207，是为小型消费电子设备广泛使用的 1.8 英寸及 1.8 英寸以下驱动器专门设计和封装的，例如便携音频视频播放器。静噪操作在这些应用中显得格外重要，这款产品将集成 L7027 所使用的 Smooth Drive 降噪技术以及可调节的线性稳压器和开关稳压器。电机峰值电流处理能力为 0.5A，控制器将提供一个 50MHz 的串口。

（三）应用计算机技术的新信息

1. 水库灌溉应用计算机技术的新进展

改进水库灌溉的三级计算机模型。2006 年 3 月，意大利佩鲁贾大学土木环境系的研究小组，根据灌溉、环境、生活及工业等多种目标，改进水库的季节内逐周优化三级计算机模型。这种经过改进的三级模型，优化了季节内和季节间，不同作物区块的水库泄水量。所得结果，可以精确描述不同层次的时空用水竞争，提供各种可能的管理方法。

研究人员对环境、生活和工业用水进行估计，他们认为首先要保证环境、生活和工业用水，尽管这样会导致灌溉用水的不足。同时，研究人员还考虑了在流域层次内的灌溉用水时空变化需求。模型目标为流域内农业收益最大。所改进的三级方法，为土壤作物单元层次的模型模拟、多作物区块层次的模型优化操作、流域层次的优化模型操作。

一级模型，模拟季节间的土壤灌溉湿度动力、“土壤—作物”单元体的作物产量，以及每种作物的系列产量。

二级模型，优化多作物区块层次的农业区灌溉体积季节间用水量分配，并产生一系列“收益—水量”方程。

三级模型，优化多作物区块层次的季节内和季节间水库泄水量分配。

这种三级方法包括动力参数程序和分析解答，结果可以反复的迭代，计算所有的变量。

通过在台伯河上游流域的应用，研究人员验证了该模型的可靠性。这种三级管理模型可以获得季节内多目标水库的优化管理方法。而且，该模型还考虑了不同用水类型条件下的供水可能性，模拟了流域内“土壤—气候”综合变化情况，获得了精确的数值解。模型综合了季节内水库泄水、流域季节水量分配决策（每个单元的用水量）、多作物区块用水块分配决策（作物类型优化、单位灌溉体积、和最大季节收益）和季节间作物用水分配决策（灌溉程序和相应的作物产量）。优化分配步骤解决了不同时间尺度（每周、每季和季度间）及不同空间尺度（流域内的农业区和农业区内的不同作物区块）的用水竞争问题。

2. 古乐器复原领域应用计算机技术的新进展

利用电脑技术再现千年古希腊音乐。2009 年 3 月 9 日，英国《泰晤士报》报道，40 弦萨基拉琴是一种欧洲古乐器，失传于古希腊。意大利考古学家、工程师和史学家共同组成的“阿斯特拉”项目研究小组，通过计算机运算网络处理历史数据，得以再现沉寂千年的古希腊音乐。

在上周末意大利举行的一个会议上，音乐家们使用电子键盘模拟“弹奏”，成功再现40弦萨基拉琴的美妙旋律。有意思的是，研究小组电脑专家对这种古乐器的外形没有确切概念，而是通过研究史料模拟出它的演奏声。

研究小组工程师多梅尼卡·维奇南扎表示，乐声刺耳、清脆、嘹亮，十分有趣。他说：“既能与中世纪和巴洛克时期的音乐完美契合，又能与弦乐器和木管乐器的乐声融为一体。”

史料记载，40弦萨基拉琴形似现代竖琴或古代弦乐器萨泰利琴，上面有40根长短不一的琴弦。史学家们认为，它即使不是由古希腊人发明，至少是由来自古希腊伊庇鲁斯地区，安布拉基亚的著名音乐家伊匹戈纳斯传入古希腊。这一地区位于现今希腊和阿尔巴尼亚。伊匹戈纳斯的贡献在于他首次弃用琴拨，直接用手指弹奏40弦萨基拉琴。

“阿斯特拉”项目研究小组的最终目的，是复原一批消失2000多年的古乐器，并用它们组成一个乐队。

重现古乐器的想法和借助计算机技术的理念，形成于20世纪70年代，但鉴于需要处理的信息过于庞大，早期计算机无法完成。

欧洲核子研究中心的大型强子对撞机，在2008年发生严重故障，让事情出现转机。由于这次故障，对撞机到2009年6月底才能实现重启。这样，原本用于为对撞机提供强大数据运算支持的，分布式运算网络“网格计算”，就能挪为他用。

“阿斯特拉”项目研究小组利用这次机会，用“网格计算”网络处理庞杂的数据。他们正致力于使更多古乐器重见天日，下一步计划模拟出一种古希腊喇叭状乐器，以及雅典和古罗马法庭上使用的一种七弦琴的声音。

“阿斯特拉”项目研究小组首次成功再现乐声的乐器是单弦琴。顾名思义，单弦琴只有一根弦，紧紧绷在共鸣箱上。希腊数学家、科学家毕达哥拉斯常弹奏单弦琴。

为模拟单弦琴的声音，研究小组从多方面采集数据，其中包括描述古乐器形状和制作材料的信息，然后把这些数据编入计算机程序。“网格计算”网络所控制的数百台电脑共同运转分析数据，耗时4小时，最终编出一段30秒长的乐曲。

成功再现单弦琴乐声，让研究人员再接再厉重现其他乐器。现在研究人员已能还原由 40 弦萨基拉琴所演奏的完整乐章，他们还把音乐上传到因特网，供人们分享。

3. 金融市场应用计算机技术的新进展

开发出股票交易的人工模型软件。2010 年 7 月，有关媒体报道，意大利里雅斯特大学的研究小组，开发出一种股票交易的人工模型软件，首次复制出真实股票市场的主要特性。这种模型，能够表现出机构之间如何进行信息交换，并有助于人们理解在股票市场上信息是如何发挥作用的。

在这个模型中，以节点表示机构，机构间有着松散的关系，形成了一个机构间的交互作用图表。在模拟的最初阶段，各机构拥有相同数量的现金和股票。各机构以其市场意向值进行交易，当市场意向值为-1 时卖出，市场意向值为 1 时买进。各机构的市场意向以单向方式相互影响，即机构 A 的交易决策可影响机构 B，但机构 B 的交易决策不必影响机构 A。股票价格取决于各机构的市场意向和市场反馈，并最终由清算机制所确定。这就使得人工股票市场所产生的属性均源自机构间的相互作用。

自 20 世纪 90 年代以来，为了更好地理解金融市场，研究人员一直试图开发金融市场模拟系统。虽然一些系统可以模拟出金融市场的某些特征，但却无法做到仅仅依靠一个系统来全面模拟金融市场的主要特征。本次开发出的人工模型，为预测波动性、确定参数估值优化程序提供了一个很好的工具。同时，该模型也可以成为金融学习软件或智慧型游戏供人们娱乐。而且该模型还可以执行假设分析，帮助人们确定交易策略，实施风险管理，并为制定法律和规章等提供一定决策参考。

二、机器学习与机器人的新成果

（一）应用机器学习技术的新信息

——利用机器学习技术创建历史文献的动态数字化系统

2017 年 7 月，国外媒体报道，意大利科学家参加，瑞士洛桑联邦理工学院数字人文科学实验室主任、计算机学家弗雷德里克·卡普兰主持的研究团队，正在从事一项称作“威尼斯时间机器”的项目，旨在以动态数字化形式，制作包括威尼斯共和国最平静和最光辉时代在内的历史文献记录。

在距离拥挤的意大利威尼斯广场几米远的地方，圣方济会荣耀圣母殿内部深远幽静。国家档案保管员在很久以前就接管了这个 14 世纪的修道院，但他们都是像一度曾在那里生活的方济会兄弟一样用功的人，悉心照料着能够填满约 80 千米长的书架的历史文献。现在，卡普兰研究团队正带着高技术装备，在这些神圣的书库内做着激动人心的事情。

圣方济会荣耀圣母殿具有厚重的历史。卡普兰非常喜欢这里的氛围。他说，这个“威尼斯时间机器”项目，将扫描包括地图、专著、手稿和乐谱等在内的文献。利用先进的机器学习技术，它不仅承诺向学者打开大量隐藏的历史，还包括让研究人员搜索和交叉引用信息。

如果成功的话，它将为更加雄心勃勃的项目铺平道路：连接欧洲文化和商业历史中心的动态数字化系统，以前所未有的详细程度，揭示几个世纪以来欧洲大陆的社会网、贸易和知识如何发展。德国马普学会科学历史研究所主任洛琳·达斯顿说：“我们对这种可能性极为兴奋。我对此非常期待。”

由于有着历史上重要且秩序井然的丰富文献，威尼斯是进行动态数字化系统实验的最佳城市。威尼斯是公元 5 世纪罗马帝国公民，为躲避北方入侵者而建设的城市。那里荒凉的泻湖提供了迫切需要的保护屏障，它位于亚得里亚海北端的地理位置也具有战略优势。很快，威尼斯就成了西欧和东欧最终的贸易港口，这给它带来了财富和权力。

随着威尼斯帝国的成长，它发展出记录了巨量信息的行政系统：谁居住在哪里、进入及离开港口的每艘船只的细节、建筑或运河的每一次修饰和变更。现代银行起源于威尼斯最古老的街区里亚尔托，那里的公证人员会记录所有的贸易交流和金融交易。

非常关键的是，这些记录在动荡世纪里也被保存下来。当欧洲其他地方因为君主之间交战而动荡不安时，威尼斯从 18 世纪开始，逐渐发展成一个稳定的共和国，为贸易蓬勃发展提供了所需要的和平与秩序。

1797 年，法国皇帝拿破仑·波拿巴让这个平静的共和国走向终结。在他去往维也纳征服奥匈帝国的途中，他宣布威尼斯的世俗和民主治理是一种专制政治，威尼斯城是革命的敌人。他强迫威尼斯共和国解散。1815

年，古老的圣方济会荣耀圣母殿被改为威尼斯国家档案馆。

接下来的数十年，所有的行政记录，包括死亡登记、医疗记录、公证记录、地图和建筑计划、专利注册以及各种其他文献都被转移到这里，其中一些来自意大利的其他城市。其中特别重要的，是更广泛的欧洲和奥斯曼帝国大使的报告，它们提供了有关日常生活详细信息的独一无二的来源。达斯顿说："威尼斯大使是最具观察力的旅行家，他们受过训练，会记录甲板上卸载了什么，或者王子和其他要人看起来是什么样子。"

这些档案主要由拉丁语或威尼斯方言记录，从未被现代历史学家阅读过。现在，它们将和一些非常规数据资源如绘画和旅行日志一道，被系统地纳入"威尼斯时间机器"，成为动态数字化文献系统的一部分。

卡普兰的职业生涯，都用在了将人工智能应用于人文领域上，其中大多数是语言学领域。他一直渴望用这些技术，在一个拥有两三个世纪珍贵档案的城市中建造一台时间机器。他生动地回顾了 2012 年首次进入威尼斯档案馆时的情况。时间在这个拥有 300 多间房屋的寺院里似乎停滞了，那里既没有空调，也没有暖气。脆弱的文件从地板上一直砌到房顶，偶尔有泛黄的纸片从其边缘飘下。他说："我完全被震惊了。看到距今 1000 年的档案馆的样子，知道其中大多数文献都尚未被阅读，我知道我们必须做这件事。"

当工程在 2012 年启动时，卡普兰知道它所需要的远远超过了自己拥有的计算能力。它将需要历史学家注解手稿，提供数据处理所必要的上下文背景。它还将需要档案管理人员，他们拥有对这些海量文献的精深知识。随后，跨学科合作立即开始，以收获不被外面世界所了解的，那一类模糊的档案知识。

在"威尼斯时间机器"项目开始之前，威尼斯国家档案馆就已经开始了一个数字化项目，由意大利文化遗产部资助。2006 年，一个有目的建造的巨大扫描仪，开始对档案中的 3000 多张意大利城镇的珍贵地图数字化，其中包括很多由拿破仑委派绘制的地图。这些地图清晰地描绘了土地边界和小规模土地所有权的记录；其中的一些地图面积达 4 米×7 米。

"威尼斯时间机器"项目组认为，这一过程成效显著，并引入了其他最先进的适应这一项目的高速扫描仪，其中包括一个拥有能够翻书页的机械臂，还有一个两米宽的可转动的旋转扫描仪，可以让技术人员站在对面，同时给其放入多个 A3 纸大小的文献。这些扫描仪现在可以形成一个管道，每小时制作数千个高分辨率图像，将数万亿字节的信息送往威尼斯的服务器进行长期储存，并送往洛桑，那里的高性能计算机可以将这些图像转为准备好注解的数字化文本。未来 10 年，这些扫描仪中，还可能会加入一种能够不打开书籍就阅读它们的仪器。

尽管相关技术仍在发展，“威尼斯时间机器”项目，已经在展示它会如何帮助重塑学者对过往历史的了解。历史教科书里的叙事，常常与名人有关，因为关于他们的事迹有很多。然而，时间机器项目将会带来各地行政长官跟踪当地人口的海量日常资料，这将会让历史学家重建数以千万计的普通人的生活，他们包括工匠、店主、使节和商人等，并构建更加丰满的历史叙事。

达斯顿认为，时间机器项目有助于回答几乎无穷无尽的历史问题。例如，它可以展示语言如何演化，以形容从新发现的国家带到威尼斯港的奇异动物，或者它可以在学者和科学家游历欧洲时跟踪他们的行踪轨迹。

这种热情可以从历史领域蔓延到其他领域。英国伦敦经济政治学院经济历史学家琼·罗斯说：“来自像威尼斯一样的一座城市的公证人员几个世纪前的记录，对于了解其经济历史非常重要。这有助于改变人们对金融市场如何发挥作用的了解。”

卡普兰希望，威尼斯只是一个开端。“威尼斯时间机器”已经开始应用，该项目拥有来自全欧洲的合作者，它将会成为由欧盟资助的下一代数十亿欧元的旗舰项目之一。如果能够获胜，它将在其他拥有类似重要档案的城市建立时间机器，形成动态数字化文献系统，并将它们联系在一起。

但是，有些研究人员也对这个仍在襁褓中的时间机器项目的雄心不无担心，这不仅因为它的很多核心技术都在开发中，而且还在于其包罗万象的体系过于庞大。马普学会科学历史研究所数字人文先驱尤根·任恩说：“将数字表达扩展到不同时段的设想，毫无疑问是正确的，但最好将这些事情分为许多不同的小项目来做。”

然而，达斯顿认为，时间机器项目预示着历史研究的新时代。她说：“我们这些历史学家都受到了档案馆灰尘的洗礼。但未来可能会完全不同。”

（二）研发仿生机器人的新信息

1. 模仿人类行为研制机器人的新进展

——研制能够自动与身边物体互动的婴儿机器人

2006年5月，有关媒体报道，意大利热纳亚大学的吉奥吉尔·梅塔，与法国和瑞士的科学家等组成的一个研究小组，研制出“婴儿机器人”。它能自动与身边的物体互动，并通过不断实践学习使用这些物品的最佳方法。这一能力，使得这个机器人，具有和人类婴儿一样发展运动技巧的能力。

“婴儿机器人”的躯干上只有一个手臂，它用一对摄像机当眼睛，并有一个能抓东西的手。它具有用桌子上的物体进行物理实验的内在愿望，并能够进行不同形式的互动，同时不断从错误中总结经验教训。比如，如果它没能稳稳地抓住一个东西，它就会记住这个错误并在下一次尝试不同的方式。目前，婴儿机器人已经学会掌握的一项能力就是能将一只瓶子在桌子上滚来滚去。

梅塔解释说：“我们用从发展心理学家和神经科学家那里学到的知识，来进行这一研究。我们所做的与神经科学家是相同的，只不过我们是从工程的角度来做的。”

婴儿机器人的“大脑”，实际上一个由20台计算机共同运行不同神经系统的电脑组。一个软件能够模仿生物神经系统，并用同样的方法进行学习—，即通过建立和调整人造神经元之间连接的力度进行学习。研究者通过对神经系统软件的调节及机器人学习行为的观察能够测试不同的神经科学模式。

英国机器人研究公司也在进行同样的机器人研究。该公司的创始人史蒂夫·格兰德说：“这个主意非常神奇。是我们得以进行智能或人工只能开发研究的唯一途径。”不过，他也认为由于人脑和用于控制学习型机器人的电脑之间存在根本的不同，因此意味着这样的机器人是永远不可能像人一样聪明的。格兰德说：“婴儿机器人，是在人造神经系统的基础上制造出来的，这种系统跟人类神经系统并非没有一点相似性。由于我们在宇宙中唯一的智能范本就是人脑，因此这对我们进行生物研究教会更有用。

这也是我们所能找到的唯一途径。”

——**设计制造出可呈现人类表情的机器人**

2012年2月，国外媒体报道，意大利机器人专家组成的一个研究小组，设计出一种表情逼真的仿生机器人，名字为“FACE”。与传统的机器人相比，最大特点就是能够模仿并呈现出人类的几十种感情变化，无论是喜怒哀乐还是恐惧，它都表现得栩栩如生。

这主要是依靠机器人面部的32个电动机来得以实现的。“FACE”的仿生机器的出现，让人们不免想起并进一步体验到恐怖谷理论。恐怖谷理论是1970年日本机器人专家森昌弘提出的，一个关于人类对机器人和非人类物体的感觉的假设。

这个假设表明，当机器人与人类相像超过95%的时候，哪怕她与人类有一点点的差别，都会显得非常显眼刺目，让整个机器人显得非常僵硬恐怖，让人有面对行尸走肉的感觉。可是，当机器人的外表和动作和人类的相似度继续上升的时候，人类对他们的情感反应亦会变回正面，贴近人类与人类之间的移情作用。

2. 模仿人类研制机器人皮肤的新进展

研制可感应1克压力的新型机器人皮肤。2010年4月，英国《新科学家杂志》报道，机器人装配皮肤不仅可以使它们更具审美感，同时也更让社会公众所接纳。触摸感应式皮肤还可以避免机器人出现意外伤害。目前，意大利科学家最新研制一种机器人皮肤，可灵敏地感应到1克重物体的压力。

据悉，意大利科技协会一个研究小组将在iCub机器人上，首次装配触摸式皮肤。这种新型机器人皮肤包含着柔韧压力传感器，可以协助机器人触摸物体。

意大利科技协会机器人专家乔治欧·梅塔说：“皮肤是仿真机器人一项有待突破的技术难题，我们的目标就是让仿真机器人更加接近人类!”目前，科学家们正试图用各种方法，制造具有灵敏感应能力的机器人皮肤。例如：日本大阪大学研制的CB2机器人，在其硅有机树脂皮肤上安装了数百个传感器，现在更多地增加传感器的方法正在出现。虽然许多机器人采用了机器人皮肤，但很难确定所采用的技术是最适合的，毕竟机器人将从事许多特殊应用。

梅塔说："机器人皮肤看似简单，实际上需要符合许多标准和要求，它们必须有弹性，能够覆盖机器人身体较大的表面积，皮肤表面能够感应轻微的接触。同时，许多灵敏性要求却又彼此存在冲突。"

iCub 是一种体形像 3.5 岁儿童的仿真机器人，科学家设计这款机器人是为了研究人类肢体、肌腱和触觉感应是如何对智力提供帮助，其设计的技术规范是公开的，欧洲 15 个机器人实验室都已"克隆"这项机器人制造技术，因此，意大利科技协会制造的机器人皮肤适合于许多款机器人。

这种机器人皮肤是由三角状柔性印刷电路板构成，它的作用相当于传感器，能够覆盖在 iCub 机器人表面。每个三角状柔性印刷电路板的边长各 3 厘米，并包括 12 个电容铜触点。一层硅橡胶层作为间距位于电路板和外层合力纤维之间，该橡胶层在每个电路板的电容铜触点上都有相对应的铜触点。外层合力纤维层和柔性印刷电路板正反两面都带有压力感应电容器。经测试，这种机器人皮肤的每个柔性印刷电路板，可感应到重量 1 克物体的压力，同时它也是半传导基础的温度传感器。

3. 模仿水生动物研制机器人的新进展

柔软灵活仿生机器人研究获得突破。2014 年 1 月，意大利国际高等研究院安东尼奥·德西蒙尼领导，西班牙加泰罗尼亚理工大学相关专家参加的一个研究团队，在《固体力学与物理》杂志上发表论文称，他们通过模拟单细胞水中生物的运动过程，研究了未来仿生机器人的运动机理。

让小型机器人在人体内实现运输药物、疏通血管以及愈合伤口等功能的梦想，已经越来越近。不过，这类小型机器人都必须满足一个条件，即它们必须像生物组织一样柔软灵活。

德西蒙尼解释说："未来的小型机器人将与人体组织类似，其外形不再是一个带有机械臂的刚性装置，而是一个与鱿鱼触角或大象鼻子类似的软体设备，其运动方式与水中单细胞生物的运动方式类似。利用杠杆、气缸等部件不可能制造出非常小的机器人，但是利用仿生学，我们可以研制出细胞大小的机器人。"

为此，德西蒙尼带领团队已经花费五年的时间，来研究一种单细胞水生动物眼虫的运动模式。这项研究的目的在于，将眼虫的运动方式移植到未来小型机器人上。他说："首先，我们需要探明眼虫可以高效运动的原因。"

据介绍，德西蒙尼对不同形状眼虫的运动模式都进行了模拟，最终探明了这种生物通过控制表面形状来运动的机理。研究人员表示："这项研究，将为研制未来小型机器人的运动系统奠定基础。"

（三）研发服务机器人的新信息

1. 研制卫生保洁机器人的新进展

——制成能清扫大街的机器人

2009 年 5 月，英国《太阳报》报道，意大利科学家成功开发出一款新型机器人，它可用于清扫大街上的垃圾。

报道称，这款机器人目前只有两种型号：一种可用于进入居民房屋，捡室内垃圾；另一种则是用于在户外清扫大街。居民可以向机器人发出指令，让它清扫房屋周围的垃圾。

据悉，这一研发项目获得欧洲委员会的资金支持。欧洲委员会曾提出"设计、开发、测试和演示一种改善城市卫生管理的系统"。此款开创性发明，首次在 2009 年 3 月进行过测试，后来又在意大利西部城市比萨一些肮脏的街道进行进一步的试验。目前，该机器人已开始在意大利部分城市的街道进行清洁工作。

——研发可登门回收垃圾的机器人

2012 年 7 月 31 日，台湾"联合新闻网"报道，意大利圣安娜大学生物机械系主任达瑞欧教授主持的一个研究小组，研发出一个垃圾车机器人，它能够自动行走清扫垃圾，并可登门回收垃圾。

报道称，该研究小组开发的这种垃圾车机器人，具有激光扫描装置和位置传感器，外形有如电影《星球大战》中著名的"R2-D2"。设计者的构想是人们可以通过电话预订，让机器人在固定时间到家门前收集垃圾。

达瑞欧表示："我们希望，把在工厂里显现出价值的机器人改造成家用机器，让它们与人类共同生活。"

据悉，圣安娜大学的研究人员，致力于范围广泛的发明计划，包括能登门回收垃圾的机器人、能减缓老化影响的西红柿，以及为全球水患严重地区研发的能在水中存活的植物。该校校长兼生物机械教授卡若沙表示：

“你可以在这里创新。无论谁有计划都能获得协助。”

2. 研制救灾检修机器人的新进展

研发出可用于紧急支援的四足机器人。2019 年 6 月，国外媒体报道，意大利理工学院一个研究小组宣布，他们研发出大规模升级的全新四足机器人，并在热那亚机场展示了这个机器人的力量，它可以拉动一架 3.3 吨重的客机。

该机器人长 1.33 米、高 0.9 米，加上内部液压系统和电池，它的重量为 130 千克。它由一个铝制防滚架，以及凯夫拉尔、玻璃纤维和塑料组成的外壳保护。它还有定制的橡胶垫脚，当前行困难时可提供牵引力。此外，它还载有两台计算机：一台指引视觉方向；另一台用于控制。

意大利理工学院用了穆格的集成智能制动器，每个制动器都有 3D 打印的钛装置。该装置包含所有传感器、电子器件和流体路径。该机器人有两个独立的液压泵：一个驱动前腿；另一个驱动后腿。由于制动器大部分是密封的，所以它是防水防尘的。

拉动飞机并非这个机器人的主要工作。它是为了在紧急情况下支援人类而开发的，是灾难响应、农业、设施停运和检查的理想选择。但目前它仍是一款研究型机器人。意大利理工学院希望接下来能够加快研究，以实现其工业化生产。

（四）研发医用机器人的新信息

1. 开发诊断机器人的新进展

——研制成功“原发性头痛病”诊断机器人

2005 年 3 月，有关媒体报道，在意大利北部城市米兰附近的蒙扎市召开的首届意大利国家头痛病神经内科研究协会大会上，展出了一个名叫“阿伊达”（AIDA）的“原发性头痛病”诊断医学机器人。

报道称，这个医学机器人，是意大利那不勒斯大学头痛病研究中心主任罗伯托·德西蒙教授领导的研究小组，与意大利国家头痛病神经内科研究协会合作研制出来。它能在 150 多种头痛病中，确诊 35 种原因不明的“原发性头痛”，并根据患者的症状及诊断病历，自动制订出最佳治疗方案，大大提高了治疗的效率和可靠性。

据研究人员介绍，工业化社会里由于人们压力过大，很多人都不同程度地患有头痛。而“原发性头痛”则是发病较多的头痛类型，在实验室及临床上至今没有很好的确诊及治疗方法。传统的治疗方法多建立在医生的专业经验基础上。由于该类头痛种类繁多，在治疗过程中具有太多的不确定性，容易导致医生判断错误，因此，他们才决定利用信息技术来解决这个问题。

阿伊达并不是通常意义上能行走的机器人，它实质是一套计算机信息处理系统，并具有自我学习功能。它可以从意大利国家头痛病中心网络数据库中自动下载数据，并将数据纳入自身的系统，丰富诊断经验。目前，意大利国家头痛病中心网络分别在阿维理诺、波罗尼亚、米兰、那不勒斯、帕尔玛五座城市设有中心。

此前，2002 年 2 月，美国西雅图生物与生命实验室曾开发出病理学机器人，能帮助分析病理切片；2004 年 3 月，美国约翰·霍普金斯大学研制出的机器人医生，能携带传感器和摄像头进入病房采集数据，医生则在电脑旁通过传回的画面和数据制定治疗方案；2004 年 7 月，日本松下公司研制的医生机器人，能代替护士在医院传递病历和 X 光胶片；在欧洲和加拿大，医生使用机器人帮助外科手术已经得到政府认可；近几年，中国也曾利用机器人成功完成小儿外科手术、成人胆囊切除手术和远程脑外科手术等。而这次意大利研究小组把机器人的概念，应用于智能神经内科诊断，在全球尚属首次。

下一步，意大利国家头痛病神经内科研究协会，计划把该机器人在全国范围内与传统的头痛病诊断方法进行比对，以验证其诊断的准确性。如效果理想，他们计划在 2005 年申请市场认证，然后进入意大利和欧盟国家各大医院。报道称，德西蒙教授重视与中国的合作关系，希望能有机会与中国同行合作。

——研制诊断肠道的蛔虫机器人

2006 年 6 月，由意大利、德国和英国科学家组成的研究小组，按照“人体中运动结构生物学模仿”计划，研制肠道蛔虫机器人，使它们能在人体肠道中爬行。研究人员表示，这项计划的目的，在于了解生命初级形式的运动和感觉，制作具有生物学系统灵感的小型与微型机器人。计划的长期目标，是研制全新一代自动“智能”机器人，它们能与周围环境中活的生物协同动作。研究者希望，这些装有微型摄像机和光源的蛔虫机器人，将成为诊断和内窥术的工具，取代传统的肠道检查方法。

2. 开发手术机器人的新进展

——完成全球首例机器人辅助胰腺移植手术

2010 年 11 月 11 日，国外媒体报道，意大利比萨医院一个以乌戈·波奇为主刀医生的医疗小组，在 9 月 27 日实施了全球首例机器人辅助的胰腺移植手术，帮助一位糖尿病患者解除了痛苦。

接受这次手术的患者今年 43 岁，是两个孩子的母亲，身患 I 型糖尿病已 19 年之久，之前曾经进行过肾脏移植。在历时三个小时的手术中，患者没有出现并发症，已在三天前出院。医疗小组表示，这次机器人辅助手术“为治疗糖尿病提供了新的前景”，因为机器人作业面小，能极大地减少术后并发症。

波奇介绍道，他们实施这次手术时，给患者移植了新器官。他指出：“机器人辅助手术终结了一种持续数十年之久的尴尬局面，即传统胰腺移植手术作业面太大，患者术后并发症非常多。”波奇表示，利用“达芬奇SHDI”机器人，比萨医院医疗小组摘除了患者胰腺，“切开三个小口，植入新的胰腺，而切口总共只有 7 厘米长。”

托斯卡纳行政区负责医疗卫生事务的官员丹妮拉·斯卡拉姆奇亚，高度称赞这次“开创性”手术，称其“提供了新的治疗前景”。她说：“我们对一家多年来处于医学前沿领域的医院感到骄傲。机器人技术仍然处于起步阶段，我们相信这项技术，将在手术方面具有更广阔的应用前景。”

一个月前，一位美国患者接受了世界上首例全机器人操控手术，摘除了前列腺。加拿大蒙特利尔总医院医生，通过一台名为“麦克斯莱普”的全自动麻醉机器人对患者实施了麻醉，接着，采用“达·芬奇”手术机器人遥控实施了前列腺移植手术。麦吉尔大学医疗中心的阿普里吉安博士，高度称赞了他的机器人助手。他说：“通过‘达·芬奇’机器人，我们可以灵巧地活动手指，从工作站操作外科手术仪器，而手术的精确度是人力所不能及的。”

——嵌入式脑外科手术机器人研究获得重大突破

2011 年 11 月 28 日，国外媒体报道，首届《欧洲机器人周》在欧盟 17 个成员国同时举行。超过 120 个由企业、科研机构或大学组成的联合机构或协会将举办近320场活动。当天，欧委会在《欧洲机器人周》首日的新闻发布会上正式对外宣布，由欧盟第七研发框架计划（FP7）资助的机器人研发项目，在嵌入式脑外科手术机器人的研究上获得突破性进展。该项研究由意大利、德国、英国和以色列的科技人员合作完成。

新型机器人主要有两大突破点：一是具有13项类型操作自由度，大大高于微创脑外科手术人工操作4项自由度；二是具有创口小、伤痛轻的“快速返回”和修复功能。

这种具备内窥镜监测脑神经外科手术的新型机器人，借助被称作为穿颅锥孔的微细管口以探头的方式嵌入颅骨内部，进而进行病灶组织的处理及淤血收集或其他液体的收集排出。它仅有外科医生手术操作抖动的1/10，以及其特殊优势，更适合用于脆弱病灶去除的保护手术和避免大脑开颅的手术。该项研究成果，可以为欧洲成百万的脑肿瘤患者、癫痫病、帕金森综合征、呆傻症等病患，减轻痛苦和带来福音。

此外，根据欧委会的最新统计，2010年世界机器人市场需求达155亿欧元，其中欧盟市场为30亿欧元。2010年欧盟第七研发框架计划投入机器人的研发经费为4亿欧元。

（五）研发机器人的其他新信息

1．开展机器人等领域的长期合作研究

2014年4月，有关媒体报道，意法半导体与意大利理工学院宣布签订一份合作协议，双方在包括机器人、神经科学、能源环境和健康安全在内的技术领域开展长期研究合作。

本协议初定有效期为三年。该研发合作设立多个研究项目，基于双方此前多年的合作，通过优势互补实现双赢。意大利理工学院拥有机器人、纳米技术、频谱分析和计算机视觉等高级技术和知识，而意法半导体拥有最先进的半导体制造技术和芯片设计能力。

意法半导体系统实验室及系统产品部总经理努齐·奥巴特表示：“意法半导体始终坚信，我们的以商用为导向的企业研发活动，与研究院所的长期科技研究活动相结合，将产生更大的价值。我们与意大利理工学院加强合作，将会惠及产业链下游的企业及其半导体应用项目。”

意大利理工学院技术转让总监萨尔瓦多·马约拉纳表示：“把我们在

实验室取得的突破成果变为现实，造福于世界，半导体技术在其中起到至关重要的作用。意法半导体在研发合作方面成绩斐然，我们深信本次合作将有助于我们解决很多重要课题，例如提高能源利用智能化，提高制造效率，医疗保健领域的发展等。”

双方的合作研究从机器人开始，因为意大利理工学院和意法半导体曾经在这个领域合作过，并取得了一定的合作成果。双方向公众展示了双方的合作成果。在刚刚闭幕的法国里昂新机器人展示（2014）上，双方展出了一个采用意法半导体技术的 iCub 仿人机器人。

在这个著名的仿人机器人最新款内部，20 余个扫描隧道显微镜 32F4 微控制器，以及配套原电机驱动器驱动机器人运动，同时，意法半导体微机电系统加速度计和陀螺仪协调机器人四肢动作。

该机器人是开源项目，为全球机器人产业提供一个共用平台，能够让机器人研究人员开发用于模拟人体运动的机器学习、人工认知、动作控制、抓握走路和数百个适合通用仿人机器人的行为方式的技术。据悉，意大利理工学院研制的 iCub 机器人已售出 25 具，买家为全球各地的机器人研究机构。

2. 认为下一代机器人影响将超越互联网

2015 年 11 月 25 日，在北京召开的世界机器人大会上，全球著名机器人科学家、意大利比萨圣安娜大学仿生机器人研究所所长保罗·达里奥说，下一代机器人将更多地融合科学与工程学，对人类的影响将超越互联网。

作为具有全球影响力的机器人科学家，达里奥把机器人视为具有颠覆性的技术，认为它不仅意味着技术的发展，更将为人类带来新的服务与行业。

达里奥说：“下一代机器人将会产生非常大的影响，这个影响甚至可以同互联网相媲美，甚至超越互联网。”

由中国科协、工信部和北京市政府共同主办的世界机器人大会，于 23—25 日在北京举行。世界最先进的机器人和产学研领军者在此云集，围绕“协同融合共赢，引领智能社会”的主题碰撞思想，交流思想与成果。

达里奥认为，机器人的未来除了当下最引人注目的工业机器人和服务机器人方面的进展，还会出现向更深层次发展的潜力。他说："科学和工程学必须要更多地融合在一起，这代表着机器人的未来，甚至起到决定性的作用。"

这位机器人科学家关注到，很多学界科研人员已经针对生物学和仿生学开始了研究，利用仿生学制造的假肢、假体机器人已经让很多人受益，而从章鱼、蚯蚓等生物中获得的灵感，已经转化成医学检查中的"机器人"。未来，人造器官、感官和肢体在内的生物机器人等革命性新领域，将更好地服务于人类生活。

达里奥认为，未来，五大动力将驱动机器人走向革命性的发展：可靠的传感器、机器人材料、与网络的互联、世界各国的资金投入，以及机器人向人工智能上的发展。他说："机器人与网络的互联将是重大的革新，甚至是一场革命，超越互联网和机器人网络之外。"

达里奥最后说："机器人是一个新兴的、跨学科的技术研究行业，将会在人类科学和技术上都产生重大影响的行业。希望从在北京召开的世界机器人大会开始，我们能够看到机器人引领的科学和技术融合。"

第三节　通信设备与网络技术的新进展

一、开发通信设备的新成果

（一）通信工具手机应用研究的新信息

1．开发利用手机功能的新进展

——利用手机研发出"移动虚拟校园"技术

2010 年 3 月，意大利媒体报道，意大利马可尼大学日前在 2010 年全球远程教育大学研讨会上宣布，该校利用手机研发出"移动虚拟校园"技术，可将教材下载到手机上，能让学生在任何时间、任何地点接受远程教育，这项技术使"手机大学"成为可能。

马可尼大学校长布里甘蒂在研讨会上说，"移动虚拟校园"是网络和电视之外的，一种"手机和在线图书下载"技术，可以用 4 种方式提供教材。注册的每个学生可通过手机与平台联系，手机上出现菜单后，学生可选择下载视听教材以及有关信息。平台还能自动向学生提供最新信息和相关通知。用掌上电脑、笔记本电脑等也可与平台联系。

布里甘蒂说，“移动虚拟校园”能让众多学生在任何时间、任何地点学习，这是一项能使大学和职业教育发生革命性变革的技术，特别是对缺乏基础设施的发展中国家而言。

在罗马举行的2010年全球远程教育大学研讨会的中心议题，是在线学习：文化、科学和社会经济发展的新挑战。来自世界各地的200多所大学校长及80多个网络大学的代表与会。

——研制出手机眼球扫描配件

2015年7月2日，国外媒体报道，D-EYE是一家意大利公司，致力于提供价格合理的大众医疗健康检查系统。昨天该公司宣布，准备推出一款基于手机的视网膜成像配件。这款配件是为专业医疗人员设计的，它可以把手机变成便携式的“眼底镜”，用于扫描眼睛的基底或眼球的内壁。

这个配件巧妙利用了手机的摄像头、图片处理和通信功能，因而能够以较低的成本介入医学临床扫描领域。

该公司总裁理查德·希尔说：“我们很高兴能够帮助到数百万人，包括很多处在医疗服务较差的地区的人们，用我们的廉价的视网膜扫描功能帮助他们得到适当的眼部护理。它在远程医疗方面的应用，将会打破传统的时空界限，让全世界的专家来帮助诊断和治疗。对于医疗条件简陋的地区，或无法出远门的病人来说，这简直就是一种福音。”

这个视网膜成像配件拥有20°的视角，可观察病人的视神经、视网膜和其他眼部组织。而且，由于该设备依靠手机的LED作为光源，因此它并不需要额外的电源，这使得它成为一款理想的便携式的诊断设备。

由于这款配件拥有捕捉图像和拍摄视频的功能，所以能用于检查青光眼、糖尿病视网膜病、老年性黄斑变性、血管畸形、大出血和其他病症。这款配件已在美国食品药品管理局和欧洲标准委员会注册。

此外，D-EYE公司还正酝酿，推出符合健康保险携带和责任法案的云服务平台图像保险库。它的订阅服务将提供通常的线下数据存储功能。它还可以让用户与其他医疗人员分享图片，从而接受远程医疗服务。

2. 认为没有确凿证据表明频繁使用手机会致癌

2017 年 4 月，国外媒体报道，意大利一位叫作罗伯特・罗密欧的男人，在一家电信公司工作时，每天用移动电话通话 3 小时左右，在此状态下连续工作了 15 年。2010 年，他被诊断出右耳出现良性肿瘤，在肿瘤清除之后，他的右耳失聪了。

如果有人连续多年把手机按压在耳朵上说话，然后这只耳朵长出了肿瘤，他们责怪手机似乎可以理解。但是，有关专家指出，没有确凿证据表明使用手机会增加癌症风险，实际上两者的关联并无因果关系。

新闻报道并未说明罗密欧右耳的肿瘤名称，但基于其良性并导致失聪的事实，其很可能是听神经瘤，或称前庭神经鞘膜瘤。该肿瘤会在耳神经周围的细胞内蔓延，通常仅会出现在一侧。这意味着，听神经瘤一半患者，经常是在用手机打电话的那一侧耳朵出现问题。

2012 年，意大利的一次类似审判，基于两三项研究结果认为，频繁使用手机与若干种肿瘤相关，其中包括听神经瘤。这些是病例对照研究，其中包括询问已经诊断出癌症的患者过去手机的使用情况。但另外一些病例对照研究，则未能发现其中存在关联，这种研究据了解是鉴定疾病风险因子的一种存在缺陷的方法。

专家指出，同生群研究更加可靠。这包括首先询问人们的生活习惯，然后跟踪谁罹患了癌症。2013 年，到目前为止最大规模的一项同生群研究的确报告称，使用手机和听神经瘤之间存在关联，但并未发现与其他种类的肿瘤之间存在关联。然而，数据覆盖更大范围之后，其中的相关性消失了。

考虑到并没有明确原因说明使用手机会导致癌症，这一结果并不令人吃惊。高能量电磁辐射如 X 光会损伤 DNA，但来自手机的低能量辐射则不会。当然，在理论上可能存在人们当前尚不知晓的机制。不过，与使用手机相比，专家表示，如果担心癌症，可以关注更大的问题，如吸烟、酒精和人乳头状瘤病毒等。例如，确保儿童注射抵抗这些病毒的疫苗，将会比限制他们长时间使用手机更有意义。

（二）开发通信器材与通信设施的新信息

1. 研制出卫星通信器材的保护产品

推出世界首款保护卫星机顶盒低噪块稳压器的产品。2006 年 6 月，意法半导体推出一项卫星通信保护产品，它是专门为低噪块稳压器设计的，具有抗雷电和电过应力浪涌的作用。

由于卫星天线和卫星接收机的一体化调谐器，通常是安装在室外的，电路容易受到雷击，在稳压器的输入端子上产生浪涌电流，当通 3kV 电压时，浪涌电流通常在 250A 内；当通 6kV 电压时，浪涌电流高达 500A。稳压器无法承受如此强大的高能脉冲，因此需要一个外部保护组件。尽管市场上有标准的避雷产品，但是这些产品并不是专门为这种特殊应用设计的。

针对卫星通信中存在的问题，意法半导体凭借强大的研发实力和深厚的专业技术知识，推出一整套解决方案，包括卫星接收机稳压器和专门为机顶盒设计的伴随保护产品。这样，研制出世界首款为卫星机顶盒低噪块稳压器设计的专用保护产品。

2. 首个 5G 基站投入商业化应用

2018 年 9 月，有关媒体报道，意大利电信公司与快速网络公司携手中国华为公司，正式开通首个符合 3GPP 标准的 5G 基站并投入商业化应用。此基站采用华为端到端 5G 设备，三方还联手展示了 5G 十大商用场景。

据报道，意大利副总理兼经济发展与劳动部部长路易吉・迪梅奥应邀出席启动仪式，并亲自按下首个 5G 基站启动按钮。意大利电信公司与快速网络公司，计划在巴里和马泰拉市部署 5G 商用网络，并在 2018 年年底覆盖两座城市里 75%的人群。

同时，意大利电信与快速网络联手华为，在巴里科技博览中心展出了十大商用场景，包括：智慧城市和交通、环境和传承、智慧健康、智慧港口、AR/VR、智慧文化和旅游、智慧道路、智慧农业等。

意大利电信公司战略创新与客户体验官马里奥・迪毛罗说："5G 将有利推动众多创新型服务的发展，变革公民的生活方式及企业的经营模式，最终实现千兆社会。意大利电信公司正在开发一系列创新解决方案，巴里—马泰拉 5G 项目中所涉及的新应用场景，以及展出的其他应用场景，只是其中的一部分。我们的最终目标是加速全国数字化。"

快速网络公司首席技术官安德烈・拉撒尼亚表示："5G 潜力无限，而且会深远地改变我们的生活，此次活动将会是巴里—马泰拉 5G 项目中最重要的里程碑之一。"

作为意大利电信与快速网络多年的商业合作伙伴，华为从核心网、接入网、CPE 等多方面，为意大利电信与快速网络提供端到端 5G 商用设备。华为意大利总裁路易吉·德维奇斯说：“华为在通信领域的研究、投资，以及与生态系统内行业伙伴的合作，都体现了华为的经营哲学。此次展示的应用场景也是华为在意大利的重要成果之一。我们相信这是创造数字社会的重要一步，不仅促进普利亚大区的发展，也为整个意大利带来发展机遇。”

事实上，华为在 5G 领域的投资的技术水平有目共睹，在近日召开的北京通信展上，华为方面宣布，截至目前，华为已经与全球 20 多家运营商开展了 5G 承载的联合创新，并助力全球 10 多家领先运营商开启 5G 承载网建设。

3. 共同开展欧盟量子通信基础设施计划

2019 年 10 月，欧盟官网报道，6 月 13 日在罗马尼亚召开的布加勒斯特数字大会上，意大利、比利时、德国、卢森堡、马耳他、荷兰和西班牙加入了量子通信基础设施计划，近日又有匈牙利、葡萄牙和波兰的加入。目前，共有 10 个欧盟成员国加入这一计划。

根据这项计划，欧盟把量子技术和系统整合到现有通信基础设施中，利用量子基础设施以超级安全方式传输、存储信息和数据，并实现欧盟通信资产全连接。

此外，量子通信基础设施计划，还助力欧洲确保其关键基础设施和加密系统免受网络威胁、保护智能能源网、空中交通管制、银行、医疗保健设施等免受黑客攻击，并使数据中心安全存储和交换信息，长期保护政府数据隐私。

2018 年 10 月，欧盟投资 10 亿欧元，启动为期 10 年的量子技术旗舰计划，该计划涵盖五个领域：量子通信、量子计算、量子模拟、量子计量和传感以及量子技术基础研究。量子技术旗舰计划，为量子通信基础设施计划提供最先进的设备和系统。同时，开放欧盟量子通信基础设施，也将进一步推动量子技术旗舰计划项目协同创新。

二、拓展网络技术的新成果

（一）推进网络技术发展的新举措

1. 着手全面推行网上电子发票管理制度

2018 年 5 月，有关媒体报道，意大利税务管理部门正式发布通知称，根据2017年最新税务改革法案条例，从2018年7月开始，意大利工商企业、自由职业者将统一试用国家税务电子发票管理软件，开具普通发票和增值税发票；到2019年1月1日，意大利将全面强制实施网上电子发票管理制度。

据报道，在试用期间，企业仍可有选择地继续使用旧制发票，或使用新的税务电子发票管理软件开具发票。到2019年，意大利将强制实施企业发票管理电子化。从2019年1月1日起，任何企事业单位、工商业主，必须按新的税务管理条例，统一使用税务部门的电子发票管理软件开具发票，并与税务机关联网并行，及时反映企业的收支情况，以及企业商品营销利润、进货渠道和商品实际库存价值。通知还强调，从2018年7月1日开始，意大利将全面禁止使用现金方式支付工资和报酬，企业的收支必须统一纳入银行结算系统。

据悉，以往意大利的税制管理仍延续二战后的管理办法，企事业单位和自然人在获取收入的同时，均可按国家的税务管理规定自行开具发票，发票可向普通文化用品商店购买，或自行编制打印发票。企事业单位和自然人开具发票后，由专业会计师在三个月内向税务部门申报，并按申报发票纳税。企业发票在正式向税务部门申报前，企业可自行调节更改、补开、废弃原有发票。

根据旧制发票管理办法，意大利税务部门对企业发票和纳税的核查，一般需在企业申报发票后半年到一年左右的时间完成。

2. 推出邮政网络系统数字支付和电子商务配送服务

2020年3月，有关媒体报道，意大利邮政网络日前公布了一系列合作伙伴关系，将为意大利3500万户客户提供一系列创新服务，包括数字支付和电子商务配送。

意大利邮政表示，该公司将创新放在首位，以提高其在金融、保险、支付、移动和物流等领域的网络服务。结合内部开发和外部解决方案，提供给客户创新的产品、流程和良好的体验，从而更好地利用战略转型所带来的机遇。

与此同时，意大利邮政网络正在逐步升级其信息技术基础设施，战略性地在云技术、数据管理和应用程序编程接口等领域投资28亿欧元。该集团现在可以有效做出实时、深入的业务决策，并创建了一个安全的“开放创新”环境。在这个环境中，专业合作伙伴可以被集成到一起，以快速部署新的增值服务。

意大利邮政网络与国际发送公司、米尔克曼初创公司等在物流、“最后一英里”配送、金融服务和支付方面进行合作，承诺投资总额为2亿欧元。

（二）提高网络技术安全性的新信息

1. 通过法律和技术提高网络技术的安全性

——通过立法确定电子邮件与挂号信具有同等效力

2005年1月，有关媒体报道，由于电子邮件具有许多优势，在意大利使用电子邮件的政府机关、个人和企业越来越多。大到传递文件、收发合同、工程投标，小到预订旅馆，电子邮件的最大特点是快捷，对方收到后立即就能答复；而一般通过邮局投递的快件，再快当天也收不到答复。

鉴于电子邮件的普遍使用，意大利2004年3月立法认定，今后单位和市民收发的电子邮件与挂号信一样，均具有同等效力，并确保其安全传递。这一立法，既让邮件的传递更为安全和经济，又减轻了邮局工作人员的压力，从而给人们的生活带来更多方便。

——引入并建立完整的网络安全编码技术

2008年11月，国外媒体报道，提高网络安全，节约运行成本，是每个首席信息主管当前考虑的首要问题。掌握着超大规模的电信运营商首席信息主管，更应该系统地采取办法，达到集腋成裘的效果。意大利电信集团在引入网络安全编码技术后，通过计算得出的结论是，修复正在使用的企业应用程序，其成本大概是使用安全开发方法成本的10倍。

意大利电信集团公司针对每一种编程语言，都有一套完整的理论向导和实践清单，并使用一种静态源代码分析器，来分析系统中可能存在的安全漏洞。该公司首席信息主管马可·巴瓦扎诺表示：“我们不得不花费人、财、物对开发人员进行培训，并使用软件工具来评审所有代码，不过这些投入所获得的回报是显而易见的。”

意大利电信集团公司在2008年年初，开始使用这些方法。其选择的是强化软件公司的源代码分析器，原因是它比其他15款竞争产品检测出更多漏洞、支持更多编程语言。软件开发部门的风险管理人员和项目管理人员负责监控代码，如果代码不满足安全标准，则需要退回开发人员进行修改。

在部署前的测试阶段，安全管理人员使用动态实时分析工具，来评估应用程序的潜在漏洞。巴瓦扎诺表示，他们对部署之后的程序仍不会放松警惕。现在，该集团已经建立起了一套完整的网络安全编码方法，用于所有的项目中。

2. 通过创立监管机制提高网络技术的安全性

推进网络电子商务监管机制建设。2019 年 3 月，有关媒体报道，意大利政府认为，网络电子商务技术的发展，有利于提高企业特别是中小企业的竞争力，有利于企业参与全球市场竞争，有利于促进经济发展和增加就业机会。20 世纪 90 年代，意大利政府开始大力支持网络电子商务技术的发展。

1997 年，意大利工商手工业部推出《意大利信息通信产业发展政策指南》，旨在促进信息产业的发展。1999 年 2 月 5 日发布总理令，决定把信息化社会发展，作为意大利政府的一个基本行动目标，并决定制定意大利信息化社会发展行动计划。

在 2000 年 3 月底召开的欧盟里斯本峰会上，欧盟领导人提出电子欧洲 e-Europe 的奋斗目标，倡导在欧盟国家大力发展电子商务。响应欧盟的号召，意大利政府积极促进宽带网络基础设施建设，加快制定统一政策，开展了一系列网络电子商务项目和示范行动。同时，通过加强监管机制建设，确保网络电子商务活动的安全性。

意大利网络商品交易监管，主要由意大利政府的工商手工业部负责。从 1998 年 7 月开始，由意大利工商手工业部牵头，组织政府、企业以及科研单位有关专家起草了《意大利发展电子商务的指导方针》，标志着意大利电子商务技术发展进入一个新的阶段。

在行业自律管理方面，意大利电子商务企业及其网络内容的真实性，可以由预先指定的单位给予认证。比如，意大利电子商务发展协会便可从事认证工作，并制定网站质量要求及用户信息的要求相关规范，制定符合 ISO 标准的销售程序。以下，介绍意大利建设网络电子商务监管机制的新进展。

其一，建立网络电子商务监管的政策及法律制度。

推出支持网络电子商务发展的措施框架。主要内容包括，开发支付系统、新型银行系统与邮局系统，促进电子货币技术的发展；利用信息通信技术加强普通公民、企业与政府管理部门间的联系，简化办事程序；推广电子商务技术，促进开办新企业；逐渐降低电信资费；根据电子商务技术的特点，完善有关商务法规，确保新型交易的安全性；采取税收优惠政策，鼓励发展电子商务技术；对企业特别是广大中小企业经营者进行电子商务方面的培训。

制定个人隐私保护法律。意大利企业必须遵守关于保护个人隐私的法律。同时，意大利还接受欧盟关于保护远距离合同的消费者的指令，要求电子商务网站必须提供有关供应商的名称和地址、商品（服务）的实质性特点、含税的价格、运费、交货和付款方式等信息，还应保障消费者在10个工作日内解除合同。

制定数字签名法律。意大利早在1997年即制定了《意大利数字签名法》。为实施该法，又颁布了《数字签名技术规则》。前者规定了数字签名与手写签名具有同等的效力，并提出对认证机构的要求等；后者则详细规定了数字签名所使用的数学算法，完全是一部技术规范。

其二，完善网络电子商务的密码安全和征税管理措施。

采用密码安全管理。意大利除遵守欧盟统一法令外，还没有制订和颁布专门的网络电子商务安全法律。从事电子商务的企业，目前主要依靠防火墙和安全协议等技术措施，来保证其电子商务的安全。

加强网络电子商务交易的征税管理。网下供应货物：一般是按货价向买主征收25%的增值税，对出售国外或从国外购进的货物，以是否同欧盟成员国交易而实行不同的税率规定。网上供应货物：凡意大利居民在外国提供服务，同时未在该国设立住所的，其提供的服务应视为在意大利进行，并由意大利征税。此项规定适用于外国服务商在意大利的常设机构，但在意大利设立的网站不被视为常设机构。

第三章　光学领域的创新信息

意大利在光学技术与光学设备领域的新成果，主要集中于利用卫星反射光子证实太空量子通信完全可行，运用光学原理建造“先进处女座”引力波天文台。用X光光刻技术直接“书写”出高温超导材料电路，推出光纤维护和检测新技术，首次用光学技术直接测量重力曲率。用新技术制成发光硅半导体材料，发现石墨烯纳米带具有高强度发光现象，开发可用于未来有机发光半导体显示器的场效应晶体管。推出新型节能环保路灯，用简洁几何线条设计照明灯具，开发出由太阳能供电的街道照明灯具。推出照射织物能呈不同效果的特殊光源装置，研制出硅光子交换机。开发出可在室外使用的太阳能光模拟器，推出能拍摄到最清晰夜空的新型望远镜。研制出配有光电超声波检测器的原棉除杂机，推出单片光电鼠标集成电路系列产品，还以多元化光纤网络设备助力智能电网。在激光技术与激光设备领域的新成果，主要集中于使用激光技术开设增材制造生产线，通过以激光烧结技术为基础的增材制造来生产无人机，还用激光技术建造出全光子雷达系统。推进硅基与纸基激光器研制，发明量子点纳米激光器，研制成功首款超小锁模激光器，推进激光切割设备与激光焊接设备的开发。

第一节　光学技术与光学设备的新进展

一、探索光学原理及技术的新成果

（一）运用光学原理的新信息

1. 利用卫星反射光子证实太空量子通信完全可行

2014年7月1日，物理学家组织网报道，意大利帕多瓦大学一个研究小组，日前通过对4个在轨飞行卫星的实验，证实了卫星之间及卫星与地面站之间进行量子通信，是完全可能的。相关论文发表在著名的预印本网站数学文献库上，该研究为基于卫星的广域量子通信，提供了广阔的想象空间。

科学家们已经找到了通过光纤进行量子信息传输的方法，并获得了成功。但由于光子在玻璃中的传输会发生一定程度的衰减，这种方法在传输距离上目前还比较有限。此外，也有科学家直接通过空气进行两点之间的量子信息传输，但干扰等问题的存在，仍然极大地限制了量子通信的距离。目前，量子态隐形传输最远的记录，只有 144 千米。

太空量子通信更是难上加难。因为量子信号在通过地球大气层时产生的错误率，会远超过 11%的阈值，而超出了这个极限，量子密码就无法正常工作。因此，不少科学家都认为地球与太空之间的量子通信是不可行的。

报道称，新研究中，意大利的研究小组试图改变这一成见。该小组发现了一种利用现有卫星实现量子通信实验的方法，并精心挑选出了 4 个在轨运行的卫星，它们都具有能够反射光子的金属立体角反射镜。研究人员认为，借助这些卫星保留光子的极化，将能够让太空量子通信成为可能。为了对比实验结果，他们还选择了另一个没有立体角反射镜的卫星。

当卫星过顶时，研究人员在意大利的马特拉激光测距观测站，向所有的卫星都发出了光子信号，并测定卫星何时能将数据返回。研究人员发现正如预期的那样，没有立体角反射镜的对照卫星出现了高达 50%左右的错误率，而另外 4 个具有立体角反射镜的卫星，数据错误率全部都低于 11%的阈值。这表明，这些卫星能够产生连贯的光子信号，并与地面站之间进行完全安全的量子通信（利用量子密钥分配）。

2. 运用光学原理建造“先进处女座”引力波天文台

2015 年 11 月 26 日，国外媒体报道，在意大利比萨附近，科学家运用光学原理建成“先进处女座”引力波天文台，不久将开展实验搜寻引力波。作为“先进处女座”项目的国际研究小组成员之一，比萨大学科学家弗朗哥·弗拉斯科尼博士表示：“或许我们有机会在地球上首次探测到引力波，如果实验成功，那将证明爱因斯坦一百年前的预言是完全正确的。”

1915 年 11 月 25 日，阿尔伯特·爱因斯坦向普鲁士科学院提交了场方程的最终版本，这些场方程支撑了他的广义相对论。广义相对论是现代物理学的支柱，完全改变了我们对空间、时间和引力的看法和理解。通过广义相对论，人类已对宇宙空间有了深入了解，从宇宙扩张到行星运动以及黑洞存在等等。然而，爱因斯坦还提出了引力波的存在，其核心是扭曲时空结构的能量纹波，它类似于向池塘中扔石头后水面荡漾开的涟漪。任何有质量的物体只要运动，就会产生引力波。人类更是如此。物体质量越大，运动越剧烈，产生的引力波就越大。爱因斯坦预言，整个宇宙都沉浸于引力波中。

尽管天文学家能间接证明引力波的存在，但是直接观测到这些宇宙奇观，目前还是一件不可能的事。为此，研究小组对原有仪器的灵敏度，做出了重大改进。弗拉斯科尼博士解释说："这种可以探测引力波的科技手段也是最新研发出来的。在过去的10年中，我们进行了大量复杂的科学研究，如今才打造出这种光学干涉仪。"

科学家希望观测到来自诸如恒星爆炸或黑洞碰撞等剧烈宇宙事件发射的引力波，以及引力波经过地球时产生的微小变形。以光学原理为基础建造的"先进处女座"引力波天文台，由两根相同的3千米长管道组成，两根管道按L形铺就。在天文台中发射一束激光，之后激光一分为二，分别顺两根管道发射出去，在碰到管道末端的镜面后再反射回来，如此反复多次反射后重新结合。整个过程显得有点复杂，它利用了激光的一个属性，即激光是一束密集的光，而光又是一种波。想象一下，当海洋中的两个波相互碰撞，一个处于顶部，一个处于底部，这两个波就会相互抵消。

实验中也会发生同样情况。如果这两个光波沿管道运行的距离相同，那么它们就会相互抵消，不会产生信号。然而，如果一个引力波穿过管道，它会令周边发生细微的变形，微量改变管道的长度，量级仅相当于原子直径的一小段。波在时空中运动的方式意味着，一根管道会被拉伸，而另一根会被压缩，结果导致一束激光运行的距离略长，而另一束激光运行的距离略短。最后的结果是，当一分为二的光束会以一种不同的方式再次结合：光波会相互干涉，而不是相互抵消，这样一来科学家就可以探测到信号。

（二）开发光学技术的新信息

1. 用X光光刻技术直接"书写"出高温超导材料电路

2011年8月，意大利罗马第一大学物理学家安东尼奥·比安康尼教授，与英国伦敦大学纳米技术中心主任加布里·埃普里等人组成的一个国际研究小组，在《自然·材料学》杂志上刊登论文称，他们发明了一种X光光刻电路技术，用X光照射直接把电路“书写”在特殊材料上，形成高温超导微电路。这种产生和控制微小超导结构的技术，能带来全新的低能耗电子设备，在燃料电池、催化剂等多个领域都具有广泛的应用前景。

超导材料能以零电阻导电，将电路中的能量损耗降低到零。早在25年前科学家就发现，用X光照射某些金属氧化物材料，能使其中的氧原子重新排列，使材料在微小范围内具有高温超导性能。这一过程中，X光就好像一支“绘图”铅笔，在二维平面上“画出”超导电路。

研究人员解释说，过渡金属氧化物的微观结构都很复杂，其中氧原子的微观排布对材料的整体属性有着不同影响，也影响材料的超导转变温度。他们发现，一种含有铜和镧元素的氧化物，属于高转变温度的超导材料，在其间隔层中，晶格间氧原子序列呈不规则分布，这种不规则掺杂的特点增强了材料的高温超导性能。他们通过X光照重新排列材料微观结构，可以控制高温超导的温度范围，绘制出比人的头发丝还细的高温超导电路。此外，还能通过一种热处理技术，“擦掉”这些电路。

目前，研究小组已经开发出高精度的“绘图”和“擦除”工具。比安康尼说：“现在我们只要几个简单的步骤，就能直接给普通的铜氧材料加入超导‘智能’了，甚至不需要设备制造中常用的化学药品。”

埃普里说：“我们的研究证明，不需要化学品也能造出超导体，尤其是可擦写的超导逻辑电路，这为电子产品制造打开了新的大门。该技术更深刻的意义还在于，它有助于解决著名的‘旅行推销员’问题（多局部最优化问题），这一问题是世界上众多计算难题的基础，从基因学到逻辑学，解决这类问题意味着计算技术范式的转变。”

2. 推出光纤维护和检测的新技术

2012年3月，国外媒体报道，光缆的维护对于保证网络的可靠性十分重要。在已开通的光网络中，光缆的维护和监测应该是在不中断通信的前提下进行的，一般通过监测空闲光纤（暗光纤）的方式来检测在用光纤的状态，更有效的方式是直接监测正在通信的光纤。为了进一步缩短检测及修复时间，意大利和日本等国电信企业提出了一些系统解决的新技术。

日本电报电话公司的方案：在局内运用光纤选择器与系统的测试设备和传输设备相连，形成了一种可对光纤状况进行实时监测的系统，保证有用信号在通过光纤选择器测试证明良好的光纤上传输，对有故障的光纤可以预选监测出来及时传送到维护中心进行适当处理，避免不良状况进入有用的光传输信道，从而起到在运行中对整个光通信系统的支撑作用；在局外通过水敏传感器装置，可监测外部设备光缆线路接头盒浸水的位置，水敏传感器安装在空闲的光纤上，水敏传感器中装有吸水性膨胀物，当水渗入接头盒时，吸水性物质会膨胀使得接头盒中的光纤受力，也就是使得这一空闲光纤弯曲，从而使光纤的损耗增加，在监测中心的光时域反射仪上就会反映出来。

意大利电信部门的方案：它是一种综合处理的新型连续光缆监测系统技术。其主要特点是，把光缆网络、光纤及光缆护套的监测综合在一起，既利用了光时域反射仪系统周期性地对光纤的衰减进行监测，发现有衰减变化即发出警报，并进行故障定位，同时也能连续监测光缆护套的完整性，包括护套对地绝缘电阻的监测，发现问题（如护套进水等）即马上告警，达到更全面地预告故障发生的目的。

对日本与意大利提出的光缆维护支撑系统技术，进行比较可以看到：日本技术在光时域反射仪自动适时测试光纤的基础上，加入了光纤选择器，在外线上装设水敏传感器并进行护套监测，形成了一套较完整的自动维护、支撑系统，真正做到不中断光通信的维护。意大利的技术中除监测光纤性能以外，还考虑了护套绝缘电阻的自动监测。由此两例可以看出全自动的光缆维护技术，应是一种发展方向。

3. 首次用光学技术直接测量重力曲率

2015 年 3 月，意大利一个由物理学家组成的研究小组，在《物理评论快报》杂志上发表论文称，他们第一次用光学技术成功实施了直接测量重力曲率的实验。这一成果，标志着他们可能改进牛顿重力常数 G。

很多年来，科学家已经发明了很多种复杂的技术来测量重力，最新的技术是利用原子干涉法。这种技术通过原子的量子机械波动性质，使相关距离测量具有较高精度。直到现在，研究人员已经能够测量随高度增加而变化的重力，在几英尺的范围内都能测出重力渐变。

新的研究成果能测量由大质量引起的引力变化，这种变化梯度被称为重力曲率。据报道，为了直接测量梯度的变化，需要在三个不同高度进行测量。测量临近两个点的重力，产生两个不同的结果，再分别除以两个点之间的距离，得出不同的值，形成梯度。在三个点测量重力则能计算出变化率，即重力曲率。这个测量技术最初在2002年被提出，意大利研究人员的实验正是基于这个假设进行的。

为了用光学技术同时在三个位置测量重力，研究人员在一米长管内的三个不同高度，创建了三个超冷原子羽流。管子的上半部分被钨合金材料包裹，用来增加引力场的变化。用能引起羽流一分为二的激光脉冲来辐射原子，一部分原子吸收了光子，另一部分则仍处于基础状态。在测量时间段内，增加的动量让第一部分原子下降了一段距离，引起了两部分之间的量子波周期差异。然后，研究人员将增加两波脉冲，让这两部分重新组合，并让他们能够相互干涉。正如预测的那样，测量这种干涉作用，能计算出重力加速度和曲率的变化。

研究人员相信，用他们的光学技术能够很好地改进对G常数的测量，这在地理和地图绘制等工作中意义非凡。

二、开发光学材料与器具的新成果

（一）研制光学材料及器件的新信息

1. 开发光学材料的新进展

——用新技术制成发光硅半导体材料

2002年11月，有关媒体报道，意大利一个研究小组开发出可使硅半导体材料发光的技术。利用这一技术，有望将来在制造微处理器时免去层层叠加连线。处理器上的多层连线不仅会降低处理器的运行速度，而且容易导致电路过热烧毁元件。研究人员表示，利用光传递信息，会避免这种现象。

该研究小组把稀有金属铒离子，注入一层与硅纳米晶体积紧密结合在一起的二氧化硅中，然后向其中注入电子。这些注入的电子在硅晶体间来回穿行，直到遇到并激发一个铒离子。当被激发的铒离子从激发态转变到基态时，就会辐射出一个光子，其间释放的能量，恰好处于电子通信的范围。研究人员称，他们在室温条件下取得了10%的量子效应。这意味着每注入10个电子，就会辐射出一个光子，这一结果比以前提高了100倍。

研究人员表示，他们研制出的第一个发光硅晶片，将用于电路高低压端的信号传输。在传统芯片中，当电流通过时，电路高压端和低压端有时会有短路的危险。如果用光而不是电进行信号传输，就可使高低压两端处于相对“绝缘”的状态，从而避免短路。研究人员称，他们将于近期推出第一个发光硅芯片，如进展顺利，将来整个芯片的电信号，都有可能为光信号所代替。

——发现石墨烯纳米带具有高强度发光现象

2018年1月11日，有关媒体报道，意大利CNR纳米科学研究所与法国斯特拉斯堡大学联合组成的研究团队，在《纳米快报》杂志上发表研究成果称，他们首次通过实验，观察到7个原子宽的石墨烯纳米带的高强度发光现象，强度与碳纳米管制成的发光器件相当，并且可以通过调节电压来改变颜色。这一重大发现，有望极大地促进石墨烯光源的发展。

研究人员介绍，一般来说，分子尺度器件构成的基本系统非常有趣，但相当不稳定，产生的信号量有限。但此项研究证明了单条石墨烯纳米带可被用作强烈的、稳定的和可控的光源，这是实现纳米有机体系应用于光电子真实世界的决定性步骤。

尽管石墨烯的优良电子性质被广泛研究，但科学家对其光学性质知之甚少。将石墨烯作为发光器件的缺点之一，是石墨烯片不具有光学带隙。但最新研究表明，当石墨烯被切成几个原子宽的薄带后，就获得了相当大的光学带隙，带来了发光的可能性。

实验结果预示着，石墨烯纳米带具有尚待开发的巨大潜力。测试表明，单条石墨烯纳米带展现出高达每秒1000万个光子的强烈光学发射，强度比单分子光电子器件的发射高100倍，可与碳纳米管制成的发光器件媲美。

此外，研究人员还发现，电能转换随着电压变化而变化，为调节光的颜色提供了可能。这些观察结果，为进一步发掘石墨烯纳米带发光的潜在机制，做了很好的铺垫。未来，研究人员还会探讨石墨烯纳米带的宽度对发光颜色的影响，因为有望利用这种宽度调节，来控制带隙大小。当然，最重要的，是关注如何把石墨烯纳米带器件集成到更大的电路中。

2. 开发光学器件的新进展

开发可用于未来有机发光半导体显示器的场效应晶体管。2019 年 1 月，国外媒体报道，意大利 ISOF-CNR、那不勒斯费德里克二世大学、摩德纳大学共同组成的一个研究小组，日前成功开发出基于化学气相沉积石墨烯片的新型有机 n 型场效应晶体管。

研究人员表示，他们所使用的新工艺和材料可以实现柔性、透明和短通道的有机场效应晶体管，而这种场效应晶体管，可以在未来用于有机发光半导体或有机发光晶体管显示器。

为了制造这一新的晶体管，研究人员使用一种二烯丙基二亚胺衍生物，热蒸发薄膜作为晶体管活性通道的有机半导体，同时采用单层基于化学气相沉积石墨烯作为电极材料，最终通过电子束蚀刻和反应离子蚀刻制造出这一器件架构。

研究人员解释道，这些新型场效应晶体管充分利用了石墨烯优异的机械、光学和电学性能。目前，石墨烯在薄层电阻和透明度方面，与更常用的透明电极材料之间的差距，越来越小。该研究团队的下一个目标是实现高频器件，并实现石墨烯场效应晶体管在兆赫兹频率下的正常运作。

（二）研制照明灯具的新信息

1. 开发节能或简洁照明灯具的新进展

——推出新型节能环保路灯

2008 年 3 月，国外媒体报道，据报道，意大利新能源和环境技术研究中心，与那波利地区的卡尔达尼公司合作，研制采用光电技术的路灯，日前在阿拉伯联合酋长国举办的“世界未来的能源”展会上展出。

该系统白天可吸收太阳能并储存起来，夜晚再转变成电能，在没有任何电网连接的情况下，使路灯高效照明。在有电网连接的情况下，则可把白天生产的电能发送到电网，夜晚再从电网取得所需要的少量能源。

该系统的电子中心还能够检测费用，并控制路灯按照天色的明亮度自动开关。这种路灯不仅技术先进，利用可循环能源，费用低、清洁无污染，而且外观设计具有意大利特色，既典雅又时尚，与古老和现代的都市建筑风格均可融合，起到装点美化城市的作用。卡尔达尼公司已有 50 年历史，一直致力于环境领域的科技研究。

——用简洁的几何线条设计照明灯具

2013 年 11 月，意大利媒体报道，用线代替立面，使其担负起外观、结构和使用三重功能的灯具设计，颇受消费者的青睐。据悉，意大利建筑师莎拉·伯纳第和安德烈·安特斯两人联手创新，通过去除灯罩和灯台，只留下简洁的几何线条，设计出反传统的系列落地灯，造型很简单，但在任何场合都能第一时间吸引眼球。

伯纳第说："它的秘密，在于灯具留下的线条。当所有不必要的部件被移除之后，人类的视线，就会跟随着最基本的线条来观察照明的本质。"他接着说，这一系列的落地灯，完全是他们的无心之作。

照明设计，一直是设计行业竞争最激烈的领域之一，因为制造成本相对低廉，小小的灵感火花，会被设计师迫不及待地制作为成品，以至于后来的设计师在创意上几乎无缝插针。伯纳第这样描述他们的设计过程："我们决定为自己的展览设计落地灯时，一度摸不到方向。很多创意已经有人实践过。最后安特斯发了脾气，把原来的落地灯模型拆得只剩架子，结果发现效果反倒不错。"

反传统系列问世之后，在照明设计领域大受欢迎，逐渐成为一股不小的风潮。受此启发，不只是照明设计，这种风潮同样也蔓延到了诸如座椅、橱柜等其他设计领域。用线代替立面，只保留线条，使其同时担负起外观、结构和使用三重功能，近两年的巴黎、米兰家居展上，各大家具品牌纷纷携手明星设计师，推出此类创新意味浓郁的设计。

有关研究人员说，尽管"跟着线条走"的家具，并不一定都会像反传统落地灯一样为所有人接受，但是这并不妨碍我们解读此类设计本身具有的魅力。是时候换个角度来看待我们所居住的空间了。

意大利设计师菲利普·尼格罗是这款炙手可热落地灯的粉丝之一。他说："与传统落地灯相比，反传统地让空间的分隔变得更加有趣。"不过，也许是之前在装置艺术领域打拼多年，他对反传统的观察和认知，要比两位意大利建筑师更为敏感细腻。他说："简单的线条、清晰的轮廓，会制造出空间中虚与实的交错。看似简单的手法，却像是在空间中变了一个魔术。"

尼格罗用自己的方式，解读反传统设计成功的奥秘之后，他按捺不住再玩一把空间戏法的欲望。酷爱复古艺术的他，结合 20 世纪 60 年代欧普艺术中盛行的错视概念，打造出一款机巧的云效果灯罩，也算是用设计回应了自己喜爱的作品。

这款由五片不规则的镂空铁架单片组成的灯罩，可以单片使用，也可以以不同形式叠加起来，让光影穿透时形成不同的效果。尼格罗说："我喜欢灯罩，希望它能够回归灯具主体上去。灯罩上的每一根线条都可以引导光的方向。"在自己家中，尼格罗把这种作品当成壁灯灯罩来使用，用他的话来说，挂在墙上的这种作品就像是身边一朵云彩。

2. 开发太阳能照明灯具的新进展

——由太阳能供电的"太阳能树"亮相街头

2008 年 1 月，有关媒体报道，意大利和奥地利等一些欧洲国家的街道上，出现了一种新型的街道照明灯具，叫作"太阳能树"，它由太阳能供电而照亮街头巷尾。

据悉，有的城市，已在 2007 年 10 月就设置了这种太阳能树。它们可为晚间提供足够的光线。尽管云雾天全天无直接的太阳光，但太阳能树的太阳能电池仍可贮存足够的电能。这种太阳能树可用于街头照明。

太阳能树的分枝上设置了 10 个太阳能灯，每一个由 36 个太阳能电池组成，它们也拥有可充电的电池和电子系统。传感器用于测定空间亮度，并在太阳落山时自动启动太阳能灯和太阳升起时自动关闭太阳能灯。研究人员表示，太阳能树上设置的太阳能电力驱动 LED 照明系统，可减少碳排放。

——推出以太阳能发电照明的街头装置

2014 年 4 月，意大利媒体报道，也许你在科幻电影中看到过这样的装置，它们闪耀着炫目的亮蓝色光芒，似乎你胆敢靠近就能放射出光束，将你切成若干肉块……但在现实中，这却是极为亲民且便民的装置，它是意大利街头的 e-QBO 太阳能照明灯。

来自特雷德公司的 e-QBO 装置，是摆在街头的大方块物品，其周身均能进行太阳能发电，所得电力将被储存在大方块内部，用于夜间的公共照明，这就是大家可以看到的亮蓝光条了，它采用 LED 光源，非常漂亮。此外，其内部还集成了包括 WiFi 热点在内的电信公共设施，炫目又实用。

三、研发光学设备的新成果

（一）研制光源与光子设备的新进展

1. 开发照射织物能呈不同效果的特殊光源装置

2007 年 8 月，有关媒体报道，意大利开发出一种特殊的光源装置，利用它对织物进行照射，可以使织物呈现两种不同染色效果。该装置被命名为 Sunwash。其具有以下特点：

用于羊毛染色处理前，在赋予深染效果的同时，稳定羊毛面料的形态。羊毛面料通过一次染色即可得到两面双色效果，对处理面进行适当的遮蔽，即可获得印花效果。另外，用于棉纤维等织物的活性染料染色后的处理时，具有脱色效果。

报道称，在意大利，这种特殊光源装置卷绕方式的加工机，也正在开发之中。

2. 研制出硅光子交换机

2015 年 11 月，国外媒体报道，由爱立信意大利比萨公司牵头，其他成员来自意法半导体、法国原子能署电子暨资讯技术实验室、意大利的 CNIT、意大利特伦托大学、西班牙瓦伦西亚理工大学、奥地利维也纳工业大学和韩国电子通信研究院的 IRIS 项目研究团队，已研制出硅光子交换机，可在一块芯片上容纳成千上万的电路。据悉，这个项目，是欧盟第七框架计划（FP7）研发领域的具体目标研究项目之一。

自 1958 年集成电路问世之后，基于硅材料的互补金属氧化物半导体集成电路，已经在计算、通信、生物医疗、数字娱乐、智能家居等各行业发挥着不可或缺的作用，是现代社会的信息化“大脑”。而以光为信息载体的光纤通信网络，也承载了全球通信数据容量的 90% 以上，成为信息社会的“主动脉”。如今，硅光子学开始走进光纤通信行业，正在影响光纤通信产业的走向，改变信息技术的未来。

硅光子技术，即利用互补金属氧化物半导体微电子工艺，实现光子器件的集成制备，该技术结合了互补金属氧化物半导体技术的超大规模逻辑、超高精度制造的特性和光子技术超高速率、超低功耗的优势。硅材料不仅是集成电路最普及的材料平台，还具备优异的光学性能。硅波导对波长1.1~1.6微米的光近乎无损透明，可较为理想地兼容光通信现有技术与器件，为厘米至千千米级的光通信提供了高集成度的解决方案。业界认为硅光子是当今专用集成电路中最具发展前途的技术领域，是一种能够解决长技术演进与成本矛盾的颠覆性技术。

近十年来，基于硅光平台的光调制器、光探测器、光开关和异质激光器被相继被验证，部分器件性能甚至超越传统平台，为大规模光子集成奠定了基础。随后，在业界多家微电子与光通信知名企业的共同推动下，硅基光互连、光传输、光交换的商用化器件与方案被相继推出。其中，该研究团队研制的硅光子交换机，就是硅光子技术开发的最新成果之一。

报道称，用硅光子交换机制作的第一块芯片，正处于测试和参数化阶段，如取得成功，将是业界的重大突破，为在单个芯片上集成新一代光纤系统铺平道路。

在硅光子技术中，硅作为超高速传送和交换数据的微型光学介质，可减少功耗和空间占用，并增加容量，从而降低运营成本。利用硅光子技术，创建高容量和可重构硅光子光交换机，可以实现在单个芯片上整体集成电路。

该类芯片可通过集成大量功能，如高速传输、交换及在同一芯片实现互联互通等，帮助网络运营商提升网络性能，增加节点容量，满足未来5G网络和云计算的需求。硅光子技术已经应用于超大规模数据中心系统HDS8000，借助光学互联，HDS8000可为数据中心运营商带来许多裨益，例如降低总拥有成本。爱立信意大利比萨公司的研究人员，已经制作并提交了所有相关专利的申请。

3. 研制太阳能光设备的新进展

开发出可在室外使用的太阳能光模拟器。2013年10月，国外媒体报道，意大利一家公司开发出可在室外使用的太阳光模拟器“飞日”，并在太阳能电池相关技术的国际学会展厅上首次展出。太阳能光模拟器，是可照射接近标准太阳光谱的虚拟阳光、测试太阳能电池模块的I-V特性等的装置。通常在模块出厂时用于室内检测。

而“飞日”的特点，是设想在室外使用。可用于百万瓦级光伏电站等室外设施，无须拆卸模块并运至设有评测装置的场所，当场就能测试模块特性。具体用途方面，该公司举例介绍说，当由大量模块连接而成的电池组输出功率下降时，“飞日”可判定哪个模块存在异常。

“飞日”分为光源部分和检测装置两部分。其中，光源部分设置在铲车的机械臂上使用。该系统配备充电电池，可在1米×2米的范围内照射模拟阳光，光源使用LED，在照射的同时还可检测模块的温度。检测装置，由检测模块输出功率的设备及个人电脑等构成，通过无线局域网与光源部分连接。

4. 研制观测光学设备的新进展

开发出拍摄到最清晰夜空的新型望远镜。2013年8月24日，有关媒体报道，由意大利阿尔切特里天文台研究人员，与美国同行组成的一个国际研究团队表示，他们利用自适应光学技术开发出一种新型望远镜，拍摄到迄今最清晰的夜空影像。

报道称，研究人员给位于智利阿塔卡马沙漠的6.5米口径麦哲伦望远镜，加装了一套叫作MagAO的自适应光学系统，使得该望远镜在可见光下达到0.02角秒的分辨率，这是此前可见光拍摄精度最佳的哈勃太空望远镜精度的两倍。研究人员解释说，这相当于从160千米外看到一个1角的硬币，在这一精度下，从地球上能看到“月球上的棒球场”。

研究人员已利用这一新型望远镜发现了一些重要线索，并在新一期《天体物理学杂志》发表了3篇论文，分别是关于双星及原行星盘的物理机制等。

研究人员对记者说，这么高分辨率的关键，在于望远镜的自适应次镜可以变形，次镜背后有585个驱动器，每秒可振动1000次来改变镜子形状，抵消大气扰动，从而获得清晰的影像。他表示，很多大型望远镜都使用了自适应光学技术，但大多数只在近红外光下有较好的效果，而他们改进后的麦哲伦望远镜可以获得可见光下的清晰影像，“相当难得”。

（二）开发光电设备的新信息

1. 研制光电单机设备的新进展

——研制出配有光电超声波检测器的原棉除杂机

2005年11月，国外媒体报道，随着加工技术和电子化水平的提高，在清棉除杂机上去除原棉中的白色杂质，已经成为可能。由意大利洛普特斯公司通过对配有光电检测器的除杂机进行改进，新近研制出可检测出原棉中白色杂质的除杂机，并大大提高了除杂效果和检测效率。

由意大利洛普特斯公司设计的新型除杂机，是基于假设杂质与原棉在颜色和亮度上有所不同的理念，采用光学感应器作为检测器。由于大多数的杂质比原棉颜色深，能够吸收较多的光，故颜色较黑，可以被光学感应器检测到，但也有一些白色或颜色与原棉颜色接近的杂质，则难以被检测到。

一些化纤类杂质，来自化纤条或由化纤条织成的织物。当原棉中含有这些杂质，在清棉工序中，它们会被撕裂成纤维束或单纤维。这些纤维状的杂质与棉纤维各方面的表现几乎一样，很容易通过各种除杂装置，一直到最后被纺成纱。通常这些材料中含有聚丙烯，聚丙烯有时是有颜色的，但通常是透明无色的。由于这种杂质不能被通常的光电方式检测到，因此关于这种杂质的研究很多，以期找到好的检测方法。

意大利洛普特斯公司利用声波反射的原理，把以前仅配有光电检测器的除杂机进行改进，加上一个超声波检测器。现在配有超声波检测器的新型除杂机，由洛普特斯公司以“光电超声波除杂机”的名字推出，使原棉先后经过超声波检测器和光电检测器的检测。

与安装了两组的光电检测相比，超声波检测器仅安装一个就可以了，因为对于开松状态下的原棉，大部分声波能穿透过去。同时，在超声波检测器的对面安装了一个声波的吸收装置，以避免通过棉纤维的声波会从对侧的金属壁反射回来。超声波检测与光电检测，这两种不同原理的检测方法的应用有很大的重叠。例如有色的化纤类杂质，或表面结构较硬的非化纤类杂质，在通过两种检测器时都会被检测到。这使得机器不仅加强了对有色杂质和无色杂质的检测，加强了机器的除杂效果，而且使整个检测效率大大提高。

——推出单片光电鼠标集成电路系列产品

2006 年 4 月，有关媒体报道，意法半导体公司推出，三款高性能低成本的新系列光电鼠标集成电路。该产品是意法半导体自主开发的，新标准光电鼠标集成电路系列产品的第一批产品，意法半导体公司新光电鼠标集成电路将给客户带来高集成度、优秀的导航性能、低功耗等好处，同时成本结构严格保持在个人计算机配件市场的水平。

该系列的三款产品都适合 LED 和激光扫描鼠标，跟踪能力高达 40ips

(每秒英寸)，在各种表面上均能实现卓越的导航控制和精确定位性能。集成电路封装采用市面上据称最小的低外廓光电四边扁平封装，这些芯片，适合便携电脑用户需求的外观小巧的鼠标应用。实现应用设计只需很少的外部电路，因此降低了材料单价及组装成本。

2. 研制光电网络设备的新进展

以多元化光纤网络设备助力智能电网。2016 年 9 月 20 日，美国商业新闻网报道，在意大利总理马泰奥·伦齐的号召下，意大利国家电力公司正在亦步亦趋地打造光纤网络。意大利国家电力公司属于政府所有，是把发电、输电和配电集于一身的意大利最大电力供应商，它希望通过多元化经营来扩大市场竞争力，光纤正是其中关键的一环。

意大利国家电力公司表示，把光纤与智能电表搭配，为智能电网的投建和升级提供助力，同时还能与电信商共享光纤网络。2015 年年底，意大利国家电力公司在政府授意下，成立了全资控股的子公司意大利国家电力系统开放式光纤公司，计划在全国 200 多座城市铺设光纤。

2016 年 3 月，意大利国家电力公司公布了光纤到户计划的细节，将投资 25 亿欧元在意大利 224 座城镇部署光纤网络。目前已知的 10 座大城市有威尼斯、帕多瓦、佛罗伦萨、热那亚、那不勒斯、东南部港口城市巴里、西西里首府巴勒莫、西西里第二大城市卡塔尼亚、萨丁尼亚首府卡利亚里及中部城市佩鲁贾。

意大利国家电力公司透露，上述 10 座大城市的光纤网络于 2017 年第二季度完成，而其他城市将逐步至 2019 年第一季度前完成。按照计划，该公司将分阶段完成这一耗时数年的项目，利用现有基础设施，沿着已有电网部署光纤网络，约覆盖 750 万栋楼宇。

意大利国家电力公司以 7. 14 亿欧元，收购意大利光纤网络运营商，该交易旨在加速意大利国家电力公司的光纤用户计划。交易完成后，意大利国家电力公司将投资预算上调至 37 亿欧元，部署的城市数量上升至 250 座，覆盖楼宇数量达到 950 万栋。

据了解，意大利国家电力公司已经在威尼斯率先进行光纤用户计划，铺设 500 千米的地下光纤及 500 千米的空中光纤，于 2017 年秋季完成半数工程，2018 年中完工 80%。此外，意大利国家电力公司用来部署光纤网络的现有基础设施，主要有架线塔和电力柜。该公司目前拥有 45 万个电力柜，是意大利电信公司电话机柜的 3 倍。

报道称，意大利国家电力公司涉足光纤，不仅仅是听从意大利政府的命令，而是希望将营收多元化，同时也是为了完成“2020 年前将意大利智能电网升级”的目标。早在 2011 年，意大利国家电力公司就开始在用户端部署智能电表，眼下大部分已经老旧需要升级更换，因此借由光纤计划替换更先进、更智能的电表。

目前，全球光纤技术日益更新，光纤的粗细度远小于从前，可以不用开挖马路就能铺设光纤，从而连接新的智能电表及 LED 街灯等设施，为城市智能电网发展夯实了基础。事实上，涉足光纤市场的不是只有意大利国家电力公司，越来越多的电力公司正在布局多元化战略，对光纤网络也是垂涎欲滴。

美国田纳西州查塔努加市营电力公司，也在打造“光纤加智能电网”的计划，该计划将斥资 3.3 亿美元，配合安装 17 万个智能电表，每 15 分钟回报系统状况，电网并设有 1200 个智能节点，可在异常状况发生时绕过受损部位，更能即时让电力公司知道何处受损，减少派员四处查探的时间与成本，这不仅大幅提高智能电网的稳定性，还为该公司带来了新营收，即提供光纤网络服务，成为网络服务提供商。

分析师指出，在智能电网发展迅猛和光纤市场前景广阔的大背景下，电力与光纤相融合是实现资源有效利用的很好途径，这样的搭配具有明显的成本优势，敷设电缆的同时将光纤包含在内，能够节约成本、避免重复投资，是电力公司业务的有益补充。

第二节　激光技术与激光设备的新进展

一、应用激光技术的新成果

（一）运用激光技术发展增材制造的新信息

1. 使用激光技术开设增材制造生产线

2016 年 5 月，有关媒体报道，工业巨头通用电气公司，在其位于意大利塔拉莫纳的石油及天然气工厂里，建设了两条高科技产品部件的生产线。其中一条是增材制造生产线，它主要使用激光技术，以 3D 打印燃气涡轮机燃烧室中的燃烧器。

通用电气公司称，位于这座工厂里的这些先进的生产线，还将作为石油和天然气行业的一个卓越中心。据悉，通用电气公司为这些升级的涡轮和压缩机零部件制造设施，总共投入了 1000 万欧元，并经过了两年的建设，使其成为该公司最先进的制造中心之一。在此之前，通用电气还在 2013 年的时候，进行过一次投资，目的是增加该工厂的产能。

其中的一条新型喷嘴生产线，是通用电气公司石油及天然气工厂里的第一条全自动化生产线。它使用了两台人形机器人，这两台机器人能够支持 10 种不同的技术，包括电火花加工、测量和激光束焊接等。有了这条新生产线，通用电气公司石油及天然气工厂就能够在塔拉莫纳制造，以前需要从第三方供应商那里采购的零部件。

通用电气公司石油及天然气工厂，还是该行业里应用增材制造技术的先驱者，该技术能够以更好的精度和速度完成部件制造。该技术目前已经被大量用于航空、医疗和设计行业，同时也是能源制造领域的下一个前沿。经过了在“诺瓦特 16”燃气轮机原型期间，对于增材制造技术的广泛认证，通用电气决定将该技术全面引入制造系统，以充分利用其在增强设计功能、缩短生产周期和提高产品质量方面的能力。

另外，该工厂还借助先进的软件进行管理，该软件不仅能够规划安排活动，还能够支持维护活动，而且这种活动不再是简单地“预防性”的，而是“预测性”的。

通用电气公司石油及天然气工厂，商业涡轮设备解决方案制造总经理大卫·马拉尼说：“自动化制造和像增材制造这样的新技术使用，使我们能够更有效、准确和经济的开发零部件和产品，加快了我们将产品推向市场的速度。”

据悉，过去几年来，通用电气一直在其全球诸多研发中心加大对增材制造研发的投资，这些研发中心包括越班加罗尔（印度）、尼什卡纳（日本）、密歇根州（美国）、上海（中国）和慕尼黑（德国）等。

实际上，3D 打印技术的应用已经延伸到通用电气的所有业务领域，比如其将钴铬合金用于喷气发动机的制造，而这项技术最初是用于关节置换和牙科植入物的。此次塔拉莫纳工厂的上线，也是该公司对于自动化和3D打印多年来研发和投资的一个结果。

通用电气公司石油及天然气工厂在2013年的时候，就在意大利的佛罗伦萨，开始了增材制造实验室，并装配了首台直接金属激光熔融设备。自那时以来，该实验室又增加了两台设备以用于开发叶轮机械组件和特殊合金。另外，其与通用电气航空集团以及通用电气全球研究中心的合作，也大大加速了在通用电气集团内部技术的开发。目前，这两条新生产线已经开始运行，进入全面生产。

2. 通过以激光烧结技术为基础的增材制造来生产无人机

2017年4月，国外媒体报道，意大利无人机公司Soleon，一直在通过以激光烧结技术为基础的增材制造方法，来减少无人机组件的重量，提高其效率。该公司的最新产品之一“阿格罗”，是一款用于生物害虫防治的无人机，其聚酰胺身体是用激光增材制造出来的。

“阿格罗”虽然可以用在多种农业环境中，但实际上它有一个特定的目标：玉米螟虫，这种害虫每年都会毁掉大量农作物。但与其他治虫方案不同的是，“阿格罗”并不喷洒化学药品，而是亦眼蜂的卵，亦眼蜂是一种喜食玉米螟虫的黄蜂。通过均匀而高效地喷洒这些黄蜂的卵，“阿格罗”无人机绝对是一个非常有用的农业工具，它本身看起来就像一只黄蜂！

除“阿格罗”外，这家意大利公司还生产许多其他客户定制的无人机，每一种都有自己的特定目标。在制造过程中，该公司充分利用具体化的激光烧结技术，提供增材制造服务，来快速制造无人机身体和最终使用的零件。这些最终使用的激光增材制造零件分量要特别轻，这样才能最大限度地减少电池能源的消耗和延长飞行时间。

“阿格罗”的身体和零件，是用一台激光烧结技术的专用增材制造设备来生产的，所用材料为聚酰胺和填充有玻璃颗粒的聚酰胺。聚酰胺耐用而轻便，填充有玻璃颗粒的聚酰胺，则会变得更加坚硬，更不易受振动影响。因此，填充有玻璃颗粒的聚酰胺被用来增材制造靠近电机的部件。

Soleon公司经理解释说：“以激光烧结技术为基础的增材制造，其最大优势在于，可以很快地创造出各种复杂的系统，即使数量不多。通常这些零件，会在一个星期内制成。作为一家小公司，这可以让我们对客户想法的改变和愿望做出快速反应。我们已经成功让‘阿格罗’成为市场上最具成本效益和性能最佳的一个产品。”

（二）运用激光技术建造先进雷达的新信息

——用激光技术建造出全光子雷达系统

2014 年 3 月，意大利物理学家组成的一个研究小组，在《自然》杂志上发表论文认为，下一代雷达（无线电侦查与测距）系统，以软件定义的无线电通信为基础，具有载频更高、天线更小、带宽更广的特点，高度灵活以适应变化的环境。他们自己用激光建成的首个全光子学基础的相干雷达系统，就是这样一种新型雷达。

在论文中，研究人员还介绍了他们是怎样建造这种新式雷达系统的。美国海军研究实验室官员詹森·麦可金尼，在同期刊上发表了对该雷达系统的未来展望，概括了要把这种全光子雷达系统在真实世界里付诸实施，应注意哪些问题。

该雷达系统，是基于光子学的全数字雷达计划的一部分，该计划旨在提高目前电子信号系统的跟踪和速度计算能力。众所周知，这种系统需要更高频的信号，而现有系统还做不到这一点，因为高频会增加噪声，使接收的信号更不清楚。因此，科学家正在探索如何利用更稳定的激光信号。

要用激光建造雷达系统，必须克服的一个难题是，需要一个振荡光模来保持高度稳定的相位关系。据物理学家组织网报道，研究人员用了一个锁模激光器，来建立低定时抖动的激光脉冲周期序列，把它和装有新写软件的计算机相连，再加上一个滤光器和一个光电二极管，就能以低噪声产生无线电射频信号。

虽然，目前的全光子雷达系统还是个原型，但它确实管用。研究小组用它来真实监控了一个附近机场的飞机起飞，以测试它的能力，并将观察数据和来自传统电子信号系统的数据进行了比较，结果极为吻合。

麦可金尼指出，这只是初步的测试，还需要更多的研究和测试，才能确定该系统的效果是否比传统系统更好。

二、研制激光设备的新成果

（一）开发激光器的新信息

1．研制硅基与纸基激光器的新进展

——研制硅基激光器取得进展

2000 年 11 月，有关媒体报道，意大利特伦托大学洛伦佐·帕维西等科学家组成的研究小组，在《自然》杂志上发表论文称，他们使用纳米尺寸的硅颗粒，成功地使硅表现出受激辐射的特征。这一成果表明硅材料也有可能产生激光，有望为光电子技术带来变革。

硅是最常用、成本最低的半导体材料。但由于其发光性能差，迄今人们还未能用它制造出激光器。目前光电子领域使用的激光器是由砷化镓或磷化铟等材料制作的，不仅成本高，而且难以集成到硅芯片中。如果能直接用硅制造激光器，就有可能生产出速度更快的新型光电子运算装置或通信设备。

人们已经发现，硅的发光性能与其颗粒尺寸有关。当尺寸小到几纳米时，在量子效应的作用下，其发光能力会增强。该研究小组报告说，他们在实验中首先使用高能离子轰击二氧化硅，获得尺寸仅 3 纳米、排列紧密和高纯度的硅微粒。然后他们用普通的紫外激光照射这些微粒，使其发出红光和红外线。研究人员再用一束波长相同的激光穿过硅材料，结果发现这束激光的亮度增加了。这表明，硅微粒确实产生了具有受激辐射特征的现象。

研究人员说，虽然实验中硅微粒产生的辐射强度，还不足以使发出的光成为能量高度集中的激光，但在此基础上研制硅激光器是可能的。

——创建首个纸基可控随机激光器

2016 年 11 月，意大利罗马大学和德国慕尼黑技术大学联合组成的一个国际研究团队，在《高级光学材料》杂志上，发表论文《将生物结构应用于随机激光器模板的技术》。论文表明，他们创建了第一个基于纤维素纸的可控随机激光器，其成功利用了陶瓷二氧化钛的光散射效应。

一般而言，激光器有两个重要组成部分：①需要放大光的介质；②把光保持在介质中。经典激光器使用镜子对准目标，均匀地排列和发射光

线。与这种借助反射镜反射的反馈机制完全不同的是，随机激光器的反馈机制是以随机散射为基础的，其内部的微观结构也能发射光线，但是光线散射方向各异。

慕尼黑技术大学斯特劳宾科学中心，关注生物聚合物领域的材料合成研究，利用自然和生物材料的模型开发新的材料和技术。在实验中，他们用有机金属化合物原钛酸四乙酯浸渍常规的实验室滤纸，待干燥后将之置于500℃的温度中，生成了通常用在防晒霜中的陶瓷二氧化钛。

防晒霜的防晒效果，是基于二氧化钛的强烈光散射效应，随机激光器也利用了这一效应。研究团队认为，滤纸中的长纤维可形成稳定结构，因此可以作为随机激光器的结构模板使用。

研究人员还发现，在光谱仪的帮助下，他们能够区分结构模板材料中不同波长的激光，并将其单独定位、彼此分开。虽然随机激光器的发展仍在起步阶段，但鉴于它的多方向性且多种颜色等功能特点，可用作微型开关或检测结构变化。

2. 研制量子点与锁模激光器的新进展

——发明量子点纳米激光器

2006年4月，意大利帕维亚大学与美国加州大学圣芭芭拉分校物理学家组成的一个国际研究小组，在《物理评论快报》杂志上研究成果称，他们发明了一种只有纳米尺度大小的微缩型激光器，它的光学损失很小，可以用于发展集成光子学线路。

与一般的闪光相比，激光器可以发射出强度非常大的准直单色光。产生足够的受激发射一般需要大量的增益材料。研究人员已经设计出这种新的纳米器件，它只需要两个到四个量子点，就可以发射出品质非常好的激光束。

单个量子点有非常确定的跃迁能量，而大量的量子点放在一起显示出的发射能量谱占有很宽的频谱，因为各个量子点的尺寸大小都不一样。大量的量子点因为具有很宽的发射能量谱，可以用来作为大体积激光器中理想的增益材料。但是当激光器小型化之后，因为多个量子点的跃迁能量都不一样，所以很难与光学腔发生共振。

科学家们发现了一种方法解决这个难题，他们把量子点嵌入到光学晶体纳米腔中，它能把光线限制在非常小的体积中。光学晶体可以通过在半导体材料（比如砷化镓）薄膜上钻孔制成，这种特殊的设计可以在纳米腔内产生一个分布非常协调的电磁场，这个电磁场可以使嵌入其中的量子点产生的电磁场的重叠最优化，并且增强光学腔的性能。

这个新的设计极大的抑制了各个量子点跃迁能量的不同，使得它们与周围的电子载荷相互作用。因为这种相互作用可以提供额外的能量，所以量子点可以自动调节发射的光线的颜色，与光学腔发生共振。由于这种相互作用非常显著，所以相对于其他任何一种半导体激光器，这种纳米激光器的发射阈值都有百倍的改进。

另外，科学家们还发现，这种由几个量子点构成的激光器的光学效率，比高密度量子点器件的光学效率还要高。激光器的自发发射耦合因子理论上为 1.0，这种新发明的纳米激光器可以达到 0.85，而多层量子点激光器只能达到 0.1~0.2。

——研制成功首款超小锁模激光器

2012 年 4 月 4 日，意大利国家研究委员会科学家参与的一个国际研究团队，在《自然·通讯》杂志上发表研究成果称，他们研发出一种新型的超小激光器，有望彻底改变计算、医药等多个领域的面貌，也能助推超高速通信等领域的发展。

据悉，这是首款激光模式相互间的相位被锁定的激光器，也是首次使用一个微腔谐振器来对激光器锁模，锁模激光器可以产生最短的光脉冲。因此，新式超小激光器不仅能制造出激光超短脉冲，而且非常精确、体型超小、发出激光速度超快，可以在很多领域大显身手。

制造出能以非常高及非常灵活的重复频率发出光脉冲的激光器，是全球科学家们一直孜孜以求的目标。不同的研究团队提出了各种各样的方法来制造这样的激光器，但都功亏一篑，该研究团队首次让这种激光器成为现实。

研究人员表示，新式激光器设备能在前所未有的高重复频率 200 吉赫（1 吉赫=1000 兆赫）下非常稳定地运行，同时维持非常狭窄的线宽。新激光器体型纤细、功能多样、性能稳定而且高效，可以应用于很多领域。

科学家们指出，新激光器将在计算、测量、疾病诊断及材料处理等领域找到用武之地，也将在测量学使用的精密光学时钟、超高速通讯、微芯片计算以及其他领域大展身手。

（二）研制激光切割与焊接设备的新信息

1. 开发激光切割设备的新进展

推出市场上最快的激光切割机。2007 年 4 月，有关媒体报道，意大利普瑞玛工业公司在第十届中国国际机床展览会上，重点展示了号称“开创激光切割新纪元”的产品。普瑞玛工业公司亚太地区总裁多梅尼科·阿彭迪啱博士自豪地表示，这是目前市场上最快的激光切割机，切割过程中的加速度超过 6 克，使得高速加工和高质量切割完美结合。

作为该机床的独到之处，床身通过采用人造大理石材质获得较强的稳定性，其运动由两部分组成：在整个加工范围里移动的主轴（X，Y，Z），与切割头上特有的在局部范围内移动的局部轴（U，V）。当主轴进行定位、大尺寸外形的加工时，局部轴则执行“微观”移动，以实现在局部范围里的高速切割。

阿彭迪啱表示，普瑞玛致力于向中国市场提供最尖端的产品，进一步提高客户满意度。该公司在中国拥有沈阳普瑞玛激光切割机有限公司、上海团结普瑞玛激光设备有限公司两家合资公司，2006 年普瑞玛集团在中国市场上售出了超过 100 台机床，占整个中国市场份额的 30%以上，合资公司的生产水平也因应市场需求不断提升。

2. 开发激光焊接设备的新进展

激光焊接设备市场收益快速增长。2008 年 1 月，国外媒体报道，据全球性市场调查机构弗若斯特沙利文公司的研究表明，到 2011 年，意大利激光焊接设备市场收益，可由 2004 年的 4180 万美元，增长一倍至 7700 万美元。

意大利拥有雄厚的工业基础，其焊接设备市场规模目前在欧洲名列第二。只是目前，意大利激光焊接设备生产商过分依赖来自汽车工业，尤其是菲亚特集团和其供应商的需求。弗若斯特沙利文公司分析员提图斯·霍瑟瓦尔表示，从长远来看，以一家公司的力量，即使强大如菲亚特，其对拉动激光焊接的市场要求的贡献再大也不过如此，更何况激光设备本身的更新取代要求在量上并不大。

霍瑟瓦尔继续说，鉴于此，意大利激光焊接设备在策略上应重新定位，加大与德国汽车厂商的合作，从量上来讲，只基于意大利本国是很难产生很大的市场需求的。

事实上，考虑到激光焊接技术有助生产出更优质的元件，有意大利供应商已因为采用了这一技术，而赢得并保持来自德国汽车制造商的订单。这种趋势，预计将因为激光技术在具体生产应用上还有很大发展空间而得以持续下去。

此外，激光焊接虽然有广阔的实际应用面，但不可否认的是意大利激光设备市场的绝大部分业绩，还得归功于极少数的几个主要市场。如要确保一个长期稳定的市场发展前景，便应该让激光焊接技术更多地在其余非主流领域施展拳脚。比如重工业（包括轨道车制造业，长远来说还有船舶业）、航空航天、轻工业（尤其是管材焊接等）及电子业、医疗业等，都是属于大有挖掘空间的应用领域。

特别是目前，在金属加工和数个生产领域需要增值以应对低价竞争的压力下，自动化进程将成为大势所趋，这将拉动激光焊接设备需求的扩张。

第四章　宇航领域的创新信息

在意大利，受到伟大天文学家伽利略的影响，多年来，人们满怀热情地投入星空探测活动，建立起著名的格兰萨索国家实验室，研制出灵敏的“处女座”引力波探测器，聚集成实力雄厚的天文学家研究团队，对宇宙物质，以及太阳行星、中子星和黑洞等方面的研究，做出重大贡献。意大利在探测宇宙领域的研究成果，主要集中于积极探索宇宙持续加速膨胀之谜，认为宇宙时空或是一个“液态超流体”，在实验室获得1立方米宇宙最冷区域。搜索、探测和研究宇宙中微子，推进宇宙引力波与暗物质研究。在探测太阳系领域的研究成果，主要集中于推测地球磁场可在百年内完成逆转，验证用三维打印技术建造月球基地。利用探测器成功探测火星地表下图像，分析显示火星曾拥有海洋且发生过海啸，证实火星大气存在甲烷，确认火星南极冰下存在多个高盐水体。捕捉到流星撞进土星光环的罕见瞬间，研究发现土星并非一直有环，发现氮气爆炸可能催生土卫六的部分湖泊。推进木星、水星、矮行星与彗星的探测研究。在宇航研究领域的其他成果，主要集中于推测银河系可能是一个巨型虫洞，研究表明第一批恒星形成时间比预计的晚，首次证实双中子星并合产生的“宇宙喷泉”，发现两个“婴儿”黑洞，揭示特大质量黑洞从星系获得“养料”的方式。同时，投入研发航天器，探索天文观测新技术，参与航太空开发利用计划。

第一节　探测宇宙的新进展

一、研究宇宙概貌的新成果

（一）宇宙学理论研究的新信息

1. 探索宇宙持续加速膨胀原因的新进展

认为宇宙持续加速膨胀之谜有望破解。2008 年 1 月 30 日，意大利布雷西亚天文台古佐领导的，一个由51名天文学家组成的国际研究团队，在《自然》杂志发表研究报告中指出，他们正在解开宇宙一大谜团：为何宇宙大爆炸引发的宇宙膨胀仍在持续加速。同时指出，找到这个问题的答案指日可待。

10年前，天文学家惊讶地发现，宇宙正在以比过去更快的速度进行扩张。而长期以来，科学家一直假定，星系透过引力相互吸引，将减缓140亿年前宇宙大爆炸引发的宇宙扩张。现在，有两种截然不同的理论，可解释这项惊人发现。

第一种理论认为，宇宙充满了所谓的“暗能量”，这是一种推断出来，但从未被直接观测到的物质。暗能量不能被现有技术观测到的原因是，它既不会发射光线，也不会反射光线或辐射线。该理论认为，暗能量抵消了星系施加于彼此的相互引力，否则引力会牵制宇宙的膨胀。

第二种理论认为，暗能量并不存在。如果这个理论属实，目前有关引力是宇宙主要驱动力的理论就存在缺陷，除非太空还存在另一维空间，这种理论才有意义。

但到目前为止，这两种理论都还没有获得足够观测材料的有力支持。现在，意大利研究团队宣称，一种新的方法也许可以解开这个谜团。

他们利用欧洲航天局的超大望远镜，测量了过去30年里约1万个星系的分布与活动情况。他们的观测目的，是要评估宇宙间星系相互角力当中推动星系相互远离，造成宇宙整体膨胀的强大力量，以及让它们互相吸引的引力。

通过间接测量星系移动的速度，科学家得以绘制出正在扩张中的宇宙3D图像，该图也能提供星系之内的自身活动信息。

研究人员称，测量宇宙史不同时代的“扭曲”情况，是测试暗能量性质的一种方法。开展此类研究的重要工具，则是架设在智利塞罗-帕拉纳山巅的记录X光的大型摄谱仪。

研究人员已对数千个星系进行了扫描。观测结果虽然还不是结论性的，但和暗能量扩张加速宇宙扩大的理论相一致。接下来，研究人员将把观测范围扩大10倍。研究人员表示，这种方法应该可以告诉我们，宇宙加速膨胀是否源于包含外来物质的暗能量，抑或需要修改万有引力定律。

2. 探索天文观测史谜团的新进展

欲用伽利略 DNA 揭开天文观测史谜团。2009 年 1 月 19 日，国外媒体报道，意大利佛罗伦萨科学历史博物馆暨学会主任保罗·卡鲁兹领导的一个研究小组，当天表示，他们正尝试获得伽利略的 DNA，以搞清楚这位伟大的天文学家如何在逐渐丧失视力的情况下，提出众多的开创性宇宙理论。

伽利略（1564—1642）是意大利 17 世纪伟大的天文学家，在前驱尼古拉·哥白尼研究的基础上，提出太阳是宇宙中心的现代天文学理论。伽利略患有变性眼疾，最终致他双目失明。意大利佛罗伦萨科学历史博物馆暨学会的科学家，计划将伽利略的遗体从墓中挖出，用以揭开他在逐渐丧失视力情况下使用望远镜之谜。

卡鲁兹表示："如果在伽利略 DNA 的帮助下，我们成功理解了这种疾病如何逐步令他的视力丧失，那么这也许能帮我们揭开科学史上许多重大发现之谜。我们由此可以解释伽利略犯下的某些错误，例如，为何他将土星描绘成具有'侧耳'，没有认为土星是被光环包围的。"

为重现伽利略天文观测的过程，研究小组制作了伽利略所用望远镜的复制品。现在，他们希望获取有关眼科专家所说伽利略患有遗传性眼疾的 DNA 证据，从而更为全面地了解伽利略是如何在这种情况下进行天文观测的。伽利略的天文发现彻底改变了人类对宇宙的认识。

据卡鲁兹介绍，研究小组将花一年时间筹集研究项目所需的 30 万欧元经费，同时扫除开启伽利略坟墓所面临的种种行政障碍。伽利略被葬于佛罗伦萨圣十字教堂。联合国宣布 2009 年为"国际天文年"，以纪念伽利略首次使用望远镜进行天文观测 400 周年。

1609 年，伽利略通过望远镜获得了许多重大的天文学发现，如发现太阳有斑点，月球表面有陨石坑和山峰，绕木星轨道旋转的卫星，从而证实了哥白尼有关行星绕着太阳而非地球转的理论。

（二）宇宙时空模型研究的新信息

1. 认为宇宙时空或是一个"液态超流体"

2014 年 4 月 28 日，英国《每日邮报》网络版报道，"宇宙空间"究竟是什么？半个世纪前，有人提出"时空是一个流体"的想法，这一观点后来被称为“超流体真空论”。现在，意大利国际高等研究院的研究员里贝拉蒂、慕尼黑路德维希-马克西米利安大学的科学家马切诺尼，首度解决了这一液体中的黏度问题。结果表明，其稠厚的程度几乎为零。

据报道，长期以来，在诸多宇宙谜题中最难以理解的就是：事物是如何在其中移动的。因为能量的转移需要一个媒介，那么电磁波、光子通过宇宙空间时，假定的介质是什么？但实际上，这种介质是否存在，一直是学界争论不休的话题。

最新研究认为，时空或许是某种形式的超流体。超流体是一种物质状态，完全缺乏黏性，正由于没有摩擦力，它可以永无止境地流动而不会失去能量。按照里贝拉蒂和马切诺尼的理论，时空作为这种特殊的物质形式，也具有非同寻常的特性，就像声音在空气中传播一样，它提供了一种介质，能让波和光子得以传播。

研究人员通过建立模型，试图将重力和量子力学融合为“量子引力”这种新理论，并表示这将是一个解释宇宙的超流动性的合理模型。宇宙的四种基本力——电磁、弱相互作用、强相互作用和引力，量子力学可以解释其他所有，只除了引力。而现在“量子引力”的建模需要去了解这种流体的黏度，结论是其黏度值极低，接近于零。而这在以前从未被加入详细考虑范围内。

研究人员表示，随着现代天体物理学技术时代的到来，科学家们将拥有更强有力的线索来支持新兴的时空模型。

2. 在实验室获得1立方米宇宙最冷区域

2014年10月21日，物理学家组织网报道，意大利格兰萨索粒子物理国家实验室的“低温地下罕见事件天文观测台”，创造了一项新的世界纪录：把一块铜立方体几乎冷却到“绝对零度”。研究人员称：“这个铜块是宇宙间最冷的一立方米区域，目前保持这个温度已超过15天，将如此大块物质整体冷冻到如此接近‘绝对零度’，真是前所未有的实验。”

据报道，这个铜立方块重达400千克，被冷却到了6毫开，也就是零下273.144℃。研究人员描述道：“铜块被密封在一种‘低温恒温器’中，它在世界上所有此类设备中独一无二，不但在尺寸、极限温度、制冷动力方面其他设备无可比拟，其极低放射性环境更是绝无仅有。”

"绝对零度"是19世纪中期，由爱尔兰开尔文男爵威廉·汤姆森定义的热力学绝对温度，这是一种理想的理论值，代表气体所有粒子能量都为零的状态，物质的温度只能无限逼近但不能达到或低于绝对零度。

在现实中，要制造接近绝对零度的低温环境，主要技术是激光冷却和蒸发冷却，华裔物理学家朱棣文曾因发明了激光冷却和磁阱技术制冷法，与另两位科学家分享了1997年的诺贝尔物理学奖。

到目前为止，人类在地球制造出的最低温度纪录是0.5纳开（1开尔文等于10亿纳开），是国际科学家团队在2003年用铯原子实现玻色-爱因斯坦凝聚态过程中获得的；而自然界最冷的地方，是智利天文学家发现的距离地球5000光年的半人马座"回力棒星云"，该已知宇宙最冷天体只有1开氏度。

二、研究宇宙中微子的新成果

（一）搜索与探测宇宙中微子的新信息

1. 搜索"无中微子双β衰变"迹象的新进展

完成首次无背景干扰搜索"无中微子双β衰变"迹象。2017年4月，英国《自然》杂志发表了一项粒子物理学的重大突破：意大利格兰萨索国家实验室、德国图宾根大学、慕尼黑工业大学、马克斯·普朗克核物理研究所等欧洲数十个科研机构物理学家组成的锗探测器阵列实验研究团队，完成了首次无背景干扰搜索，但未发现"无中微子双β衰变"迹象。"无中微子双β衰变"是一种放射性衰变，如果被发现存在，将证明中微子是其自身的反粒子，从而结束粒子物理学界长期争论的一个议题。

一些粒子物理学经典模型的扩充理论，通过假设中微子是其自身的反粒子，来解释为何现在的宇宙中物质多于反物质。如果假设成立，那么就应存在名为"无中微子双β衰变"的放射性衰变：原子核衰变放射两个电子而不放射中微子。换句话说，只有在中微子是其自身的反粒子的情况下，"无中微子双β衰变"才能发生，而中微子将是唯一适用于物质和反物质混合的物质粒子。

但是，由于"无中微子双β衰变"的半衰期，至少是宇宙年龄的15个数量级，人们想要观察它，就必须抑制所有可能干扰探测的背景信号。

锗探测器阵列实验研究团队，最新报告了实验Ⅱ期的首批数据。锗探测器阵列位于意大利格兰萨索国家实验室地下 1400 米深处，能够非常有效地过滤掉背景电磁波谱。研究人员此次在 35. 6 千克的 76 锗同位素中搜寻了“无中微子双 β 衰变”。团队成员报告称，他们通过排除背景信号，完成了该领域的首个无背景实验。但是，他们并未发现“无中微子双 β 衰变”的迹象。

在《自然》杂志上本篇论文相应的新闻与观点文章中，美国杜克大学科学家菲利普·巴尔博表示，物理学家们一直在搜寻神秘的放射性衰变形式，此次完成的无背景搜索，对于该领域而言是一项卓越的成就，它意味着未来的搜索将会对“无中微子双 β 衰变”高度敏感。

2. 检测宇宙中微子的新进展

——在深层地幔和外太空中再次测到中微子

2015 年 8 月，《新科学家》杂志网站报道，意大利核物理国家研究所、格兰萨索国家实验室吉安保罗·贝利里领导的“太阳中微子实验”研究团队，在《物理评论 D》杂志发表论文称，他们在地壳和更深层地幔中，探测到中微子的反物质：反中微子，地幔中的反中微子甚至占到总量的一半左右。

中微子几乎没有质量，是在放射性衰变中形成的中性带电粒子。中微子几乎不和其他粒子发生相互作用，每秒钟有数万亿中微子从我们身边经过，我们却全然不知。

格兰萨索的“太阳中微子实验”探测器是一个巨型金属球罐，其内充满 300 吨的液体闪烁体。反中微子会发射出一个正电子和一个中子。当这两个粒子撞到液体中的粒子时，就会发出特殊的闪光。

该研究团队从 2007 年开始，在格兰萨索当地探测中微子，之前的“太阳中微子实验”探测器和位于日本的中微子实验探测器都曾发现过反中微子，但信号非常微弱。据报道，这次新研究中，科学家们分析了“太阳中微子实验”探测器 2056 天获得的详细数据后，发现了反中微子。新发现具有 5. 9 西格玛水平，这意味着，误差只有 2. 75 亿分之一，而粒子物理学家们通常将 5 西格玛水平置信度作为发现粒子的标准，新发现大大超过了这一标准。

这次新研究中，研究人员还能确定地球内产生中微子的放射物铀和钍的比例，并且首次区分出反中微子是来自地壳还是来自深层地幔。贝利里说："越来越多的证据表明，深层地幔中也能发现反中微子。"

当"太阳中微子实验"探测器试验在往下寻找中微子时，南极的冰立方探测器也在外太空寻找中微子时再次获得突破。曾在2013年首次探测到两个高能中微子后，冰立方团队已经探测到越来越多的中微子，但最近，他们宣称探测到能量最高的中微子，这些中微子的能量超过2000万亿电子伏特，比大型强子对撞机的碰撞能量还要高150多倍。

这些新发现，有助于物理学家们揭示暗物质等宇宙奥秘。地幔中微子的探测研究，将帮助科学家们更好地理解，放射物衰变如何驱动地幔中岩石层移动等过程。

——检测到太阳次要聚变循环产生的中微子

2020年11月，意大利格兰萨索国家实验室博瑞西诺合作组织的专家，在《自然》上发表一篇天体物理学研究论文称，他们通过高灵敏度检测器，检测到太阳次要聚变循环产生的中微子。测量这些中微子，可以为了解太阳结构和太阳核心内的元素丰度提供新线索，将有助于人们了解不同恒星的主导能量来源。

该论文介绍，恒星的能量来自于氢到氦的核聚变，这通过两个过程发生：质子与质子链反应、碳氮氧循环，前者只涉及氢氦同位素，后者靠碳氮氧催化聚变。质子与质子链反应，是同太阳大小类似的恒星的主要能量产生方式，约占全部生产能量的99%，这一点已得到广泛研究。研究碳氮氧循环更具有挑战性，因为通过这种机制产生的中微子，每天只比背景信号多几个而已。

博瑞西诺合作组织研究人员，在发表的论文中报道，检测到了太阳碳氮氧聚变循环期间发射出的中微子，且具有高统计显著性。他们使用的，是意大利格兰萨索国家实验室高灵敏度的博瑞西诺检测器，它能够排除或解释大部分的背景噪音源。论文作者表示，这些结果，代表第一个已知的关于碳氮氧循环的直接实验证据，证明碳氮氧循环贡献了1%左右的太阳能量，其符合理论预测。

论文中提出，测量碳氮氧聚变产生的中微子，可以确定恒星中碳氮氧的丰度。据信，碳氮氧循环对质量大于太阳的恒星的能量生产，具有更大的贡献。了解恒星中重量大于氦的元素的丰度（即金属性），有助于人们了解不同恒星的主导能量来源。

在《自然》同期发表的相应“新闻与观点”文章中，有同行专家称，博瑞西诺合作组织专家的工作，让科学家能够更进一步地全面认识太阳和大质量恒星的形成，或许会定义未来几年这个领域的研究目标。

3. 捕获宇宙中微子“变身”的新进展

首次捕获μ中微子“变身”τ中微子的直接证据。2015年6月16日，意大利那不勒斯费德里克二世大学的物理学家、格兰萨索国家实验室发言人乔瓦尼·德莱利斯等人组成的一个研究团队，在英国《自然》杂志发表研究报告称，他们采用乳胶径迹装置的振荡实验，首次捕获到μ中微子“变身”为τ中微子的直接证据。

目前，科学界普遍认为，中微子有三种类型或者“味”：电子中微子、μ中微子和τ中微子。在非常罕见的情况下，中微子会与质子或中子相互作用，生成电子、μ子或τ子轻子，这被称为中微子振荡。长时间以来，科学家们一直不相信中微子能改变其类型，但始终坚信，中微子振荡不仅在微观世界最基本的规律中起着重要作用，而且与宇宙的起源与演化有关，例如宇宙中物质与反物质的不对称很有可能由此造成。

据报道，2008—2012年间，欧洲核子研究中心朝730千米远的意大利格兰·索瓦山发射了一束μ中微子束，当到达目的地时，有些μ中微子变成了τ中微子。

最新研究结果表明，当这些中微子撞击格兰萨索国家实验室探测器内的铅靶时，生成了一些τ轻子。德莱利斯说：“这种轻子转眼间就发生了衰变——尽管它以接近光速行进，但只行进了不到1毫米。”

意大利研究团队在15万块“砖”组成的阵列中，探测到了这种短命的粒子。阵列中的每块“砖”重约8千克，由57块堆在一起的感光板组成。鉴于这套装置的表面积达11万平方米，他们设置了一套自动系统在这些板上搜索微条纹，它会显示τ轻子出现的信号。

2013年，该研究团队发表研究结论称，他们发现了4个可能的τ轻子信号，但根据严苛的物理学法则，这还不足以被宣布为一项新发现。不过，他们现在发现了第五个此类事件，可以宣布试验获得成功了。

（二）研究宇宙中微子的新信息

1. 研究中微子速度的新进展

“中微子超光速”可能源于光缆连接松动。2012 年 2 月 23 日，《自然》杂志网站报道，意大利科学家参与的中微子振荡装置团队表示，在他们 2011 年进行的中微子超光速实验中，可能存在两个误差：一是 GPS 同步可能没有纠正好；二是连接 GPS 和原子钟的光缆没连接好。这两个误差可能影响了实验结果，他们打算用计算机内精确设置的时钟来收集新数据。

中微子振荡装置团队 2011 年 9 月 22 日曾表示，意大利格兰萨索国家实验室下属的一个名为“中微子振荡装置”的实验装置，接收了来自欧洲核子研究中心的中微子，两地相距 730 千米，中微子跑过这段距离的时间比光速快了 60 纳秒。

消息公布以后，很多物理学家们对结果存疑。但中微子振荡装置团队表示，消息公布前，他们反复观测到这个现象 1.6 万次，并仔细考虑了实验中其他各种影响因素，确认无误后才公布结果。

美国科学促进会下属的《科学线人》杂志发表的一篇报告指出，连接原子钟的一根光缆变松了，这可能导致其中一个用于计算中微子运行时间的原子钟产生了具有欺骗性的结果，让中微子比光早 60 纳秒到达目的地。

报道说，在紧固好光缆连接并计入数据在光缆中传输的时间后，研究人员发现光缆数据的到达时间，比上述意大利实验室的计算结果提前了 60 纳秒，与中微子的实际抵达时间相同。中微子的“奔跑”速度并未超过光速。

中微子振荡装置官方没有对该观点发表评论，但他们指出，实验中可能存在着两个误差：“一是 GPS 同步可能没有纠正好；二是将外部 GPS 信号带到中微子振荡装置主原子钟的光纤连接，可能出现了问题。”这两个误差可能会从不同方向改变中微子的“旅行”时间，从而产生错误的结果。

他们将于今年使用新的中微子束进行试验，再次尽可能精确地测量中微子的速度。与上述提到的可能误差源和与此有关实验结果的详细报告会尽快提交给科学委员会和科研机构。

中微子振荡装置的一位成员、德国汉堡大学的卡伦·哈格纳表示："我们必须更彻底地对实验结果进行重新核查并进行严格的探讨。"

2. 研究中微子形态变化的新进展

再次发现中微子变形。2014 年 3 月 25 日，意大利核物理研究中心网站报道，意大利格兰萨索国家实验室专事研究中微子振荡现象的"奥佩拉"项目组，观察到中微子变形。这是他们自 2010 年以来，第 4 次探测到这种罕见现象。

"奥佩拉"项目组协调人、意大利那不勒斯大学副教授乔万尼·德莱利斯说，先前他们已发现过中微子变形，而这次发现是对先前观察的"重要印证"。研究人员在一场学术研讨会上说，日内瓦的欧洲核子研究中心实验室发出 μ 中微子，在地球中飞行 730 千米后变形成为 τ 中微子。

中微子是基本粒子之一，广泛存在于宇宙中。它能轻松穿透地球，基本不与任何物质发生作用，因而难以捕捉和探测，被称为宇宙间的"隐身人"。中微子存在 3 种类型，分别是电子中微子、μ 中微子和 τ 中微子。这 3 种中微子被认为可相互转换即"变形"，这种现象称为"中微子振荡"。

德莱利斯说，这次探测数据"前所未有的准确"。报道显示，这次发现的中微子震荡数据的精确度"超过 4 个西格玛水平"（误差率约为千分之六）。意大利核物理研究中心副主席安东尼奥·马谢罗也认为，这一发现为所谓"新物理学"，也就是基于标准模型理论的物理学创造了条件。

欧洲核子研究中心发起的"奥佩拉"项目，专门研究中微子振荡，实验室位于瑞士和意大利，项目由全球 11 个国家和地区、28 所研究机构的 140 名核物理研究人员参与。他们曾于 2010 年、2012 年和 2013 年宣布发现 μ 中微子变形成 τ 中微子现象。

2011 年 9 月，"奥佩拉"项目组还曾宣布发现"中微子超光速"，引起科学界巨大轰动和争议。但次年欧洲核子研究中心复核后指出该"发现"是误差所致，于是"成果"被撤销，当时的项目组负责人也宣布辞职。

三、研究宇宙引力波与暗物质的新成果

（一）宇宙引力波研究的新信息

1. 探索"原初引力波"信号的新发现

分析表明"原初引力波"信号可能源于太空尘埃。2014 年 9 月 23 日，

美国太空网网站报道，意大利里雅斯特国际高级研究学校，卡尔洛·巴希咖鲁皮等专家参与的欧洲空间局（ESA）的普朗克研究团队，对普朗克望远镜频率30吉赫到857吉赫的范围进行观察，而宇宙泛星系偏震背景成像研究团队只用150吉赫这一频率进行观察。从同样的天体捕获到的数据进行分析，他们的研究结论，对宇宙泛星系偏震背景成像研究团队的发现存在重大差别。

3月17日，美国哈佛-史密森天体物理学中心举行新闻发布会，宣布利用位于南极的宇宙泛星系偏震背景成像望远镜，探测到了“原初引力波”的信号，从而获得了宇宙诞生初期急剧膨胀（暴涨）的首个直接证据。

巴希咖鲁皮表示：“不幸的是，我们的分析表明，无法排除污染物尤其是银河系中的气体产生的影响。”但是，这项研究，也并没有排除宇宙泛星系偏震背景成像望远镜，真的看见了“原初引力波”的信号这一种可能性，目前，这两组科学家正在携手合作，希望能获得确定的结果。

根据宇宙大爆炸理论，138亿年前，宇宙在大爆炸后不到1秒的时间里膨胀了1078倍，这一过程被称为“暴涨期”。大爆炸形成的“最古老的光”穿越漫长时空，成为均匀散布在宇宙空间中的微弱电磁波，仿佛是宇宙的背景，因而被称为“宇宙微波背景辐射”。

宇宙泛星系偏震背景成像望远镜的观测对象，便是“宇宙微波背景辐射”这一“大爆炸的遗迹”。这是物理学家首次从“宇宙微波背景辐射”中发现了磁性偏振信号，并经过3年多的分析认为，这种偏振正是大爆炸瞬间产生的“原初引力波”造成的，从而获得了支持宇宙“暴胀期”理论的最有力证据。

这一研究结论，在科学界引发了巨大的震动，但也引发了一些科学家的质疑。有怀疑称，研究人员所观察到的引力波的信号，实际上可能是污染物，是银河系内的灰尘和气体混合在一起的产物。

2. 探测引力波的新进展
——激光干涉仪同时发现引力波

2017年9月27日，有关媒体报道，意大利科学家参加的欧洲组与美国组两个引力波项目组，在意大利都灵召开新闻发布会称，两个项目组的

3 台激光干涉仪首次共同探测到“时空涟漪”，不仅再次验证广义相对论，还更准确地确定了产生引力波的黑洞位置。

发布会称，2017 年 8 月 14 日，激光干涉仪引力波天文台（LIGO）的两台干涉仪，与欧洲“处女座”（Virgo）引力波探测器的一台干涉仪，从三个地点几乎同时（先后相差仅几毫秒）捕获到了最新引力波事件，编号为 GW170814。

第四次引力波，由距地球 18 亿光年的两个超大黑洞合并产生，质量分别为太阳质量的 31 倍和 25 倍，合并后的黑洞质量约为太阳质量的 53 倍，剩余约 3 个太阳的质量转变成能量以引力波的形式释放出来。

2015 年 9 月、2015 年 12 月和 2017 年 1 月先后 3 次探测到的引力波，都由激光干涉仪引力波天文台单独完成。新加入的“处女座”探测器位于意大利比萨，项目组由 20 个欧洲研究团队的 280 多名物理学家和工程师组成。2017 年 8 月 1 日，升级后仅两周，它就首次探测到了引力波现象。

引入第三台干涉仪，从三个观测站更精确地定位了引力波信号来源的位置，对引力波探测意义重大。

此前三次探测到的引力波，将黑洞的位置限定在相当于 3000 个月球大小的太空范围内，而现在可缩小到只有 300 个月球大小的区域，精确度提高了 10 倍。

研究人员表示：“观测范围更加明确后，地面光学和无线电天文望远镜，可在第一时间准确对准信号来源进行观测，以确认是否存在其他星体合并产生的引力波。此次合作让引力波探测再向前跨越一大步。”但这只是开始，技术升级将使激光干涉仪引力波天文台探测器更加灵敏，在定于 2018 年秋季开展的下一次观测中，研究人员说：“我们预计每周甚至更频繁地获得这样的探测结果。”

美国国家科学基金会主席弗朗斯·科尔多瓦得知消息后说：“相隔万里的探测器，首次共同探测到引力波，对旨在破解宇宙奥秘的国际科学探索来说，是一个令人激动的里程碑。”

——国际正式启动第三轮引力波探测活动

2019 年 4 月 3 日，国外媒体报道，寻找引力波的新一轮工作又开始了，这一次将借助量子力学的奇妙之处。在经历了 19 个月的关机并完成对激光、反射镜及其他部件的一系列升级后，3 个大型探测器：意大利的“处女座”引力波探测器，以及美国的两个激光干涉引力波天文台，正式启动第三轮引力波探测活动，同时恢复数据收集工作。

研究人员表示，在某种程度上，由于一种被称为光压缩的量子现象，这些机器不仅有望发现更多引力波，还可能进行更为详细的探测。

引力波可以揭示有关宇宙的丰富信息。研究人员希望此次能够观测到一些尚未被发现的事件，比如一颗超新星，或者一个黑洞与一颗中子星的合并。

此次运行将持续到 2020 年 3 月，同时也标志着引力波天文学的一个重大变化。“处女座”探测器和激光干涉引力波天文台，将首次向其他天文台，以及任何拥有望远镜的天文爱好者，发布关于引力波探测的公共实时警报，并提示他们如何找到这些事件，以便使用从射电望远镜到空间 X 射线望远镜的传统技术，对其展开研究。

加州理工学院物理学家、激光干涉引力波天文台主任大卫 · 瑞兹表示：“天文学家真的很着急。”激光干涉引力波天文台，在 2015 年首次对引力波进行了历史性探测。

瑞兹说，升级后的网络，从平均每月一次增加到大约每周一次，应该能够比以前运行时检测到更多的事件。这些事件可能大部分来自黑洞合并，但物理学家渴望看到另一场中子星碰撞。

灵敏度的提高，将使探测器能够更好地从恒定的背景噪音中分辨出信号，从而为物理学家提供更多有关引力波的细节。这反过来又为精确验证爱因斯坦的广义相对论提供了可能。广义相对论预测了引力波的存在。

升级后的激光干涉引力波天文台，还降低了量子噪声水平。量子噪声由光子的随机波动引发，可能导致测量的不确定性，并且掩盖微弱的引力波信号。

澳大利亚墨尔本市莫纳什大学理论天体物理学家伊利亚 · 曼德尔指出，未来的探测应该能够揭示正在合并过程中的黑洞的秘密，比如它们旋转的速度和方向。他表示：“或许我们可以开始梳理一些信息，看看它们是否优先排列。”

意大利国家核物理研究所物理学家、“处女座”调试协调员亚历西奥·罗基说，2017 年，技术上的一些障碍，阻止了位于华盛顿州汉福德的激光干涉引力波天文台干涉仪及“处女座”探测器的工作，但如今它们已经赶了上来；特别是“处女座”探测器，其探测距离已经增加了一倍。同时，另一台位于路易斯安那州利文斯顿灵敏度最高的激光干涉引力波天文台仪器，在此次升级时灵敏度又提高了 40%。

科学家表示，新启动的第三轮引力波探测比以往的灵敏度大大增强，“处女座”探测器和激光干涉引力波天文台，在接下来的一年将共同探测，从已知的各种来源中发现更多引力波，也有望探测到新的引力波事件，比如中子星和黑洞碰撞所发出的引力波。

与此同时，日本新建成的 KAGRA 引力波天文台的研究人员，正在加紧调试他们的探测器，以便在 2020 年初加入这个网络。拥有第四个探测器，将特别有助于以更高的精度定位宇宙中发生的事件。

引力波是一种“时空涟漪”，如同石头丢进水里产生的波纹一样。黑洞、中子星等天体在碰撞过程中有可能产生引力波。激光干涉引力波天文台的两个探测器，2015 年探测到了由双黑洞碰撞产生的引力波信号，这是人类历史上首次直接探测到引力波。此后，“处女座”探测器和激光干涉引力波天文台，又陆续探测到 9 次双黑洞碰撞产生的引力波信号。

2017 年，由多国科学家共同合作，第一次直接探测到来自两颗中子星碰撞产生的引力波。虽然科学家认为宇宙中也会有中子星和黑洞发生碰撞，但这种碰撞产生的引力波，至今还未被探测到。

（二）宇宙暗物质研究的新信息

1. 搜寻暗物质实验的新进展

——迄今最大最灵敏的暗物质实验揭开帷幕

2015 年 11 月 11 日，《自然》杂志网站报道，迄今最大最灵敏的暗物质实验设备液态氙探测器，当天在意大利格兰萨索地下实验室揭开帷幕。《自然》评论称其或将改变历史，或将宣告超对称理论中对暗物质的描述终结。

人们现已知道，离开暗物质与暗能量，宇宙无法维持现有的星系旋转与膨胀速度。但是标准模型中并没有描述这二者的候选粒子，因此科学家才认为标准模型需要被拓展，许多新物理模型应运而生，其中超对称理论备受青睐。它认为迄今发现的每一个粒子都有一个通常来说更重一些的伙伴粒子，有一些则是大质量弱相互作用粒子，它是一种仍然停留在理论阶段的粒子，却是暗物质最有希望的候选者，在大爆炸中应被创造出来的大质量弱相互作用粒子的数量，恰好也符合宇宙学估测出的暗物质密度。

但暗物质的寻找过程甚是艰难。当前想要寻获暗物质有两个办法：将仪器送上太空，或者放入地下。后者是一个进行暗物质探测实验的最理想所在，因为地下深处可很大程度上免受宇宙射线的攻击。此次参与这项联合实验的125名科学家，将3.5吨液态氙作为“搜捕”暗物质的工具，并对其反应进行监控。液态氙属于冷物质，重量是水的3倍。该实验所用已远远超过当今世界上最先进的暗物质探测实验：美国桑福德地下研究中心大型地下氙探测器里370千克氙的重量。而在2013年，该实验曾排除了大质量弱相互作用粒子作为暗物质候选者的可能，即是说其寻找暗物质未获成功。

液态氙探测器定于2016年3月底开始收集数据。该实验如能发现暗物质，无疑将被写入历史；反之，它将终结掉一个备受欢迎的暗物质的候选者，同时也是标准模型的扩展理论。目前，欧核中心地下的大型强子对撞机也在对大质量弱相互作用粒子进行追寻，以期发现超对称粒子的蛛丝马迹，“防止”这一理论寿终正寝。

——最大搜寻实验仍未发现暗物质

2018年5月28日，《科学新闻》网站报道，栖居意大利的液态氙设备，是迄今最大、最灵敏的暗物质探测器，而最新研究表明，历经一年多的搜索，该设备仍未发现任何暗物质的“蛛丝马迹”。尽管如此，研究人员指出，新研究缩小了寻找所谓的“弱相互作用重粒子”的范围。

暗物质被认为组成了宇宙中大部分物质。物理学家一直未厘清暗物质究竟是“何方神圣”，接受度最广的一个解释是弱相互作用重粒子。从20世纪80年代开始，科学家们前赴后继地寻找暗物质，但都以失败告终，液态氙实验寄托了他们的无尽期待。

液态氙探测器位于意大利格罗萨索国家实验室，在地下1400米深处，探测器使用了3200千克液态氙。科学家认为，弱相互作用重粒子等暗物质粒子，与氙原子核碰撞将会产生独特的能量信号，由此可以探测到暗物质的存在。

此前，液态氩探测器研究团队曾分析了约一个月的数据，没有发现弱相互作用重粒子踪迹。新研究的搜寻时间更长，但此次研究中，仍没有发现弱相互作用重粒子与液态氩相互作用的线索。不过，他们表示也并非空手而归：缩小了弱相互作用重粒子“藏身之处”的范围。

当天，在格兰萨索国家实验室和日内瓦的欧洲核子研究中心下属欧洲粒子物理实验室举行的会谈中，研究人员公布了最新结果。

尽管如此，正在与暗物质玩“躲猫猫”游戏的科学家，并没有气馁，他们准备创建更大、更灵敏的弱相互作用重粒子探测器，并寻找其他可能的暗物质颗粒，比如更低调的轴子等。“轴子暗物质实验”项目，将对轴子最有可能的一些躲藏地点进行探测。

2. 研究暗物质构成的新进展

发现不排除部分暗物质由原始黑洞构成的可能性。2019 年 9 月，意大利国际高等研究院卡多・穆尔吉亚、欧核中心阿尔维瑟・拉卡内里，以及意大利国家核物理研究院的科学家组成的一个研究团队，在《物理评论快报》杂志上发表论文称，他们借助超级计算机聚焦大爆炸后瞬间诞生的原始黑洞，再现了光子与氢之间的交互。分析后发现，宇宙网是一个由气体和暗物质“丝线”构成的网络，“触角”遍及宇宙每一个角落。这项研究成果，有望为人们揭示暗物质的本质。

理论认为，大爆炸后不到一秒钟内，宇宙可能诞生了大量原始黑洞。2016 年，激光干涉引力波天文台直接观测到引力波后，拉卡内里就表示：“原始黑洞仍是假设中存在的天体。”

近年，对原始黑洞的研究开始提上日程，因为它被视为解释暗物质构成的重要候选者，而原始黑洞无论存在或被彻底排除，都将为人类提供有关原始宇宙物理学的重要信息。

此次，该研究团队把目光投向莱曼 α 森林：宇宙“丝线”中的氢与光子之间的交互。他们借助“尤利西斯”超级计算机进行模拟，在分析了极端遥远类星体放射的光线与宇宙网之间的交互后，又把模拟结果与凯克望远镜观测到的交互进行比较。从而锁定了原始黑洞的部分特征及影响。

穆尔吉亚表示，他们测试了一种假设，即暗物质由在原始宇宙形成的非恒星塌陷黑洞构成。简单来说，他们利用电脑模拟了中性氢在亚星系范围的分布。进一步比照，确定了原始黑洞的质量和丰度极限，进而确定是否正是它们构成了暗物质。

现阶段，研究结果并不支持所有暗物质，都由一种特定类型的原始黑洞（质量是太阳的50倍）构成，但并没有完全排除原始黑洞构成少部分暗物质的可能性。

第二节　探测太阳系的新进展

一、研究地球与火星的新成果

（一）探索地球及其卫星月球的新信息

1. 研究地球的新见解

认为地球磁场可在百年内完成逆转。2014 年 11 月，一个由意大利科学家领导、美国和法国相关专家参加的国际研究小组，在《国际地球物理学杂志》上发表论文称，他们研究发现，地球磁场的逆转速度极快，整个过程可能不到 100 年。届时，所有指南针的指针将指向南，而不是现在这样指向北。此外，磁场逆转还会破坏地球上的电网，同时提高癌症风险。

科学家一度认为，地球磁场需要数千年时间才能发生逆转。在地球的历史上，磁场曾多次发生逆转。在长达数千到数百万年时间里，地球的偶极磁场一直保持相同的强度。出于一些未知原因，磁场强度变弱而后发生逆转。

研究小组发现，地球磁场上一次发生逆转是在 78.6 万年前，整个过程非常迅速，不到 100 年。研究人员表示："地球磁场的逆转速度让人感到吃惊。现在，我们已经掌握了相关的古地磁数据。这是迄今为止我们掌握的有关磁场逆转过程以及逆转速度的最理想数据。"

根据科学家发现的新证据，地球磁场强度的减弱速度是正常情况下的 10 倍，促使一些地球物理学家认为磁场将在几千年内发生逆转。磁场逆转由地球的铁核驱动，是一次全球性重大事件。尽管对地质和生物记录进行了研究，科学家并未发现与过去发生的磁场逆转有关灾难的文字记载。不过，如果现在的地球发生磁场逆转，将潜在地给我们的电网带来浩劫。由于磁场保护地球上的生命免遭来自太阳和宇宙射线的高能粒子侵袭，磁场减弱或者逆转前的临时性磁场消失，将提高癌症风险。

如果磁场在发生逆转前长期处于不稳定状态，地球生命将面临更大风险。研究人员指出："我们应该认真研究磁场逆转可能对地球生物产生的影响。令人难以置信的是，地球磁场的逆转速度极快，整个过程可能不到100年。我们不知道下一次逆转是否像上次一样突然发生并快速完成逆转过程。"研究人员称，不管新研究发现是否意味着现代文明将面临一场严峻挑战，都有助于科学家理解地球磁场如何及为何周期性发生逆转。

根据研究小组获取的磁场记录，地球磁场上一次发生180度逆转前在长达6000多年时间里处于不稳定状态。这种不稳定包括两次出现磁场强度较低的时期，每次持续大约2000年。磁场的快速逆转可能在强度第一次变低时发生。随后，整个磁极发生逆转，变成今天的状态。

2. 探索月球的新进展

验证用三维打印技术建造月球基地。2013年2月1日，物理学家组织网报道，意大利为创始成员国的欧洲空间局，联合多家机构，正在验证通过三维（3D）打印的方法，用月球表层的风化土壤来建造月球基地的可行性。目前，他们已用1.5吨的模拟月壤，造出一块基地建材样品。如能进一步解决相关问题，建造月球基地的宏伟工程将变得更加简单。

研究人员为月球基地设计了一种承重的"悬链"式穹顶，结合可压力充气的细胞状单元格结构的墙壁，以保护宇航员免受微流星体和空间辐射的伤害。设计原则由月球土壤的性质决定，中空的密闭细胞结构就像鸟类的骨骼，是强度和重量的完美统一。

实验验证所用的打印机，有一个6米长的移动打印喷头阵列，可以在一种像沙子似的材料上喷出黏合剂。据悉，这种打印机，通常是用来打印雕刻品和人造珊瑚的礁。研究人员说："我们首先要把模拟月壤与氧化镁混合，让它们变得像'纸'一样。建筑'墨水'是一种黏合盐，能把建筑材料变成像石头一样的固体。目前我们打印建筑物的速度约为每小时2米，下一代打印机将达到3.5米，一个星期就能打造一座完整建筑。"

意大利空间研究公司和圣安娜高等大学比萨工程学院，对3D打印的真空作业影响进行了评估。参与评估的乔瓦尼·凯萨里提解释说：“打印中的液体在无保护真空环境下会很快蒸发干净。我们将打印喷头插在表层土下，小于2毫米的液滴，会由于土壤的毛细管张力效应而留在土中，所以打印在真空中也能进行。”但如何控制月球灰尘和加热的问题，还需进一步研究。3D打印在地球室温下才有最佳效果，而月球表面日夜温差极大，这是需要克服的一道难题。

模拟月壤是由专门公司提供的，通常论公斤卖给科学测试，而这次却用了几吨之多。研究人员补充说：“意大利中部一处火山的玄武岩，经分析和月球土壤的相似性达到了99.8%，可以用来模拟月壤。”

欧洲空间局载人航天小组斯科特·霍夫兰表示：“3D打印有助于在建造月球居住地时减轻地球后勤供应的负担。国际空间机构可以考虑这种新的可能性，将其作为普通探索方案的一部分。”

（二）探测和研究火星的新信息

1. 研究火星地质的新进展

“火星快车”雷达成功探测火星地表下图像。2008年4月，国外媒体报道，欧洲航天局一个研究小组，最近利用“火星快车”探测器上的特殊雷达，成功地观测到火星地表以下的奥秘，首次以“三维立体”的方式对火星进行了科学探索。据悉，这个研究小组的负责人是欧洲航天局科学家皮卡第，成员包括意大利航天局的奥罗塞、瑞典空间物理研究院的巴拉巴什和法国图鲁兹空间辐射研究中心的索沃。

一架照相机无论有多精确，它只能测绘一颗行星的表面。在过去，如果行星科学家们想要找回地下的信息，他们可能会认为必须在行星表面着陆，然后开始挖掘工作。然而，这种工作只适用于一个庞大的星球表面上单个点，且深度很浅。

若是要获得地表下面的全球图像，科学家们就需要用到雷达探测器，如火星地下和电离层探测高新雷达，以找出最佳的着陆点，便于着陆器今后的移动和发掘。从各种意义上来说，火星地下和电离层探测高新雷达都是一种试验。美国加州喷气推进实验室的萨菲因尼里说：“它是我们向未知世界的一个跃进。”以前，从未有人使用过来自轨道的雷达探测器来探测另一个行星，因此，研究小组甚至无法确信它是否能按计划工作。

火星的地下对于雷达波来说可能难以穿透，或者火星大气的上层（电离层）可能会使信号过分失真。幸运的是，所有这些情况都未发现。意大利的奥罗塞说："我们已经证明，火星两极处的极冠几乎全是水冰，目前我们已精确了解那里水的总量。"有了对行星雷达探测器工作原理的进一步了解，研究小组开始对太阳系进行研究，以便其他机构从雷达调研中获益，其中一个很明显的目标就是木星冰冷的卫星木卫二。在土星的卫星土卫六上，科学家们使用有穿透力的雷达来测量"卡西尼"探测器探测到的碳氢湖的深度。它还可以刺探到"卡西尼"探测器在土卫二上观测到的神秘间歇泉的地下结构。

意大利的奥罗塞说："雷达探测器十分适合用来探索覆盖冰的世界，却不仅限于此。"雷达探测器还可以对小行星和彗星进行透彻的扫描，生成其内部结构的三维地图。

"火星快车"探测器的最新发现，在火星北半球低地和平原下，埋藏着很多直径在 130 千米至 470 千米之间的巨大撞击坑，这将有助于科学界更好地了解火星地质构造。皮卡第指出，探测结果表明，火星地下远比地表古老，这一惊人发现为了解火星的形成历史提供了重要资料。他解释说，与地球不同，火星北半球与南半球表面有显著差异，南半球几乎被高原覆盖，而且到处是类似弹坑的撞击盆地（又称撞击坑），但北半球表面却是比较平缓的低地和平原。由于大型沉陷型坑通常是由撞击产生的，地质变化又往往能抹去撞击的痕迹，因此撞击坑较少的区域形成的历史较短。

由于火星北半球地表平整，所以北半球的地表相对年轻，但最新探测数据表明其地下远比地表古老，而且形成时间可能与南半球同样久远，都可以追溯到大约 40 亿年前的诺亚纪。专家指出，太阳系星球上的许多撞击坑都形成于诺亚纪早期，它们由太空物质撞击而成，但由于风化侵蚀等因素的影响，数十亿年前地球遭撞击后产生的许多痕迹已经消失了，而火星上的撞击痕迹将为科学界研究地球的演变过程提供重要线索。

火星地下和电离层探测高新雷达，是人类第一个用于探索星球的地下探测雷达，此次的新发现使欧洲航天局对这种仪器寄予更大期望，认为它不仅有助于研究火星的地表和次地表，而且有助于了解火星的物质构成。

欧洲航天局的科学家称，最新的观测还发现，在火星这一红色星球的地表之下，存在着由水和二氧化碳组成的空气层。科学家表示，火星上原本存在的大气层的一小部分，大约于35亿年前在太阳风暴的影响下，转入了火星地表之下。巴拉巴什和索沃表示，在太阳风暴的作用下，火星上大约有0.2毫巴到4毫巴（气压单位）的二氧化碳和部分水蒸气，消失在太空中，至于火星原有的浓密大气层，科学家们推测它们转入到了地表之下。

2. 研究火星海洋的新进展

分析显示34亿年前火星拥有海洋且发生过海啸。2016年5月19日，一个意大利学者参加，由美国行星科学研究所亚历克西斯·罗德里格兹牵头，其他成员来自中国、德国、日本和西班牙的国际研究团队，在《科学报告》杂志网络版上发表论文称，火星在绝大多数人的眼里，是一片如沙漠般的不毛之地。但他们的研究发现，曾经的火星不但拥有海洋，还出现过高度超过50米的骇人巨浪。该发现，为人们了解火星独特的地貌提供了一个全新视角。

此前就有研究推测，数十亿年前的火星上，不但有水还有原始的海洋，海水总量甚至超过了地球的北冰洋，覆盖了大部分北部低地区域。不过，由于火星表面缺乏明确的海岸线特征，这一假说并未得到验证。

该研究团队决定借助新的技术手段，再探"火星海洋之谜"。他们对火星北部平原环克里斯区和阿拉伯高地的地貌及热成像数据，进行分析。结果显示，曾经的火星不但有海，还发生过海啸。这些滔天巨浪在重塑火星早期景观上，或许起到了一定的作用。

研究人员称，这些海啸很可能是由陨石撞击引发的。分析表明，产生直径约为30千米的陨石坑的陨石撞击，可产生到岸高度平均为50米的海啸波浪。这种规模的陨石坑每300万年会生成一次，这一时期在火星地质历史上位于西方纪的晚期，距今大约34亿年。他们目前已经在研究区域发现了两次海啸事件的证据。此外，火星北方平原的其他区域，或许也经历过类似的海啸，并导致海岸线发生改变，不过在此之前，还需将其与其他因撞击、山体滑坡以及火星地震导致的变化区分开来。

3. 研究火星大气的新进展

"火星快车"探测器证实火星大气存在甲烷。2019年4月1日，意大利国家天文物理研究所科学家马可·朱兰纳领导的一个国际研究团队，在《自然·地球科学》杂志上发表论文称，通过分析欧洲航天局“火星快车”探测器所获数据，可验证此前美国国家航空航天局“好奇”号火星车，关于火星大气中存在甲烷的探测结果，甲烷或来自火星永久冻土。

研究人员指出，2004 年，“火星快车”探测器率先在火星大气中探测到甲烷，一般认为是微生物作用或非生物的化学反应产生了这些甲烷。不过，当时有的科学家认为，探测仪器的灵敏度不高，探测结果不可靠，致使火星甲烷的潜在生成机制，以及原有探测结果的可靠度，一直饱受争议。

2013 年 6 月 15 日，“好奇”号火星车，在火星大气中探测到来源未知的甲烷气体。次日，“火星快车”探测器在飞越盖尔陨坑时，其携带的“行星傅立叶光谱仪”也探测到了甲烷存在。“火星快车”当时探测到的大气甲烷浓度为 15. 5ppb（1ppb 为十亿分之一）。

欧航局在一份声明中说，这是“好奇”号探测到火星大气存在甲烷后，该结论首次得到独立观测研究验证。

为探究火星大气中甲烷的潜在来源，研究人员基于“火星快车”所获数据展开了两项独立研究。研究结果显示，这些甲烷很可能来源于永久冻土的间歇性气体释放。

美国航天局此前曾发布消息称，一般情况下，“好奇”号所在的盖尔陨坑处的大气甲烷浓度比较低，不过那里的甲烷浓度经常会有突增。

甲烷和其他有机分子被认为是原始生命存在的潜在迹象。关于火星这颗“红色星球”上甲烷来源等问题，科学界存在不同观点。研究人员表示还需对此展开进一步研究。

4. 研究火星水体的新进展

确认火星南极冰下存在多个高盐水体。2020 年 9 月 28 日，意大利罗马第三大学天文学家艾伦纳·派汀纳里主持的一个研究团队，在《自然·天文学》杂志发表一篇有关行星的科学论文称，他们发现火星南极下存在多个大小不一的冰下水体，研究结果表明，火星南极下方散布着一片片因高盐浓度而保持液态的湿地区。

已知地球南极存在冰下湖。而既往研究中，欧洲空间局火星快车空间探测器上，搭载的火星先进表面及电离层探测雷达，曾发现火星南极地区下方也存在着一个类似水体。在火星如今的气候条件下，液态水的起源和稳定性一直是人们争论的焦点。

冰下湖的存在，对于天体生物学以及判断火星上是否存在宜居生态位或具有重要意义。但对于这一水体的液体性质和组成，一直以来都存在较大争议。因为尽管火星的地质记录不完整，现有数据仍表明其在整个历史中都发生了巨大变化。在火星经历的气候变暖和潮湿的条件下，火星南部冰原的局部基底可能融化；而现在火星极低的地表温度，又不太能保存住液态水，冬季时两极地区温度可达零下 143℃。

此次，意大利研究团队，借助地球卫星采用的探测南极冰下湖的技术，分析了该火星水体周围一块（250×300）平方千米的广袤面积的电离层探测雷达数据。该雷达于 2003 年在火星奇想快车上发射，并于 2005 年夏天开始收集数据，由于一度都没有明显证据表明火星极地以下存在基础液态水，也引发了关于今天火星极地地区液态水稳定性的科学辩论。但这一次，研究团队终于确定了此前发现的冰下湖的液体性质，还根据干物质条带，从主要水体中区分出另外一些较小的水体。

研究团队认为，这些水体都是高盐溶液，即盐溶解在水中形成高浓度的盐水。这或许解释了，为何这些水体能在火星南极底部的寒冷环境中依然保持液态。

二、研究其他大行星的新成果

（一）探索土星及其卫星的新信息

1. 探测和研究土星的新进展

——捕捉到流星撞进土星光环的罕见瞬间

2013 年 5 月，国外媒体报道，意大利航天局参与的“卡西尼-惠更斯”探测项目，已取得阶段性成果。卡西尼号太空探测器传回的照片显示，流星首次撞进土星光环。流星出现时，可被科学家观测到撞击影响的星球有地球、月球和木星。如今，这些惊人照片证明，土星光环是除这些星球以外、可被科学家观测到流星撞击影响的唯一地点。

研究人员指出，这些天体的直径不等，经测量在一厘米到几米之间。

它们“连续击打”土星光环时变成碎石流，然后形成碎片云。他们认为，这些流星体撞上土星光环，破碎成碎石流，变成更小更慢的碎片，然后进入土星周围轨道。这些流星体碎片变成云，很快被拉成明亮的斜条纹。

研究人员表示，探测土星系统外流星体的撞击率，有助于人们了解不同星球系统在太阳系的形成过程。太阳系充满着快速飞行的小天体，它们时常撞击行星。研究人员分别在 2005 年、2009 年和 2012 年，用了数年才区分开 9 个流星体留下的轨迹。

卡西尼号太空探测器传回地球的结果表明，土星光环对许多种周边现象扮演着有效检测器的角色，其中包括这颗行星的内部结构和土星卫星的轨道等。例如，一个稀薄但相当宽阔的波纹，以波状扩散 1. 92 万千米，穿越最里层光环，反映出 1983 年发生的一次大规模流星体撞击事件。

——“卡西尼”号数据显示土星并非一直有环

2019 年 1 月，美国国家航空航天局官网报道，土星环是土星的标志，但这个环何时形成的呢？“卡西尼”号团队成员、意大利罗马大学鲁西阿诺·艾斯主持的一个研究小组，在《科学》杂志网络版发表论文称，他们利用“卡西尼”号探测器最新提供的数据研究表明，土星环可能比土星本身的形成晚得多，形成于 0. 1 亿~1 亿年前，约相当于地球上的恐龙时代。

土星形成于约 45 亿年前。有线索表明，它的环系统是后来才出现的，但具体是多久以后呢？为了厘清土星环的年龄，科学家需要测量环的质量。

20 世纪 80 年代初，研究人员借助“卡西尼”号和“旅行者”号航天器，对土星进行了遥感测量。2017 年，在“卡西尼”号壮烈牺牲之前，随着其燃料不断耗尽，它在土星和其环之间进行了 22 次俯冲，这使航天器落入土星的重力场。在那里，它可以感受到土星和环的引力；而从美国国家航空航天局的深空网络和欧洲航天局的天线，发送到“卡西尼”号的无线电信号，传达了这艘宇宙飞船的速度和加速度。

一旦科学家知道引力对“卡西尼”号的影响有多大，他们就能确定土星及环的质量。

艾斯说：“只有‘卡西尼’号与土星最接近之际，我们收集的测量结果，才让我们获得这一新发现。通过这项工作，‘卡西尼’号实现了其基本目标：不仅确定环的质量，还利用这些信息改进模型并确定环的年龄。”

此前，科学家已经弄清楚了土星环的质量与其年龄之间的关系：质量越低，环越年轻，因为在较长时期内，明亮且大部分由冰构成的环会被行星际碎片污染并变暗。最新获得的更精确的质量数据使科学家能更精确地推算出土星环的年龄。

科学家将继续研究土星环是如何形成的。此外，土星环比较年轻这一新证据，也为“土星环从一颗彗星而来”增添了佐证。这一理论认为，这颗彗星距离土星太近，被土星引力，或致更早一代冰月分崩离析的事件所撕裂，形成了土星环。

2. 研究分析土星卫星的新发现

发现氮气爆炸可能催生土卫六的部分湖泊。2019 年 9 月，意大利天文学家与美国航天局喷气推进实验室等机构研究人员组成的一个研究团队，在《自然·地球科学》杂志上发表论文称，土星最大的卫星土卫六上存在湖泊，其中充满液态甲烷和乙烷等物质，他们通过分析雷达数据发现，有些湖泊可能是由氮气爆炸所催生的。

土卫六是太阳系内唯一拥有浓厚大气层的行星卫星，大气中含有氮气和甲烷等。土卫六表面有许多湖泊，此前研究认为，与地球上云层降水汇入湖泊和海洋不同，这些湖泊是甲烷等气体在低温下转化为液态，并溶解了土卫六表面的冰基岩和固体有机化合物而形成。不过这一推测难以解释，为何其中一些较小的湖泊会被高耸的峭壁所环绕。

该研究团队分析了美国“卡西尼”土星探测器，两年前最后一次飞掠土卫六时收集的雷达数据。研究人员认为，土卫六始终处在冷热交替之中，在变热时其表面的一些液氮升温后出现会汽化现象，进而迅速膨胀并发生爆炸，由此产生的爆炸坑，被大气中的液态甲烷等填充，形成了一些湖泊。

研究人员说，土卫六上的较小湖泊为何被峭壁环绕一直是个未解之谜，本次研究给出了一种可能的解释。“卡西尼”收集的数据将帮助人类更好地了解土星系统。

“卡西尼”探测器于 1997 年 10 月升空，2004 年抵达环土星轨道，

2017年9月15日坠入土星大气层，完成长达13年的土星探测使命。“卡西尼”曾获得一系列重大发现，刷新了人类对土星的认识。

（二）探索木星与水星的新信息

1. 研究木星内部特性的新进展

——利用“朱诺”号重要数据揭示木星内部特性

2018年3月20日，英国《自然》杂志同时发表了意大利、以色列和法国等4篇行星科学论文，详细介绍了关于木星特性的新发现，包括其重力场、大气流动、内部成分和极地气旋，这是美国国家航空航天局“朱诺”号木星探测器的最新关键成果。

虽然人们对木星表面即具有明显的黑暗“带”和明亮“区”，进行了大量研究，但是对其内部深层仍然所知不多。2016年，“朱诺”号正式“拜谒”木星，是人类首次有机会以极近距离观察这颗行星之王。

此次，意大利罗马大学研究团队，利用“朱诺”号的多普勒跟踪测量数据，深入研究木星重力场。此前已知，木星两极重力场不一样，而一个高速旋转的扁圆（两极较扁）流体行星表现出这种南北不对称性出人意料，团队认为这是由大气流动和内部风流导致的。

以色列魏茨曼科学研究学院团队的研究成果，主要是评估木星内部风流的深度。他们分析了木星的“奇阶”重力场系数，表明木星的喷流一直延伸至云层以下3000千米处，并报告称，木星汹涌澎湃的大气约占木星总质量的1%。

法国研究团队则分析了木星“偶阶”重力场系数，发现在云层以下3000千米以上处，木星的深层内部由氢和氦混合组成，它们像固体一样旋转。

在第4篇论文中，意大利国家天文物理研究所的一个研究小组，报告了“朱诺”号对木星极地地区，进行的全面的可见光和红外观测结果。他们发现，已知木星两极存在的气旋会产生持久的多边形形态。在木星北极，8个极区气旋围绕1个极点气旋，而在南极，5个极区气旋围绕1个极点气旋。但是，这些气旋的起源，以及它们为何可以持续存在而没有合并，却仍不为人知。

科学家总结表示，如果土星和木星的内部动力学，可以在物理学上达成协调一致，那么对人类进一步理解气体巨行星的内部动力学有着决定性帮助。

——揭示木星与土星内部惊人的差异

2019年1月22日，美国国家航空航天局官网报道，意大利罗马大学天文学家鲁西阿诺·艾斯领导，瑞士苏黎世大学行星科学家拉维·赫立德、以色列雷霍沃特市魏茨曼科学研究所行星科学家尤海·卡斯皮、德国罗斯托克大学行星科学家芮汀·内特尔曼、加州理工学院行星科学家大卫·史蒂文森、加州大学圣克鲁兹分校行星科学家克里斯·曼科维奇等参加的一个研究团队，利用美国国家航空航天局探测木星的“朱诺”号、探测土星的“卡西尼”号，研究这些气态巨行星内部深处的引力变化。

该研究团队2018年在《自然》杂志上发表研究木星的论文，上周又在《科学》杂志上发表研究土星的论文。论文表明，这两架探测器发出的无线电信号，得以穿透隐藏在木星和土星内部的旋涡云。研究人员发现在那里，巨大的压力将物质转化为地球上未知的形态。

研究人员发现，这是一场高风险的比较游戏。赫立德说：“这两颗行星比我们想象的要复杂得多。这些巨大的行星并非简单的氢球和氦球。”

20世纪80年代，艾斯帮助开发了“卡西尼”号的无线电仪器，该仪器能够发出异常清晰的信号，因为它在Ka波段工作，相对来说不受星际等离子体噪音的干扰。通过监测信号的波动，研究团队计划在该探测器于1997年开始的土星之旅中寻找宇宙引力波，并测试广义相对论。艾斯的研究团队，在2011年发射的“朱诺”号探测器上，也安装了类似的设备，但这次的目标是研究木星内部。

“朱诺”号每隔53天就会近距离掠过木星表面，每次经过木星表面时，隐藏在木星内部的引力都会对探测器施加1分钟的牵引，导致其无线电信号产生微小的多普勒频移。艾斯和他的同事起初认为，由于土星光环的引力影响，测量这些频移是不可行的。但是这个障碍在10年前消失了，这是因为“卡西尼”号团队决定结束这项任务，并将探测器送上一系列名为“终场演奏”的轨道。这些轨道位于土星环之下，从而消除了光环的影响。因此，艾斯和他的同事可以利用无线电波动绘制这两颗行星的引力场形状，进而推断出这两颗行星内部物质的密度和运动情况。

其中一个目标，是探测把气态巨行星上的云，“抽打”成不同水平条带的强风根源。科学家认为，这些风要么是像地球上的风那样的浅层风，要么是非常深的风，它们穿透数万千米进入行星。在那里，极端的压力会将电子从氢中剥离出来，使其变成类似金属的导体。对木星来说，最终的结果是一个谜：时速 500 千米的风并不浅，但它们只到达这颗行星 3000 千米深处，约为其半径的 4%。而土星则带来了一个不一样的谜团：尽管它的体积较小，但它表面的风最高时速达到 1800 千米，深度则是木星的 3 倍，至少达到 9000 千米。艾斯说：“每个人都大吃一惊。”

科学家认为，这两项发现的原因在于行星的深层磁场。在大约 10 万倍于地球大气的压力下，这远低于产生金属氢的压力，氢会部分电离，变成一个半导体。这使得磁场可以控制物质的运动，防止其穿过磁场线。卡斯皮曾与艾斯合作，他说：“磁场冻结了流体，从而使行星变得坚硬。”木星的质量是土星的 3 倍，这就导致了大气压力的快速增加，它大约是土星的 3 倍。卡斯皮说：“这基本上是相同的结果，但是刚性在较浅的深度就会出现。”

“朱诺”号和“卡西尼”号的数据，只能提供有关更大深度的微弱线索。科学家曾经认为，这些气态巨行星的形成与地球非常相似，它们在从原行星盘吸走气体之前，就已经形成了一个岩石内核。这样一个宏大的过程，可能会产生不同的层，包括一个富含重元素的离散核心。但是“朱诺”号的测量结果，通过模型解释后表明，木星的核心只有一个模糊的边界，它的重元素在其半径的一半以内逐渐减少。内特尔曼表示，这意味着木星，可能从一开始就是由蒸发的岩石和气体形成的，而不是先形成岩石内核，再加入气体。

而有关土星的情况仍不明朗。“卡西尼”号的数据显示，其核心质量可能是地球的 15~18 倍，重元素的浓度可能高于木星，这表明它可能有一个更清晰的边界。但史蒂文森说，这种解释是暂时的。艾斯说，更重要的是，“卡西尼”号受到土星深处某种无法用风解释的东西的牵引。史蒂文森补充说：“我们称之为土星引力的黑暗面。无论是什么原因导致了这种引力，它都是在木星上未曾发现的。这是一个重大的结果。”

曼科维奇说：“卡西尼”号项目以‘终场演奏’而告终，该探测器最终在土星大气中焚毁殆尽，短期内不会有更好的测量方法。”但是，尽管这些光环使引力测量变得复杂，它们也提供了一个机会。由于某种未知的原因：也许是风，也许是其许多卫星的引力，土星在振动。这些振荡的引力作用，使其光环的形状扭曲成星系螺旋臂的形状。其结果是一个振动的可见记录，就像地震仪上的痕迹，科学家可以通过破译这些记录探测该行星。曼科维奇说，很明显，其中一些振动到达了土星的内部深处，并且他已经用“环形地震学”估算土星内部的旋转速度。

2. 研究水星内核的新发现

发现水星的确拥有一个固体内核。2019 年 4 月 21 日，《每日科学》网站报道，意大利罗马大学助理教授安东尼奥·热那亚领导，桑德·古森斯等专家参加的一个国际研究团队，在一项研究中报告称，他们发现水星的确拥有一个固体内核，且大小与地球的固体内核相当。

科学家们早就知道地球和水星都有金属核。像地球一样，水星的外核由液态金属组成，但其内核是什么样子的？这一直是个未解之谜。

为厘清这个问题，热那亚研究团队，利用美国国家航空航天局的“信使”号任务的几个观测结果，来探测水星内部，对水星的自转和重力进行了研究。

每个行星都围绕一个轴运行。水星的旋转速度比地球慢得多，其自转周期约为 58 个地球日。科学家经常使用物体旋转方式的微小变化，来获得其内部结构的相关线索。2007 年，雷达观测结果显示，水星内核的某些部分必须是液态熔融金属，但仅观察行星的自旋速度，并不足以明确测量内核的组成。

行星的引力可以帮助回答这个问题。古森斯说：“引力是研究行星内部深处的有力工具，因为它取决于行星的密度结构。”

当“信使”号在其任务过程中围绕水星飞行，并越来越接近水星表面时，科学家记录了该航天器在这颗行星引力影响下的加速情况。在任务后期，“信使”号距离水星最近时，仅 105 千米，这使研究团队能对水星内部结构进行最准确的测量。

研究团队把“信使”号的数据，输入一个复杂的计算机程序，结果表明，水星必须拥有一个大的固体内核。这个固体铁核宽约 2000 千米，在

4000 千米宽的水星整个核心中约占到一半；而地球的固体内核宽约 2400 千米，占地球整个核心的 1/3 多一点。

“信使”号探测器，于 2011 年 3 月进入水星轨道，花了 4 年时间观测这颗距离太阳最近的行星，随后于 2015 年 4 月降落于水星表面。

研究人员称，水星固体内核的发现，有助于科学家更好地了解水星，同时也提供了有关太阳系如何形成及岩石行星如何随时间变化的线索。

三、研究矮行星与彗星的新成果

（一）探测研究谷神星的新信息

1. “黎明”号揭示谷神星亮斑及次表层成分

2016 年 6 月 29 日，英国《自然》杂志及《自然·地球科学》杂志，公开发表意大利和美国学者有关谷神星研究的两篇论文，他们对美国国家航空航天局“黎明”号探测器经过谷神星时收集的数据，进行了全新分析，揭示了这颗矮行星的神秘亮斑及其表面以下的组成成分。论文指出，虽然时间可能很短暂，但谷神星的次表层中或存在一些液体。

谷神星位于火星和木星之间的小行星带，这颗星表面较为暗淡，点缀着超过 130 个亮斑，其中最显著的分布在欧卡托撞击坑附近。“黎明”号探测器自 2015 年 3 月开始围绕谷神星进行考察，已发布的研究显示，这些小型明亮区域有可能由大量的水合硫酸镁组成，其表面特定矿物质成分表明，这颗矮行星应在太阳系外围形成，但该星表面以下的组成成分此前并没有分析结果。

在《自然》杂志的论文中，意大利国家天文物理研究所玛利亚·德桑克蒂斯和她的研究团队，分析了“黎明”号在距离谷神星 1400 千米时，搭载的可见光和红外成像光谱仪收集到的数据。结果发现，欧卡托撞击坑底部的明亮物质，是由大量碳酸钠混合一种深色成分：少量层状硅酸盐以及碳酸铵或氯化铵组成的。研究团队表示，这些化学成分是通过一种水介反应，在欧卡托撞击坑形成后从谷神星内部输送到表面的。

在《自然·地球科学》刊登的论文中，美国地质调查局迈克尔·布兰德和他的研究团队报告称，谷神星最大撞击坑的深度显示，这颗矮行星岩石外层之下的次表层不太可能主要由冰组成。他们认为，此表层中可能只有30%～40%的冰，其余60%～70%是由岩石和低密度、高强度含水盐类和络合物混合组成。

2. “黎明”号开始搜集谷神星图像和数据

2018年6月6日，美国国家航空航天局官网报道，意大利空间局以及意大利国家天体物理研究所，以及德国宇航中心和马克斯普朗克太阳系研究所参与，由美国国家航空航天局喷气推进实验室管理任务的“黎明”号探测器，正前往其有史以来最低轨道，近距离研究太阳系最小的、也是唯一位于小行星带的矮行星：谷神星，研究结果将有助于我们进一步了解太阳系。

6月初，“黎明”号到达位于谷神星之上的终极轨道。它占据着一个前所未有的有利位置：其轨道将位于谷神星表面之上不足50千米的地方，开始搜集图像和其他科学数据。

“黎明”号将搜集伽马射线和中子能谱，这些数据将帮助科学家理解谷神星最外层化学物质发生了什么变化，探测器也将首次获得谷神星迄今最近的图像。

“黎明”号从以前的轨道变换到现在的轨道，并不像我们平时换道那么容易。研究谷神星的操作团队为此工作了数月，绘制出了4.5万条可能的轨迹，才为这款航天器的第二次扩展任务，制定出能获得最大科学研究回报的路线。

“黎明”号探测器于2007年发射升空，一直在探测主小行星带内最大的两个天体：灶神星和谷神星，希望能进一步了解我们的太阳系。2015年3月，“黎明”号进入谷神星轨道。

研究人员说：“我们热切等待着有关谷神星详细组成的相关数据和高清图片，这些新数据将使我们对根据以前数据推算出的理论进行测试，并且发现谷神星的新特征。”

3. 认为谷神星内部可能存在含盐液体

2020年8月10日，有关媒体报道称，“黎明号”是第一个探测小行星带并造访矮行星的人造设备，开启了人类探索太空的新纪元。当天，意大利、美国和德国等多国研究团队，分别在英国《自然·天文学》《自然·地球科学》和《自然·通讯》期刊，发表7篇论文，报道“黎明号”探测器第二次延长观测谷神星的情况。

结果显示：谷神星是一个海洋世界，在最近一段历史里地质运动活跃。这些研究，为了解矮行星的历史和形成提供了重要认知。

谷神星是太阳系中唯一位于小行星带的矮行星。美国国家航空航天局“黎明号”探测器，在2015—2018年绕谷神星飞行，一直到燃料耗尽。在最后绕飞阶段，探测器距离谷神星表面只有35千米。

在第一项研究中，美国加州理工学院研究团队，分析了“黎明号”发回的高分辨率引力数据和影像。探测器的主要观测点，是已有2000万年历史的奥卡托环形山。探测器曾在此，发现过来自行星内部的卤水沉积的明亮反光。而此次，“黎明号”发现奥卡托环形山底深处，有一个很大的卤水储层。研究人员认为，该储层可能曾受到形成环形山的力量的作用，发生了运动，致使行星表面出现了这些明亮的盐沉积。

在第二项研究中，意大利国家天体物理研究所一个研究团队报告称，奥卡托环形山中央最大的明亮区域的中心，存在水合氯盐。由于这些盐的脱水速度很快，研究人员认为卤水可能还在不断涌出，这意味着谷神星内部可能依然存在含盐液体。

在其他论文中，加州理工学院研究团队还分析了谷神星的地壳构成；德国马克斯·普朗克太阳系研究所团队则指出，谷神星曾在约900万年前开始了一段冰火山活跃期，一直到最近才结束；美国佐治亚理工学院研究团队表明，奥卡托环形山的丘陵，可能是在撞击导致流水结冰时形成的。这说明，不只地球和火星，谷神星在地质学上的近期也出现过活跃的冰冻水文现象。

另外两项研究中，科学家还发现，谷神星上富含水和盐的泥浆样，撞击熔岩与火星上的不同，规模也不及火星；而奥卡托环形山内的各种明亮沉积，可能具有不同来源。

（二）探测研究彗星的新信息

——雪茄形“彗星”终究只是一颗彗星

2018年7月2日，意大利弗拉斯卡蒂欧洲航天局SSA-NEO协调中心，天文学家马可·米凯利主持的一个研究小组，在《自然》网络版发表论文称，2017年发现的雪茄形天体“乌穆阿穆阿”已知的第一个太阳系外来客，终究只是一颗彗星。

根据之前人们对于这个天体存在一些争议，一开始将其划为彗星，然后划为小行星，最后划为首个“星际天体”。

2017 年 10 月 19 日，夏威夷哈雷阿卡拉天文台首次发现了“乌穆阿穆阿”，它异常的细长，长约 800 米，表面呈深红色，来源未知，沿双曲线轨迹运行，并不为太阳系束缚。尽管“乌穆阿穆阿”的表面类似彗核，但是似乎并不具备彗星经过恒星附近时融化并释放气体所形成的彗发和尘埃。

意大利研究小组分析了地面和太空观测到的“乌穆阿穆阿”，在太阳系中的运动情况，发现“乌穆阿穆阿”运行的弧形轨迹无法仅用太阳、行星和大型小行星的引力来解释。相反，他们发现“乌穆阿穆阿”加速离开太阳系的动力在本质上是非引力的。这种运动与彗星行为一致——彗星受自身释放的气体驱动。作者通过建模还排除了非引力运动的其他可能的解释，包括太阳辐射压力、与太阳风的磁相互作用。

第三节　宇航研究的其他新进展

一、研究其他天体的新成果

（一）探索银河系与恒星的新信息

1. 研究银河系时空结构的新见解

认为银河系本身可能就是一个巨型虫洞。2015 年 1 月 22 日，物理学家组织网报道，意大利国际高等研究院暗物质专家保罗·萨拉辛主持，他的同事及美国专家参与的一个国际研究小组，在《物理学报》杂志上发表论文称，银河系本身可能就是一个巨大的虫洞，非但如此，它能够成为一个交通运输系统。

研究人员声称，基于对银河系的最新研究和理论，表明银河系本身可能就是一个巨大的虫洞或称时空隧道，如果这是真的，它将是“稳定且可通航”的。这一假设，为科学家们对暗物质的思考提供了一个新角度。

萨拉辛说：“如果将最近的宇宙大爆炸模型和银河系暗物质地图结合

在一起进行观察的话，就会发现，银河系可能真的存在时空隧道，而且这些隧道的尺寸甚至有可能有银河系这么大。人们或许能够通过这条隧道进行旅行，因为，根据我们的计算，它完全可以通航，就像前段时间上映过的电影《星际穿越》那样。”

克里斯托弗·诺兰执导的科幻电影《星际穿越》在全球的热映，引发了公众对时空隧道（或称虫洞、爱因斯坦—彭罗斯桥）的兴趣。但实际上，多年来，它们一直都是天体物理学家们关注的焦点。

萨拉辛表示：“我们在研究中做的工作，与《星际穿越》中天体物理学家墨菲的工作非常相似。显然，与墨菲比起来，我们的进度慢了很多。不过，研究暗物质的确是一件非常有趣的事情。很显然，我们并不是说银河系肯定是一个虫洞。这只是一种假设，准确的说法是：根据理论模型，这个假设有可能是存在的。”

据报道，这项新成果，对暗物质研究提供了一种新的角度，提出了一种更为复杂的假设。

萨拉辛说，科学家一直试图用一种在大型粒子对撞机中未曾发现的、人类从未观测到的特殊粒子来解释暗物质的存在。但是也有暗物质理论并不依赖这些粒子。也许是时候让科学家们来认真考虑一下这个问题了。也就是，暗物质或许属于“另一个维度”，甚至就是一个星系的交通运输系统。他接着说：“在任何情况下，反思都是有价值的，我们真的应该问问自己，世界真如我们此前所认为的那样吗？”

2. 研究恒星形成时间的新发现

研究表明第一批恒星形成时间比预计的晚 1 亿多年。2015 年 2 月，欧洲空间局普朗克太空望远镜研究团队成员、意大利米兰大学马尔科·博萨内利博士等人组成的一个研究小组，在《天文学和天体物理学》杂志上发表论文称，他们的研究表明，宇宙大爆炸后第一批恒星形成的时间，要比此前预计的晚 1 亿多年。研究人员表示，这项研究，将改变我们对于宇宙演化历程以及暗物质和暗能量的理解。

大约 138 亿年前，宇宙大爆炸发生，物质、空间甚至时间开始存在。科学家们此前认为，在宇宙大爆炸之后 4.4 亿年，第一批恒星开始发光发热，但普朗克太空望远镜研究团队的最新数据表明，恒星大约在宇宙大爆炸之后 5.5 亿年开始形成。

普朗克太空望远镜于 2009 年发射升空，旨在研究“宇宙微波背景辐射”，这是一种充斥在整个宇宙之中的微光，这种光由宇宙大爆炸产生，自宇宙诞生之始便在宇宙中穿梭，因此，在宇宙历史中发生过的所有事件，都会在微波背景辐射中留下信息。科学家可以通过测量宇宙微波背景辐射中细微的温度变化，获得与宇宙的形状、年龄和成分有关的信息。2013 年，普朗克太空望远镜在以前所未有的高分辨率，完成对早期宇宙的巡测任务之后，由于其携带的氦冷却剂用尽而退役。

在恒星形成之前，整个宇宙处于“暗黑纪元”，漆黑一片，没有任何可见光。随着第一批恒星开始发光发热，宇宙的“暗黑纪元”终结。由于这些恒星发出的强烈的紫外线，会同宇宙间的气体相互作用，导致越来越多原子变回成它们的组成粒子：电子和质子。而这些电子会与宇宙微波背景辐射相互作用，在这种光的“偏振”中留下印迹，普朗克太空望远镜研究团队的科学家，正是通过观察这种偏振得出了上述结论。

意大利国际高级研究学院资深科学家卡洛·巴西加卢皮说：“这项研究表明，恒星或许比我们所认为的要‘年轻’，尽管这一结果还需要其他独立的实验和数据来佐证，但这一发现将改变我们对于宇宙演化历程的理解，对我们理解宇宙的‘暗成分’也具有重要意义。”宇宙的“暗成分”指的是看不见摸不着的暗物质和暗能量，迄今它们仍是宇宙未解之谜。

博萨内利表示：“尽管与宇宙近 140 亿年的年龄相比，区区 1 亿年似乎可以忽略不计，但对于第一批恒星的形成来说，它们带来的影响截然不同。”

（二）探索中子星与黑洞的新信息

1. 观察和研究中子星的新进展

——中子星光中观察到的可能是奇异量子效应

2016 年 11 月 30 日，美国趣味科学网站报道，意大利国立天体物理学研究所罗伯特·米格拉尼、帕多瓦大学罗伯托·托罗拉主持的一个研究团队，借助欧洲南方天文台的甚大望远镜，在来自拥有极强磁场中子星的光中观察到的，可能是“真空双折射”这一奇异量子效应。

在经典物理学领域，真空完全是空的，但对量子物理学来说，真空中有“虚粒子”持续不断地进出，因此，物理学家沃纳·海森堡和汉斯·欧拉使用量子电动力来显示真空的量子属性对光波的影响。1930年，他们预测，强磁场可能改变真空中光波的偏振，这一效应被称为“真空双折射”现象。

意大利科学家表示，他们或许已经在宇宙空间中观察到了这一效应。恒星演化发展到一定阶段，可能成为恒星世界的“侏儒”中子星。中子星是宇宙间的致密天体，其半径较小，但密度极大，地球上一汤匙中子星物质的重量可高达10亿吨。欧洲南方天文台的声明称，在最新研究中，科学家们对RXJ1856.5-3754进行了观测。这颗中子星距离地球约400光年，非常暗淡，其可见光只能使用“现有望远镜技术的极限”——甚大望远镜上的FORS2设施观测到。

南方天文台研究人员指出，使用FORS2设备探测到的光，表现出了约16%的线性偏振，具有一定的“有效程度”，“幕后黑手”可能是出现在中子星周围真空区的真空双折射的提升效应。托罗拉解释称，真空双折射“只有在极强磁场，例如中子星周围的磁场，出现时才能被探测到。”

米格拉尼接着说：“我们使用甚大望远镜测出来的高线性，不能被现有模型简单地解释，除非将量子电动力预测的真空双折射效应考虑进来。”

研究人员补充道，可能还需要下一代更灵敏的望远镜进行更多更深入的测量，从而对这一理论进行测试。

——首次证实双中子星并合产生的“宇宙喷泉”

2019年2月24日，美国太空网和福布斯新闻网报道，意大利科学家领导的一个研究小组，在《科学》杂志发表论文称，他们在包括中国3座望远镜在内的全球32座望远镜通力合作下，首次证明双中子星并合会产生“宇宙喷泉”，即接近光速的喷流。这次“宇宙喷泉”的来源，正是2017年曾让人类探测到引力波的那对1.3亿光年外的“明星”双中子星。

2017年，美国激光干涉引力波天文台、欧洲处女座引力波探测器等多家机构，共同宣布，人类首次探测到来自双中子星并合的新型引力波，并“看到”这次双中子星并合事件发出的电磁信号。

这一事件相关的辐射和X射线余晖延迟发生，高峰期出现在双中子星并合后的150天左右，之后相对快速地衰退。但科学家们对于解释余晖辐射的模型有不同看法，即制造出的伽马射线暴与余晖的喷流到底是什么样的形态？其中一种解释，是喷流受阻，无法干净利落地避开双中子星并合期间喷出的富含中子的物质。另一种解释，则是喷流无阻，其周围包裹着一种被称为“茧”的广角外向流。

此次，为了最终确定具体结构，意大利研究小组利用分布于全球五大洲的 32 座独立的射电望远镜构成的阵列，其中包括分别位于中国昆明、上海和乌鲁木齐的 3 座，对事件爆发后长达 207.4 天的射电余晖，即伽马射线暴的余晖进行观测。他们的研究表明：这既不是“茧”喷流，也不是受阻“呛住”的喷流，而是一个速度极高的恰似喷泉的真喷流，已经接近光速。

这是首次确定了双中子星并合所形成喷流的具体形态。研究人员认为，双中子星并合事件中，约有 10%会形成这样的“宇宙喷泉”。

2. 观察和研究黑洞的新进展
——发现两个“婴儿”黑洞

2016 年 5 月，意大利比萨高等师范学校天文学家法比奥·帕库奇领导的研究团队，在英国《皇家天文学会月报》发表论文称，他们在遥远的古老宇宙中发现的两个斑点，或许是如今占据每个星系核心的超大质量黑洞的“种子”。

此项发现，有助于解决一个长期悬而未决的谜题。研究发现了质量是太阳数百万倍甚至几十亿倍的黑洞。同时，它们与地球相距如此遥远，以至于人们认为这些“巨兽”是在宇宙不到 10 亿岁时形成的。然而，它们不应当拥有生长为如此庞然大物的时间。

这些早期黑洞或者形成于大质量恒星，并且通过“吞食”气体，以极快的速度变得庞大起来。又或者它们抢得先机，在出生时便比太阳重上 10 万多倍。

如今，帕库奇研究团队认为，他们发现了这类膨胀“婴儿”黑洞的两个例子。研究人员对遥远星系进行了筛选，以寻找释放 X 射线的红色天体。如果某个黑洞仍被笼罩在诞生前的云团中，那么来自附近黑洞的光将在红外波段出现，因此红色是找到上述黑洞的良好指标。而能量较高的硬 X 射线会穿过云层，并且可被清楚地探测到，从而提供了另一种线索。

在上千个古老星系中，研究人员仅在矮星系中发现了“婴儿”黑洞的两个候选者。考虑到超大质量黑洞，存在于现代宇宙人们观察到的几乎每个星系中，因此为何仅发现了两个“婴儿”黑洞，成为一道猜不透的难题。

不过，来自美国科罗拉多大学的比奇曼·贝杰门认为，这可能并不是问题。以这种方式产生的黑洞，会吃掉将其暴露出来的发光云团，从而使它们在生长时更难被发现。因此，人们如果在这个关键阶段探测不到很多此类黑洞，也就不足为奇了。

——揭示特大质量黑洞从星系获得“养料”的方式

2017 年 8 月 15 日，意大利国家天文物理研究所帕多瓦天文台，天文学家比安卡·伯杰恩迪主持的一个研究小组，在《自然》杂志发表的一项天体物理学研究称，他们发现一特大质量黑洞从水母星系获得“养料”，并解释了这种“供养”的方式。

超大质量黑洞的质量，可达太阳的数 10 亿~100 亿倍，其亮度最终会使所在的整个星系相形见绌，甚至一些星系的演化会受其中心特大质量黑洞的影响。一般认为，大部分星系的中心都包含特大质量黑洞，包括在银河系中心同样占据着这样一个黑洞。但是，只有少数会吸积（指致密天体由引力俘获周围物质的过程）物质，产生高能活跃星系核。

而水母星系拥有较长的气体“触角”和新生恒星，因外形如同水母而得名。科学家认为，水母星系出现这样外形的原因，是由于该星系之前与另外一个星系发生了碰撞，因此其形成过程关系到星系碰撞的演化之谜。同时，这些特征也表明，该星系穿过星系团内介质（星系团内星系之间的气体）时气体被剥离，这个过程被称作“撞击压力剥离”。

意大利研究小组此次对 7 个水母星系进行了观测，发现其中 6 个存在高能活跃星系核。研究人员提出，使气体从这些星系中剥离的撞击压力，可能也将气体导向中心特大质量黑洞，从而触发了高能活跃星系核活动，这正是特大质量黑洞能从水母星系中获得“养料”的方式。

二、开发利用太空的新成果

（一）研发航天器的新信息

1. 研制别具特色的月球探测器“蜘蛛机器人”

2009 年 5 月，美国太空网报道，1969 年 7 月 20 日，美国宇航局“阿波罗 11 号”宇宙飞船成功登陆月球，这是具有月球勘测里程碑意义的事件。事隔近 40 年，目前来自全球范围内的十几家航空公司正在积极准备，研制新型月球探测器，他们的目标就是赢得谷歌公司悬赏的“登月 X 大奖”。在 17 个参赛团队中，意大利团队设计的月球探测器别具特色，是一个“蜘蛛机器人”。

负责统筹协调意大利参赛团队工作的，是那不勒斯市国际航空和宇宙航行空间文化学会主席皮尔罗·梅西那。他兴奋地说：“意大利参赛团队正在进行积极准备！”据悉，梅西那帮助协调了意大利所有航空和航天工程大学，以及国内两家最大的航空宇宙工程公司，为该团队 2012 年研制新型月球探测器提供支持。

意大利团队的月球探测器，是米兰理工大学机器人力学教授阿尔伯特·罗维塔领导的研究团队设计的，该探测器非常像水栖蜘蛛或螃蟹，在其腿部支架和机身上安装了许多便携式摄像仪和传感器。

该研究团队希望通过这个蜘蛛机器人，能够赢得 3000 万美元的“登月 X 大奖”。据悉，该奖项要求参赛探测器在月球表面行进至少 500 米，并向地面发射高清晰的月球勘测图片。梅西那强调称，对于意大利参赛的月球探测器来说，安全和耐久性技术是至关重要的。该研究团队还希望能够将预算成本控制在 2000 万~3000 万美元之间。

梅西那告诉美国太空网说：“采用新的技术将会增加生产成本，但是新技术对于我们的探测器设计又是必不可少的，我们计划用最经济的成本研制出新型月球探测器。”

据悉，意大利研究团队还打算采用成本较低的商业运载火箭进行发射，比如：欧洲宇航局 Vega 火箭，该运载火箭计划于 2012 年发射一颗实验性再入宇宙飞船。

2. 参与制造的卫星成功发射升空

2015 年 7 月 16 日，有关媒体报道，15 日晚间，一枚阿丽亚娜 5 型运载火箭，从法属圭亚那库鲁航天中心升空，将一颗通信卫星和一颗气象卫星送入太空轨道。这是阿丽亚娜 5 型火箭 2015 年第三次成功发射，意大利宇航公司参加了有关卫星的制造。

据负责发射的欧洲阿丽亚娜航天公司介绍，这枚火箭载有巴西运营商的 Star One C4 通信卫星和欧洲气象卫星应用组织的 MSG-4 气象卫星。这两颗卫星，分别在升空约 28 分钟和 40 分钟后成功与火箭分离。

Star One C4 是阿丽亚娜公司为巴西通信卫星运营商发射的第十颗卫星，该卫星由美国劳拉空间系统公司建造，重约 5.6 吨，携带 48 个 Ku 波段转发器。这颗卫星将被定位于西经 70 度位置，用于向巴西、南美洲西部、墨西哥、中美洲及美国大陆部分地区提供电话、电视和网络信号，预期工作寿命 15 年。

MSG-4 卫星重约 2 吨，由意大利泰雷兹阿莱尼亚宇航公司与法国公司一起制造，属于欧洲气象卫星应用组织的第二代气象卫星中的第四颗也是最后一颗，前 3 颗分别于 2002 年、2005 年和 2012 年发射入轨。

MSG-4 卫星将在 10 天后进入距地球表面约 3.6 万千米的地球同步轨道，预期工作寿命为 7 年。MSG 系列卫星能保证，每隔 15 分钟提供一次欧洲和非洲地区的全景圆盘气象图、每 5 分钟提供一次欧洲地区气象快速扫描图。同时，还将对极端天气的临近预报和气候科研发挥重要作用。

3. 讨论用航天器撞偏小行星轨道计划

2019 年 9 月 15 日，有关媒体报道，来自意大利、美国，以及欧洲航天局等小行星研究人员、宇宙飞船工程师，于 9 月 11 日至 13 日相聚罗马，讨论“小行星撞击偏转评估”项目的进展情况。这一项目计划，借助两艘航天器让小行星发生偏转，以验证这一技术作为行星防御方法的可行性。

“小行星撞击偏转评估”的主要思路是：利用一艘航天器撞击，位于地球和火星之间的双小行星系统“双子星”中较小的一颗，使其轨道发生偏转；第二艘接着对撞击位置进行调查，收集有关撞击的数据。“双子星”是一个近地小行星系统，主体直径约 780 米、卫星直径约 160 米，与埃及大金字塔大小相仿。

为此，美国国家航空航天局将提供“双小行星撞击测试”航天器，这一航天器目前正在建设中，计划于 2021 年夏天发射，并于 2022 年 9 月以 6.6 千米/秒的速度与目标相撞。还有一颗由意大利制造的小型立方体卫星：轻型意大利立方体卫星与“双小行星撞击测试”航天器一同飞行，其使命是记录撞击的瞬间。

另一艘航天器由欧洲航天局提供，名为“赫拉”，将对撞击后的小行星进行近距离调查，获取小行星的质量和详细的陨石坑形状等数据。“赫拉”还将部署一对立方体卫星，以对小行星进行近距离探测，并将首次在小行星上部署雷达探测器。

据悉，“赫拉”将于2024年10月发射，整个任务计划耗时两年。“赫拉”项目负责人伊恩·内利说：“‘赫拉’将收集必要的数据，将这个一次性的实验转化为适用于其他小行星的小行星偏转技术。我们的任务将测试各种重要的新技术，包括深空立方体卫星、卫星间链接和自动导航技术，同时也为我们提供低重力操作的宝贵经验。”

（二）探索天文观测的新技术

——开创天体物理学新的观测技术

2020年10月，意大利国家计量研究院、国家天体物理研究院、意大利空间局、国家研究委员会光学研究所等联合组成的一个研究团队，在光学领域顶级期刊《光学设计》（Optica）上发表研究成果称，他们使用全长1739千米的国家量子光纤骨干网，把原子钟发射的激光信号，发送到意大利最大的两台射电望远镜，提供了超精确的频率参考，两台射电望远镜彼此同步并实现了天体物理学组合观测，使其成为目前世界上独一无二的高精度观测平台。

研究人员说，这种方法称作甚长基线干涉测量技术，它允许用多个天文望远镜同时观测一个天体，模拟一个大小相当于望远镜之间最大间隔距离的巨型望远镜的观测效果。它具有很高的测量精度，可进行射电源的精确定位，是大地测量和探索宇宙的强大技术。

研究人员指出，目前，限制该技术灵敏度的主要因素，是地面天线的参考时钟频率相对不稳定，理论上使用光纤将同一个时钟信号发送到多个射电望远镜可解决该问题。

因此，该研究团队开展试验活动，通过意大利国家量子光纤骨干网，把位于意大利都灵的最新一代原子钟发射的激光信号，发送到位于博洛尼亚和马泰拉的2台相距600多千米的大型射电望远镜上，并开展24小时的甚长基线干涉测量技术大地测量工作。

研究人员说，观测结果达到了预期效果，证实了该理论的可行性，并且为原子钟发送信号，以及消除影响这项技术灵敏度的因素提供了解决方案，为高分辨率的天文观测开辟了新的视角。

（三）参与航天计划与太空经济开发的新信息

1. 积极参与航天和海洋等国际大科学计划

2012年3月，国外媒体报道，意大利具有重视基础研究的历史和传统，长期以来一直确保在一些重点基础研究领域的投入。就基础设施而言，意大利重视科研网络的建设、重点实验室建设。特别是参与航天和海洋等国际大科学计划，以及为基础研究成果尽快转化建立科技园区方面，更加突出。

由南欧天文观测站组织建造的超大规模望远镜系统已经建成，共由4个直径为8.2米的望远镜组成，意大利是主要参与国，每年投入1500万美元。意大利也参与了由美国国家航空航天局和欧空局等合作的哈勃太空望远镜项目，每年承担5000万美元的费用。

同时，意大利作为欧空局的重要成员之一，积极参与欧空局组织的伽利略全球卫星导航系统计划。

另外，意大利空间局还参加了其他空间探索国际合作项目。如与美国国家航空航天局合作的绳系卫星计划，欧空局的通信卫星计划和欧洲先进试验通信卫星计划；与美国国家航空航天局合作，为国际空间站建造3个生活舱的多功能增压后勤舱计划及卡西尼号土星及其卫星探索计划等。

1983年意大利联合欧洲其他国家开始的海洋钻探计划，至今已开展近30年，对了解海底沉积层的地质构造和地球的大气、海洋、冰圈、生物圈及磁场的长期变化原因起到了重要作用。意大利每年出资近300万美元参与该计划。

由意大利国家研究委员会牵头联合意大利其他科研单位，自1986年开始参加由美国科学基金会发起的“海洋钻探计划”，每年出资近300万美元。

南极研究，是联合国教科文组织发起的国际地球生物圈计划的重要组成部分。自1985年意大利开始在南极建站以来，每年投入约3000万美元，主要研究气候变化、南极大陆和南极海的地质进化、地理观察和信息、环境保护的方法和管理法规，以及机器人和遥感科学等，每年出版南极研究报告。2005年意大利组织了第21次南极考察。

意大利是京都协定的签署国，全球气候变化项目是意大利长期重视的大科学项目，迄今其用于参与国际全球气候变化研究的合作经费累计已超过了 100 亿美元。

意大利国家研究委员会于 1987 年开始参加“人类基因组项目”，主要完成了 X 染色体的部分图谱和寻找致病基因等研究工作，累计共投入 760 万欧元；2000 年年初一批意大利生物学家倡议设立“后基因组项目计划”，研究内容将包括生物信息学、基因表达分析、蛋白质组学等内容，预计将投入 1.4 亿欧元。

意大利和瑞典等联合进行的艾滋病疫苗研究计划，研究计划为期五年，每年意大利卫生部和外交部共同投入约 1200 万美元，由意大利高等卫生研究院的研究人员参与研究。

意大利政府为提升国家实力和影响力，除了积极参与上述国际大科学计划之外，还有一个最有代表性的学科，就是核物理。长期以来，意大利为保持其在核物理方面的优势，多年持续保证提供充足的科研经费。意大利核物理研究院，是欧洲核子研究中心大型强子对撞机项目的主要参与者，该项目总投资 4 亿美元，主要用于基本粒子物理等方面的研究。意大利国家研究委员会，还是英国卢瑟福实验室散射中子源研究项目的主要参加单位，每年投入 100 多万美元。

此外，意大利通过设在境内的许多国际组织，如国际理论物理中心、国际科学与高技术中心、国际基因工程和生物技术中心、第三世界科学院等参加国际合作和人才培养，并积极参加欧洲政府间科技合作计划、尤里卡计划等。

2. 成立首个投资太空经济的风险投资基金

2020 年 8 月，有关媒体报道，意大利一家风险投资公司宣布，启动首个专注于太空初创企业投资的早期风险基金，首轮融资主要由欧洲投资基金等机构支持，融资金额达到 5800 万欧元。该风险基金的最终融资目标为 8000 万欧元。欧洲投资基金承诺出资的 3000 万欧元是“欧洲投资计划”的一部分，并得到欧盟研发框架计划的支持。

这项风险基金将投资于技术衍生公司、初创企业和中小型企业，并将与包括意大利航天局在内的意大利研究和学术界紧密合作，将最有前途的技术和企业家团队推向市场。该基金主要支持电子、机器人和卫星在内的空间基础设施的技术“上游”业务，以及由空间技术（尤其是卫星网络）支持地面应用的通讯、加密、地理位置和对地观测等“下游”业务。

意大利是欧洲航天局的第二大出资国，也是航天领域全球十大国家之一，活跃于从制造业到服务业的所有市场领域。这项风险基金的投资主要在意大利、整个欧洲及美国和以色列，旨在提高欧洲工业的竞争力。

卫星小型化和包括火箭再利用在内的新发射技术，使得利用太空基础设施开展业务的公司，越来越容易进入太空市场。欧洲经济委员真蒂洛尼表示，为太空领域开发创新技术的公司，确实正在向未知领域冒险。欧盟为这一开创性的基金提供了资金支持，并与意大利航天局合作，为在这一快速增长领域进行投资和创造就业开辟道路。

第五章 材料领域的创新信息

意大利在金属与无机材料领域的研究，主要集中于发现首例天然铝铜铁合金准晶体，研制出可清洁空气的氧化钛涂料，破解二氧化镎奇异磁性之谜。发明能吸收污染物，以及能让墙体透光的新型水泥，推出滚筒印花的新瓷片，开发以玻璃为主要材质的高雅时尚家具。推进化合物超导材料研究，首次成功地在硅上集成 50 微米厚锗。在有机高分子材料领域的研究，主要集中于研制出加工性能很好的最轻合成纤维，环保型粘胶长丝上浆剂；用羊毛和大豆纤维制成高端服装面料，用变质牛奶制成布料和服装，用疏水纤维等制成新型防火衣材料。开发汽车用工程塑料，利用西红柿废料生产可降解塑料制品，研制可替代金属的新型热塑性塑料产品。开发聚酯光伏薄膜辅料、有机硅涂布和阻隔薄膜，探索乳胶泡沫材料、制琴木材。在纳米材料及产品领域的研究，主要集中于揭开纳米金刚石的形成机理，发现石墨烯电子表现出完美的液体特性。发明制成分子多面体的纳米新技术，研制首例光能驱动的纳米发动机，用纳米技术制成靠微粒子推动的微齿轮，用纳米材料制成高效有机发光敏晶体管，首次成功地把硅烯制成晶体管，推进纳米生物产品和纳米环保产品研发。

第一节 金属与无机材料研制的新进展

一、研制金属材料的新成果

（一）开发合金材料的新信息

1. 探索合金材料的新发现

发现首例天然铝铜铁合金准晶体。2009 年 7 月，意大利佛罗伦萨斯然科学史博物馆矿物学部负责人鲁卡 · 宾迪主持，美国普林斯顿大学和哈佛大学研究人员参与的一个研究小组，在《科学》杂志上发表研究成果称，他们对佛罗伦萨自然科学史博物馆收藏的一块三叠纪，即距今2亿~2.5亿年的古老岩石进行研究，发现它是一块天然准晶体化合物，该化合物由铝铜铁三种元素构成，其原子排列打破了一般晶体的对称性规律，是人类自然界中发现的首例天然准晶体。

准晶体化合物，比由同类元素构成的晶体化合物，更加坚固且难以分解。目前，这类化合物大都为铝合金，广泛应用于需要坚固金属的工业领域。还有一些准晶体化合物，十分“平滑”，例如聚四氟乙烯，用于制造汽车活塞等。这类合金的原子排列特点介于晶体（周期对称排列）与非晶体（无序排列）之间。

新发现的准晶体化合物，呈五重轴旋转对称，据有准周期性，人们最早于1985年人工获得了具有此类原子结构的化合物，但在自然界中从未发现过类似物质。

2. 研制合金材料加工设备的新进展

加工钢管的磨削设备出口到俄罗斯。2010年1月，国外媒体报道，意大利Surface工程公司研制的钢管磨削设备，其自动化和智能化水平非常高，可以在每分钟25米的速度下加工长达30米的不锈钢钢管。经过磨削设备加工后不锈钢钢管的表面精度和光洁度都将大幅度提高，钢管外表面的粗糙度将从Ra2.0~2.5下降到Ra1.0。

2009年，俄罗斯钢管冶金公司辛那尔钢管厂，为提高其生产长尺寸不锈钢钢管的表面光洁度，从这家意大利钢管磨削设备制造公司引进了1套磨削设备，并于当年12月下旬完成了该设备的基建和安装工作。该设备安装调试完成后于2010年年初投产。

辛那尔钢管厂表示，引进意大利钢管磨削设备，是辛那尔钢管厂对三号拔管车间进行现代化改造的重要内容之一，该设备的投产必将大大提高辛那尔钢管所产不锈钢钢管的市场竞争力，并显著改善操作工的工作条件。

（二）开发金属氧化物材料的新信息

1. 开发金属氧化物材料的新产品

研制出可清洁空气的氧化钛涂料。2006年7月，有关媒体报道，通常夏天阳光强烈，空气变得更加污浊，而由意大利专家参与开发的一种氧化钛纳米涂料可以改变这种状况，用它涂抹建筑物外墙或铺设地面，在阳光的作用下，可以吸收大量有害气体。

这种新涂料，是由欧盟公民健康和保护研究所，与意大利、丹麦、法国和希腊的相关专家及企业，经过 3 年时间，共同开发出来的。氧化钛颗粒具有很强的附着力和发光特性，常用于室内墙面涂料和纺织颜料，也用于纸张、防晒霜和牙膏等生活用品，作为清洁室外空气的墙面和地面材料还是材料科学上的创新。

项目负责人科齐亚斯介绍说，这种新涂料，可以吸收空气中有害的有机物和无机物分子，并在太阳光紫外线的作用下，破坏有害物质分子结构。它不仅可以减少对人体有害的一氧化氮气体烟雾，也可以对汽油这样的液态有毒物质起催化作用。

研究人员曾在意大利米兰的一段 7000 平方米的公路上，进行为期 18 个月的试验，结果数据显示，铺设该涂料的公路可减少 85%的一氧化氮和 15%的多氧化氮。他们现在还在试验，在光照和温度、湿度条件改变的情况下，这种涂料在室内是否也能起到清洁空气的作用。

2. 研究金属氧化物材料性质的新进展

破解二氧化镎奇异磁性之谜。2007 年 1 月，意大利和德国科学家共同组成的一个研究小组，在《物理评论快报》杂志上发表研究成果称，长期以来，二氧化镎（NpO_2）的奇异磁性，一直未能得到科学的解释。不久前，该研究小组通过理论计算得出，二氧化镎的奇异磁性，可能源于原子间形成的磁 32 极矩。

镎是超铀元素。通常情况下，人们只关注超铀元素的放射性，但属于锕系元素的超铀元素，却有另外一种独特的性质——非常复杂的外电子云结构。由于这种特殊的结构，其原子之间的相互作用，可能引起不寻常的现象。研究人员就发现二氧化镎具有非常特殊的、以前从未见到过的奇异磁性。

众所周知，铁和其他铁磁体物质，是由具有磁矩的原子组成的，每个原子就像一个具有北极和南极的小磁铁，当它与周围的原子发生交换作用时，所有原子的磁矩能按一个方向整齐排列，也就是说发生了自发磁化现象，物质就外显磁性。但物质的磁性并不一定都是由偶极矩引起的。如果将两个相反极性磁体连接起来，在一定的条件下就可获得磁4极磁体（第二级磁多极）；将2个磁4极连接起来，就可获得磁8极磁体，这是一种非常复杂的磁力线结构图。理论上，可以继续提高磁体的磁多极，比如将两个磁8极连接起来，就可获得第四级磁多极。

20世纪90年代，情况发生了变化。科学家发现，多电子原子的联合，特别是镧系元素和锕系元素，在低温下具有完全与普通偶极矩不一样的自发磁性；同时，在超铀元素组成的二氧化镎中，形成了自发磁性的磁偶极矩、磁4极矩极少。为了探索这些物质的磁性形成机理，研究人员通过理论计算得出了惊人的结论：磁偶极矩、磁4极矩，甚至磁8极矩，不是二氧化镎的磁性来源，其奇异磁性来源于第五级磁多极矩，研究人员按照顺序命名为磁32极矩。

研究人员还表示，二氧化镎的这种奇异磁性，能否有“用武之地”还很难说，但至今在物理学中还没有发现有如此高的磁多极矩引起磁性的实例。当然，也不排除如此复杂磁性系统中出现新的磁性类型。

3. 探索用金属氧化物研制超导体的新技术

发现金属氧化物制造高温超导体的一种新方法。2010年8月11日，英国《新科学家》杂志网站报道，意大利罗马大学学者安东尼奥·比安科尼主持的一个研究小组，研究镧铜氧化物时，发现不规则碎片形的内部构造，可以提高超导体的超导临界温度。超导体在磁悬浮列车、粒子加速器等许多领域都有广泛用途。目前大部分超导体，只有在接近绝对零度，即约零下273℃的温度条件下，才能展现其超导性能。

为了制造出实用价值更高的超导体，研究小组对镧铜氧化物的不同结晶形式进行探索。实验中发现，掺杂了额外氧原子的镧铜氧化物，超导温度可以提高到-257～-233℃。这是因为氧原子的加入，使其内部产生了间隙。

接着，研究人员用X射线结晶学技术，分析这些间隙在镧铜氧化物晶体中的排列方式，进而发现了一种类似于不规则碎片形的构造，不论是在厘米尺度还是在微米尺度观察，其排列模式都保持一致。比安科尼说：“这是一个完全出乎意料的结果。”

经过分析显示，这种超导体是一个“无尺度网络”，与互联网及某些社交网络的连接方式非常相似。研究人员还发现，这种排列模式的长度越长，或者说其“不规则碎片形”越彻底，该晶体的超导临界温度就越高。据推测，正是氧原子造成的间隙在分布上的“无尺度”，帮助了晶体中的电子保持其“量子相干性”。量子相干性被认为是物质呈现其超导性的基础，不过随着温度升高，量子相干性通常会被破坏。比安科尼认为，对超导体进行加工，增加其内部构造的不规则碎片形，便能提高它们的超导临界温度，从而更容易将其投入实际应用。

二、研制无机非金属材料的新成果

（一）开发建筑材料水泥的新信息

1．发明能够吸收污染物的新型水泥

2006 年 5 月，意大利安莎通讯社报道，意大利水泥集团开始将一种新型水泥投放市场，它可以吸收交通车辆所排放出来的污染物。新型水泥的活性源于它含有二氧化钛，能使阳光中的紫外线产生光催化作用。当水泥表面的二氧化钛，接触到空气中的污染物时，就会引发化学反应，分解空气中的污染物。

报道称，研发人员花费了近十年的时间，研制出这种活性水泥。他们表示，这种新型建筑材料，能够把市区内的污染减少 40%以上。此前，已在意大利米兰附近的道路上，对该水泥吸收污染物的效果，进行测试。结果表明，其活性成分，能够使得道路上的二氧化氮和一氧化碳的浓度减少 65%。

目前，活性水泥已被广泛用于各种建筑物，包括法国航空公司在巴黎戴高乐国际机场的新总部、罗马的仁慈堂教堂等。

2．推出能让墙体透光的透明水泥

2011 年 1 月，有关媒体报道，意大利水泥集团的研究人员，把特殊树脂与一种新混合物结合在一起，制成透明水泥。采用这种水泥建成的建筑物，整面墙就像个巨大的窗户，阳光能穿透墙体射进室内，这样就可减少室内灯光使用量，从而节省能源。

据介绍，透明水泥里面有很多小孔。它们可在不损伤建筑物整体结构的前提下，让阳光投射进来。靠近看，这些宽度接近 2~3 毫米的缝隙组成令人难以置信的图案。从远处看，它们跟普通混凝土没有什么不同。但是

在阳光明媚的日子，利用这种材料建成的建筑物内会有另外一番景象，阳光穿透墙上的光孔射进室内，整个墙面看起来就像个大窗户。

上海世博会的意大利馆使用了透明水泥，已经证明它能省电。使用这种材料的建筑物，白天室内不用开灯。18 米高的意大利馆，大约 40%的墙面，采用了意大利水泥集团的透明水泥产品。该公司用 189 吨新材料制成 3774 块透明板和半透明板。每块透明板大约有 50 个孔，透明度接近 20%。半透明板的透明度大约是 10%。

以前在这方面进行的类似尝试，是把光纤加入混凝土中，不过意大利水泥集团表示，这种方法没有使用特殊树脂效果好。该集团的创意总监恩里克·伯尔嘉勒罗说："用可塑树脂制成的'透明水泥'，比用光纤制成的透明水泥成本更低。而且前者'捕获'光的能力也更强，因为树脂比光纤的视角更宽。这些特点，使这种新型材料的透明性更好，用它建成的建筑物的透光效果更强。"

（二）开发陶瓷与玻璃材料的新信息

1. 陶瓷材料研制的新进展

推出滚筒印花的瓷片新产品。2005 年 3 月，有关媒体报道，意大利维多利陶瓷公司，隆重推出最新一代的滚筒印花瓷片产品。该瓷片，采用最新最先进的意大利滚筒印花设备，进口釉面原料，经过多重工艺，陶瓷界最优秀的研制人员精心制造而成。

据介绍，这种产品表面纹理如石材天然细腻，层次丰富，质感强烈，色彩瑰丽神奇；釉面明亮平整，光泽圆润；图案清新雅致，浑然天成；精工的磨边工艺，使产品具有边角规整，尺寸均匀，铺贴无缝的效果。

有关专家说，它是现代科技和意大利艺术的完美结晶。适用于各种高档大型工程铺贴和高档家居装修，是营造现代生活空间的理想选择。

2. 玻璃材料研制的新进展

——源于古老建材的艺术玻璃迎来新春

2008 年 1 月，国外媒体报道，随着社会的不断高速向前发展，人们的生活水平进一步的提高，人们开始越发向往和追求舒适的生活，追求高质量的生活可以体现在物质与精神两个方面。艺术玻璃这个来源于意大利的古老建筑材料，在先进的玻璃工艺技术的帮助下流光溢彩，给人们的平淡生活带来了全新的艺术体验，艺术玻璃作为新兴的装饰材料陆续走进人们的家园。下面推荐几款艺术玻璃产品：

一是夹胶玻璃。夹胶玻璃为两层或多层玻璃之间加上胶片，经过高温和高压处理而成的玻璃，胶片具有很好的韧性，另外胶片有丰富的颜色图案，装饰建筑物的外观效果非常好。

产品特点：透光性能与原片玻璃的透光率成正比，胶片对声波有一定阻隔作用，因此夹胶玻璃可以有效降低噪音，胶片还具备阻隔99%的紫外线的功能，可延长室内家具、物品及装饰物的寿命，夹胶玻璃耐候性和稳定性都很不错。

全新的20毫米厚夹丝安全玻璃板，因产品内部的特殊结构，而不会因为意外的破裂或者自爆而产生碎片飞溅，且夹丝玻璃的开裂更不会产生锋利的切口，不会刮伤人体皮肤，让使用者的安全得到最大的保障。特别是，这种玻璃因其独有的丝质感，令产品更显高雅，让使用者置身一个时尚，并充满文化气息的空间。

二是烤漆玻璃。烤漆玻璃一般分为单色、珠光激光、聚晶三个品种，特点是玻璃背面涂层坚固永不脱落，光泽及色泽保持常新，具有耐热耐酸、防腐防潮、绿色环保等优点。尤其适合墙面和立柱等表面装饰。

——开发以玻璃为主要材质的高雅时尚家具

2009年9月，有关媒体报道，由一家意大利创意公司设计的家具作品，都是以玻璃为主要材质，展现了同以往不同的家具风范。

这类家具，一改传统的木造家具印象，以透明玻璃组合而成的电脑桌，别具高雅时尚风格，同样的外形，不同的材质，所展现将是不一样的气质与面貌。也可改造成化妆桌，摆上精致珠宝盒与必备保养彩妆品，与优雅镜面搭配，就是独一无二的美丽化妆桌了。

固定在墙上的书籍陈列架，或是造型独特的杂志架，实用性或许不到一百分，但典雅与简约全部表现在物品上。椅子也可以加入玻璃元素，两侧的把手方便人们提取，透明的玻璃，衬托出椅子像是悬空一般，创意材质、创意家具，让生活品位再提升。

——推出洋溢着艺术风采的玻璃制品

2009年9月，有关媒体报道，到意大利旅游，一定要去举世闻名的水城威尼斯。但只要去过威尼斯的人，可能都会去参观威尼斯的玻璃加工厂。因为吹玻璃是威尼斯人特有的艺术，而且看看如何吹玻璃，也没有门票的要求。

穿过一处处幽静的小巷，七拐八弯，来到一座二层的小楼，走上楼后，就会发现仿佛到了一个玻璃艺术的殿堂，满屋都是精美的玻璃艺术品。

报道者写道，这时，导游说："大家先看表演，表演完后，再参观，如果愿意买的话，可以与老板谈价钱，一般可以打八五折。"然后，导游把游客介绍给一位老人，这位老人满脸堆笑，对大家的到来表示欢迎。然后见他拿起一个长长的铁管，管子的一头已经不知什么时候放上了一块像面团的玻璃，将火炉中软化的玻璃放在铁墩上，一手用工具拉这高温的材料，一手有用一把铁钳子做出造型，几分钟，一尊精美的马就成型了，此时这位老人，让人们猜猜看是什么动物，如果猜中就送给游客，因为实在是太像了，很多人几乎一眼就猜出了。但能得到那匹马的当然只有一人。

威尼斯人的吹玻璃技术有其独到之处，不然也不会流传如此之久。

威尼斯的玻璃艺术，起源于一个叫穆拉诺（Murano）的小岛，在威尼斯以北约 1.6 千米处，与其说是座小岛还不如说是群岛，因为它通过桥梁与桥梁连接在一起的。像一颗安静的泪滴，静谧地镶嵌在威尼斯的海边，起初玻璃厂并不在这岛上，只是政府担心玻璃厂的炉火会把威尼斯城市焚烧掉，于是，13 世纪时威尼斯政府颁布了法令，规定威尼斯市区的玻璃厂必须迁到穆拉诺岛上。

所以，威尼斯主城区的玻璃厂就几乎没有了，而供游客参观的这个小厂也基本不做什么工艺品，只是保留下来的一个旅游景点，因为游客不太可能为了参观玻璃艺术专门去穆拉诺岛。但如果要真正领略威尼斯玻璃艺术的美丽当然要去那美丽的小岛，当然这是不包括在常规的游程里的。

（三）开发化合物与半导体材料的新信息

1. 研制化合物材料的新进展

化合物超导材料研究取得新突破。2012 年 5 月 4 日，安莎通讯社报道，意大利天主教圣心大学斯特凡诺·达尔孔蒂教授领导的一个研究团队，在《科学》杂志上发表论文称，他们在化合物超导材料研究方面有了新发现，取得了新突破。

研究人员说，他们通过利用高速脉冲激光定位超导中的微观反应，发现可以利用超导技术，在全球范围内远距离无损耗传输太阳能板产生的电能。

专家们认为，这一发现或能产生室温条件下的超导材料，将会大大提高远距离输电的效率。有了这种特殊的材料，从位于撒哈拉沙漠的太阳能发电厂，向拉丁美洲用户传输电能，就可以成为现实。

2. 研制半导体材料的新进展

首次在硅上集成50微米厚锗获成功。2012年3月30日，意大利米兰理工大学、米兰-比可卡大学、瑞士联邦理工学院，以及瑞士电子学与微电子科技中心等科学家组成的一个研究团队，在《科学》杂志上指出，他们在硅上构造单片半导体结构方面取得了重大突破，成功在硅上集成了50微米厚锗，新结构几乎完美无缺，最新研究将让包括X射线技术在内的多个领域受益。

微电子设备几乎离不开硅，硅价格低廉、储藏丰富且坚固耐用。但硅也并非万能，有些材料的性能也比硅强，因此科学家正想方设法让硅同锗等其他半导体材料“联姻”，以获得这两种材料的最好性能，打开新的应用领域。

然而，让硅和其他半导体“联姻”并非易事。过去，科学家们需要利用昂贵且耗时的焊接技术，但由于晶体网格内有瑕疵，迄今为止，将厚的单片锗层集成在硅上的尝试屡屡失败。另外，在热应力下，硅晶圆会变形，锗层也会开裂，使得到的电子元件无法使用。

现在，该研究团队找到了解决办法。在研究中，他们并没有使用连续一层锗，而是用硅和嫁接在其上的单体结构的锗形成的“簇毛”，制造出一块小型“簇毛地毯”。“簇毛”之间的距离仅为几十纳米。为了制造出这些“簇毛”，他们将边长为2微米、高为8微米的细小圆柱蚀刻成廉价的硅基座，并在极端环境下让锗晶体在硅柱上生长。

这一过程可制造出任何厚度的没有瑕疵的硅—锗层。他们在实验室制造出的最厚的锗结构为50微米，是以前的10倍。研究人员说：“这样厚度的连续一层锗只会从硅上剥落下来。”研究人员认为，新方法能制造出100

微米厚的锗层，而且不需要特殊技术就可以将这些材料焊接在一起。

该研究团队的初衷，是制造出一款单体种植在读出电子设备上的 X 射线探测器。该探测器，需要数百万个能同时起作用的像素，以确保获得很高的空间分辨率，因此需要至少 50 微米厚的锗层，才能确保足够的灵敏度。但使用以前方法制造出的大面积探测器都很昂贵。研究人员强调："这项最新研究，使科学家们能制造出最高分辨率的 X 射线探测器，而且成本也不贵。"

高分辨率和灵敏度能保证手术中用到的 X 射线的剂量最少，确保医疗手术能在直接成像控制下操作，而使用目前的 X 射线方法无法做到这一点。不过，研究人员也表示，基于新技术制造出来的 X 射线设备还需要几年才能问世。

另外，最新技术还可用于在机场进行行李扫描的 X 射线设备上，用于测试包裹起来的电子元件，用于制造每一层电池能吸收不同波长太阳光的高效叠层太阳能电池，这已被用于航空航天领域。另外，科学家们也希望，最新技术能被用于砷化镓或者碳化硅等材料上。

第二节　有机高分子材料研制的新进展

一、研制纤维与服装材料的新成果

（一）开发纤维及其辅料的新信息

1. 纤维材料开发的新进展

——研制出织物加工性能很好的最轻合成纤维

2005 年 1 月，国外媒体报道，意大利博里奥菲奥雷公司（Boriofiore）生产的梅拉克纶聚丙烯纤维，是一种很好的纺织和服装加工新材料，它具有以下特点：

纤维密度只有 0.91，比目前任何自然或化学纤维密度都低，属于最轻的纤维；抗磨、抗撕裂、色牢度好；往外传输湿度，干得快；出汗的那种不愉快的感觉可以排除，导致身体发臭的细菌不能繁殖；抗水，污染可以很容易被洗去，可以用机械洗涤、易干；用梅拉克纶生产的服装不容易变形、收缩或掉色；易于与弹性纤维一起编织，它消除变形后，能迅速恢复原先的形状，而且还具有抗菌特性。

研究人员说，用该纤维生产的轻型织物，具有柔软的丰满手感，其低吸湿性可使身体保持干燥。同时，它对外界温度的低热传导保护和身体热量的快速散发，又使其适于生产内衣、运动装、运动袜及附件。另外，由于该纤维具有高抗磨性和耐脏、耐污染特性，用它制成工业服装和过滤织品，可把对身体和环境有危害的化学药品阻挡在外面。

该公司已经用100%梅拉克纶纤维，制成一种聚丙烯精纺毛线。厂商已经开始用梅拉克纶与羊毛一起，生产一种能体现更多优点的混纺毛线。

——让蜘蛛吐出含有碳纳米管的超级蛛丝

2015 年 5 月，有关媒体报道，意大利特伦托大学尼古拉·普格诺主持的研究小组认为，石墨烯是强韧的人造材料之一，而蜘蛛丝是最强韧的天然材料之一，如果把两者结合起来形成的产品，一定会使蜘蛛侠感到很嫉妒。于是，他们试图让蜘蛛能织出加入碳纳米管甚至是石墨烯的网，从而使具有打破纪录特性的新材料，拥有更加光明的应用前景。

研究小组抓到 5 只来自幽灵蛛科的蜘蛛，并在它们身上喷洒用水和200~300 纳米宽的石墨烯颗粒混合而成的液体。他们还将碳纳米管和水喷到另外 10 只蜘蛛身上，以对比两种材料的效果。

结果表明，一些蜘蛛吐出了低于标准水平的丝，但其他蜘蛛织的网的性能得到较大提升。最好的纤维来自被喷了纳米管的蜘蛛：其硬度和强韧度，约是巨型河边金蛛所织网的 3. 5 倍。

比金蛛织出的网更加强韧的唯一天然材料，是由一种被称为帽贝的软体动物的牙齿制成的材料。研究小组在早些时候发现了这一点。帽贝牙齿的伸展性比蜘蛛丝强，但硬度不够。这意味着它们更容易破裂。

该研究小组，尚不确定石墨烯和碳纳米管是如何在蛛丝中终结的。一种可能性是碳包裹在丝的外面，但普格诺认为，这不足以解释蛛丝硬度的增加。相反，他认为，蜘蛛吸收周围环境中的材料，并在吐丝时把它们融入蛛丝中。不过，这样做是有代价的——4 只蜘蛛在被喷上液体后很快就死掉了。

2. 纤维制品辅料开发的新进展

研制出环保型连续法粘胶长丝上浆剂。2004 年 5 月，意大利一家公司，研制出一种环保型的，用于连续法粘胶长丝生产的，水溶性上浆剂。它的化学组成，是一种特殊的聚羧酸酯化合物的混合物，外观呈粉状，在pH（4%溶液）中呈中性，而在脱盐水中4%浓度时的外观呈黏性液体，符合欧洲生态环保标志的要求。

这是一种新型上浆剂，其组分是基于一种溶解性十分优良的化合物，主要特性是在水中有优良的溶解度，因此能更迅速和更容易地使浆料，从已处理的丝条上退浆。这种上浆剂，具有非常良好的抱合力，从而可获得优良的上浆效果和非常良好的整经效果，以及在织机上有良好的运动性能，特别适合于连续法粘胶长丝生产中使用的上浆剂。

它对铁离子显示优良的络合能力。它可以在低百分率下使用，具有非常良好的得率。也可用于加捻纤维和最终用途为圆机针织用的长丝。

它的溶液呈透明和流动状，渗透能力强，可使单丝与单丝间，形成一层柔软而有弹性的薄膜，这层薄膜使丝条能耐各种机械应力的作用。它的特殊组成使丝条可获得以下性能：丝条具有柔软而舒适的手感，单丝与单丝间具有良好的抱合力，十分优良的丝筒成形效果，织物在低温下也有非常良好的洗涤退浆性能，同时，在粘胶长丝连续法生产过程中不沾辊，从而大大减轻了纺丝工人做清洁的操作强度。

（二）开发服装材料的新信息

1．以纤维制作通用服装材料的新进展

——用羊毛和大豆纤维制成高端服装面料

2007年12月，国外媒体报道，意大利比埃拉地区的里达公司（Reda），是高级男装羊毛织品制造商，一直为世界顶级男装品牌提供羊毛面料。经过一年多的研发过程，这家公司在2007年12月发布一项新成果：羊毛与大豆纤维融合的高端面料，它体现了这家企业在不断创新技术的同时对环境保护地注重。

大豆纤维原色为黄色，触感柔软而细密，自身性能好于棉和丝，而且易于上色，具有出色的光泽度。它有棉的手感、吸湿能力和更好的透气性，有丝绸的亮丽光泽，而且富含氨基酸，对皮肤有保护作用。因此，大豆纤维织品比棉织品更舒适，更有益于健康。

把大豆纤维与羊毛融为一体形成的新型面料，具有诸多优越的特性：

富有弹性，经久耐穿，舒适透气，又保留了羊毛的热隔绝性能，既防严寒又耐高温。

研发者认为，越来越多消费者，寻求在整个生产过程中，产品及特质都具有自然特性的创新面料。这里研发的羊毛—大豆纤维这种新型面料，其目的正是为了满足消费者的这种需求。同时，研发者表示，这种新面料生产过程，严格控制所涉及的化学助剂，最大限度地保证成品的自然特性，确保穿着者的安全，以及在生产过程中最小限度地对环境造成影响。

——用变质牛奶制成布料和服装

2019 年 2 月，有关媒体报道，据联合国报告指出，每年的全球废水和全球碳排放量中，光时装业就占据了 20%和 10%，而另一边，意大利农业协会的农场主分会称，意大利每年大约会浪费 3000 万吨乳制品。因此，意大利普拉托的时装设计师、39 岁的安东内拉·贝利纳，创造性地研究出一种把牛奶蛋白转化为丝状纤维的方法，借此将变质的牛奶做成了衣服。

据悉，做出一件这样的衣服，所需的牛奶不到 2 升，而且最终的成品还很柔软，更重要的是，它闻起来没有酸奶味。

至于制作过程，首先把牛奶加热到 50℃，接着加入柠檬酸分离乳清和蛋白质，然后把酪蛋白过滤、干燥并磨成粉米。接着，需要借助一台“巨大的棉花糖纺纱机”，把这些粉末抽拉成纤维，然后拧成线，纺成织物。

最终制成的衣物 100%不含化学物质，甚至连染料都是天然的，例如蓝莓和红洋葱。

目前，贝利纳所在的公司已经开始稳步成长，他们不仅通过此技术生产布料，还生产 T 恤和婴儿套装，未来还计划将业务扩大至床上用品，甚至是像绷带这样的医疗用品。不过，目前他们的“牛奶系列”纺织产品，还仅在意大利出售。

2. 纤维开发专用服装材料的新进展

——用疏水纤维等制成新型防火衣材料

2006 年 3 月，欧洲航天局官方网站报道，意大利、比利时和波兰的 5 家公司，正在共同实施一项计划，准备采用疏水纤维等材料，以及宇航员太空行走穿的宇航服工艺，研制消防队员和炼钢工人穿的防火衣材料。这项计划得到欧洲航天局的支持。

实施这项计划的关键，是研制嵌入安全冷却系统的新型材料，它将用作确保更好防止热量和水汽的防护服夹层。

据报道，在安全冷却系统中，用了三种工艺：一是特殊的三维织物，它是用疏水纤维制成，疏水纤维不会使自身周围存水，形成细管的疏水纤维能去除水分。二是借用宇航服工艺，在织物中安放由细管组成的冷却系统，液体可以沿这些细管循环流动。三是添加水粘性聚合物，用来吸收和粘住透过半透膜的水分。在这种情况下，如果表面温度急剧升高，例如在与燃烧材料接触时，聚合物会放出贮存的水，水的高比热可以有效消除大量热量。

——用纤维制成不带传感器的医疗 T 恤衫

2007 年 1 月，有关媒体报道，意大利比萨大学研究室主任达尼洛·德罗西教授领导的一个研究小组，利用某些纤维具有的压电性，研制出一种不带传感器的医疗 T 恤衫。

据介绍，目前开发的多数智能服装产品虽可用于展览，却无法让人穿着，因为服装上到处是电线。

于是，该研究小组设想把电子、机械或光学部件集中在纤维上，而不是集中在硅片上，例如可以只用纤维制造出心电图传感器。实验证明，只要穿上这种医疗 T 恤衫，人们就能知道自己呼吸和心跳的速度、血压的高低及心电图的状况。

3. 研究其他服装材料的新发现

解开奥兹冰人服装材料之谜。2016 年 8 月 18 日，意大利博尔扎诺欧洲学院科学家尼尔·奥沙利文带领的一个研究小组，在《科学报告》网络版发表论文称，他们对著名的奥兹冰人的衣服和箭袋等随身物品，进行基因组测序后，识别出每块皮革的所属物种，让人们对这个史上最古老的冰木乃伊有了更多的了解。

奥兹冰人是一具拥有 5300 年历史的冰木乃伊，1991 年在意大利境内的阿尔卑斯山脉被两个偏离了路线的步行者发现，随后引发了科学界的轰动。此后 20 多年，科学家们围绕其祖先、饮食、工具、生活方式、健康状况等进行了大量的研究。其服装和随身携带的物品虽然保存相对完好，但这些材料来自什么物种却是众说纷纭。

在这篇论文中，研究人员分析了奥兹冰人的衣服和箭袋的材料来源，指出它们至少来自5种不同的动物，其中帽子由棕熊皮制成，箭袋则由狍皮制成。

研究小组对奥兹冰人的衣服和箭袋的9块皮革，进行基因组测序后，得出了上述结论。研究人员称，虽然此前的研究已经确定奥兹冰人主要从事农耕工作，但帽子和箭袋表明，他也会从事捕猎活动。

研究人员发现，奥兹冰人的外套由4张山羊或绵羊皮制成，而护腿则由山羊皮制成，这可以印证铜器时代的人类在制作衣服时，已经能够根据材料的具体特性进行选择。但或许由于材料来源有限，有时候会由几种材料随意缝合而成。

二、研制塑料与其他高分子材料的新成果

（一）开发塑料及薄膜的新信息

1. 塑料制品开发的新进展

——开发出一种汽车用的工程塑料产品

2004年9月，有关媒体报道，意大利阿奎非公司（Aquafil），是一家生产工程塑料的企业。它开发了一种名为“阿克诺”的聚苯醚/聚酰胺的工程塑料产品。这种材料使用玻纤增强，研发目标是使材料能同时具有自熄性和多种客户要求的丰富色彩。

据了解，该工程塑料可用来生产高档汽车的铰链式自动油箱挡板。尽管它的预计价格高于纯聚酰胺材料，但是它能够同时具有优良的机械性能和表面性能。研究人员表示，该工程塑料评级工作将在一年内完成。

该公司2003年开始在法国生产聚苯醚配混料，其中包括聚苯醚/聚酰胺材料。阿奎非公司在两家工厂约生产了8.5万吨聚酰胺树脂，全部用于聚合物和纤维生产。10条挤出生产线，可生产2.2万吨聚酰胺辅助原材料。

——利用西红柿废料生产可降解塑料制品

2005年1月3日，有关媒体报道，意大利全国科研委员会下属的波佐利生物分子化学研究所研究员芭芭拉·尼古拉斯主持的一个研究小组，发表研究成果称，他们发现，废弃的西红柿皮可用来制作无污染的可降解塑料袋。

尼古拉斯说，西红柿加工后的废料，尤其是废弃的西红柿皮，可提取

复合糖化物，经过提炼和净化，可转化成为一系列可降解的环保塑料制品，包括人们购物经常使用的塑料袋及在农田使用的塑料薄膜等。他强调，该项目实现了经济和环境的可持续发展，既保证垃圾废物回收再利用，又能保护环境和节约资源，同时降低了垃圾回收和处理成本，可以创造更多就业机会，可谓一举多得。

大家知道，西红柿可加工成西红柿酱等罐头食品，但可能不知道，加工处理过程中，西红柿皮和西红柿籽等，将作为垃圾废料白白流失掉，这部分约占西红柿原料的40%。

目前，上述研究成果已经转化为产品，并得到了意大利政府的资金支持，正在南部城市那不勒斯市的一些企业中生产。西红柿废料的再利用，将成为一种潜力巨大的经济资源。另据报道，西红柿废料迄今已被成功地用于制造树脂、人造血浆产品及一些医疗用品等。

——研制可替代金属的新型热塑性塑料产品

2009年3月，有关媒体报道，意大利材料生产商宣布，他们正在推出新型热塑性塑料材料系列，这些材料可用于作为卫生设备、加热和铅制品领域的金属替代品。

其中新型 Latamid 和 Latigloss 系列产品，由聚酰胺-6，6制成，有高达60%的玻璃纤维结构。它们展现了与铅制品相同的机械强度及与金属制品相仿的伸断裂应力。它们适于生产泵外壳、气胎阀门等。

新型 Laramid 系列产品，由聚邻苯二甲酰胺制成。此产品可提供高拉伸强度、高刚性、高抗蠕变性和良好的空间稳定性，适用于潮湿、腐蚀性和高温的环境中。

新型 Larton 系列产品，是玻璃纤维增强聚苯硫醚材质，具有高耐化学性，高抗蠕变性和高耐疲劳性，并有高空间稳定性。

2. 聚酯与涂布薄膜开发的新进展

——拓展聚酯光伏薄膜辅料生产基地

2011年11月16日，有关媒体报道，意大利聚酯光伏薄膜生产和研发企业康维明股份公司（Coveme），在中国的首家工厂正式开业运营，这家位于江苏张家港的新工厂，总投资为3000万欧元，将主要生产康维明系列背板，以满足其不断增加的市场需求。新工厂的两条生产线初期产能为每月 400 万平方米，其年产能将满足 5 吉瓦的光伏组件制造需求。康维明也成了欧洲首家在中国设厂的欧洲光伏辅材产品企业。

康维明的新工厂位于张家港经济开发区，总面积约 1 万平方米，工厂包括生产车间、实验室、办公室及污水、废气处理设施等。这家工厂配备了与其欧洲生产工厂相同的现金的层压、镀膜、热稳定技术相关的设备，并采用了精确的自动化视频控制技术来保障产品质量。其切割车间将根据客户需求将背板加工成卷状、片状或带有接线盒安装孔的形状。

成立于 1965 年的康维明早期以贸易起家，后发展为全球主要的工程聚酯薄膜制造商之一，并在 1998 年推出自主品牌系列产品。康维明的聚酯薄膜广泛应用在包括生物制药、汽车、电路板、软性电缆等各个行业。随着 2005 年以后光伏行业的高速发展，康维明推出的自主品牌系列光伏组件背板，在很短的时间获得了来自光伏行业的认可。2008 年康维明考虑在中国设厂，最终在三年后完成了这一计划。

康维明的自主品牌背板，已经在全球光伏市场拥有可观的占有率，并被打造为在中国生产的高端系列产品。这款产品经过了大于 3000 小时的湿热测试，以确保光伏组件在服务周期内发挥最佳性能；其生产流程和产品测试也遵循了国际通用标准和规定。在其张家港工厂投产后，康维明自主品牌系列背板产能，将达到每月 1000 万平方米，全年产能可满足 13 吉瓦光伏组件的需求。

康维明在 2010 年的光伏市场占有率达到 16%，是最大的背板供应商之一。康维明在采购了杜邦先进的背膜材料后，其产品也获得了更好的市场认可。目前，中国的尚德、天合光能、英利、阿特斯、赛维 LDK、韩华新能源、中盛光电等企业，都是康维明在中国的重要客户。

康维明创始人兼董事长皮尔鲁吉·米西亚诺表示："在中国开办首家工厂，是康维明发展的一个重要里程碑。中国是世界上最大的光伏制造市场，我们决定将康维明背板制造业务扩展到中国，以便更好地服务在中国和亚洲地区的重要客户。在中国设厂后，康维明能够对本地市场需求迅速做出反应，并为客户提供最新的革新性技术解决方案。"

——开发有机硅涂布和阻隔薄膜的新进展

2018 年 8 月，有关媒体报道，在意大利圣乔治蒙费拉托，来自欧洲、亚洲和中东的100多名来宾，与来自有机硅涂布和阻隔薄膜行业不同方面的资深专家一起，参加了由意大利博斯特集团举办的为期两天的涂布与薄膜技术开发活动。

计划两个半天的研讨会，旨在提高参与者对行业前景和先进技术的认识，此次活动还展示了为市场细分设计的两条最新的涂布与薄膜生产线。

意大利博斯特涂布生产线负责人德特勒·梅克林格说：“我们致力于最大限度为客户的工艺带来价值，而不仅仅是专注于高性能机器的设计制造。这就是为什么本次活动的目的，不仅是展示我们的两条涂布生产线，还将结合领先公司在涂布市场这方面的优势，推动市场的持续增长，加快技术进步。”

深度研讨会在莫尔内托别墅举行，这是联合国教科文组织世界遗产蒙费拉托山的一个胜地。活动由梅克林格进行开幕演讲，他概述了在众多关键特定应用中，博斯特涂布技术在全球惊人的增长趋势，并强调指出，博斯特能提供100%内部开发的涂布解决方案，是这方面技术的单一供应商。他还展示了目前正在建设的专用涂布技术中心的布局，该中心将安装一个创新的涂布试验线，配备多种不同的工艺技术和系统。

关于有机硅涂布的应用和工艺，埃伏尼克化学公司谈到了UV固化有机硅防粘涂料，自由基UV固化和阳离子固化，还有它们各自的优点和应用领域，定锚、稳定性及食品和皮肤接触的立法。紫外灯制造商梅茨公司强调了光固化的优势，以及与氮的惰性化在迁移阻隔方面的作用。

化学公司陶氏消费品解决方案概述了有机硅涂布市场的应用技术、热硅胶应用和各种工艺，以及已解决的行业难题，例如如何减少铂的依赖性、减少使用材料和防止有机硅迁移。

出席演讲嘉宾的，还有离型纸和薄膜制造公司首席执行官奥利维尔·拉瓦德，他已经购买在活动中展示的有机硅离型涂布生产线。他从专业加工商的视角，对全球市场未来发展的前景提出了独自的预测。该公司总部位于西班牙，在三大洲设有制造工厂，业务遍及全球。

意大利博斯特涂布产品经理詹尼·萨纳塔，介绍了博斯特的有机硅涂布技术和设备，以及高性能涂布生产线有机硅涂布机的配置，该涂布机适用纸张和薄膜的离型涂布应用。

对新一代阻隔薄膜和涂层的探索，正不断挑战传统的阻隔包装结构。用料不断减少的趋势与高功能单层和复合阻隔材料的不断发展，引起了观众的极大兴趣和好奇心。

波普薄膜制造商特雷奥法，分享了相关涂布薄膜如何演变，从而满足不断变化的市场需求和发展，以及涂布薄膜如何防止包装产品远离矿物油污染。

水性涂料制造公司麦克门的发言，从更长远的角度重点介绍了公司在未来五年内认为会推动市场发展的主要趋势。重点关注的是，能使易碎的涂料，在进一步的印刷和加工中不被损坏的水性涂料配方，关系到博斯特此次的有关演示。此次博斯特生产线与麦克门的合作开发，给市场带来了易碎涂料阻隔产品的工业解决方案。

来自曼彻斯特博斯特的佩德罗・巴托拉斯阐释了制造的工艺技术和博斯特镀膜机生产材料的物理性质，以及为了提高金属附着力和预防缺陷的工艺开发。

意大利博斯特的涂布研发工程师米斯特・林科，分享了博斯特在不同细分市场和博斯特应用的价值定位，而意大利博斯特服务总监克里斯蒂安・蒙塔纳里则向大家展示了博斯特在全球范围内本地业务的巨大能力和优质的服务。他特别强调了自 2014 年以来，所有已安装的博斯特机器拥有的等级较高的连通性。

在研讨会中还讲解了有关解决工艺中遇到的问题的不同系统和方案，来宾也亲自感受和体验了一番。虽然演示的两条涂布生产线涉及的应用、市场领域和工艺技术都不同，但都属于 CO8000 系列，这体现了博斯特在基础平台上按照每个客户的特定应用要求，来定制添加专门开发的单元的战略。

CO8000 有机硅离型涂布生产线，幅宽为 1700 毫米，配置适用于纸张和薄膜上的无溶剂热硅涂布，并采用博斯特解决方案，实现完美的工艺集成和无缝工作流程。该涂布生产线包含一个印刷重复高达 1200 毫米的联机柔印单元，可以实现网纹辊和印刷辊的快速换单的套筒系统，适用于水性油墨或溶剂型油墨的集成油墨黏度控制器和气浮烘箱。

当然，展示博斯特能力的机器的关键优势，还在于至关重要的工艺特性，例如高速涂布和干燥的质量高、纸张加湿和纸幅处理能力强，特别是在复卷阶段，这些对于硅化材料来说非常复杂。

每个涂布单元包括5个辊，其温度是单独控制的。本机可选择固定式单元或者小车，可以实现超高速度涂覆0.5~4gr/m^2 的涂层。30米气浮烘箱包括5个模块部分，配备的内部通风适用高达250℃的温度。两个不锈钢加湿单元，还在卷材的两侧配有7个可调节蒸汽流的区域。该生产线的生产速度为800米/分钟，包括全速自动换卷，机械速度为1000米/分钟。在机器试运行期间，参观者对1000米/分钟速度下的自动拼接印象非常深刻。

两条涂布生产线演示了干燥机的通风和自动化架构中的能源回收系统，并向大家展示了连接功能和工业4.0未来的准备情况。

博斯特刮刀式压力腔网纹辊涂布可以适用很宽的涂布量范围，与计量系统相结合，通过最大限度地减少刮刀内部可能形成的泡沫和微泡，确保顶层涂布层的质量和定锚。鉴于AlOx的易碎性，机器所有辊的表面都经过特殊设计和处理，以确保输送顺畅，不会损坏纸幅表面。高效气浮烘箱结合模块化固定涂布单元，使配置功能更加完善。

在活动结束之际，来宾对博斯特此次活动非常满意。梅克林格总结说："我们组织的这次活动，能激励那些寻求解决方案的公司，帮助他们提高生产效率，降低成本，不断促进循环经济的实现。我们期待举办其他此类活动，借着2019年将投入运营的试验涂装生产线所带来的机会，以及它将给我们的技术带来的进一步冲击，为了与业界供应商的共同发展及协同业务发展，为我们的客户提供更强有力的全方位支持。"

（二）开发其他高分子材料的新信息

1. 乳胶泡沫材料研制的新进展

推出修补轮胎的专用乳胶泡沫高压喷雾剂。2007年5月，有关媒体报道，意大利轮胎制造厂商经多次反复试验，终于开发成功一种由优质乳胶所构成、专门用于修补自行车轮胎的特殊高压喷雾剂。

据介绍，这种瓶装的特殊高压喷雾剂，不仅使用方便，而且补胎速度很快。骑车者在补胎时只需将喷嘴对准自行车轮胎上的充气阀用力挤压一下，即可将乳胶泡沫的喷雾剂快速喷入胎内。而进入胎内的喷雾剂，则会自行流向漏气小孔，并能在极短时间内将小孔完全密封。与此同时，胎内的大气气压也会随之上升到充气要求。这样，随后不必进行补充充气了。

另外，上述乳胶泡沫高压喷雾剂，在开启使用后可保存 3 个月。骑车者在此有效期内仍可继续使用，以应对日后可能发生的刺胎故障。

2. 制琴木材性质探索的新发现

发现世界驰名小提琴音质美或源自木材密度均匀。2008 年 7 月，国际上一个探索小提琴音质的研究小组，日前在新一期《公共科学图书馆》杂志上报告说，世界驰名的意大利斯特拉迪瓦里小提琴，音质非常优美，但个中原因一直众说纷纭。他们通过计算机扫描技术研究发现，这种小提琴音质出众可能缘于琴身木板密度均匀。

斯特拉迪瓦里小提琴，是 17—18 世纪意大利著名提琴制造大师安东尼奥·斯特拉迪瓦里的杰出作品，其优美音质深受人们喜爱。此前，专家曾对这种乐器的整体结构、表面清漆、琴颈角度、指板和琴弦等进行研究，以探究其音质卓越之谜。这次研究人员则用计算机 X 光断层扫描技术，研究了 5 把斯特拉迪瓦里小提琴和 7 把现代制作的普通小提琴，结果发现，名琴与普通琴的琴身木板整体密度相同，但名琴面板和背板密度更为均匀。

小提琴琴身由面板、背板和侧板组成。面板常用云杉制作，背板和侧板则用枫木制作。斯图尔指出，木材的密度随树木生长而变化，夏天生成的木质，其密度大于春天的木质。以一棵树为例，早期生成的木质中输水导管较多，密度较小。后期生成的木质用于结构支撑，密度较大。在斯特拉迪瓦里小提琴琴身中，这两种木质的混合更均匀，使得其琴身硬度、音域的弹性、尾韵更适度，音质因此优美出众。

无独有偶，美国田纳西大学和哥伦比亚大学的专家，在早先的研究中也发现，气候对树木的影响帮助名琴提高了音质效果。他们指出，在 1645—1715 年间，欧洲很多地区持续出现冬季漫长、夏季凉爽的气候，当地林木生长得十分缓慢。斯特拉迪瓦里制作的最著名的小提琴“诞生”于 1700—1720 年，而生长于 1625—1720 年间被斯特拉迪瓦里用来制作小提琴的云杉树，其年轮宽度极其狭窄。有关专家认为，这样的木材质地非常致密且经久耐用，可使小提琴琴身产生非凡的共鸣效果。

第三节　纳米材料及产品研制的新进展

一、纳米材料与纳米技术的新成果

（一）探索纳米材料性质的新信息

1. 研究纳米金刚石性质的新进展

揭开纳米金刚石的形成机理。2005 年 9 月，有关媒体报道，意大利罗马大学和罗马杜维嘉大学的研究人员，与美国阿贡国家实验室研究员阿曼达·巴纳德一起，对纳米金刚石表面涂层进行深入研究，并已揭开它的形成机理。

在新型纳米材料中，有一种是以金刚石作为表面涂层的纳米导管，它是未来世界最具发展潜力之一的新材料，将对未来科技发展产生巨大作用。这种以金刚石为表面涂层的新型材是由意大利研究人员在 2004 年发明的。

这种纳米导管，就像一块市面上常见的雪糕，表面包裹着 20～100 纳米厚的金刚石材料。它已引起社会各界的广泛关注。

这种材料的诱人之处，在于其表面覆盖的一层金刚石粉。它将给普通纳米导管，带来许多令人惊讶的物理性质。一般的金属分子，可以附着在这层金刚石涂料上面。这层金刚石，还具有极好的光散发性能。金刚石是一种绝缘材料，但是它的表面又呈现出很强的负电性。纳米金刚石导管的表面，由高纯度的金刚石组成，这就使得纳米金刚石导管及其上级电子元件之间产生导电性，它们之间可以有电流通过。加上纳米金刚石导管具有的良好光散发能力，以及它极低的电压要求，使得这种新型材料可以用来制作高科技平面节能电视。

报道称，这种新型材料具有良好的导电性和更有效的光散发能力，这些性质使它可生产更精密、更节能的设备。目前，世界上许多研究人员，都在寻求制造电子显示设备的更好材料，而这种新型材料具有很大的发展潜力，或许就是科学家们要找的材料。

意大利研究人员在研究过程中发现，在某种特定情况下，纳米导管会由于氢原子的作用而改变其表面上的碳原子化学结构，使之转变为一层金刚石。但是他们并不知道纳米导管的表面，在特定情况下转变为金刚石涂层的机理。他们为了找出其中的机理，找到了巴纳德，期望纳米材料研究领域的专家巴纳德，能够带领他们更好地研究这种新型材料。

巴纳德在2003年10月，发表了第一篇关于纳米金刚石导管的研究论文。她的理论，得到意大利研究人员的认可，她于2004年3月接受邀请，与意大利研究人员共同进行研究。

巴纳德说："意大利研究人员可以制造出这种新型材料，但他们并不清楚这种材料的具体制造过程及制造原理。"

新的研究团队经过仔细地实验以及计算后做出结论：通常情况下，氢原子在腐蚀碳纳米导管的过程中，会使导管表面的碳原子相互分散。但是，在某一特定的氢浓度条件时，这种腐蚀则会使得碳纳米导管表面产生金刚石结构。碳纳米导管表面的缺陷，可使得金刚石分子之间相互紧密结合，并帮助导管不断延长。

2. 研究纳米材料石墨烯特性的新发现

发现石墨烯电子表现出完美的液体特性。2009年7月6日，意大利阿布杜斯-萨拉姆国际理论物理中心，马库斯·穆勒及其同事组成的一个研究小组，在《物理评论快报》网络版发表研究成果称，在特定材料中，电子碰撞的速率与其温度密切相关。而只有一个原子厚度的石墨烯，并不符合这个规律，在很宽的温度范围内，石墨烯中电子可呈现出一种强相互作用的漩涡状。

该发现表明，石墨烯中电子的行为，就像一种近乎完美的液体：具有高度湍流性、极低的黏性。石墨烯在接近"量子临界点"时，就会出现这样的特性。量子临界点，是物体打破普通物理学规则的一个过渡状态。一块冰，只能在很窄的温度范围内溶化成水，而向完美液态的过渡，可发生在超过这个量子临界点很宽的温度范围内。

为了理解石墨烯强作用电子的动态特性，研究小组利用量子动力学理论，计算出石墨烯黏度与其熵的比值，熵表示系统的无序程度。石墨烯的比值，接近物理学家计算出的比值下限，也接近在夸克-胶子等离子体，即只存在于宇宙大爆炸后的物质超热状态中，观察到的下限比值。与气体的表现不同，夸克-胶子等离子体的表现，更像是一种黏度极低的液体。这是物理学家，在美国布鲁克海文国家实验室相对论重离子碰撞实验中，得出的结论。

研究人员表示，石墨烯的这种不同寻常的低黏度及强烈的电子相互作用，为一些有趣的纳米电子应用提供了可能。通常情况下，材料的电阻不会随电压的改变而改变，但在石墨烯中这种“独立性”被打破了。

像电子这样的带电粒子的相互作用，也称为库仑作用。美国路易斯安那大学的物理学家丹尼尔·希伊表示，库仑作用在石墨烯的研究中通常被忽略，但此次新研究揭示了石墨烯中库仑作用的重要性。此项工作的耐人寻味之处还在于，其为人们提供了第三个近乎完美液体的例子，此前，人们已在夸克-胶子等离子体和锂超冷原子中，发现过这种现象。

（二）探索纳米技术的新信息

1. 研究碳纳米管进入细胞的新方式

2005年12月，有关媒体报道，意大利里雅斯特大学有机化学家毛里齐奥·普拉托、英国伦敦大学化学工程师柯斯塔热罗斯，以及美国斯坦福大学专家共同组成的一个研究团队，正在探索把碳纳米管用作治疗剂。由于生物组织在近红外线光下是透明的，而碳纳米管可吸收近红外线光，因此，如果把碳纳米管附在特定的癌细胞上，并用近红外激光照射时，癌细胞将会被杀死而且不损害健康细胞。

此外，研究团队还证明，碳纳米管能把蛋白质和DNA携带入细胞内，以便于帮助传送药物或基因。与固态的球形纳米粒子相比，中空的纳米管有更多空间携带分子。研究人员希望，能查明碳纳米管是如何进入分子的，最终到达哪里。掌握这些有助于研究人员确定，使用哪种分子键来附着在化合物上。一旦研究人员掌握了纳米管最终达到的位置，他们就可以利用二硫键来附着药物或基因。

细胞内吞作用，需要分子腺嘌呤核苷三磷酸或者热量作为能量来源。研究人员发现，利用可以阻止腺嘌呤核苷三磷酸生长的抑制剂，或者冷却细胞培养体系后，腺嘌呤核苷三磷酸就无法再吸收碳纳米管了。这表明分子利用内吞作用来吸收碳纳米管。

在此之前，研究人员针对碳纳米管作为药物和基因的传送媒介，做了大量研究。他们发现，碳纳米管进入细胞的渠道不止内吞作用一种。今后，研究人员要做的是检测碳纳米管，与其他纳米技术进行对比研究，如中空的纳米粒子在药物和基因传送中的作用，从而了解不同技术的效率。

2. 发明制成分子多面体的纳米新技术

2011 年 7 月 21 日，美国物理学家组织网报道，意大利米兰大学材料科学研究所，与美国纽约大学化学系及分子设计研究所科学家联合组成的一个研究团队，在《科学》杂志上发表论文称，他们发明了制成首个分子多面体的新技术。这个分子多面体是具有突破性的结构材料，可为组合纳米孔晶体奠定基础，有望让科学家研制出新的工业产品和消费产品，包括磁材料和光学材料等。

科学家们一直在想方设法“迫使”分子组合在一起，形成有规则的多面体，但一直没有成功。由古希腊数学家阿基米德发现的阿基米德立体引起了科学家们的注意。阿基米德立体是使用两种或以上的正多边形为面的凸多面体，其每个顶点的情况相同，共有 13 种。阿基米德多面体也叫截半多面体，即在正多面体中，从一条棱斩去另一条棱的中点所得出的多面体。使用分子合成出这样的结构一直是一个巨大的挑战。

该研究团队合成了一个截半八面体，也是 13 种阿基米德立体中的一种。而且，这种结构能像罩子一样“罩住”其他分子，两者结合在一起能形成新的或功能更强大的材料。

在研制分子多面体的过程中，科学家们让 72 个氢键组合成两类六边形的分子“瓦片”，并让 8 个分子“瓦片”组合成一个截半八面体。尽管化学家们经常会用到氢键，因为其在构建复杂的结构方面“多才多艺”，但是，与将原子紧紧结合在一个分子内的键相比，氢键要弱一些，这就使由氢键构成的更大结构变得不可预测，稳定性也更差。

然而，在最新研究中，科学家们使用的氢键由分子的离子属性来保持稳定，而且没有产生其他结果，因此，构建出的这个截半八面体被证明非常稳定。实际上，这个截半八面体能进一步组合成拥有纳米孔的晶体，就像广为人知的由非有机物组成的分子筛一样，可按分子大小对混合物进行分级分离。

研究人员表示，他们已经证明，可以通过设计“迫使”分子组合在一起形成一个多面体，下一步将扩展这项技术的研究，使用同样的设计理念来制造其他分子多面体。如果获得成功，最终将能制造出具有非凡特性的新材料。

二、研制纳米产品的新成果

（一）开发纳米机械产品的新信息

1. 研制首例光能驱动的纳米发动机

2006 年 1 月，国外媒体报道，意大利博洛尼亚大学温森托・巴利扎尼博士主持，加州大学洛杉矶分校的纳米化学家佛莱责・斯托特教授等参与的一个研究小组，经过六年多的努力，联合研制出世界第一款太阳能纳米发动机。

研究人员对这款太阳能纳米发动机充满希望。斯托特教授认为，这样的发动机，能够操控纳米阀，如果在阀门表面覆盖多孔硅基的纳米微粒，科学家可以将抗癌药物分子填充在孔洞中及从孔洞中清除。当医生将纳米微粒靶向定位于肿瘤患处后，可以通过光触发来定点释放抗癌药物。

博洛尼亚大学化学教授维耶罗・布莱则尼认为，这种十亿分之一米级的引擎，通过类似活塞的往复运动，能够读取 0 或 1 这样的数据，这项分子光子学和电子学领域的研究将帮助科学家构建化学计算机。

据介绍，这款新型纳米发动机形状似哑铃，约 6 纳米长，中间缠绕着约 1.3 纳米宽的环。这个环能够在哑铃的杆部上下运动，但被两端大的哑铃头部挡住。哑铃杆部有两个成环位点。当哑铃头部一端吸收太阳光后，就会传递电子，激活成环位点并驱动环向另一侧慢慢移动。当电子传递回头部后，环又重新回到起始位点，下一轮新的往复运动又可以开始。斯托特教授介绍说，这种纳米发动机的运动非常快，一次完整的循环还不到千分之一秒，与汽车引擎每分钟 6 万转的速度相当。

亚利桑那州立大学的化学家迪文思・格斯特认为，这种分子发动机的突出特点是，运行并不需要燃料。以前，包括生物引擎在内的发动机都需要燃料，而这套系统的能量直接来源于光，不用消耗燃料也不会产生有害废物，这是化学家在分子机械研究领域迈出的重要一步。

目前，这种新型纳米发动机的运转还处在随机状态，相互之间独立而且没有条理，还不能在实际中应用。研究人员正在努力试验，让纳米发动机有序地移动到纳米微粒表面，以进入膜表面，使之能协调工作并完成肉眼可见的机械工作任务。

2. 用纳米技术制成靠微粒子推动的微齿轮

2016 年 1 月，物理学家组织网报道，意大利罗马大学克劳迪奥·麦吉主持，意大利国家研究委员会罗伯托·莱奥纳多及德国和西班牙相关专家参与的一个研究团队，在纳米和微型科学技术杂志《小》（Small）上发表论文称，他们用纳米技术，设计出一种由微粒子推动的新型微齿轮。微粒子以周围过氧化氢溶液为燃料推动自身前进，就像微型马达，当它们进入齿间就会推动微齿轮旋转。将来这种微齿轮有望作为自动微机器的基本构件。

现代纳米技术能造出在结构和形态上高度可控的微米和纳米级物质。研究人员开始探索能否给这些结构“赋予生命”，让它们能自我推进。麦吉说，他们正在研发的一类名叫“主动物质”的先进材料，能把一些内置能源直接转化成运动。

据报道，这项研究中的“主动物质”微马达，是一种 5 微米大小的“雅努斯”粒子，有两个不对称面，其中一面涂有一层铂，把它们浸入过氧化氢溶液时，会只向一个方向移动，沿齿轮一边前进卡在齿间。齿轮约 8 微米，有 6 个齿，最多可容纳 6 个雅努斯粒子。

研究人员说，以往也有类似方法，利用细菌或人造微泳器的集体运动产生主动运动，但需要很高的细菌或微粒浓度，同时也很难控制它们的运动。新方法的最大优点，是所需粒子浓度低，而且运动高度确定。他们发现，嵌入微齿轮齿间的“雅努斯”粒子在 1 到 3 个时，齿轮旋转速度随粒子数增加而线性增加；粒子增加到 4 个以后，齿轮速度放缓，可能是因为增加的粒子耗尽了过氧化氢燃料，使所有粒子总体速度下降了。

莱奥纳多说，他们的研究证明了“主动物质”系统中的相互作用，为造出高度可重复、可控制的微机器开辟了新途径。他们还将探索是否可通过调整过氧化氢浓度，来控制微马达转速，因为速度可控是将微机器用于芯片实验室及其他设备的关键。

（二）开发纳米光电产品的新信息

1. 用纳米材料制成高效有机发光敏晶体管

2010 年 6 月，意大利纳米材料研究院拉法艾拉·卡佩里领导的研究小组，与美国保尔佳公司的相关专家组成的一个研究团队，在《纳米·材料学》杂志上发表研究成果称，他们用纳米材料研制出新的有机发光敏晶体管，其发光效率是采用相同发射层的优化有机发光二极管的 2 倍。

有机发光二极管技术在手机、MP3、数码相机甚至电视上，得到了越来越多的应用，颇有取代液晶显示器的趋势。不过，由于有机发光二极管的二极管结构，难以避免激子湮灭和光子损失现象，因此效率和亮度都受到了限制。现在，该研究小组研究发现，拥有晶体管结构而不是二极管结构的有机半导体设备——有机发光敏晶体管，比有机发光二极管更高效。

有机发光敏晶体管发光效率达到了 5%。而迄今为止基于荧光发射设备的有机发光二极管的最大发光效率仅为 2. 2%。

研究人员把新研发的有机发光敏晶体管，称为三层场效应有机发光敏晶体管，因为它由三层有机半导体材料组成：最上面是 15 纳米厚的 P 沟道层，控制光通过的量；中间是 40 纳米厚的发光层，在接通电力时会发光，是激子形成的区域；底层是 7 纳米厚的 n 沟道层，主要用来传导电子。这三个半导体层被放置在一个三层的玻璃基座上。

这样的三层结构使形成光和发射光的区域，都离电极足够远，在电极上不再会出现光子损失，也阻止了激子-金属湮灭效应。另外，发光区域与电荷的流动分离开来，不会出现激子-金属湮灭效应。因此，研究人员也将这个三层的有机发光敏晶体管称为“不接触的有机发光二极管”。

研究人员预计，随着进一步对该有机发光敏晶体管，进行调整新有机发光敏晶体管的发光效率，将能够进一步得到提高，将来或许有望在显示和照明领域取代有机发光二极管。

意大利纳米材料研究院的迈克尔·穆斯里表示，用纳米材料制成的有机发光敏晶体管是一种新的发光概念，它提供的光源能够与硅、玻璃、塑料、纸等天然物质基座相结合。他们的设备提供微米大小的光源，将使得生物传感芯片及高清显示技术等有机光子的应用，成为可能。

2. 纳米级材料硅烯首次被成功制成晶体管

2015 年 2 月 4 日，物理学家组织网报道，意大利和美国材料专家组成的一个研究团队，在《自然·纳米技术》杂志上发表论文称，他们首次创建出基于纳米级材料硅烯材质的晶体管。他们在论文中，详细描述了如何研制出这种著名挑剔的材料。

硅烯是一种由单个原子厚度的硅制成的材料，就像石墨烯一样，被证明具有超凡脱俗的导电性能，这意味着它在未来电子产品中将大有用武之地，特别是人们对获得更快或更小的计算机芯片抱有无限希望的情形下。

问题是，硅烯非常难以制备，用单张硅烯来完成工作更是难上加难。距离物理学家提出硅烯如何作用的理论已经有 8 年之久了，从那以后，很多个研究团队试图创造这种材料，但大多数都没有成功。

人们发现，让单张硅烯材料产生作用，成为阻碍它实现应用等一系列问题的关键。在这次新的尝试中，研究人员不仅制备出了这种材料，还发现了一种方法，足以驯服它来制造微晶体管。

据报道，为了让这个纳米级别的材料乖乖合作，研究人员第一次在镀有氧化铝的银条上生成了一些硅烯层。一旦生成，硅烯层从培养基上剥落，将银排斥到二氧化矽晶片的另一面，银随后被塑造成允许硅烯单层被用作晶体管的电触点。

该研究团队报告称，他们已经创建了几个这种晶体管，且其在真空中工作具有稳定性。他们还声称，到目前为止，硅烯的表现没有辜负预测其属性的理论假设。

尽管他们在技术上已经创建了基于硅烯的晶体管，但是，这个过程能否在商业化应用中大规模使用还不清楚，还有更多的深入研究要做。

如果能够攻克难关，研究团队成员相信，未来的电子元器件中硅烯的应用，会比石墨烯更容易，毕竟目前绝大多数的芯片设计都是硅基的。

（三）开发纳米生物产品的新信息

1. 推进纳米生物传感器的研制

2006 年 5 月，国外媒体报道，由于纳米生物电子传感器的问世，现在医生很快就会通过复制或改善人类嗅觉系统的方式，用气味来诊断各种疾病的早期症状。这项新的跨学科技术是由欧盟委员会未来科技部“信息社会科技项目”出资，经意大利、西班牙和法国科学家共同开发测试，最终在天然嗅觉器官的基础上产生出“电子鼻子”。这种“电子鼻子”，不仅可以应用于医疗保健行业，还能应用于农业、工业、环保和安全等领域。

“电子鼻子”工程协调员指出，嗅觉科技潜在的应用领域是永无止境的，这项工程旨在研制出能模仿人类和动物嗅觉的纳米生物传感器，其制作非比寻常。科学家在动物鼻子中插入一个微电极，并在上面放置一层能感受气味的蛋白质，然后测试那些蛋白质在遇到不同气味后所做的反应，这个系统甚至能觉察到人类鼻子无法察觉的低浓度气味。

研究人员说：“我们的测试表明，纳米生物传感器能对极少量的带味分子做出反应，而且精确度极高，试验的某些结果甚至超出了我们的预期。这些体积极小的生物电子传感器的出现，在气味科技发展道路上迈出了重要的一步，也树立了纳米、生物和信息技术相结合的仿生化学装置的典范。”

研究人员表示，他们从老鼠嗅觉器官中复制了上百种不同的蛋白质，并在酵母中培育，不同的蛋白质能对不同气味做出反应，从而使“电子鼻子”觉察到几乎所有的味道，或者几种味道的组合。萨米提尔称，人类鼻子具有1000种蛋白质，能使大脑识别1万种不同气味，而纳米生物技术的使用，使人造“电子鼻子”的出现成为可能。

“电子鼻子”工程注重的是复制那些在动物鼻子内发生的物理反应，而工程的合伙人却把注意力放到电子鼻子识别气味的仪器和软件的研发上，即嗅觉系统中大脑扮演的角色，目前他们已经研制出新的高精度的电子元件，能进行纳米级的电子测量，其大小只能用极高精度的原子能显微镜观察。

研究人员说，气味科技的应用是广泛的，在医学上它们将被用来诊断嗅觉器官的灵敏度、检测细菌感染、发现疾病等。不久的将来，医生就会用它们进行商业癌症检测；在其他领域，它们也必将产生重大影响。此类诊断工具的主要困难是如何精确标注各种疾病的气味，它们作为不稳定的混合物，在恶性肿瘤病人的体液内（如尿液、血液和脓液等）或者呼吸中浓度与健康的个体之间存在差异。

此外，气味科技可以用于检查腐烂食物，检验化妆品和药品，识别污染物，在机场检测毒品和炸弹，取代只能识别一种物质的化学传感器等。

2. 首次用DNA合成出纳米生物传感器

2011年9月，意大利和美国科学家联合组成的一个研究团队，在《美国化学学会会刊》发表论文称，他们首次使用人的DNA（脱氧核糖核酸）分子，制造出纳米生物传感器，它能快速探测，数千种不同的转录因子类蛋白质的活动，有望用于个性化癌症治疗，并监控转录因子的活动。

转录因子是生命的主控开关，控制着人类细胞的命运。转录因子的作用是阅读基因组并将其翻译成指令，指导组成和控制细胞的分子的合成，新传感器的主要工作是阅读这些设置。

从细菌到人，所有生物都使用“生物分子开关”（由RNA或蛋白制成、可改变形状的分子）来监测环境。这些“分子开关”的诱人之处在于：它们很小，足以在细胞内“办公”，而且非常有针对性，足以应付非常复杂的环境。

该研究团队受到这些天然纳米传感器的启发，用DNA而不是用蛋白质或RNA，合成出新的纳米传感器。他们将三种天然DNA序列（每种能识别出不同的转录因子）进行了调整，将其编入分子开关中，当这些DNA序列与其目标结合时，这些分子开关就会变成荧光。科学家们能用这样的纳米传感器，通过简单测量荧光强度来直接确定细胞内转录因子的活动。

专家解释道，临床试验中，通过细胞编程技术改变某些转录因子的浓度，可以把干细胞变成特定的细胞。新传感器能监测转录因子的活动，因此可确保干细胞被正确地重新编程。它也能确定病人癌细胞中的哪个转录因子被激活，哪个被抑制，以便医生对症下药。因为它能直接在生物样本体内工作，因此，它也能用于筛选和测试抑制肿瘤的新药。

（四）开发纳米环保产品的新信息

——研制出具有超吸污能力的碳纳米管海绵

2014年2月，意大利罗马大学研究人员卢卡·卡米利主持，拉奎拉大学和法国南特大学研究人员参与的一个研究小组，在《纳米技术》上发表论文称，他们研制出一种碳纳米管海绵，能够吸收水中化肥、农药和药品等污染物，净化效率超过之前方法的3倍。经掺杂硫后，还可提高吸收油污的能力，有可能在工业事故和溢油清理方面一显身手。

碳纳米管是由类似石墨结构的六边形网格，卷绕而成的中空“微管”。它所具有的非凡化学和机械性能，可以形成从防弹衣到太阳能电池板一系列的应用。作为废水处理极好材料的碳纳米管，面临的一大难题是，这种超微粒细粉很难操控，最终会散落到处理过的水中而被检测出来。

卡米利说：“使用碳纳米管粉末，去除泄露到海洋中的油污是相当棘手的，因为它们很难操控，最终会散落到海洋之中。不过，在研究中所合成的毫米或厘米级的碳纳米管，更容易控制。它们的多孔结构可以浮在水面上，一旦吸附油饱和后，比较方便取出。然后，只简单地挤压它们将油释放，仍可将其重新使用。”

研究人员根据不同碳纳米管的所需尺寸，通过在生产过程中添加硫，形成平均长度20毫米的海绵。这种碳纳米管海绵表面加硫后，能激活在生产过程中另外添加的二茂铁，从而将沉积的铁存放入碳壳中微小的胶囊内。铁的存在意味着海绵可被有磁性地控制，并在没有任何直接接触下驱动，减轻把碳纳米管加入水表面时不好操控的问题。

研究人员演示了，碳纳米管海绵，如何成功地从水中去除有毒的有机溶剂二氯苯，表明它可以吸收的物质，是以前方法的3.5倍。该碳纳米管海绵，还显示出可以吸收植物油至其初始重量的150倍，并且吸收发动机油比以前报道的量要稍微高些。

卡米利说：“研究的下一阶段，是改进合成工艺，以使这种海绵可以规模化生产，还要研究这种碳纳米管海绵，在实际应用中的毒副反应。”

第六章　能源领域的创新信息

意大利自然资源贫乏，本国没有石化燃料的储量及开采优势，石油和天然气产量仅能满足 4.5% 和 22% 的国内市场需求，其余供给依赖进口。21 世纪以来，意大利把发展能源的重点转向可再生能源，加强太阳能和风能等开发投入，并取得了长足进展。意大利在开发利用太阳能领域的研究成果，主要集中于开发高效率太阳能电池，开辟太阳能光伏电池生产基地，建造太阳能光伏电站，开发光伏安装新技术，大幅增加光伏装机量和发电量。同时，加强研究聚光太阳能热发电系统，建成旋转镜面聚光的太阳能发电站，兴建世界首座熔化盐聚光太阳能发电站，建成全球首个兆瓦级沙子工质塔式光热电站。在风能与生物质能开发领域的研究成果，主要集中于建设空中风筝带动转盘产生电能的发电站，设计出同时用风能和太阳能发电的“能源屋顶”，提出建造太阳能风力发电桥的设计理念，开展利用“卡车风”发电的试验，建设引领“地中海”的首个海上风电项目，大力发展小型风车发电项目；研制出“大力神”风力发电机。建成全球首个纤维素乙醇工厂，投巨款建造全球首座生物地热电厂，促进和支持生物甲烷的开发。在能源开发其他领域的研究成果，主要集中于建成世界首座氢能发电站，启动并推进天然气掺氢项目。推进水电资源的开发与利用，建成世界首台洋流发电机组并网发电的电站，研制出利用洋流提供可再生电能的海上漂浮台。研发出可快速充电的半固态锂氧电池，利用刹车损失的动能来发电。另外，促进电网智能化与技术改造。

第一节 开发利用太阳能的新进展

一、建设太阳能光伏发电系统的新成果

（一）研制太阳能光伏电池的新信息

1. 参与开发高转换效率的太阳能电池

2011年11月4日，日本新能源与产业技术综合开发机构网站报道，为了实施“创新型太阳能发电技术研发”项目，日本新能源与产业技术综合开发机构和欧盟委员会与2011年5月签署了研发合作协议，产学研合作共同开发转换效率达到45%的太阳能电池。

项目实施期间从2011—2014年，日本共投入6.5亿日元，欧盟投入500万欧元。日方项目参加单位为，丰田工业大学（丰田集团）、夏普、大同特殊钢、东京大学、产业技术综合研究所；欧方为意大利、法国、西班牙、德国、英国等国的大学、研究所与企业。

2. 研制出效率达21%的太阳能电池

2012年3月，有关媒体报道，意大利太阳能供应商西尔法斯帕公司（SilfabSpA），与康斯坦兹国际太阳能研究中心宣布，他们研制的“斑马黑接点”太阳能电池，转换效率已达到21%，并且有超过24%的转换效率的潜力。该结果是通过使用一种低成本的工业生产方法实现的。

“斑马”太阳能电池的概念，是基于大面积［（156×156）平方毫米］的n型单晶硅硅片，属于黑接点电池片，在向阳一面并没有任何镀金属。这意味着，在当今工业主流单晶硅电池技术19%~20%的左右转换效率时，而“斑马”技术将从最低21%效率开始，很有可能做到24%以上的效率，同时降低每瓦峰值的生产成本。

西尔法斯帕公司将作为技术供应商，向希望升级传统生产线的电池和组件制造商提供技术支持。“斑马”背接触电池使用目前业界大量采用的电池生产工艺，这意味着有兴趣采用该技术的制造商将不必为此添置其他特殊设备。此外，该公司预计将在未来几个月内开始“斑马”电池和组件的试生产。研究人员称采用60片“斑马”电池的组件，额定输出可以达

到300瓦，且没有光致衰减效应，这在市场上具有很强的竞争力。

（二）建设太阳能光伏电池生产基地的新信息

1. 最大的太阳能光伏电池板厂正式启动

2011年7月13日，国外媒体报道，意大利国家电力集团绿色能源公司与日本夏普公司、意法半导体公司按同等比例出资的合资企业举行开业典礼。西西里岛地区议长、意大利卡塔尼亚省议长、卡塔尼亚市长出席。新厂位于卡塔尼亚，产品将销往欧洲、中东及非洲等最有前景的太阳能设备市场。

除政府代表外，参加开业典礼的还有意大利国家电力公司董事长和首席执行官、夏普首席执行官、意法半导体公司监事会副主席和总裁兼首席执行官、夏普董事代表兼执行副总裁及合资公司总裁和首席执行官。该工厂将生产集成化的多结薄膜光伏电池和模组。

这是意大利最大的光伏太阳能电池板工厂，也是欧洲最大的太阳能板工厂之一，初期有员工280名，预计初期产能为160兆瓦，在今后几年提高至480兆瓦。建厂资金来自三个渠道：三个合资方的自筹资金、意大利联合经济计划委员会的拨款及联合信贷等三大信贷银行提供的项目融资；其中意大利联合经济计划委员会已拨款4900万欧元。

在2010年8月签署协议后，每个合资方出资1/3股权，以现金或实物方式出资认股，各出资合计现金7000万欧元。每个合资方向新公司投入各自独有的专业知识和生产技能：绿色能源公司在国际可再生能源市场开发和运营的丰富经验、其子公司在意大利国内销售太阳能光伏电池板的零售渠道，夏普独有的多结薄膜电池技术和夏普子公司在欧洲的销售渠道，以及意法半导体在高科技领域，如微电子所拥有的特殊制造技术和训练有素的专业人员。

合资厂将通过开发中的项目及绿色能源公司和夏普的销售网络，满足欧洲、中东及非洲太阳能市场的需求。绿色能源公司和夏普还组建了另一家合资公司——埃内尔绿色能源和夏普太阳能公司，通过合资厂制造的太阳能板，将在欧洲、中东和非洲地区开发、建设及运营光伏系统，截至2016年的总发电量超过500兆瓦；合资厂还将采用该合资厂生产的太阳能板在的屋顶上建立一个1兆瓦太阳能发电厂。

绿色能源公司的子公司将承接零售市场的光电系统安装业务，通过遍布意大利的570多家合格安装公司组成的经销网络销售光电板。

2. 拟合作在埃及建设120兆瓦n型单晶硅太阳能电池厂

2014年11月27日，国外媒体报道，意大利专业太阳能电池制造商梅加塞尔公司，与埃及弥斯尔投资公司签署一份谅解备忘录，拟在埃及建设并运营一家120兆瓦太阳能电池和组件装配厂，启用其n型单晶硅双面电池技术。

该谅解备忘录要求次年开工建设该制造厂，梅加塞尔公司负责提供设备和技术转让。梅加塞尔公司目前在意大利运营一条80兆瓦生产线，启用在伊斯康斯坦斯开发的电池技术。

弥斯尔公司董事长兼首席执行官阿卜杜勒·哈米德表示："迄今，几家合格的投资者已表达对于该项目的浓厚兴趣，我们在2015年6月投入运营。"

梅加塞尔公司的董事长兼首席执行官佛朗哥·特拉韦尔索表示："在研究市场潜力后，本公司决定将其活动扩大到埃及，并且我们很高兴通过我们共有的专业知识及高品质、高性能产品，与弥斯尔公司共同实现这一项目，该项目对于梅加塞尔公司的发展而言将是一个重要的里程碑。弥斯尔公司是我们当地扩张，以及在中东北非地区和东南非共同市场中正确的合作伙伴。"

"通过此次战略合作，梅加塞尔公司旨在迅速扩大其在北非的业务，在埃及设立垂直一体化光伏生产集群，从一家双面电池和组件（每年）120兆瓦的制造厂开始，负责提供设备及转让相关适宜性技术。弥斯尔公司将积极与梅加塞尔公司合作，寻找感兴趣的合作伙伴及投资者。"

根据梅加塞尔公司的要求，该谅解备忘录在埃及总统阿卜杜勒·法塔赫·塞西11月24日和25日正式访问意大利期间签署，在场的还有埃及投资部长阿什拉夫·萨勒曼。

（三）建造太阳能光伏电站的新信息

1. 世界上最大的太阳能电站之一开始投入运行

2011年7月，国外媒体报道，意大利普利亚地区托雷圣苏珊娜的太阳能电站，被认为是世界上最大的太阳能电站之一。

它采用三洋异质结太阳能薄膜电池组件，现在已经投入运营。报道称，该电站总装机容量达 7.56 兆瓦，足以满足 3300 个住户的供电需求。该项目是德意志银行、EST 能源和太阳能科技公司、dean 太阳能和三洋共同协作的结晶。

2. 利用国外贷款建造太阳能光伏电站

2011 年 8 月，国外媒体报道，意大利太阳能光伏项目开发机构，获得德国一家银行集团的资金支持，1.1 亿欧元贷款，用来建造五个太阳能光伏电站，这些电站的发电规模，共计 30 多兆瓦。

提供资金的这家银行集团包括德意志银行、赫拉巴国际商业银行，以及复兴信贷银行进出口分行等机构，资金将以贷款的形式提供，其中包括可再生能源的融资项目，并纳入低利率的筹资范围。

这五个太阳能光伏电站包括：两个位于西西里岛中心的电站，分别为 3.594 兆瓦的和 5.266 兆瓦，还有三个位于乌迪内省的电站，分别为 5.535 兆瓦、9.915 兆瓦以及 6.086 兆瓦。项目的总占地面积达 129 公顷，使用了 14.5 万个多晶硅光伏组件。五个电站的总发电能力可达 4700 万千瓦时，可满足 1.05 万个四人家庭的电力需求。

报道还显示，这五个电站全部在 2011 年 4 月份完成并网，这意味着这些电站上网电价补贴将依据意大利第二及第三能源法案中的标准。

3. 五座大规模光伏电站同时投入运转

2012 年 4 月，意大利媒体报道，该国大型电力企业埃内尔集团旗下，开展可再生能源发电业务的绿色能源公司，与夏普公司合资成立、从事太阳能独立发电业务的埃内尔绿色能源和夏普太阳能公司，在意大利同时启动 5 座大规模光伏电站。太阳能电池的总装机容量约为 14.4 兆瓦。

投入运转的光伏电站，是位于意大利南部卡拉布里亚州的 4 座和中部拉齐奥州的 1 座。卡拉布里亚州阿尔托蒙特电站的装机量最大，为 8.2 兆瓦，其次是坐落在拉齐奥州拉提纳的 2.6 兆瓦电站。剩下的卡拉布里亚州 3 座电站的装机量分别为 1.4 兆瓦、1.2 兆瓦和 1 兆瓦。年发电量合计为 1950 万千瓦时，相当于意大利约 0.72 万个普通家庭一年的耗电量，可减排二氧化碳约 1 万吨。

这 5 座电站均采用了 3Sun 公司生产的模块。3Sun 公司是一家由意大利国家绿色能源、夏普和意法半导体合资成立的薄膜太阳能电池生产企业。薄膜太阳能电池具有节省资源、生产工期短、在高温地区发电能力强的优点，有望在全球应用于大规模光伏电站。

这家合资企业成立于 2010 年 7 月，出资比率为意大利国家绿色能源公司 50%、夏普公司 40%、夏普电子意大利公司 10%。加上此次的 5 座电站，目前在意大利共有 6 座、总装机量约 20 兆瓦的光伏电站进行着商业运转。该合资企业计划今后在欧洲之外，也在以地中海地区为中心的中东、非洲开展光伏发电业务，在 2016 年年底之前建设累计 500 兆瓦以上的光伏发电站。

4. 建筑能源公司将在埃及建两座光伏电站

2015 年 7 月，国外媒体报道，意大利建筑能源公司签署了一份价值 2 亿美元的协议，将在埃及建设两座 50 兆瓦光伏电站。该项目由埃及电力和可再生能源部的新能源和可再生能源机构授权建造。

两座光伏电站位于上埃及区的 Benban，预计每座电站每年可发电 143 吉瓦时，有助于减少 10 万吨二氧化碳排放。项目建设将于 2016 年夏季开始，将持续 12 个月。

根据一项 25 年购电协议，光伏电站将连接到阿斯旺和开罗之间的，220 千伏高压电力线路，从而满足 5 万家庭的能源需求。项目还将在施工期创造 1000 个就业，在运营期创造额外 70~80 个长期岗位。

意大利建筑能源公司中东及北非地区总经理科尼利厄斯 · 马特斯表示："我们很高兴宣布我们在埃及的首批两个项目。其他中东及北非国家也很有希望跟随埃及的步伐，大规模部署可再生能源。"

根据到 2020 年至少实现 20%电力来自可再生能源的目标，埃及已建立了一个妥善管理的计划。通过这些光伏电站等项目，不仅将有助于二氧化碳减排，还能通过创造新就业来促进当地经济发展。

5. 建造首座太阳能加蓄电池的光伏系统电站

2015 年 9 月 24 日，国外媒体报道，意大利电网运营商允许储能互连到网络的计划，使得该国首个并网太阳能结合储能设施得以揭幕。

电网运营商 Terna 落实互连规则，使得许多储能行业观察家，密切关注这个欧洲南部国家电力行业的发展。

可再生能源开发商埃内尔绿色能源公司，刚刚揭幕其位于西西里岛卡塔尼亚的1MW/2MWh储能系统。它连接到一座10兆瓦光伏电站，埃内尔电力集团将这个储能系统，称作卡塔尼亚1号太阳能项目的“组成部分”。

并网储能将解决光伏系统的发电质量，使其变量发电优化注入电网。其不仅允许更灵活地管理电站产量，此外通过用于提供电网服务，在理论上使其对于电网的价值最大化。

该储能设施一直在进行各种相关测试。它利用通用电气公司的杜拉通（Durathon）电池，这是以熔盐为基础的纳金属卤化物产品。通用电气公司与意大利埃内尔电力集团下属企业埃内尔绿色能源公司，日前签署合作伙伴关系，研究可再生能源电站的并网。该卡塔尼亚1号项目的试用范围，一部分是为了解决可再生能源发电机预期与实际产量之间的差异。

埃内尔绿色能源公司还构建了一个储能项目，采用2MW/2MWh的电池，与一个18兆瓦风能电站连接，并连接到高压电网。该公司表示，其热衷于将从意大利储能方面获得的经验带到其他市场，其中，罗马尼亚、西班牙、智利、墨西哥、秘鲁、加拿大、南非和肯尼亚都是潜在感兴趣的国家。

二、建设聚光太阳能热发电系统的新成果

（一）建造镜面聚光太阳能热发电站

1. 建成旋转镜面聚光的太阳能发电站

2009年12月，意大利媒体报道，意大利国家科研委员会佛罗伦萨应用光学研究院弗朗切斯科·达马托领导的一个研究小组，在佛罗伦萨附近的山丘上建成一个名为“旋转镜面聚光电站”的太阳能发电装置，其发电功率为200千瓦，可供60户普通居民使用。

这种太阳能发电设施底部呈半圆形，拥有直径25米的半圆形轨道，装有很多反光镜的小车可在轨道上移动，使镜面在白天总对着阳光。这些反光镜，把阳光集中反射到一台有特殊镜子的发电机上，它能将阳光中的热能转变为电能。这些反光镜的总面积达2500平方米，反射光集中点的最高温度可达1500℃。

达马托介绍说，这种发电装置的建造成本低，是光电转换式太阳能发电装置的1/3，它占地面积小，对周围景观的影响也比较小。但这种发电方式的缺陷是光照强度弱时发电效率不高。因此，将来这样的发电装置会主要建在阳光较充足的意大利南方地区。

佛罗伦萨所在的托斯卡纳大区资助了这项研究。大区政府卫生委员会主席法比奥·罗焦拉尼说，这种发电装置对进一步推广清洁能源具有重要意义，它占地面积小等特点，对于像托斯卡纳这样旅游资源较多的地区来说十分重要。

2. 规划建造两个超大型聚光热电站

2011 年 7 月，国外媒体报道，意大利寻求推动其绿色电力和太阳能发展的更大机会，宣布以聚光方法，建造两个大规模的太阳能光热或太阳能火力发电站的计划。但意大利距世界领先太阳能光热发电仍有一定的距离。

太阳能光热或太阳能火力发电厂拥有他们的支持者和怀疑者。其提供来自太阳能的大规模电力，给清洁和可再生能源提供生产更多电力的机会。但它的成本价格比较高。

经数年的发展之后，这样的发电站开始绘制蓝图。有关报道称，世界上第一个大型太阳能火力发电站在西班牙完成，它是一个发电量为 19.9 兆瓦的光热发电站。时下，意大利可再生能源巨头埃内尔绿色能源公司宣布一项计划，准备建造两个超大型太阳能光热电站。

目前，欧洲经济区产生的电力约 80%来自风力发电，现在意大利准备增加其太阳能份额，这样，有效太阳能会变得更廉价实用，从而得到欧盟的支持。欧洲经济区宣布，意大利两个项目的发电容量分别为 30 兆瓦和 25 兆瓦。

（二）建造熔化盐聚光太阳能热发电站

1. 兴建世界首座熔化盐聚光太阳能发电站

2010 年 8 月，英国《卫报》报道，意大利正在建设世界第一座熔化盐聚光型太阳能发电站，并将其取名为“阿基米德”（Archimede）。它通过使用熔化的盐来传递以及储存能量，还成功地与一座天然气厂实现一体化对接。“阿基米德”电站位于意大利西西里岛，装机容量为 5 兆瓦，造价达 6000 万欧元，由意大利电力公司和意大利新技术能源与环境委员会共同建设而成。

目前，全世界已经建成数座聚光型太阳能发电站，其中大部分位于美国和西班牙。这些电站通过镜面将太阳能反射到管道中，然后对管道中合成油进行加压，使其温度上升到大约 390℃，合成油随后经过热交换器对水流进行加热，同时驱动汽轮循环机工作。

传统的聚光型太阳能发电站，只能在白天阳光直射时运转，而近年来，国际上一直在研究，通过引入熔化盐进行热储存的方法来解决这一难题。目前，许多正在建设的新型聚光型太阳能发电站，都运用了熔化盐储存技术来延长日运转时间。意大利“阿基米德”电站不仅使用熔化盐进行能量储存，而且还用于收集阳光。

据报道，熔化盐技术优势明显。相对于合成油 390℃ 的工作温度，熔化盐可以在 550℃ 高温下正常工作，从而大大提高了发电站的效率和能源输出量。由于熔化盐的高温特点，它可以用于能量储存，因此发电站即使在雨季缺乏日照的情况下，也能连续运转数天。

此外，新型聚光型太阳能发电站由于无须安装盐热–合成油交换器，因此工艺设计相对简单，同时还可以排除因使用合成油所带来的安全与环境隐患。由于熔化盐温度较高，发电站的蒸汽涡轮机可以在标准温度和压力下运转，这意味着传统发电站可与新型聚光型太阳能发电站进行合并或替换，且成本可控。

然而，由于一些政治和技术原因，熔化盐一直没有得以应用。早在 2001 年，意大利化学物理学家、诺贝尔奖得主卡罗·如比亚教授，就立项对熔化盐技术进行研究。但由于与政府意见不合，卡罗·如比亚不得不离开意大利新技术能源与环境委员会，前往西班牙。幸运的是“阿基米德”计划并没有废弃，环境委员会之后继续支持该项目直至其完成。

在技术上，由于盐在 220℃ 即凝结成固体，这对发电站的循环运转是一个问题。相关机构已经投入大量精力，研究提高管道的热吸收力和镜面反射效率，从而将能量转化率最大化。

意大利聚光型太阳能发电站协会表示，意大利在 2020 年拥有 3000～5000 兆瓦的聚光型电站，并创造大量就业机会。地中海南部和中东地区可能会继续建造此类发电站。

2. 熔盐集热管技术助力聚光太阳能热发电站

2013 年 9 月，国外媒体报道，意大利埃内尔绿色能源公司，已采用来自跨国集团公司肖特太阳能公司的熔盐集热管技术，用于全世界规模最大的熔盐太阳能热电站部分组件的现代化改造。

2013 年夏天，肖特公司向位于意大利西西里岛的阿基米德太阳能热发电站，总共提供了大约 450 支“高温熔盐集热管”。阿基米德热发电站项目的装机容量为 5 兆瓦，是目前规模最大的、采用熔盐太阳能发电技术的聚光太阳能电站。此外，埃内尔绿色能源公司与肖特公司正携手开展一个名为 ARCHETYPE 的欧盟项目，旨在建造一个同样采用熔盐太阳能发电技术、总装机容量为 30 兆瓦，商用抛物面槽式太阳能热发电站。

熔盐技术的独特性，在于电站采用熔盐作为光场的导热介质。过去，集热管利用太阳能辐射加热专用的导热油，最高温度只能达到 400℃，而采用熔盐作为导热介质，其最高工作温度可以高达 550℃。这样，热发电厂可以大幅提高发电效率并降低成本。

但是，熔盐较高的工作温度，也给此类光热电站使用的各种组件带来了全新挑战。最为重要的是，集热管作为光热电站的核心组件，必须能经受住这种高温极端运行环境的考验。因此，热发电站必须与钢铁行业的领先企业合作开发特种钢材料，经测试达标后用于熔盐聚光太阳能热电站。

肖特太阳能公司负责聚光太阳能研发、质量和生产事务的董事总经理尼古拉・斯本茨博士表示：“熔盐太阳能发电技术的成功，是提高聚光太阳能热发电站的效率、持续降低发电成本的重要里程碑事件。肖特公司非常荣幸，能够通过开发这种特殊的集热管，为聚光太阳能技术在今后的发展和成功做出贡献。”

阿基米德光热电站项目于 2010 年夏季投入运行，已拓展至现有的燃气—蒸汽联合循环热发电站。该电站的太阳能发电设施的装机容量可达 5 兆瓦，足以向 4500 户家庭供电。此外，高温熔盐还可直接存储在大型储罐中，即使在阴天和夜间，也能确保持续供电。

总部位于德国美因兹的肖特太阳能公司，是卡尔蔡司基金会旗下的企业。它是一家跨国高科技集团公司，在制造特种玻璃和特种材料的先进技术领域，拥有 100 多年的丰富经验。其许多产品在全球同类产品市场中拔得头筹。公司的主要业务领域为家电、医药、电子、光学、太阳能、交通及建筑行业等。肖特集团致力于凭借高品质产品和智能解决方案，为客户的成功做出贡献，让肖特成为人们生活中不可或缺的重要组成部分。

（三）建造沙子工质塔式太阳能热发电站

——建成全球首个兆瓦级沙子工质塔式光热电站

2016 年 7 月，国外媒体报道，全球首个以沙子作为工质的塔式光热电站，日前在意大利西西里岛正式亮相，在电站启动仪式上，大家对这样一个创新型模块化单元式的太阳能热电站进行了了解，该电站装机 2 兆瓦，配备 786 台定日镜，将太阳光通过集热塔上方的二次反射镜，集中于下置的集热器上。该电站占地面积 2. 25 公顷，位于西西里岛西北部，日产蒸汽量为 20. 5 吨，每年减少约 890 吨的二氧化碳排放量。

该项目的核心部分是马加尔迪太阳能热电技术，这是一种基于空气与沙子流化床的太阳能蒸汽发生技术，该项目是首个在兆瓦级规模对马加尔迪太阳能热电技术进行示范的电站，能够吸收、储存太阳能并将热量转化为电力和其他热能使用。

然而，该技术采用的二次反射方法并不是一个新概念，早在 2010 年 1 月，阿联酋马斯达尔理工学院，就建成了全球首个基于二次反射原理的塔式光热发电实验项目，装机容量 100 千瓦，在此项目基础上，2015 年，该学院启动了名为“沙堆器”的以沙子为工质的塔式热发电系统的研究。另外，美国太阳能控股公司此前也启动了一项名为“移沙器”的项目，推进沙子工质光热发电系统的研发。而意大利马加尔迪集团，此前也为研发太阳能热电技术，与那不勒斯大学、意大利国家研究委员会合作，建立了一个 100 千瓦示范项目进行试验。

南澳大利亚前总理米克兰在随地方当局参加启动仪式时说：“在太阳能热发电领域，沙子工质技术与现有的熔融盐传储热系统相比，是一个重大进展。”

意大利最大公用事业公司 A2A 集团首席执行官卢卡・卡梅拉表示，希望意大利能与中国对话这一全新的技术。他说：“我们的想法，是否可以向中国出口绿色技术，并帮助填补现有的基础设施赤字。另一个可以考虑的合作方式，将是与中国的大学进行合作，因为我们也意识到中国大学研究和创新的深度，这将是推动新技术发展的关键。”

马加尔迪集团现任负责人在揭牌仪式上表示：“马加尔迪这个家族企业，在绿色解决方案方面，已经积累了 120 年的经验，我们期望能够与中国建立可靠的合作关系。目前世界上所有的大国都在发展清洁能源。在这种环境下，合作是根本，这样不仅有助于拯救地球，同时更有利于提高投资效率，降低成本。”

有关专家表示，类似于沙子、混凝土等可以被广泛利用的材料，是否能够成为未来大规模商业化光热发电系统可选的传热和储热介质，尚需要更多实际项目来证明技术的可行性，而对于首个沙子工质电站项目的运行表现，工程人员将保持密切关注。

（四）开发太阳热能装置与光热发电技术的新信息

1. 研制太阳热能装置的新进展

太阳热能装置新增面积快速增长。2007 年 8 月，有关媒体报道，欧洲再生能源研究服务部发表公告表示，出于能源和环保等因素的考虑，意大利、德国、法国、希腊和奥地利等欧洲国家，越来越重视可再生能源的开发、利用和推广。其中欧洲太阳热能利用的市场规模逐年扩大，仅 2006 年一年，就新增设太阳能电池板 300 万平方米，比 2005 年增长了 44. 3%。

面对“后石油时代”的挑战，欧洲各国纷纷出台一系列鼓励发展可再生能源的政策和措施，以适应能源需要和环保的要求，实现可持续发展。同时，在石油、天然气价格持续上涨的大环境下，欧洲民众也越来越乐意接受可再生能源的家庭使用。其中，由于太阳热能装置（主要用来提供热水、住宅和游泳池的供暖）安装、使用相对方便，因此其市场规模在 2006 年里得到了快速扩大，增长率由 2005 年的 23. 5%上升到 2006 年的 44. 3%。

根据欧洲再生能源研究机构服务部提供的数据显示，截至 2006 年年底，欧盟 25 国的太阳能电池板的总安装并正常使用的面积，已超过 2000 万平方米，所产生的热能相当于 14280 兆瓦。在 2006 年，欧洲太阳能利用增长幅度较快的意大利、西班牙、奥地利和希腊，增长率分别达到了 46. 4%、26%、25. 1%和 9. 1%。

欧洲再生能源研究服务部，是欧洲再生能源专业研究、推广和评估机构。它认为，目前全球强调可持续发展和环保的大环境和传统化石能源供应、储备紧张的现实，非常有利于欧洲太阳能利用市场的快速增长。而且，这些新增的市场不再仅限于德国、希腊等传统太阳能利用大国，更可喜的是，还出现了很多如意大利、法国和西班牙这样的在太阳能利用领域快速增长，并仍然拥有巨大潜力的国家。这也预示着，在欧洲将会兴起一个可再生能源使用的新高潮。

2. 开发光热发电技术的新进展

光热发电技术及其产业发展分析。2016 年 10 月 7 日，有关媒体报道，光热发电在热储能技术的支持下，通过将聚光集热与传统热电技术结合，实现了打破光照条件、日照时间等限制的目标，不仅可以作为基础电源、热源，还可以参与电力调峰。意大利国家新技术、能源和可再生经济发展研究所光热研发部主任托马索·克莱森齐及该所能源技术部研究员阿尔贝托·贾科尼亚，针对光热发电产业发展问题，对媒体发表了各自的看法。

克莱森齐表示，光热发电是利用聚光器收集太阳热能，通过换热装置提供蒸汽，结合传统汽轮发电机的工艺，不仅可以生产出电能，还可以利用光热产生的机械能进行其他产品的生产。

贾科尼亚指出，在光热电厂产生的高温热能，可以直接满足几个工业过程中完全或部分所需能量，取代燃烧传统燃料，大幅减少温室气体排放，节省燃料。例如，在光热电厂产生的高温热能，可以驱动制氢生产过程中的化学转化。

针对全球光热领域中技术、市场、运行维护、人才等方面将会出现的合作与竞争前景展望，克莱森齐表示，国际合作是建立光热发电等先进技术的基本支柱。它可以实现技术交流、建设示范工厂，实施各国工程师和运营商参与国际合作项目。

建立这种以技术为背景的机构，在面对当地特有的条件时，可以提供合适的应对解决方案，当然通过国际合作的方式，也可以提供因地制宜的解决办法。

据了解，针对光热发电的四种技术形式（槽式、塔式、菲涅尔式、碟式)，克莱森齐认为，各种光热发电技术都不是最好的技术，但是每种技术都会有一些特定的功能，更适用于某个特定的方案，例如工厂的位置、规模、土地可用性、环境约束等。

意大利能源研究所的研究结果显示，碟式光热发电非常适合分布式、小规模发电，但是不能和长时间蓄能系统相结合；所以碟式光热发电在产能输出方面，可以和太阳能系统竞争。当前塔式光热发电，允许产生高达550℃~600℃的热度，因此适合高效率发电。而线性聚光系统，都是模块化技术，通常使用400℃的热油作为热传输流体。

此外，线性聚光发电系统能，用熔融盐也能生产超过500℃的热量，可以通过菲涅尔式和塔式光热发电系统来实现。通常情况下，通过熔盐储热，相比使用热油，可以提高储热的温度、容量和效率。

据克莱森齐介绍，目前全球范围内已经有许多大型光热电厂，总装机容量数字庞大。光热发电市场已经从兴起迈入到了成长阶段，如今在世界不同地区都已经有大型光热电站建成，这是光热技术走向成熟的标志。与此同时，光热发电技术仍然在提高效率、电网调度能力及降低成本等方面，存在很大的上升空间。这些是使光热发电在能源市场上拥有越来越多吸引力和竞争力的关键，也是当前工程研究和开发的重点。

高成本是当前全球光热电站发展共同面临的问题，有人认为减少未来全球光热发电成本主要取决于两个方面：一是大幅度提高产量；二是降低建设和安装成本。

贾科尼亚认为，光热和光伏两种技术并存发展，有助于能源市场稳定。与光伏发电相比，光热发电最大的优势在于储能。但当光伏发电的成本进一步降低，储能技术迅速提高后，“光伏加节能”的优势更加明显，有人指出，“光伏加节能”会对光热发电的发展造成威胁。对此，贾科尼亚认为，光热发电技术的发展非常快，当前还无法预测未来哪种技术更具有吸引力，但可以预测的是，两种技术将并存发展，并通过有效匹配实现最高利用效率。

贾科尼亚强调，很显然，光伏发电和光热发电，是为了目标最大化利用太阳能而做出的两种选择。但只依赖一种技术的政策风险非常大，所以需要两种技术同时发展，以便拥有替代选择。因此，即便“光伏加节能”

目前被证明比光热储能更有竞争力，但从长远考虑，为了避免由于技术负担的潜在风险，保持能源市场稳定，仍建议同时将两种技术都发展至高成熟水平。

三、开发利用太阳能的新态势与新举措

（一）开发利用太阳能出现良好的新态势

1. 通过新技术不断降低太阳能发电成本

预计太阳能发电将形成价格优势。2009 年 6 月 22 日，纽约时报报道，欧洲光伏行业协会称，虽然现在太阳能光伏板应用比较广泛，但和风能、化石燃料相比，安装太阳能板的成本仍然相对较高，从而使很多潜在用户对太阳能这种清洁能源望而却步。

但据最新的调查研究发现，随着太阳能技术的不断发展，太阳能板将不会再那么可望而不可即，太阳能板将能很快“飞入寻常百姓家”。到 2010 年，在欧洲南部地区，尤其是阳光资源丰富的意大利，利用太阳能板发电的成本和电网电力相比在价格上，可以一较高下，形成价格优势。

欧洲光伏行业协会主席范安德·霍夫曼称：“只是很多政治家，对光伏板的认识，仍然仅停留在卫星应用这一层面上，其实这一技术在其他领域也有应用。”他还表示，其实太阳能光伏技术与其他技术，如计算机处理技术和电视机纯平技术一样，如果价格能降下来，那么很多普通家庭就能够使用上这些产品。他还称：“其实纯平电视机就是一个非常复杂的太阳能组件。”

霍夫曼还向欧盟委员会提交了，一份欧盟光伏行业协会和 AT 科尔尼咨询公司，共同研究制定的一份调查研究报告。该报告中称，欧盟太阳能光伏发电在欧盟电力需求中的比重，到 2020 年将从 2008 年的不到 1%提高到 12%。

AT 科尔尼咨询公司的资深研究员洛朗·杜马瑞斯特称，为实现这一远大目标，欧盟委员会需要制定法律，以法律推动可再生能源的使用，同时还需向可再生能源提供诸如研发、财政、税收等方面的支持。

霍夫曼还特别谈到，在欧洲南部地区，尤其是意大利，电力平均成本较欧盟其他国家较高，在意大利部分地区，每度电要 25 分。而这一价格，

与2010年意大利人使用太阳能电力的成本差不多。但霍夫曼也承认，意大利要实现对可再生能源进行补贴，需要政府充分讨论，还有很长的路要走。同时，太阳能发电还面临一些技术上的攻关难题。

2. 通过国际知名企业加强太阳能电站建设

国际知名企业助力大型太阳能电站并网发电。2011年3月11日，国外媒体报道，全球领先的电力和自动化技术集团ABB宣布，将帮助意大利菲尼克斯可再生能源公司，在意大利中部拉齐奥地区，建设一座24.2兆瓦太阳能光伏电站，合同总价值5000万美元。根据合同，ABB将负责电站的设计、施工、安装、土建和调试工作。通过采用电厂电气系统解决方案模式，ABB将在四个月内完成项目建设。

该太阳能电站并网发电后，每年可提供多达3500万度清洁电力，同时减少2.5万吨二氧化碳排放，相当于欧洲1万辆轿车一年的碳排放总量。

这座太阳能电站采用单轴跟踪方式，自动追踪太阳位置并将电池板调整到最佳角度，从而提高发电能力。ABB为整个项目提供了一系列关键设备，包括：低压和中压开关柜、变压器、电缆、自动控制系统和保护设备等。ABB还将建造一座采用最先进的监测和控制系统的150千伏变电站，从而将产生的电力高效、可靠地并入电网。电站的电池板将由挪威REC公司与ABB联合提供。

ABB集团电力系统部负责人路义普表示："ABB技术在可再生能源发电并网方面发挥着核心作用。效率、可靠性，以及最大限度降低发电对气候的影响，是推动这个项目实施的关键。太阳能将在人类未来的能源结构中扮演重要的角色。"

2010年，ABB仅在南欧地区就建设了16座太阳能电站。这些电站主要位于意大利和西班牙，其发电规模从1兆瓦到24兆瓦不等，总装机容量约为100兆瓦。

ABB是位居全球500强之列的电力和自动化技术领域的领导厂商。ABB的技术可以帮助电力、公共事业和工业客户提高业绩，同时降低对环境的不良影响。ABB集团业务遍布全球100多个国家，拥有12.4万名员工。

3. 通过新产品拓宽太阳能利用领域

研制出"向日葵"电动汽车太阳能充电器。2018年11月，国外媒体报道，意大利工程师伊莱尼亚·扎姆贝利和法布里齐奥·马可西亚一起，为电动汽车设计并制造了一个太阳能充电器原型，并且在罗马举行的新产品展览会上进行了展示。使用这款太阳能充电器，能免费随时为电动汽车充电。

从太阳能充电器的照片来看，充电器主要呈片状方形，边缘为橙红色，它被安装在电动自行车的上方，像伞一样撑着。扎姆贝利表示，该充电器的灵感来自向日葵，因而制成花瓣状，能够跟随太阳转动，产出最大的能量，并且结合使用了方位角和天顶的算法。此外，该充电器是通用的，可针对不同种类的电池进行定制，可为电动自行车、摩托车、汽车和船只提供动力。

目前，电动汽车在再次充电之前可行驶 60～100 千米。扎姆贝利表示，使用该款充电器，可以随意使用免费的太阳能随时随地为电动汽车充电。根据该款充电器电池的容量，该充电器可在两个半小时内为电动汽车充满电，其特殊之处在于，无论车辆在行进中还是静止时，都可进行充电。

实际上，人类对太阳能充电器的探索，最早是从研究太阳能电池开始的。1883 年，美国发明家查尔斯·弗里茨发明了第一块太阳能电池，但没有形成可使用的产品。1954 年，第一个投入使用的太阳能电池，在美国贝尔实验室诞生。至今，太阳能电池或太阳能充电器进入了第三代发展期，即薄膜化，转换效率高和原料丰富且无毒。

据 2018 年电动汽车展望报告的调查结果，预计到 2025 年，全球可再生能源市场市值将达 2 万多亿美元。在预测期内，就收入而言，预计仅太阳能市场就将以最高为 13.4%的年复合增长率增长。此外，智能城市的可持续发展也需要得到太阳能的支持。

（二）政府推出开发利用太阳能的新举措

1. 政府出台法规鼓励更多地使用太阳能

2007 年 8 月，有关媒体报道，意大利素有“阳光之国”的美誉，该国国家电力公司决定，在拉齐奥大区北部投资建设国内最大的太阳能发电站。计划占地 10 公顷，总装机容量 0.6 万千瓦，建成后每年可发电 700 万千瓦时，相当于减少 5000 吨二氧化碳排放量。

意大利全国铁路公司也推出了其最新研制的太阳能列车样车，包括 2

节车头、5 节客运车厢和 3 节货运车厢，利用安装在每节车厢顶部的太阳能电池板，向列车的空调、照明及安全设施系统提供能源。

意大利新的《能源价格法》规定，使用太阳能发电设备的家庭可将剩余电量卖给国家电力公司，以鼓励更多的家庭使用太阳能。据估算，家庭安装一套 7~8 平方米的太阳能板约需 7000 欧元，11 年可收回成本，而设备使用寿命则长达 25 年。新法律同时规定，对采用太阳能的建筑，税收减免由原来的 36%提高到 55%。在政府的大力倡导和鼓励下，2006 年意大利太阳能板的安装总量达到 30 万平方米，同比增加了 46%。

2. 政府承诺太阳能补贴政策不变

2011 年 3 月 22 日，国外媒体报道，自意大利政府宣布，将不会改变向现有项目发放的补贴款后，该国太阳能市场得到了迅猛发展。这一决定，是在罗马，由政府官员与意大利太阳能产业协会联合召开的政策会议上做出的，决议涉及 2011 年年底前所有联网设备。

这次会议，就意大利太阳能政策，在未来五年内的发展变化提出了两点议题：其一，效仿德国模式制定补贴机制，即每度电 0. 25 欧元的补贴额，相比现有补贴下调了 30%；其二，到 2017 年潜在补贴款负担限制在 60 亿欧元以内。

太阳能产业协会一位发言人表示："为保证光伏产品，能在较长期限内，为国家的能源产品组合做出其应有贡献，用于保护光伏产业而制定的补贴政策一事，吸引了愈来愈多的关注。"他接着说："我们十分期待德国的模式能有助于防止市场崩盘，并维持小中大型发电厂之间的平衡，同时促进整个产业链的发展。"

意大利工业部部长保罗・罗马尼表示："我们对于能够就如何保证投资商和整个产业，对安装系统的信心达成一致而感到高兴。所实行的刺激政策，可将所获利润和安装规模联系起来，同时保证成本控制和产业发展。"

这一政策颁布前不到一个月的时间内，政府曾驳回关于为产业设置 8 吉瓦上限的提议。

3. 政府新法案或将拨款支持太阳能产业发展

2011 年 3 月 30 日，国外媒体报道，从意大利政府所起草的，可再生能源新法案第一稿中所流露的信息来看，意政府在2014年前，实施上网电价补贴额的年度递减政策。该草案同时还列出了政府将向太阳能产业的发展拨款69亿欧元的意向。

尽管关于可再生能源新法案的官方正式声明将在4月份才可公布，但政府公报所提及的草案却暗示，政府在2011年内进行10%的补贴下调，并在2012年再次下调10%，2013年下调15%~20%，而2014年则为50%。在此法案若想获得通过，还需首先通过意大利太阳能协会的审核阶段，以及各部长的批准。

此项法案制定仅一个月前，意政府曾驳回为太阳能产业设置8吉瓦上限的提议。这一举动，释放出多重关于政府对太阳能行业态度的信息，并很可能在意大利快速发展的光伏市场投资圈内，造成进一步的不稳定。

产业联合会主席吉安尼·基亚内塔表示："我们一直都在敦促政府尽快对补贴款的递减政策做出决定。我们同时希望政府能够通过免税等方式促进意大利太阳能产业的发展。"

此项新法在2011年6月1日正式生效，同时，意大利环境部部长斯特凡尼亚也已向各开发商承诺，将尽全力保证无法赶在规定时间内完成的项目的前期投资。他表示："此举意在使投资商克服一系列与投资无关的问题，并保护那些在旧政策下建造的项目和无法在5月末完成的项目。"

4. 政府正式批准新的太阳能补贴方案

2011年5月5日，路透社报道，意大利政府已经正式批准有限额的太阳能补贴法案，结束了此前备受争议的"政策前景不明朗"。

从2007年意大利加大对太阳能发电的补贴以来，该国太阳能市场蓬勃发展，成为仅次于德国的全球第二大市场。多年来，意大利政府一直在寻求削减太阳能发电补贴的机制。当天，意大利工业部长和环境部长共同签署，并批准了新的太阳能补贴法案。这项原定于2011年4月底签署的法案，由于两位部长的意见分歧遭到了拖延。

这项新法案的全文尚未公布，来自意大利工业部的消息称，意大利政府对太阳能发电的补贴持续到2013年，但补贴比例将逐渐降低；其后，补贴将与一定规模的装机量挂钩。意大利政府认为，设置补贴上限和对大型太阳能设施实施注册备案的措施将有助于消除投机。

路透社称，根据其两天前看到的法案草案，意大利政府有意在2011年6月到2012年底的时间内，收紧投入到太阳能发电补贴中的资金量。在该份草案中，意大利政府准备将每年用于太阳能发电补贴的资金限制在60亿~70亿欧元之间，并一直保持到2016年。2016年意大利的太阳能发电设施总装机容量将达到23吉瓦；而到2017年，太阳能发电将具备与传统化石燃料发电竞争的实力，并实现太阳能发电的电网平价。

意大利工业部部长称："在通过技术进步取得竞争优势之前，这一重要文件，最终给了太阳能发电市场发展的稳定性和一个可预期的前景。"

蓬勃发展的意大利太阳能市场，在吸引诸如尚德电力、天合光能、英利绿色能源、日头能公司等国际光伏巨头的同时，也在很大程度上影响着它们的业绩和发展。

第二节　风能与生物质能开发的新进展

一、建设风力发电项目的新成果

（一）利用空中与屋顶的风能发电

1. 利用空中风能发电的新进展

建设空中风筝带动转盘产生电能的发电站。2006年10月，有关媒体报道，意大利研究人员，正在开发和推广一种新型的风筝风力发电机。粗粗看去，它就像院子中晾衣服架子，没有什么特别吸引人的地方，但是它在发电方面的性价比，可以与许多新能源相媲美。

风筝风力发电机的工作原理并不复杂：风筝在风力作用下，带动固定在地面的旋转木马式的转盘，转盘在磁场中旋转而产生电能。对于每个风筝而言，转盘都会放开一对高阻电缆，控制方向和角度。风筝并非是我们在公园常见的那种类型，而是类似于风筝牵引冲浪的类型，它重量轻，抵抗力超强，可升至2000米的高空。

风筝风力发电机的核心在于通过风筝的旋转运动；旋转激活产生电流的大型交流发电机。自动驾驶仪的控制系统会最优化飞行模式，使其在不分昼夜飞行时所产生的电流达到最大化。假设受到干扰，例如，迎面而来的直升机或小型飞机、甚至一只鸟，一个雷达系统能够在几秒钟内重新调整风筝航行方向。意大利都灵附近的小企业“巨杉自动控制”公司领导实施了这一项目。

2. 利用屋顶风能发电的新进展

设计出同时用风能和太阳能发电的“能源屋顶”。2010 年 1 月，有关媒体报道，意大利科学家设计了一种新型的“能源屋顶”。这种新型“能源屋顶”，同时利用风能和太阳能两种方式发电，屋顶的东翼利用风能，通过 5 个风力涡轮机产生能量。屋顶的西翼则安装了有利于能量产生的透明太阳能电池。它主要用于意大利佩鲁贾市周边重要历史文化遗址的探索与保护。

目前，这种新型“能源屋顶”已安装于佩鲁贾市一个历史悠久的老城区内。整个“能源屋顶”，是作为一个考古遗址地下展厅入口的顶棚，而这个考古遗址地下展厅展出的都是佩鲁贾市周边重要历史文化遗址的考古成果，代表了该市的历史。

据历史文件记载，在意大利佩鲁贾市一个区域（位于吉亚科莫-马特奥广场底下），存在着一处具有重要历史和考古价值的遗址——伊特鲁里亚古城墙。为了向公众重现佩鲁贾的历史，佩鲁贾大学正在这里进行一项考古研究，意大利科学家库珀·希米尔伯劳协助佩鲁贾大学开展这项工作。希米尔伯劳设计了这种新型“能源屋顶”，并沿着维亚-马齐尼街道建起了一个顶棚，用于帮助挖掘和保护地下的遗址。这个“能源屋顶”将作为通往考古遗址地下展厅的入口，该通道还将连接附近通往市中心的地铁站。

“能源屋顶”利用太阳能和风能自己产生能量。屋顶的西翼安装了有利于能量产生的透明太阳能电池，而东翼则是利用风能，通过 5 个风力涡轮机产生能量。这个设计极富创意，它不仅仅为佩鲁贾市提供了一种外观看似疯狂的建筑，而且也为其他城市提供了一个模板，即把可再生能源生产技术运用到建筑和城市雕塑上面。

（二）利用桥梁与车辆的风能发电

1. 利用桥梁风能发电的新进展

提出建造太阳能风力发电桥的设计理念。2011 年 2 月，国外媒体报道，意大利建筑设计师弗朗西斯科·克拉罗希、乔凡娜·萨拉齐诺和路易萨·萨拉齐诺等三人，提出建造太阳能风力发电桥的设计理念，利用桥梁独特的地理环境和高度收获风能和太阳能两种不同的绿色能源。

桥梁一般总是矗立于户外、暴露在自然环境中，经受各种天气气候的洗礼。令人不解的是，一直以来，没有人想过利用这一巨大的人造奇观，来生产环保的绿色能源。这座太阳能风力发电桥的设计理念，可以利用桥梁独特的地理环境和高度，获得绿色能源。

因为它们仍是机动车辆行驶桥梁，不能将其严格地称之为环保桥梁，但是它们独特的地理位置使得它们可以获得大量的风能和太阳能。当然，它们必要的高度及长期暴露在阳光的照射下，意味着它们可以成为风能和太阳能的理想收集器。

这座桥梁是为意大利特定地区专门设计的。作为“太阳能公园工程”暨太阳能高速公路设计大赛的一部分，要求设计师对巴涅拉和斯希拉之间一段废弃的高架公路桥重新设计。建筑设计师，提出太阳能风力发电桥这一富有革新性的设计理念，是看到了其地理位置的潜在优越性：始终受到侧风侵袭，并且长期处于地中海强日光的照射之下。

桥面不是用传统沥青铺设，而是用密集的太阳电池板所代替，太阳能电池板上面覆盖着一层耐用的塑胶材料。太阳能电池板每年大约可产生1120万千瓦时的电量。同时，在桥梁支撑结构之间的空隙中安装了26台风力涡轮机，每年可产生3600万千瓦时电量。所有这些电量可满足1.5万个家庭的用电需求。

太阳能风力发电桥所能带来的好处远不止这些。按照设计师的构想，还将在桥梁两侧建设小型农场和市场。虽然这些设计都非常诱人，但是人们更愿意看到建筑设计者集中关注第一部分的设计，将这些绿色能源收集装置整合到人们日常生活的建筑中，激发更加奇特的设计理念。

2. 利用车辆风能发电的新进展

开展利用“卡车风”发电的试验。2013年6月，意大利媒体报道，意大利威尼斯的一家创业公司，正尝试利用大卡车在高速公路行驶时形成的风来发电。初步试验结果令人鼓舞，意大利国家电力公司已决定进行投资，以支持其进一步开展试验。

“卡车风”发电，源于三个年轻人的设想。他们提出，大卡车在高速公路行驶时形成的风很大，如果合理利用，也许能提供可再生的清洁能源。

三人随后成立一家公司，并与威尼斯市政府签订协议在高速公路上进行试验。他们收集数据、记录风速后得出结论：重型卡车经过时风力加大，甚至接近于大型风力发电设备所需的风力。

2012 年 5 月，这家公司在威尼斯附近，建立第一座高速公路风力发电试验设施。有关试验报告显示，结果令人鼓舞。配备直径 1.2 米风车叶片、装机容量 2.2 千瓦的风力发电设备，一天发电量可达 9 千瓦时，改进设备后发电量可提高到 12 千瓦时。

由于当地政府规定重型车辆周末禁止驶入高速公路，这样算来，一年约有 250 天可发电，年发电量接近一个家庭的用电量。

意大利国家电力公司，上月已决定为这家创业公司投资 25 万欧元，开展进一步试验，若结果让人满意，将在一年内再投资 40 万欧元。这家公司计划，一年后在部分高速公路旁，每隔 50 米建一个垂直轴风车联网发电。

（三）利用海上风能发电

1. 主持建设欧洲最大的海上风电场

2009 年 9 月 18 日，国外媒体报道，意大利蒙卡达建设公司称，在阿尔巴尼亚主持建设欧洲最大的海上风电场。该项目已为阿尔巴尼亚政府批准，总装机为 50 万千瓦。目前欧洲在建的最大风电场在苏格兰，装机为 32.2 万千瓦。

项目还包括建设意大利与阿尔巴尼亚之间的输电线路，400 伏线路长 145 千米，该线路将穿过亚得里亚海的奥特朗托海峡，水深为 900 米，这样两国电力可以互相传输。

风电场可能位于卡拉布伦半岛，紧靠伏尔拉城，原先为前政权的军事基地。蒙卡达是意大利第 5 大电力生产商。

另外，意大利马赛集团一个绿色投资项目，已经提交阿尔巴尼亚政府批准，在该国北部建设一座风电场。总装机超过 41 万千瓦，投资额为 4 亿多英镑。

有关专家指出，阿尔巴尼亚所有自产电力来自水电，受旱季影响很大。即便雨量丰沛，陈旧的分配电网也常常出问题。

阿尔巴尼亚发电主要依靠几个大型水电厂，提供85%以上的负荷。尽管阿尔巴尼亚过去是个纯粹电力出口国，但在近5年或6年，该国依靠进口。全国在努力避免电力短缺，包括对窃电和用户不法行为给予严厉处罚。

2. 建设引领“地中海”的首个海上风电项目

2019年2月，有关媒体报道，意大利正在普利亚大区塔兰托省地中海的贝雷奥里海域，建设一座3万千瓦的固定式基础海上风场，于2020年并网发电，它早于法国2021年并网发电的三座漂浮式试验风场，成为地中海首个并网风场。

报道称，它刚刚完成了融资活动，安永会计师事务所协助银行完成这笔融资。该风场将成为意大利第一座建设和投产的海上风电场，它也将获得地中海第一座商业化规模海上风场的殊荣，成为南欧海上风电项目发展的里程碑。

该风场原计划2018年就开始安装风机，由于种种原因被耽搁，但新计划是2019年年底开工建设，项目2020年投入运营。与法国同样位于地中海海域的三座漂浮式试验风场不同，它采用固定式基础，项目水深4~18米。

这个项目开发商为热内夏公司，它属于意大利大型基础设施建设公司ToTo集团负责可再生能源业务的子公司。2018年，热内夏公司从比利时贝尔能源集团可再生能源公司手中，买下了该海上风电项目。

在2016年意大利举行的可再生能源竞标中，该项目取得了为期25年的固定上网电价。以目前的欧洲和全球海上风电市场行情来看，这是个令任何一个欧洲开发商都垂涎三尺的高补贴电价。如果风机质量可靠、风场运营期间不出大的意外，开发商将会大赚一笔。

（四）建设风力发电项目的其他新信息

1. 大力发展小型风车发电项目

2009年12月，国外媒体报道，行驶在意大利南部阿韦利诺省的高速公路上，两旁白色的风车群无疑是最为突出的风景。旅游观光者在高耸入云的大型风车旁，还可以看到小型风车项目正在悄然兴起。

一架小型风车看上去和普通风车如出一辙，只是高度和叶片长度按比例缩小。旁边另一架小型风车的个头更加“迷你”，仿佛世界公园里的“微缩模型”一般，但这一点也不影响叶片在风中欢快地旋转。

据当地工程师费拉介绍，一般大型风车功率在 900 千瓦以上，而小型风车的功率在 5 千瓦到 200 千瓦之间。

费拉说，小型风车用途广泛，尤其适合在孤立、偏远且具备风力发电潜质的小村庄使用，可以在保护环境的同时保证电力供应。据测算，一架 100 千瓦的小型风车，足以给一个百人的村庄提供充足的电力。由于风力发电受天气条件影响较大，所以可以采用风能和太阳能或生物能相结合的方式，在风力出现低峰时予以补充。

由于地理位置的关系，阿韦利诺省拥有充足的风力资源，适合风力发电。按照阿韦利诺省所属坎帕尼亚大区政府的法律规定，修建 60 千瓦以上的风车项目，必须得到大区政府审批，程序相对冗繁，而 60 千瓦以下的风车项目审批过程则简单许多，前后 3 个月即可获批并建成投产。这也是当地政府致力于小型风车项目推广的原因之一。

除了传统风车之外，当地还安装了许多立轴式小型风车。费拉向记者展示了一个 20 千瓦的立轴式风车，其最大特点就是没有巨大的叶片，取而代之的是顶部由碳纤维组成的支架。据介绍，立轴式风车和传统纵轴式风车的发电机制和发电效率基本相同，但相同功率下立轴式风车占用的空间更小，适合在比较狭小的环境里安装使用；此外，立轴式风车也不会受到风向影响。

据费拉提供的数据，目前风力发电约占意大利整体发电量的 0.8%。与其他可再生能源相比，风能具有自己的优势。

费拉举例说，风能比太阳能成本更低而发电效率更高，投资太阳能光伏板发电项目，需要 7 年时间才能收回成本，而小型风车项目只需要 3 年。风力发电虽然没有水力发电稳定，但水力发电前期投入巨大，非资金雄厚的大型企业难以承担。

费拉坦言小型风车目前仍处于起步阶段，发电成本几乎是大型风车的两倍，但是意大利政府出台了相关保护政策，即电网必须优先收购清洁电能，减少了发展小型风车项目的一些后顾之忧。他相信，未来小型风车发电，将成为意大利可再生能源的一个重要补充。

2. 投资开发墨西哥风电项目

2015 年 7 月 15 日，墨西哥《改革报》报道，意大利埃内尔绿色能源公司，是专门从事可再生能源开发的著名企业，多年来，其不仅努力拓展国内绿色能源市场，还不断加强国外可再生能源市场的开发。

据悉，埃内尔绿色能源公司将投资位于墨西哥萨卡特卡斯州阿尔蒂普拉诺（Altiplano）风电站项目，投资金额 2.2 亿美元，装机总量 100 兆瓦，项目于 2016 年中期开工，融资来源为埃内尔绿色能源公司投资基金。

二、风能开发利用的其他新成果

（一）研制风能设备的新信息

1. 研制出“大力神”风力发电机

2012 年 9 月，意大利媒体报道，风能是地球表面大量空气流动所产生的动能，用它产生电能的风力涡轮机品种繁多，有的是适应高海拔地区的充气品种，有的酷似落在屋顶上的一只超大黄蜂，有的如同置于屋脊之上的一个长形水磨。

虽然风能属于最干净最可靠的可再生能源之一，但不少人对绝大多数风力涡轮机的造型却不敢恭维，认为它们碍眼难看。究其原因，在于呆板乏味，缺乏美感。然而，意大利埃尼塞里公司不久前推出的埃尼塞里“大力神”（Hercules）风力涡轮机却别具一格，让人耳目为之一新。

它修长苗条，7 米左右的高度配以弯曲的木质叶片，令人叹为观止。看起来，与其说是一台风力发电机，倒不如说像一座精致高雅的雕塑品。尽管新式风力涡轮机外观纤细秀丽，用“妙龄少女”形容也不为过，但仍冠以“大力神”之称，使人领略到它外柔内刚的特点。

“大力神”赫拉克勒斯是希腊神话中最伟大的英雄，曾经杀死过九头怪物，捕捉过狂暴的公牛，解放了被宙斯囚禁的善神普罗米修斯。赫拉克勒斯因完成了号称不可能完成的 12 件大功，所以受人爱戴，在死后升为“大力神”。

据设计师特里·菲普斯介绍，“大力神”不是为了满足北美大平原风力发电场对大型风力发电设备的需求而开发的。它的装机功率为 5 千瓦，最高发电量接近 3 千瓦，仅为大型风力涡轮机的一小部分。作为一种用于家庭甚至商业建筑的功能性风能涡轮机，“大力神”的使用对象是都市居民。他们追求绿色环保，渴望返璞归真，向往清洁能源，但又不愿意在后院竖起一个大煞风景的金属风力涡轮机。正因为如此，设计师们十分专注于它赏心悦目的美学造型。

“大力神”堪称风力涡轮机中的创新精品，其中最大的亮点是它光滑的木制叶片，与乏味的传统风力涡轮机形成鲜明的对比。3 块弯曲的木质叶片，出自木材设计工程专家雷纳托·格拉之手，每块长 3 米，重量为 7 千克左右，比大多数风力发电机的复合材料叶片略微重一些。

“大力神”使用拖拽力来推动叶片运转，是一种渐开线式螺旋结构，利用风能吹动中心垂直轴周围的弯曲木质叶片，无须偏转或改变方向就可以接受来自周围任意一点的风力，整个机制不必调整以适应天气变化。“大力神”设计时髦，人们完全可以想象得到它们安装在很多市区内所呈现出的靓丽身姿，从中感受到美的享受。

2. 推出新型风能电动倾转旋翼飞行器验证机

2013 年 3 月，国外媒体报道，意大利阿古斯塔·韦斯特兰公司推出一种利用风能的新型飞行器，叫作电动倾转旋翼技术验证机。

作为研发活动的一部分，该技术验证机主要按照直升机模式完成起降任务，但在飞行时，通过倾转其两个一体化旋翼呈 90 度以上，可以转换成一种固定翼飞机使用。该技术验证机，采用的先进电马达可以由充电电池提供能量，这样省去了液压系统，从而可以降低噪声，实现热隐身特征。

验证机所需的电能，是从风能转化而来的。它将飞机置于风中，使旋翼从风能提取可用的电能，并存储在飞机的蓄电设备中。该设备曾在 2011 年 6 月在这家公司位于意大利科斯塔的工厂，完成了首次无人驾驶飞行试验。自那时起，该机在 2011—2012 年又进行了若干次飞行试验。

阿古斯塔·韦斯特兰公司的首席执行官丹尼尔·罗米蒂说：“我们坚信，这种倾转旋翼机方案，代表了高速旋翼机飞行的未来发展方向，因为它比组合直升机技术能够提供更高的速度和航程。”另外，该公司也在考虑采用柴油机驱动发电机的一种未来混合动力解决方案。

（二）推进风电产业发展的新信息

1. 风电产业发展现状与前景预测

——风电产业呈现平稳上升态势

2010 年 2 月 4 日，欧洲风能协会发布报告，有关内容显示，2009 年意大利新增风能装机 1114 兆瓦，占其新增发电能力的 11%，这一比例在欧盟所有国家中排名第三，仅次于西班牙的 24%和德国的 19%。

近几年，意大利风电装机容量一直呈现平稳上升态势。有关资料显示，截至 2007 年年底，意大利风电装机总量为 272.6 万千瓦；2008 年新增 101 万千瓦，截至 2008 年年底的总装机容量为 373.6 万千瓦；而截至 2009 年年底，意大利风机组装机总量已达 485 万千瓦。

即使 2009 年遭遇金融危机的巨大影响，意大利风电增速不仅未放缓，上升态势反而在欧盟所有国家中都名列前茅。这主要有以下几方面的原因：

第一，就是欧盟的积极推动。随着近年来全球能源危机问题日益凸显，再加上节能减排的压力日益增加，导致欧盟对可再生能源的推动持续加速，而风电无疑将成为其中的首选。此前欧盟在《战略能源技术计划》草案提出，要在 2020 年前努力实现风电发电占所有供电的 1/5。而意大利作为欧盟的重要成员国，其风电产业必然会受到欧盟整体战略的巨大推动。

另外，欧盟执委会在其低碳科技发展投资计划中指出，未来 10 年欧盟每年在干净、低碳能源上面的投资须自目前的 30 亿欧元提高到 80 亿欧元。其中，在风力部分的投资总额预估为 60 亿欧元，2020 年可供应欧盟 20% 的电力来源，2030 年此比重可望达 33%。

第二，意大利本身是一个能源短缺国家，主要依赖从国外进口；本国石油和天然气产量只能分别满足 4.5%和 22%的市场需求；在电力能源方面多依靠国外进口，是欧盟内部进口电能最多的国家之一。能源危机的压力，使得意大利政府和民众不得不把目光投向清洁能源领域。而在清洁能源的利用方面，长期以来意大利国内一直依靠水能、地热和生物质能等资源。但最近几年，伴随着全球的风电开发热潮，意大利也已经将目光瞄准这一领域，并且推出了相关的扶持政策。由此带动意大利风电产业，连续数年都以较快的速度向前发展。

(2)从能源格局看预计风力发电可望获得发展。2013年1月，日经能源环境网报道，意大利2009年的一次能源供应量，换算成石油为1.63亿吨，人均相当于日本和德国的70%左右。意大利国内基本没有石油和天然气资源储备，主要一次能源的石油和天然气大部分依赖进口。针对这种情况，意大利提出大力发展可再生能源。意大利政府2020年的目标，是使最终能耗中可再生能源供应量的比例达到17%。包括阳光、地热、风力、生物质能在内，如果不大幅扩大所有可再生能源，目标就无法实现。从分析意大利能源发展格局看，将来风力发电有较大的发展空间。

2. 风电产业发展的主要制约因素

电网基础设施缺失制约着风电发展。2011年1月，国外媒体报道，全球风能协会的调研报告显示：意大利在发展风电产业时，面临一些阻碍。如：电网基础设施的缺失，导致风力发电不足而造成对于电网拥堵的管理难度。电网基础设施问题已影响了位于坎帕尼亚、普利亚和巴西利卡塔的风电项目，以及撒丁的部分相关项目。

这些严峻问题近年来系统地发生，究其原因来自意大利较低的电网容量，尤其是一些老旧电网。2009年，由于电网缺失，一些风电场在运行时，其发电量低于其正常情况的30%。还有一些地区，风电场的限电量达到70%，甚至一些电厂由于设施问题被迫关闭。

意大利的电网问题极为严峻，该国的电力部门正在等待强有力的应对举措，以提升电网目前的装机容量，并增加今后拟建的装机容量。

除了电网基础设施问题，意大利的风电行业还遭受了来自该国行政方面的一些限制，如复杂冗长的政府审批程序及并网高昂的成本。

3. 政府支持风电产业发展的主要对策

——政府承诺将以负责的态度发展风电产业

2007年11月16日，意大利媒体报道，从本月11日到15日，第20届世界能源大会在意大利首都罗马举行。在为期5天的会议中，与会各国代表将重点讨论，如何更好地通过可持续发展，以应对世界面临的能源挑战。

事实上，最近几年来，欧盟各国一直把风能作为清洁能源发展的重点，并提出要在2020年实现风能占各国总能源需求12%的目标。在风能利用方面意大利虽然起步较晚，但最近两年，增长速度却比较显著，下面让大家一起到意大利去看看当地的风力发电状况。

走进位于意大利南部的拉切多尼亚村，随处可见巨大的白色风车高高矗立在亚平宁山脉之上，这是意大利能源与环保公司正在当地建设的风力发电站。据能源与环保公司的工程师弗朗切斯科·奥诺拉托介绍，一架发电风轮所产生的电能约为550千瓦，每年能满足大约500户家庭的用电需求。

目前，意大利的风能发电站主要分布在经济相对落后的南部地区，如普利亚区和坎帕尼亚区，以及远离亚平宁半岛的西西里岛和撒丁岛。一来这些地区的风力资源比较丰富；二来在这些地区建设发电站相对成本较低。

一直以来，在欧洲国家中，意大利是能源比较短缺的国家之一，每年有15%的能源消耗需要依赖进口，其中电能是进口量最大的项目之一。

而在清洁能源的利用方面，长期以来意大利国内一直依靠水能、地热和生物质能等资源，其能源供应量只占到全国总能耗的1%。但根据2002年意大利在签订《京都议定书》时的承诺，到2012年，意大利必须把温室气体排放量在1990年的基础上降低6.5%。因此，对意大利政府来说，开拓清洁能源的利用是一项不小的挑战。意大利的风能利用发展显著。

据报道，从欧洲来看，德国在风力发电方面一直遥遥领先，年发电量高达20622兆瓦；西班牙和丹麦分别名列第二和第三。而起步较晚的意大利现在已经后来居上，以2123兆瓦的发电量跻身第四位。

据统计，仅2005年，意大利国内新建风力发电项目26个，风力发电能力比2004年增长了35%。意大利风能公司协会表示，意大利政府计划在未来几年里，通过向风能公司提供资助和公共津贴等手段，使风力发电逐渐占到全国能源总消耗量的10%以上。

意大利风能公司协会还表示，意大利南部在2012年实现1万兆瓦的风力发电量，风力发电可以为500万户家庭提供电力来源。不过要实现这一目标，就意味着一共需要建设1万架100米高的发电风轮来完成。

为此，意大利政府已经与世界野生动物基金会和绿色和平组织等环保机构，签订了相关协议，承诺将以负责的态度有序发展风电产业，不会通过滥用土地来建设风能设备。

——实施“绿色证书”风电政策

2011年1月，国外媒体报道，全球风能协会的研究报告显示：1999年颁布的Bersani法令，促进电力市场逐步自由化，将可再生能源接入电网以鼓励开发可再生电力，并实行可再生能源配额制。该法令还给电力运营商及进口商从可再生能源中生产一定百分比的电力。“绿色证书”制度的出台就是为落实这一目标。来自可再生能源的电力，从开始实施的2%逐年递增。

2001年1月，意大利在“绿色证书”的基础上，出台可再生能源新机制，以代替1997年废除的CIP6机制，作为配额制度的补充。

意大利《2008年财政法案》和2009年12月出台的“部长令”，采用配额增加，使得2007—2012年间，年配额增长率为0.75%。相当于2009年增长了5.3%，2010年6.05%，2011年为6.8%。

自2008年开始，“绿色证书”价格为1兆瓦时，为便于计算该证书数量，每个电厂依靠技术把自身的净发电量乘以一个参数。对于陆地风电，参数为1.0；海上则为1.1。

从2008年起，“绿色证书”由管理机构认证并颁布，参考价格为第一年的180英镑/兆瓦时以及以后每年电价的平均值。该参考价格每三年由管理部门做一次调整，以确保资金运转充足。

2009年，“绿色证书”历经又一创新：给电力生产商和分销商规定了截至2012年，来自可再生能源的电力（或者购买“绿色证书”）要达到的具体数额。对于可再生能源发电公司，这意味着“绿色证书”的买卖，将更多地在电力分销商之间进行，而非电力生产商。然而，有关措施进一步落实的操作细节仍悬而未决。

三、开发利用生物质能的新成果

（一）开发生物燃料的新信息

1. 试用葵花籽油作为摩托艇动力燃料

2005年11月，有关媒体报道，意大利北部科莫湖畔的切尔诺比奥镇，举办了一届食品与农业国际展览会。会上，意大利农业联合会，展示了一种以新型燃料为动力的摩托艇，并在科莫湖上进行试验。结果表明，这种摩托艇排放的烟雾及其他有害气体，要比柴油摩托艇低。尽管这种燃料不如柴油燃料的动力强，但受到环境保护主义者的欢迎。

这艘经过改装的摩托艇，是以葵花籽油作为动力燃料的，它也是当时世界上第一艘使用葵花籽油的摩托艇。环保专家指出，这一成果，为人们在其他生产和生活领域，寻找生态型、低污染的燃料来取代传统化石燃料开辟了道路。

专家指出，葵花籽油是一种植物油，用它作动力燃料产生的污染物，明显少于传统的化石燃料。从成本上说，它也具有竞争力。据意大利农业联合会估算，每公顷农田平均产3000千克葵花籽，这些葵花籽经过加工后，大约可以形成1300千克葵花油。每千克葵花油的市场售价，与柴油的价格大致相当。

2. 全球首个纤维素乙醇工厂正式投产

2013年10月9日，全球首个以秸秆为原料，生产纤维素乙醇的工厂，在意大利北部克雷申蒂诺市正式建成投产。

这家示范工厂，隶属于贝塔可再生能源公司，设计能力年产上万吨乙醇，其正式启动将推动先进生物燃料的商业化生产进程。

与传统生物燃料技术不同，这家纤维素乙醇工厂以小麦秸秆、水稻秸秆以及种植于非耕地上的高产能源作物芦竹为原料，先进行预处理、之后添加酶制剂、将生物质中的纤维素和半纤维素转化成糖、经过发酵得到乙醇。生产过程的副产品木质素还可用于发电，不仅可以满足这家示范工厂生产所需的能源消耗，剩余的绿色电力还可出售给当地电网。

（二）开发利用生物质能的其他新信息

1. 投巨款建造全球首座生物地热电厂

2015年5月，国外媒体报道，意大利国家电力公司在托斯卡纳地区，投资 1500 万欧元，开始建设全球首座生物质能与地热能结合进行发电的电厂。

意大利位于亚欧板块和非洲板块交界处，处于红海-亚丁湾-东非裂谷地热带。意大利将保护优美的自然风光和良好的环境，作为国家的一项长期重要目标，近几十年来一直致力于用新能源的开发。

托斯卡纳地区位于意大利的中部大区，拥有世界上最早的地热电站，1904 年在托斯卡纳的拉德瑞罗，意大利就已经建造了第一座小型地热发电站。准备建设的这座新能源发电厂，拟使用生物质能，将 150℃的地热蒸汽加热到 380℃，由此在发电过程中提高能效，增加电量输出。

意大利国家电力公司投资建设的这座生物质能地热发电厂，将装机容量为 5 吉瓦的生物质能电厂，装入装机容量为 13 吉瓦的地热发电厂。投产后，每年的发电量将达到 37 吉瓦，减少 1.7 万吨的碳排放量。

这种使用两种可再生能源进行发电的模式，是目前新能源利用的一个总趋势，不仅可以提高电力输出量，并且对环境没有丝毫影响，此外，对于能源本身来说，也可以提高利用率，为地热能的开发提供了一条新的思路。

2. 生物气发展方式的比较与启示

2019 年 7 月，有关媒体报道，在意大利，发展农业产生的大量沼气制备原料，以及交通运输业对于气体燃料的依赖，为生物燃料的发展，即沼气的生产并升级为生物甲烷，提供了温床。发展生物质燃料，不仅可以促进运输部门达成基于可再生能源的扩展目标，更可帮助该国减少二氧化碳的排放量。

面临北海气田枯竭及要在 2050 年实现碳中和的双重压力，丹麦显然有意将生物甲烷的研究，推上一个新高度：使其成为未来智能能源系统的核心支柱。同样，德国的能源公司，对这种基于可再生能源发电方式给予高度关注，带动了一批沼气生产厂的蓬勃发展，这些制气厂不仅可以生产沼气，还拥有即时电力转换和热电联产设备。这样一来，德国就成为迄今为止欧盟最大的沼气生产国，其生物能源部门拥有大约 10.5 万个直接就业机会。

在意大利，由于制定了优惠的进料关税，沼气行业发展从 2008 年开始飞跃。随后，在进料溢价的不利影响下，沼气的制备又开始优先考虑使用副产品和农业废物而不是能源作物，导致自2012年以来沼气生产及衍生热能、电力发展停滞。尽管立法过程漫长，到2018年3月，《生物甲烷法令》的通过，终于有力地推动了意大利的生物甲烷部门的再次发展：虽然截至2019年年初只有6个工厂投入运行，但有900多个初步的气网建设项目正在策划，一旦实现，相当于每年可产生22亿立方米的可再生能源。

考虑到意大利巨大的生物甲烷发展潜力，及其作为运输燃料的推广前景，意大利交通运输部门将首当其冲为其快速扩大生产和降低成本提供支持，然后再将生物甲烷的用途拓展到其他领域。2018年《生物甲烷法令》是通过促进和支持生物甲烷作为运输燃料，在该国立足、扎根、发展产业链的根本。

在丹麦，沼气厂生产的气体主要用于支撑当地城镇的热电联产。从供应量上来说，沼气占有一定比重，但是若将当地的用能需求完全依赖于沼气供应，可能还是有些不现实。在2014年引入进料溢价后，该国气网注入生物甲烷的势头强劲，扩大了消费基础：它目前占气体燃料输送量的10%以上。

同样，在2009年引入相关升级奖金后，沼气和生物甲烷在德国的生产也取得了良好势头，可以说是一跃成为德国能源体系中的关键成员。但由于要维持关税水平平稳，导致近年来德国沼气生产和相关项目的投资大幅减少，因此沼气和生物甲烷的发展也开始逐渐放缓。2014年，能源作物种植奖励和沼气制备升级补贴双双取消。于是，因为缺乏市场前景，又缺乏其他行业、领域配套政策的支持，如补贴取消，该国的沼气和生物甲烷的发展，预计将会暂时停滞不前。

这三个国家生物气市场是否能够进一步发展，取决于降低成本战略的成功与否，以及针对政策采取措施的战略性部门的称职与否。面对棘手的情况，意大利和德国都相继采取了各种举措，以最符合技术和经济限制条件的替代品，如沼气和生物甲烷制备原料，去最大限度地提高环境和农业效益。

不仅要降低成本，还要以创造更高的效益为目标，例如将几个沼气生产工厂合并，以达到规模要求等。此外，制造商对技术进行升级的需求也需要被考虑：引进专业人才会帮助优化工厂的运作，从而提高整体成本效益。重点是，优先解决廉价基底的稳定供应问题，再结合大规模的农业或工业废物提供为生物质燃料发展所做的铺垫，将会带来良好的效果。

另外，新的融资方式可以促进投资，以此带动设备升级并建设连通管道。将沼泽地作为生物肥料出售则会为新的收入来源开拓机遇。想要做到因地制宜，不仅要将工程（沼气和生物甲烷项目）建设在电网能够安全输电的范围内，相关的连接和注入条例，包括天然气的质量要求、电网调整管理以及压缩需求、产能分配等等，也要与电网运营商进行全面沟通，然后以最具成本效益的方式重新布局。

意大利、丹麦和德国的经验，证实了生物甲烷在可再生能源领域后起之秀的地位。但相较于其他可再生能源发电，通常对于成本严苛的比较，往往忽略了它在多功能性、可存储性以及可调节性方面的额外优势。从智能能源体系的角度来看，上述的这些特征非常宝贵，这也是意大利、丹麦和德国，一直坚持不懈要将这一领域发展壮大的原因。

当然，除了用于发电，生物甲烷也被认为是助力交通运输业脱碳的必然选择，但目前只有意大利在深入探索这一领域，并为此构建一个可期的市场发展愿景。意大利的案例很好地表现出了随产随用、因地制宜的重要性。

认清沼气和生物甲烷，对能源领域和其他领域的长远作用，是保障能源发展政策制定准确的先决条件，因而亦是节省成本的关键。同时，还需要适当考虑能源、环境和农业政策、战略之间的密切关系，特别是评估补贴计划需要的投入，与评估不同区域的实际情况所需耗费的资源。此外，供应系统的碳足迹，也需要列入注意事项范围内。

第三节　能源领域的其他创新进展

一、开发天然气与氢能的新成果

（一）开发利用天然气的新信息

——天然气战略面临多方博弈局面

2019 年 4 月，有关媒体报道，天然气在意大利初级能源消费中占比超过40%，是当前意大利最主要的能源。在2013年发布的《国家能源发展战略规划》中，把天然气列于“七个先行领域”的第二条，排在其他全部能源品类之前，其重要程度可见一斑。

作为欧洲长期以来的能源合作伙伴，俄罗斯在欧洲天然气市场拥有巨大的影响力。自2015年开始，俄罗斯着手推进经由波罗的海和德国的“北溪2号”天然气管道项目。项目引发了欧盟意见的分化和美国的强烈反对，但随着先前持反对意见的法国与德国达成共识，“北溪2号”项目的阻力逐步减少。意大利对俄罗斯天然气呈较强的依赖性，但由于处于这条俄罗斯至欧洲天然气管网的末端，因而新管线投入运行，将成为意大利打造南欧天然气枢纽地位的不利因素。

近年来，美国有意将起自阿塞拜疆的南方天然气走廊，打造为俄罗斯天然气的替代工程。阿塞拜疆也将其视为打开欧洲市场的重要契机，在频繁的磋商中与意大利就“南方天然气走廊”最终段的跨亚得里亚海天然气管线建设项目达成了共识。除“南方天然气走廊”之外，东地中海（以色列、黎巴嫩等）及北非（主要是阿尔及利亚）各国油气资源的开发，将为意大利夺取南欧天然气运输枢纽地位提供助力。

然而，阿尔及利亚石油工业面临水资源、交通、经济状况和社会治安等多重困难，东地中海各国间存在冲突，油气资源未必能实现和平开发。此外，跨海管线项目不仅成本高昂，而且已引发了民众多次抗议，管线能否顺利开工尚存变数。意大利天然气战略面临复杂的国际形势，打造南欧天然气输送枢纽的目标能否实现，更取决于多方博弈而非其自身的努力。

（二）开发氢能方面的新信息

1. 建成世界首座氢能发电站

2010年7月12日，意大利《晚邮报》网站报道，世界上首座氢能源发电站，在意大利正式建成投产。这座电站位于水城威尼斯附近的福西纳镇。

报道称，意大利国家电力公司投资5000万欧元，建成这座清洁能源发电站。它的功率为1.6万千瓦，年发电量可达6000万千瓦小时，可满足2万户家庭的用电量，一年可减少相当于6万吨的二氧化碳排放量。该电站所需的7万吨燃料，来自威尼斯及附近城市的垃圾分类回收。

2. 启动并推进天然气掺氢项目

2020 年 1 月，国外媒体报道，意大利斯南天然气公司启动了一项天然气掺氢项目。报道称，该项目于 2019 年 4 月启动，并向当地两家工业公司输送了含量为 5%的掺氢混合气。斯南天然气公司把掺氢量翻了 1 倍，达到 10%。这意味着，斯南天然气公司每年将向该管道注入 70 亿立方米氢气，相当于 300 万户家庭的年消费量。

报道称，除意大利外，德国、法国、澳大利亚、英国也在进行天然气掺氢项目。

在德国萨克森-安哈特州的斯科普斯多夫市，德国意昂能源集团子公司阿瓦康，计划将其天然气管道网的氢气混合率提高到 20%，这在德国的天然气分配中尚属首次。德国天然气和水协会开展一个叫作的“DV 吉瓦”合作项目，旨在证明以比现在更高的浓度，将氢气混合到天然气电网中是可行的。除了需要证明网络装置能够应对更高浓度，还必须证明终端设备的氢气兼容性。该项目的目标之一，是将所获得的知识纳入“DV 吉瓦”技术规则的制定中，同时确保当前适用的掺合料限值（氢含量低于 10%）翻倍。

在法国，其长期能源计划目标，是到 2023 年使工业用氢气的生产脱碳约 10%，并拨出 1 亿欧元鼓励使用氢气，特别是运输领域。为了达成此目标，多家电力公司和其他运营商表示，法国网络最初可以使用混合 6%氢气的天然气。他们建议政府从 2030 年起，以管道输送天然气与 20%氢气的混合物为目标，将法国天然气网络进行整体改造。

在澳大利亚，其可再生能源署承诺，向澳大利亚能源企业杰弥纳公司提供 750 万澳元资金，用于该企业位于悉尼西部的工厂，建设一个 500 千瓦电解槽示范项目。这个为期两年的试验项目，将并入杰弥纳公司现有的天然气网络，该网络为新南威尔士州的 130 万名客户，提供天然气。澳大利亚可再生能源署指出，氢气可以安全的添加到天然气总管中，浓度可达 10%，且不会对管道、设备或法规造成影响。大部分生产的氢气都将注入当地天然气网络以供使用。

2020 年 1 月 2 日，英国首个将零碳氢气，注入天然气网络为住宅和企业供热的示范项目，正式投入运营。该示范项目，用于向基尔大学现有的天然气网络注入高达20%（按体积计）的氢气，为100户家庭和30座教学楼供气。目前，该项目的掺氢比例为欧洲最高。

值得一提的是，中国已有企业开展可再生能源制氢综合示范项目，以及天然气掺氢项目的探索，力图打破国外技术的垄断。

二、开发水力与洋流发电的新成果

（一）利用水力发电的新信息

——推进水电资源的开发与利用

2012年11月，有关媒体报道，意大利重视风电厂和太阳能电站对该国能源发电的作用，对风电和光伏发电的投资给以经济支持。2011年，该国太阳能发电厂位居全球首位。在部分地区，两者发电量甚至已超区域需求量。

风能和太阳能均来自相对较小的电站，需通过当地输、配电线传送到该国各地。此外，意大利正在对水电资源及抽水蓄能电站的开发作详细评估。

意大利年均降水量约为1000毫米，年均降水总量为300立方千米，其中径流量为110立方千米。该国人均用水量为267升/天。

意大利公共建设工程部是该国大型水坝的管理机构，大型水坝指坝高超过15米、库容超过100万立方米。

据统计，意大利2011年，总用电量为313太瓦时，比2010年新增1.3%以上。目前，85%~90%的发电量为私有。工业用电约占50%，服务业用电约占30%，生活用电约占20%。2011年，可再生能源发电量约占8%，较2010年有所增加。水电发电量仅占10%，较2010年有所减少。地热和风能占6%~8%，稳中有升。太阳能发电量由于经济刺激因素，从2010年的20亿千瓦时，大幅度提升到2011年的110亿千瓦时。

报道称，意大利理论水电蕴藏总量为19万吉瓦时/年。预计技术可开发量为5万吉瓦时/年。至今，约67%的技术可开发量得以开发。纯水电装机容量为17.8吉瓦，且纯抽水蓄能装机容量为4吉瓦。运行中的水电站超过2000座，其中抽水蓄能电站为20座。埃尼尔私有公司拥有的水电装机约为14吉瓦，其中，大型水坝超过200座、水电厂有500座。

1998—2008 年间，年均纯水力发电量为 40210 吉瓦时/年，抽水蓄能电站发电量为 6390 吉瓦时/年。2011 年，纯水力发电 47756 吉瓦时，抽水蓄能电站发电 5531 吉瓦时。

意大利南蒂罗尔能源公司计划修建抽水蓄能电站，位于拉戈·维尼那大坝附近，是莱韦斯第一座装机 300 兆瓦的电站。2011 年年底，意大利瑞普尔公司宣布，在蓬泰兰多尔福市修建 1 座 550 兆瓦的水电站。此外，埃尼尔公司与其他公司一起在贝卢诺省合作修建 1 座 60 兆瓦的水电站。

报道称，意大利共有大坝 542 座，其中正在运行的约占 92%，处于不同建设阶段的约占 4%，停止运行的约占 3%。所有大坝的理论蓄水总量超过 13 立方千米。

目前，在建的高 118 米的恰梅利大坝和高 108 米的梅利托大坝，主要用于灌溉与供水。另外，在建的还有 3 座坝高超过 60 米的大坝。

1986 年，随着意大利环境部的成立，引入了一些关于环境影响评价方面的法律。目前，意大利正在采取措施，增加公众对电站作用与效益的了解，包括向公众提供正确的技术信息及参观电站和大坝的机会。为鼓励采用可再生能源发电，欧盟《水框架指令》意大利版 79/1999 法令强调，利用可再生能源发电的运营商，应按规定比例向国家电力系统提供电力。

（二）利用洋流发电的新信息

1. 建成世界首台洋流发电机组并网发电的电站

2006 年 4 月，意大利媒体报道，世界首台海洋流发电机组，在意大利南部墨西拿海峡安装调试完毕，与意大利国家电力公司的电力输送网实现并网发电。这个研发项目，是由意大利阿基米德桥公司负责完成的。

据介绍，这台海洋流发电机组，由固定在海底的涡轮机、旋翼和电气部件组成，设计装机容量最高为 130 千瓦。

研究人员认为，海洋流与风能、太阳能等一样，是一种无污染可再生的新型能源，有着巨大的发展潜力。研究人员表示，研究海洋流发电，是基于技术创新和保护环境的双重考虑，它尤其适合为那些远离大陆的小岛屿提供电力能源。利用海洋流发电，不仅节省了建设大量基础设施而需要的高昂成本，而且有利于保护环境。

“海洋流发电”是意大利的专利项目。它从 20 世纪 90 年代初起，一直受到欧盟及联合国相关机构的关注，并得到一定经费的资助，逐步在意大利及其他欧盟沿海地区进行试验。2001 年，意大利研制出世界上第一台海洋流发电机样机，并通过试运行。目前，该项目已开始推广到亚洲的中国、印尼和菲律宾等国家的沿海地区。

2. 研制出利用洋流提供可再生电能的海上漂浮台

2011 年 10 月，国外媒体报道，在提到可再生能源时，人们首先想到的往往是太阳能和风能。实际上，地球上还存在其他很多可再生能源。如今，意大利设计师利用深海洋流这种天然的能源，制作出可再生电能。

一直以来，科学家并未对洋流进行深入研究，以至无法让它们发挥全部潜力。深海洋流是一种天然能源，随着相关技术的进步，我们已经可以利用这种能源。意大利设计师马尔科·帕卢希认为，他已经找到充分利用这些强大天然海浪的方式。

帕卢希实施的项目计划，将可持续能源发电机安装在海床上，利用强大的海洋潮汐这种永久性能源，产生清洁的可再生电能。据帕卢希估计，每台发电机可产生 1000 千瓦电量。永远流动的潮流能够提供大量能量，大幅降低全球对化石燃料的依赖。可惜的是，人类在利用潮流发电方面，并没有完全发挥潮流的潜力。

海底发电机和漂浮控制平台，能够帮助这个世界，进一步摆脱对非可再生能源石油和汽油的依赖。根据帕卢希的设想，漂浮平台将安装触摸屏控制面板，不仅可以提供大量清洁可再生能源，同时也能够过滤海水并除去盐分。

三、开发电池与动能的新成果

（一）研制电池方面的新信息

1. 推出可缩减设计空间的锂电池充电器芯片

2006 年 3 月，意大利媒体报道，意法半导体公司公布了一款新的锂电池充电器芯片 L6924D，在一个 3 毫米×3 毫米的超小型封装内，它集成了充电器所需的全部功率组件以及其他功能，新产品目标应用为手机、PDA、数码相机和 MP3 播放器。其与充电系统相关的所有关键参数都可以编程，使其能够用于从低成本到高度复杂性的各种便携应用。

L6924D 是一个纯粹的单片充电器芯片，专门为单电池的锂和锂聚合体电池组设计。作为空间有限的便携产品的理想解决方案，它采用该公司强固的 BCD6 智能功率制造技术，在小型封装内，集成了功率场效应 MOS 晶体管、反向隔离二极管、敏感电阻和热保护电路。

根据目标应用的要求，设计人员可在线性充电和准脉冲之间选择充电模式。线性模式适合采用低成本电源适配器的应用，例如：L6924D 适用于恒流/恒压（CC/CV）模式充电的外接稳压适配器。当适配器是一个限流型适配器时，设计人员可以使用准脉冲充电模式，以大幅度降低功耗。闭环过热控制电路防护芯片在任何模式下出现过热现象。

它的输入电压范围在 2.5~12V，因此适合多种交流适配器。它还兼容 USB 总线标准，可用于深受市场欢迎的 USB 供电的电脑外设。所有关键的充电参数，包括预充电电流、预充电电压阈值、快速充电电流、充电结束电流阈值和充电时间，都可以编程设置。

此外，当不需要发挥全部的灵活性时，它在默认充电参数的条件下，很容易设计到外观紧凑的各种应用设备中，而且只需用很少的外围组件。目前使用其他品牌的产品，要想同时涵盖设计复杂的和低成本的两个应用区间，必须使用不同的充电器芯片。它具有两个集电极开路输出端口，用于等诊断功能，例如：驱动外部 LED 指示灯或与一个主机微控制器通信、灵活的充电过程结束控制、电池电量测量、电池存在和温度监控功能。

随着人们对便携电池性能（包括电池本身的使用寿命、每次充电后电池的使用间隔）的期望值不断提高，这些特性对于维持最佳的充电状况变得越来越重要。

2. 研发出可快速充电的半固态锂氧电池

2018 年 6 月 12 日，意大利博洛尼亚大学网站报道，该校研究人员经过 8 年努力，研发出了新型半固态氧流量锂电池“尼斯索克斯”。具有高达 1 兆瓦时/吨能量密度，可以像汽车“加油”一样，在几分钟内通过更换电池内部液体电解质完成充电。

研究人员表示，该电池采用一种新型液体电解质，能够有效抑制导致电池失效的物质生成，并保持电池性能稳定，这种新型高能量密度半固态锂氧电池表现出了优异特性。

该电池的能量密度，大大高于目前的商业化电池产品。特别是，它既可以通过更换液体电解质快速完成充电，也可以采用传统电源充电，为电动汽车电池的发展带来了新的方向。据博洛尼亚大学相关资料介绍，该电池可以支持汽车续航 600 千米以上，目前的成本为 150 欧元/千瓦时。同时，该电池在应用于其他交通工具、储能等方面也具有较大潜力。

基于“尼斯索克斯”的优秀性能和应用前景，该项目获得了意大利国家创新奖等多个奖项，博洛尼亚大学专门成立了名为“贝特里”的公司，正在寻找合作伙伴筹集资金，推动“尼斯索克斯”的应用发展。

（二）开发动能方面的新信息

——利用刹车损失的动能来发电

2014 年 10 月，有关媒体报道，汽车给我们的生活带来便利的同时，也给我们带来了烦恼，刺鼻的尾气着实让人受不了，但你能想到汽车也能出现环保的一面吗？没错，意大利的一家科技公司，却可以利用道路上行驶的汽车产生洁净的能源。这其中的奥秘，就在于一种神奇的智能减速带。这到底是什么样的减速带呢？

在意大利米兰市的公路上，每天都有不计其数的车辆川流而过，不过，你是否曾想过，这些车流除了带来噪音和尾气之外，也可以带来洁净的能源。

意大利米兰的一家科技公司三年前便诞生了这个想法，他们研制的智能减速带，除了有辅助车辆减速的功能外，还可以将车辆在减速过程中损失的动能转化成电能。如果将这种减速带铺设在车流密集的路段，它就可以变成源源不断的电力来源。让汽车这个环境污染的罪魁祸首，反过来造福于城市。

科技公司的首席执行官安德烈亚·皮里西表示，减速带其实就是一个能量转换器。他说：“我们设计的减速带是一种新型智能系统，它可以吸收车辆在减速过程中损失的能量，通过把人们在踩刹车时浪费的能源利用起来，我们在提高道路安全性的同时，又产生了绿色能源。”

据了解，这种减速带长约 9 米，采用一种特殊的橡胶制成，其内部装备液压系统、气压系统以及电力系统以便吸收车辆减速时损失的能量。

皮里西表示，智能减速带和我们熟知的太阳能光伏发电有着相似之处。他说："能量从减速带的表面获得，然后被转移到发电机，这样动能便转化为电能。一个特殊的转换系统把脉冲能量转化为持续能量，这就意味着它和我们安装的光伏系统具有相同特征。"

这种智能减速带，可以铺设到斑马线、公路收费口、停车场等任何需要减速的地方。每条减速带，预计每年可产生 10 万千瓦时的电能，这相当于 3 个网球场大小的太阳能电池板产生的能量。

四、加快能源发展的技术创新

（一）促进能源发展技术创新的新举措

1. 通过贷款解决能源技术创新的所需资金

获得用于可再生能源发展与技术改造项目的大量贷款。2011 年 3 月 23 日，国外媒体报道，新组的可再生能源企业：意大利国家电力集团绿色能源公司，获得欧洲投资银行一笔 6 亿欧元贷款的第一部分。该公司计划，将这一笔贷款，用于接下来三年在意大利的可再生能源投资，主要用于电力项目的技术发展与技术改造。

欧洲投资银行表示，绿色能源公司将把第一期 4.4 亿美元的贷款用于，意大利境内 50 个地区的中小型风电场合太阳能光伏电站的建设安装。这些项目中的大部分位于意大利南部。该公司希望在接下来三年内，在意大利安装 84 万千瓦的可再生电力。欧洲投资银行称，该公司三年投资规划总计约耗费 12.6 亿欧元。

绿色能源公司的投资业务项目包括水力、太阳能、风电、地热，以及生质能源发电项目，这些项目遍布欧洲、北美及拉丁美洲的 16 个国家。该公司已经拥有 600 个运营中的电厂，低碳电力的总装机容量达到 590 万千瓦。

该公司计划通过 52 亿欧元的资本支出，来将总低碳装机容量增加到 920 万千瓦，这是其于 2011 年起动的一个五年增长战略的一部分。

绿色能源公司 11 月份的报表，被认为是欧洲自 2008 年以来最大的首次公开募股。

该公司最近与意大利农业联合会成立了一个联合企业，以开发本地的农业能源项目。这些项目，使用来自意大利境内的生物质资源电厂所发出来的分销电力。

该公司拥有这个合资企业超过一半的股权，该合资企业将从意大利国内的固体生物资源中生产电力，也可能在农业联合体公司的资产中开发屋顶和地基光伏系统的项目。

该公司还开始了其在罗马尼亚核谷地区首座风电场的运营。该风电场名为核谷电厂，拥有 17 个发电能力达 2000 千瓦的风力涡轮，可以为 3.5 万户家庭供电，每年可以削减 7 万吨二氧化碳排放。

2. 通过企业联合突破电力计量与管理的技术难题

半导体与电力企业携手研制新智能电表平台技术。2017 年 9 月，意大利媒体报道，横跨多重电子应用领域、全球领先的半导体供应商意法半导体公司，正在与意大利国家电力公司旗下配电公司一起，研发第二代智能电表平台技术。

新智能电表平台扩大了传统智能电网高级计量架构的优势，利用开放式标准计量器协议，在住宅内引入一条通信链路，实现高价值的用电服务，例如，实现智能电能管理、电价动态优化，以及更好、更完善的用电信息。

意法半导体为配电公司的开放式计量器计划，提供最新的可编程逻辑控制器系统芯片可编程平台，以及低功耗效的 32 位应用微控制器、高能效的电源芯片、功率控制和开关等分立器件。这些产品具有高集成度和出色的性能，可简化客户家中智能物联网产品与智能电网和云端的连接，有助于提高宝贵资源的管理效率，确保电网基础设施安全可靠，解决日益突出的消费需求和环境问题。

意法半导体工业与功率转换产品部总经理梅尼科・阿里戈表示："意法半导体从 2001 年开始，支持意大利国家电力公司的智能电表部署，在意大利、西班牙、东欧和拉美都有成功案例。意法半导体正在为意大利国家电力公司提供最新的最先进的可编程逻辑控制器和智能电表计划，助力其取得新的进步。"

3. 通过集群形式优化能源技术创新的宏观环境

正式启动国家技术集群之一的"能源"集群。2019 年 8 月，意大利媒体报道，经意大利教育、大学与科研部批准，国家技术集群之一的“能源”集群，在国家新技术、能源与可持续经济发展署总部罗马正式启动，该集群汇集了产业界、大学、研究机构和地方政府共72家成员单位。

建立这个集群的目的，是为意大利国家能源系统创造技术发展机会，首批将资助智能电网和储能技术、太阳能光伏和光热转换2个试点项目，总额约200万欧元。

“能源”集群由ENEA担任理事会主席，理事会成员包括埃尼集团、国家电力公司、国有电网公司、通用-新比隆、国家研究委员会、电力系统研究公司、全国大学间能源与电气系统联盟和伦巴第清洁能源技术集群。

“能源”集群的最终目标是研究、培育和开发下一代创新能源技术、产品和服务，以支持能源系统的脱碳过程，降低成本并提高安全性和适应性。实现目标的途径，是通过在大都市或区域范围内，者开展能源领域创新主题的试点项目，支持科学和技术研究，巩固研究基础设施和技术转让，服务意大利国家生产链，促进经济增长和可持续发展。

2012年，意大利在教育、大学与科研部的指导下，先后建立了12个国家技术集群，分别为航空航天、农业食品、绿色化学、智能工厂、陆海交通运输、生命科学、生活环境、智能社区、能源、文化遗产、设计创意及制造、海洋经济。

国家技术集群的主要任务，是搭建各方参与的创新平台，支持具有战略意义的重点行业发展，由公共机构和私营实体组成，通过组织协调企业、大学、研究机构和孵化器等各类创新主体，开展战略研究，促进知识共享和技术转移，吸引资金和人才，推动国家和区域经济发展。

（二）促进电网智能化与技术改造的新信息

1. 推动电网智能化建设的新进展

（1）拟斥千亿元发展可再生能源和智能电网。2015年3月，国外媒体报道，意大利国家电力系统的埃内尔绿色能源公司，披露未来5年发展计划。其中最引人注目的是，未来5年，意大利国家电力公司计划投资180亿欧元，发展可再生能源和智能电网市场。这笔款项，采用实时汇率1欧元等于 6.7079 人民币元计算，约合人民币 1207 亿元。

计划披露，意大利国家电力公司将斥资 54 亿欧元（约合人民币 362 亿元），用于智能电表和智能电网的部署。

另外，为了进一步提高零售增长，公司还将推出新的产品和服务，例如，在新兴市场加大技术投入，在较成熟的市场发展数字化配电网络。

意大利埃内尔绿色能源公司表示，未来 5 年，拉丁美洲和非洲是公司重点发展的海外市场。公司在墨西哥南部新建的 10.2 万千瓦风电场进入调试期，即将投入运营。公司还与当地电力公司签署了为期 20 年的电力采购协议。

除了扩大可再生能源和智能电网投资，意大利国家电力公司还计划在未来 5 年，出售价值 50 亿欧元（约合人民币 335.4 亿元）的电力资产。

（2）把发展智能电网作为电力部门最重要的创新领域。2017 年 2 月，有关媒体报道，意大利国家电力公司管理运营着意大利大部分配电网，能对接入和退出电网的用户授权。多年来，它重视创新对企业可持续发展的作用，其中智能电网的建设与发展，一直是其最为重视的创新领域。

推进智能电网建设，需要确定不同阶段的创新重点。例如，发电阶段，需要基于各类电源的电网条件和需求特点，最优化各类电源的运行。输电和配电阶段，需要通过状态反馈机制，保证电力的可靠性、电能质量、电网安全。用电阶段，消费者之间需要通过监控和交互设施进行互动。与此相对应，意大利国家电力公司的智能电网在配电侧和用户侧，确定了不同发展重点，并采取了以下一些具体措施：

第一，通过提高智能电表覆盖率巩固智能电网基础设施。

在欧洲，智能电表的基本定义是，把最终用户和能源供应单位联系在一起，通过信息远传等技术及时自动地使双方了解能源的消耗情况，并及时生成相关费用等信息的新一代计量表具。意大利是欧洲最先推行智能电表的国家，智能电表覆盖率在 2014 年已超过 85%，远高于欧盟约 30% 的平均水平，也居世界各国之首。

对于智能电表基础设施，意大利国家电力公司在配电侧重点关注低压监测和中断管理、保护发电侧和系统收入的欺诈侦测以及能源平衡管理、系统的柔性负荷管理。

在用户侧，意大利国家电力公司则强调基于实际消费的可靠计量账单的实现、弹性的电费结构、远程合同管理、为用户提供高效的信息等。

在市场方面，意大利国家电力公司强调计量数据的有效性和数据解决方案，并通过电表数据提供有效的需求管理和增值服务。

目前，意大利国家电力公司已为3000多万本国用户安装了智能电表，并在罗马尼亚和巴西开展智能电表的安装，为当地电网负荷监测和精准管理做出重要贡献。2015—2019年，意大利国家电力公司计划再安装3000万只智能电表。

第二，通过创新储能及分布式技术以应对高比例的可再生能源。

2013年3月，意大利发布《国家能源发展战略规划》，其中提出到2020年，可再生能源消费比重占到20%左右，其中电力消费占比达34%~38%。该愿景使意大利分布式可再生能源发电市场渗透率很高，2017年连接到意大利国家电力公司电网的分布式能源，就会达到31吉瓦。因此，意大利国家电力公司非常重视提高配电侧，对分布式可再生能源的智能集成和管理技术，以及智能电网组件应用，如强调对电网结构的优化、分布式能源资源的电网规划与管理、电压调整等，强调为输电系统运营商提供分布式能源的观测和预测信息，以及紧急情况下对分布式能源的控制等。

由于接入意大利国家电力公司电网的分布式可再生能源，主要分布在中压领域，比例达60%。因此，意大利国家电力非常关注将传统中压电网，升级为现代智能电网的各类终端设备的研发和应用，如在中压电网增加检测点、检测线路或电压情况、电流谐波失真信息，以及改造现有中压电网开关设备环网柜、空气绝缘开关等。

分布式能源的使用，需要储能设施的配合。意大利国家电力公司非常重视开发综合新的储能和光伏系统，通过和储能领域的优秀企业签订合作协议，将储能和光伏系统应用于具有较高商业潜力的国家。例如在南非，意大利国家电力公司于2015年，在南非建设合计输出功率为83兆瓦的光伏电站，投入运营后的年发电量预计在150吉瓦时以上，相当于南非约

4.8 万户普通家庭的用电量。同时，还基于特斯拉电池的创新光伏组件，为约翰内斯堡地区的家庭能源管理自动化提供解决方案。

在意大利国家电力公司 2015 年财务报告和可持续发展报告中，还强调了其对住宅储能技术的高度重视。住宅储能系统是指能够使用户储存自己生产的能源，比如通过光伏系统，用户能将电能储存到电池当中备用。当前，全球并网的住宅类光伏储能系统安装量突飞猛进，据有关市场调研报告显示，2018 年全球住宅类光伏储能市场将比 2014 年增长 10 倍，良好的市场发展让意大利国家电力公司对于这种储能技术格外重视。

另外，2015 年，意大利国家电力公司和特斯拉达成协议，对意大利国家电力公司的太阳能电厂和风电厂集成的特斯拉固定性储能系统进行测试，最初试点是安装一台功率输出 1.5 兆瓦、储能 3 兆瓦时的特斯拉电池系统。通过协议的规定，特斯拉能源系统将和意大利国家电力公司的业务进行深度整合，目的是增加意大利国家电力公司绿色电力的生产，为可再生能源接入电网提供更加先进优质的服务，还能推动电动汽车的快速发展。

第三，通过发展多厂商电动汽车快充项目推进绿色交通建设。

电动交通在碳减排、降低噪声污染等方面拥有众多优势，其重要性日益凸显。意大利国家电力公司是意大利第一个宣布开展电动车示范运营项目，并进行相应基础设施建设的企业。自 2011 年起，意大利国家电力公司就开展了各种项目，以加强对电动交通基础设施的建设，其技术重点在充电过程的监测和控制、电动汽车到电网的服务，以及系统中负荷的灵活响应。意大利国家电力公司重视快速充电、互动操作，以及开放式的多厂商电动汽车充电设施建设，通过加强计量数据的有效性和快速响应的解决方案，实现为多厂商电动汽车提供充电服务，以增强电动汽车市场的竞争力，促进绿色交通事业的发展。

第四，通过持续的技术创新确保智能电网稳定发展。

在智能电网技术创新方面，意大利国家电力公司一直致力于采取多种措施创新能源分配机制。同时，意大利国家电力还不断提供更多的项目支持，吸引更多的初创公司与其合作，保持其在技术上的创新性，为智能电网稳定发展奠定技术基础。

意大利国家电力不断加大智能电网方面的投资，2014 年投资了大约 25

亿欧元，2015—2019 年继续增加 54 亿欧元的投资，以提高服务质量以及提供更多的智能解决方案。

2. 推动电网技术改造的新进展

（1）加强电网技术改造的海底电缆拟于近期启用。2019 年 6 月，黑山公共广播公司报道，意大利连接黑山，并由此获得输入电能的海底电缆，到于今年年底启用，正式投入商业运营。

黑山经济部长达拉吉卡·塞库莉克说：“几天前，我们正在进行测试，我们将电力从黑山出口到意大利并且运营成功。”

塞库莉克在接受记者采访时表示，整个项目的成本约为 10 亿欧元，黑山境内的基础设施建设已经完成。她补充说：“海底电缆将使黑山成为西巴尔干地区的能源中心。该项目提供了与欧盟电网的连接，并将加强黑山的输电网络系统。”

该项目包括意大利至黑山海底电缆之间的互相连接，黑山 400 千伏输电网络的建设和改进，以及黑山、塞尔维亚和波斯尼亚之间 400 千伏架空线路的建设。

意大利与黑山之间的海底电缆，代表了 400 千伏的跨巴尔干电力走廊（塞尔维亚、波斯尼亚和黑山）与欧盟电网的连接。

（2）推进为电网改造服务的储能系统建设。2020 年 1 月 12 日，意大利国有电网公司网站报道，该公司作为意大利电网运营商，日前签订了部署数十兆瓦储能设施合同，这些储能系统将为其电网改造并实现平衡应用提供服务。

国有电网公司实施的电网发展计划，是意大利电力系统进行改革和发展的一部分。到 2030 年，意大利可再生能源系统的新增装机容量将达到 4000 万千瓦，以实现到 2030 年可再生能源占总用电量 55. 4%的政策目标。

到目前为止，国有电网公司部署储能系统将占到其目标的大部分，它的虚拟聚合混合部署项目，于 2018 年 11 月启动。该计划通过电网改造，允许装机容量小于 1000 千瓦的储能系统，参与平衡电网。但业界人士认为，这个 1000 千瓦的阈值，远远低于法国或荷兰类似电网平衡所需的装机容量。

根据国有电网公司发布的一份情况说明书，到 2019 年 6 月，该公司的装机总容量为83万千瓦的120个储能系统有资格提供辅助服务，其中83%签署了容量合同，可确保在需要时向电网运营商提供可用性服务。国有电网公司的目标，是2019年在虚拟聚合混合部署项目中落实装机容量为100万千瓦的储能系统。其储能资源分别在A区（意大利北部和中部）和B区（意大利南部）部署。

国有电网公司表示，通过电网改造，成功部署虚拟聚合混合部署项目，将会获得提供包括电网平衡、解决拥塞在内的许多辅助服务的综合能力，这意味着输电系统运营商寻求将采购范围扩展到其他服务，国有电网公司表示可能还包括二次频率响应或功率调节服务。该公司还将寻求更多投资，并逐步让消费者参与。

国有电网公司在网站上表示："启用灵活的资源，并由输电系统运营商使用以满足服务需求，将逐步在全球范围内发挥结构性作用。总的来说，国有电网公司将致力于测试灵活的储能资源，这是因为储能系统在能源转型中发挥着重要作用。一方面，通过这些项目获得的经验使意大利国家输电网的管理者，能够制订一项有关重新设计服务市场的方案；另一方面，将会促进电力部门和运营商研究创新的供电解决方案。"

事实上，国有电网公司正在致力于提供超快频率调节服务的试点，并在近期组织一次研讨会活动，届时将提交已准备好的各种文件。

第七章　环境保护领域的创新信息

意大利在环境污染治理领域的研究，主要集中于发现二氧化碳新变化，发现空气污染会改变气道细菌种类，施行治理雾霾和减少二氧化碳排放的新对策。努力增加和保护可用水资源，多视角推进水体污染防治研究，开发利用细菌清除海洋石油污染新技术，探索科学先进的污水处理工艺流程。妥善处理工业放射性废物，减少工业部门产生有害废弃物，做好玻璃、钢制包装材料、太阳能光伏组件等工业废弃物的回收工作；通过分类方式回收各种不同垃圾，通过工厂化方式处理有机垃圾。研制节能环保陆上交通工具，设计建造节能环保建筑物，开发节能环保建筑材料，还发明比活性炭更高效的污染吸附材料。在生态环境保护领域的研究，主要集中于探索生态环境变化对经济发展带来的影响，用环保与人文并举理念建设环境优美的智慧城市，通过完善法律法规加强生态环境保护，并加强生态环境突发事件的应急管理。推进气候变暖对山区植物影响的研究，发现气候变化影响700多种濒危动物物种，发现气候变化可改变发展中国家的人口模式。发现海底病毒能驱动碳循环减缓全球气候变暖，启动大气污染物与气候变化相互作用的研究项目，重视古气候和极端气候研究。研究地震、火山、海啸等灾害的防护和救援工作。

第一节　环境污染治理的新进展

一、大气污染防治方面的新成果

（一）防治大气污染研究的新发现

1. 发现二氧化碳的新变化

2006年6月，英国科学杂志《自然》周刊报道，欧洲非线性光谱实验室的意大利科学家，费代里科·戈雷利和马里奥·桑托罗研究发现，在50

万个大气压的高压下，二氧化碳会变成玻璃状的固体。

这种高压下得到的二氧化碳玻璃，称为非结晶二氧化碳。如果解除高压，它就会恢复为通常的二氧化碳。研究人员认为，这一发现，有助于人类进一步认识二氧化碳的性质及治理方法，也有助于深入了解太阳系中一些巨大气体星球的内部结构。

2. 发现空气污染会改变气道细菌种类

2017 年 9 月，有关媒体报道，意大利米兰大学科学家雅各布 · 马里亚尼领导的一个研究团队，在米兰举行的欧洲呼吸学会国际会议上发表研究成果称，他们针对空气污染的影响能否被气道中混合的细菌调节进行研究，结果发现，对污染物的暴露似乎同生活在呼吸道中的细菌种类相关，从而证明污染和疾病之间可能存在隐藏的关联。

无数研究证实，空气污染会增加患上特定疾病的风险，比如心脏病和中风。即便是在英国，虽然其拥有相对清洁的空气，但污染仍被认为每年导致 5 万人过早死亡。

不过，为何存在这种关联目前尚不明确。为寻找可能的原因，该研究团队从生活在米兰及周边地区的 40 人中，采集了鼻拭子，以调查污染是否影响生活在气道中的细菌种类。

与肠道一样，人类的气道含有细菌种群，其中大多数是无害的。事实上，一些细菌可能为人类提供益处。马里亚尼研究团队利用基因测序，辨别出气道中存在的细菌，然后将这些类型，同附近监测站记录的空气污染水平进行了比对。

采样前 3 天空气中的较高水平悬浮粒子，同鼻拭子中细菌的较低多样性存在关联。马里亚尼表示，这可能是一件坏事情，因为多样性降低或许会影响细菌为宿主提供的功能。

例如，在健康的微生物群组中，占据主导地位的放线菌水平，在暴露于较高浓度污染的志愿者体内较低。虽然此类细菌在人体中所起的作用仍不明确，但研究发现，它们能产生拥有抗菌和抗炎属性的化合物。同时，会引发有害呼吸道感染的另一种细菌莫拉克斯氏菌属的水平，通常在暴露于较高污染浓度的人群体内较高。

马里亚尼表示，该研究首次分析了，污染水平同健康人群的呼吸道细菌类型存在何种关联。他说："我们想评估，这种改变如何影响人类健康状况，以及它是如何引发呼吸道疾病的。"

来自荷兰乌得勒支大学的李德文·斯密特表示，这是一个值得引起更多关注的领域。他说："你正在吸入一些可能在气道中引发炎症反应的物质。而气道微生物组，很有可能是污染和呼吸道受影响之间的调节者。不过，这个研究领域尚处于起步阶段。"

（二）防治大气污染的主要方法

1. 治理雾霾的主要对策

——发行"反雾霾"全天制公共交通车票

2015年12月27日，美国汽车媒体报道，为治理指数超标的空气污染，意大利北部城市米兰决定将于12月28—30日实施全城禁车令。禁车时间为早上10点到下午4点；车辆禁行期间，公共交通将照常运营。与此同时，为方便市民出行，政府发行了一种"反雾霾"的全天制公共交通车票，售价1.5欧元。市民持该票可全天乘坐市内的公共交通。

据帕斯卡城市实验室的检测结果，米兰雾霾"重污染"限行期间，每立方米空气中可悬浮颗粒是67微克。

这里首先要明确一个概念，"可悬浮颗粒物"是指空气动力学当量直径≤100微米的颗粒物，同类的其他常见概念有PM_{10}、$PM_{2.5}$等，它们都是指粉尘微粒。有关人士说，空气中可悬浮颗粒达到每立方米67微克，就启动红色预警，其执行的标准是比较严格的。

——把严控汽车尾气作为治霾之道

2016年7月，法新社报道，意大利米兰是举世闻名的时尚之都，有世界历史文化名城、世界歌剧圣地、世界艺术之都等美誉。但令人遗憾的是，它还有个不那么响亮的名声，在2008年，米兰曾被列为欧洲空气污染最严重的城市，目前仍属欧洲污染最严重的城市之一。

虽然自20世纪八九十年代以来，米兰陆续采取治理措施，空气中二氧化硫、一氧化碳、苯、二氧化氮、总粉尘等污染物浓度都显著下降。但是，由于地形、气象条件及人类活动等原因，米兰及周边地区，仍是欧洲PM10和PM2.5污染最严重的地区之一。

而欧洲曾经的污染大国，比如德国和波兰，从1990年以来，减少了废气排放量。但意大利的废气排放量却一直在增加。欧盟认为，意大利削减废气排放量的力度仍然不够大，如果不能继续减少，那将面临高达十几亿欧元的罚款。

目前，车辆尾气排放以及扬尘，是米兰空气污染的主要源头，也是治理的主要着力方向。在米兰，50%～60%的微粒污染来自交通运输。根据世界卫生组织的数据，从2002—2004年，意大利每年因空气微粒引起的死亡达8220例。而从整个欧洲来看，空气污染情况也不容乐观。在日前公布的一项研究中，科学家们预测，如果空气微粒能够减少，达到世界卫生组织设定的标准，欧洲26个主要城市每年可以少死2.2万人。

每年冬季，米兰的雾霾更为严重。2015年12月底，雾霾指数再次爆表，米兰市政府采取了严格的管控措施，其重点是控制汽车尾气排放和集中供暖。在米兰，差不多每两个人就拥有一辆汽车。米兰市随即决定继首都罗马之后，采取限制机动车辆出行的措施。

除应急措施外，普通车辆进入米兰市中心区，需缴纳每天5欧元的“进城拥堵费”，出租车、公用事业用车等免缴。另外，米兰对进城车辆的尾气排放标准有严格规定。另外，米兰市政府还通过每年数次的周日无车日活动，积极引导民众使用公共交通设施，帮助市民培养“治理污染人人有责”的意识。对于市中心居民，一年有40次的免费进入机会，之外每次需要缴纳2欧元的费用。与此政策配套，米兰市中心建立了欧洲城市中较发达的自行车租赁，以及汽车租赁网络，方便人们出行使用。

米兰市长朱利亚诺·皮萨皮亚在接受媒体采访时表示，米兰市在启动这项措施之前，进行了民意投票，获得了超过9成居民的支持。事实证明，这些措施取得了不错的效果，在不到两年时间里，市中心区交通流量减少30%，外围地区车辆使用量也减少了7%，市区碳排放量也大幅下降，尾气排放则减少60%。一些起初反对这项政策的市民也意识到，减少污染需要每个市民的身体力行。

也有媒体对限制机动车出行的做法表示，虽然廉价或免费乘车听起来像是一个好消息，但其原因是米兰（大致上是波河平原）正在遭受不寻常的雾霾侵袭。雾霾在米兰上空漂浮了长达20天，因为逆温现象被困在地面上。虽然该区域有许多工厂，但雾霾的主要原因是交通。

对于米兰这个非常爱车的城市来说，交通拥堵度比欧洲或北美任何一个国家都要严重。有人提出质疑，如果米兰市希望减少空气污染，那就要消减道路上的车辆数量。但是短期的降低公共交通票的做法足够解决这个问题吗？

但消减票价不是该城市治理污染的唯一方法。2012 年米兰制定了一个中央交通拥堵收费区，同时逐渐与人行区结合起来建造一个无车城市中心。在紧急阶段，其他措施包括城市自行车租赁免费、成群的成年人和孩子免费乘坐公共交通。这项措施，用来打消父母开车接送孩子上学的想法。最脏的柴油车，在污染最严重时期被禁止上路。

有媒体认为，从长期来看，这样的创意性活动对处理污染作用很小或几乎没有。如果这些措施只是减少道路交通规划的一部分，那还会起些作用，巴黎和其他欧洲国家正在处理中。这样的规划看起来很大胆，但要利用它们减少高死亡率。欧洲环境局相信空气污染每年引起 40 万人早逝。如果米兰真正想解决其空气污染问题，不仅需要临时性的消减票价，还要采取系统的、长期的方法来削减道路上汽车的数量。

除了在机动车治理上做文章，米兰城还在更多的方面采取措施，力求尽快消减城市中的雾霾。米兰所在的伦巴第大区当局就呼吁，人们不要燃放新年烟花，以防止雾霾污染。

另外，在取暖方面，米兰市则增加集中供暖面积。当局还定期检查供暖设备能耗使用情况，以采取有效措施，提高能效。

2. 减少二氧化碳排放的主要措施

计划淘汰所有燃煤电厂以减少二氧化碳排放。2017 年 10 月 25 日，有关媒体报道，意大利工业部部长卡兰达表示，意大利计划到 2025 年淘汰所有燃煤电厂，以便减少二氧化碳排放。卡兰达指出：“我们已要求国有电网公司确定必要的基础设施。”

意大利最大的公共事业单位意大利国家电力公司，已表示将不再投资新的燃煤电厂。新的能源战略有关内容仍在讨论中，旨在实现到 2030 年 27%的能源消耗来自可再生能源。

可再生能源有关发展措施已列入政府审批程序，并希望加速推出替代燃料车辆。到 2020 年把电动充电站数量增加到 1.9 万个。

3. 系统防治大气污染的主要方法

综合治理大气污染的对策与经验。2015 年 3 月，有关媒体报道，中意环境管理与可持续发展项目第二期，大气污染防治专题学习培训代表团 19 名成员，于 2014 年下半年赴意大利进行学习培训。代表团所走过的城市，空气清新，环境优美，令人叹服。特别是通过听取专题讲座、讨论交流和参观考察，大家感到，意大利采取系统综合的方法，防治大气污染，成效显著，许多方面值得学习和借鉴，其中比较突出的有以下几个特点：

第一，防治工作系统化。欧盟委员会规定，所有政策都要考虑环境保护的要求，从而实现各地、各级、各领域在可持续发展基础上的综合决策。

在大气污染防治方面，意大利从提高燃料质量到实施机动车污染防治、控制建筑施工和道路扬尘，再到相邻城市区域协同控制，进行的是系统性谋划，采取的是综合决策。

就从实施机动车污染控制来说，既通过优化城市土地利用计划，完善城市功能，减少机动车出行，又提高发动机技术和燃油质量，减少排放；既发展公共交通，鼓励坐公交车、少用机动车，又采取税收、补贴政策，鼓励居民使用电动车辆。这也是进行的系统性谋划，实施的综合决策。

第二，防治措施科学化。意大利实施的排放清单制度，使大气污染防治工作实现了科学化。以意大利伦巴第大区为例，这里人口 950 万，机动车保有量 810 万辆。按照意大利法律法规的规定，伦巴第大区根据 1999 年的空气质量管理计划，以 1997 年为基准年，建立了第一版的大气污染物排放清单，2010 年版正在进行中。

纳入这份排放清单的大气污染物包括 PM_{10}（可吸入颗粒物）、$PM_{2.5}$（细颗粒物）、SO_2（二氧化硫）、NOx（氮氧化物）、NH_3（氨气）、NMVOCs（非甲烷挥发性有机物）、CO（一氧化碳）等酸性、富营养化及光化学污染物；砷、镉、铬、铜、汞、镍、铅、铯、锌等重金属；苯并芘、二噁英和呋喃等持久性有机污染物。其他的温室气体排放遵照京都议定书进行监管。

排放清单建立后，主动向社会公布，征求公众意见，而且还要通过专家论证审核。排放清单确定后，不是一成不变，而是每年根据污染物动态变化情况，对排放清单进行一次更新，从而使大气污染防治工作更加科学化，使减排工作更有针对性。

为了建立排放清单数据库，他们用很长时间建立了排放因子数据库，排放因子数据模型很多，排放源不同，参与的专家不同，计算方法也不同。据专家介绍，欧洲建立排放因子数据库的做法是：通过统计数据和模型来进行排放估算，选择哪种方法来测定排放量取决于这个污染源的重要性，对于重要的、排放量大的污染源就进行监测，而其他一些相对不重要的，则根据使用效率和排放因子模型估算。

第三，防治手段具体化。为了使排放清单制度能够得到有效落实，意大利实施了综合许可证管理制度，把减排落实到了具体排放单位。

在考察参观都灵亿人集团热电联产项目时看到，项目由供热锅炉、备用锅炉和蓄热设备组成，覆盖都灵供热面积的55%，使用的燃料是甲烷，主要污染物为NOx和CO。都灵环保局通过发放排污许可证，每年给热电联产项目核定一次NOx和CO排放限值，还不定期进行检查，如果排放超过限值，实施按日处罚，并且要限期治理。热电联产项目投产以来，NOx和CO的实际排放量，都在都灵环保局许可证核定的限值以内，没有出现超限值排放情况。

第四，强化环境经济政策和法律法规作用。意大利十分注重发挥环境经济政策的作用，一个比较成功的例子，是在米兰建立交通拥堵收费区。

这一收费区面积8.2平方千米，占米兰市区面积的4.5%。在交通拥堵收费区，不同排放车辆，收费标准不同，有些高排放车辆还要禁止通行；对使用天然气的汽车、电动车等新能源汽车，则免费通行。2002年实施以来，不仅改善了交通环境，减少了交通事故，而且减少了污染排放，拥堵区交通流量减少了30%、PM_{10}减排18%、CO_2减排35%。

同时，更加注重发挥法律法规的作用。比如环境空气质量指令，欧盟最新的环境空气质量法规2008/50/EC，是在原有的欧盟指令基础上制定的，于2008年6月11日正式具备法律效力，并同2004/107/CE法规联合，形成欧盟最新的环境空气质量组合指令体系。

意大利在2010年9月15日，根据欧盟2008/50/EC指令，制定并颁布实施了155/2010法令，在这一指令的第九章明确：大区和自治省政府应实施空气质量行动计划和项目，来满足空气质量限值；第二十章明确：在环境保护部建立包括各地环保局、国家研究院、意大利各省联合会和意大利城市国家协会参与的协调机构。

第五，鼓励公众广泛参与。意大利采取“四步法”制定大气污染防治计划：第一步，根据对健康和环境影响确定优先污染物；第二步，确定控制测量方法，具体污染源采取最合适的方法；第三步，控制方法与计划联系，使策略正规化；第四步，把计划公开于众，对社区和其他机构公布，让公众参与具体策略，以确保计划能够取得成功。前面提到的建立排放清单制度、实施交通拥堵区收费政策等，也都进行了广泛的公众参与。

第六，注重前瞻性研究。VOCs（挥发性有机物）的控制方面，根据对人类健康和环境造成的潜在威胁，欧盟把挥发性有机物分成 4 类：一是具有高光化学反应活性并能产生酸沉降的物质；二是直接对人体、动植物具有毒害作用的有机物；三是具有高消耗臭氧潜值的有机物；四是具有温室效应的有机物。其中第一、第二两类是欧盟目前关注的重点。意大利依据欧盟的分类标准，结合本国实际情况，进行了更加细化的前瞻性研究。

二、水体污染防治方面的新成果

（一）增加和保护可用水资源的新信息

1. 增加可用水资源的新进展

启动海底淡水开采工程。2003 年 7 月 23 日，有关媒体报道，意大利尼姆菲亚水公司（Nymphea），是一家专长于开采海底淡水的生产企业。该公司宣布，明天将在意大利芒冬和凡蒂米之间某地，将海床下 36 米深处的淡水抽到陆地上，水流量预计可达每秒 100 立升。这将是世界上首次实现海底工业化取水。

20 世纪 80 年代，意大利在该国的莫托拉海域沿岸海床下 800 米深处，发现海下淡水资源，尼姆菲亚公司于 1999 年首次进行了从海底汲取淡水的试验。

在此次海底取水的过程中，他们把一个郁金香花形的不锈钢管，固定在海床下 36 米深处，让海底淡水沿管道喷射出海面，倾泻进一个花冠形容器中，而后再用管道输送上岸。据该公司介绍，从海底汲取的水可直接用于农业生产，稍经处理便可作为饮用水。

尼姆菲亚公司认为，这项技术创新，给缺水国家开发新的淡水资源带来了很好的前景。不过，也有一些组织对尼姆菲亚公司的这个举动提出质疑，认为从国家管理制度角度来看，这一举动不符合有关政策规定，因为其既无研究许可，也未进行民意调查，更缺少对环境影响的预先研究。

2. 保护可用水资源的新进展

——政府准备投巨资加强水资源保护

2004 年 8 月，意大利媒体报道，该国政府最近针对优化水资源的分配和供应系统，提出一个保护现有水资源的计划，为此将在未来 10 年内投资 300 多亿欧元，使全国供水系统及相关基础设施更加现代化，更加高效和更易于保护环境。

据报道，投入如此多的资金来改善全国供水系统，在意大利历史上还是首次。该国环境部最近向政府部门委员会，提交了一份关于改善全国水利系统基础设施的报告，以确保实现水资源利用与经济可持续发展、生态环境相互协调，做到不仅数量上而且质量上向居民提供可靠的水资源。

意大利环境部部长马泰奥利表示，除政府投资更新水利基础设施外，更重要的是让每个居民都认识到“水不是消耗不尽的资源”，同时树立“节约用水、保护水利基础设施人人有责”的意识。

意大利环境部门公布的报告表明，与其他国家相比，该国居民拥有的可利用水资源量丰富，但长期以来由于政府部门投资不足，水库、输水管道等水利供应基础设施年久失修，输水管道出现泄漏现象严重，很大一部分可利用水资源在输送过程中白白流失，还造成全国部分地区，尤其是经济相对落后的南部地区水供应短缺。

据不完全统计，意大利全国居民实际利用的水资源尚不到整个可支配资源总量的 1/3。马泰奥利对此指出，意大利在水资源利用方面“严重失常”，改善水利基础设施、保护现有水资源刻不容缓。

——建立水环境的分级管理体系

2017 年 4 月，国外媒体报道，意大利以欧盟水框架指令要求为基础，结合自身国情制定了一系列适用于本国的环境法律法规，同时从中央到地方的环保部门保证了法律法规的严格执行。特别是其建立水环境管理体系与突发应急管理理念的经验，具有参考价值。

欧盟水指令框架的重要特色是它的综合性，或称“一体化”的管理思路。按水的自然属性，欧盟水指令框架强调地表水、地下水、湿地和近海水体的一体化管理，以及水量、水质和水生态系统的一体化管理；按照水的社会属性，欧盟水指令框架强调各行业的用水户和各个利益相关者的综合管理；从科学技术角度强调多学科的综合与合作，以保证立法的科学性。

意大利重视水污染防治工作，在环境管理体制、流域管理方面积累了丰富的经验。意大利的环境、领土和海洋部全面负责开展水环境保护工作，在制订规划、确定目标、监督地方执行和协调流域各方利益等方面有完全独立的发言权和权威性，能够有效避免权责不一和职能交叉等弊端。意大利水环境实行分级管理体系：

在中央层面：水环境管理部门为意大利环境、领土与海洋部。该部成立于 1986 年，是意大利最高的水环境行政部门，行使国家环境管理职能，实现国家层面的水环境综合管理。其主要职能如下：发布环境法律法规；监督各大区、地方政府环境保护法律执行情况；指导和协调大区及地方政府行政；加强环境保护研究；报告国家环境状况；为环境技术机构制定政策和指令；为大企业和机构发放水环境方面的许可证；参与国际性组织活动等。

在地方层面：行政区是水环境保护的主要行政主体，主要职责是采纳与批准流域规划，组织开展水质监测，收集资料并向环境部和中央政府报告，拟定区域水立法草案。向下还分省、市两级，分别管理本省、本市镇的用水与废水排放。大区政府和省政府设有环保部门和技术支持机构。环境管理部门主要负责拟定环境政策、法规和标准，审批排污许可证；技术支持机构有意大利环境保护研究院等，具体从事环境监察、环境监测和环境科研工作。在水体水质监测过程中，各大区的监测数据获取途径及处理上报流程基本相同。具体如下：监测点实验室→省级信息管理系统→大区信息处理总部→国家环境保护办公室→意大利环境、领土与海洋部→欧盟环保办公室。同时，监测数据以月报、公报等方式向公众开放，并可在水质数据公布网站进行查询。

目前意大利采用化学与生物联合监测法，对水环境质量进行监测，将水体划分为“好”“良好”“一般”“差”及“很差”5个级别。

在流域层面：意大利的不同流域还设立了流域机构，其主要职能是制定流域规划，与大区政府协调确定流域目标和优先序列。

优先区域层面：意大利环境、领土和海洋部还设立了综合水务机构，其主要职责是制定优先区域的管理计划，对饮用水与废水排放进行综合管理。

同时，意大利还设有环境警察，负责查处水环境违法事件。为了强化水环境的监督执法，意大利设有环境警察。环境警察隶属国防部，是军队的一部分，在业务上受意大利环境、领土和海洋部领导，不参与战争事务。

（二）水体污染防治研究的新发现

1. 确定古罗马开始安装污水排放铅管的年代

2017年8月，意大利一个研究古罗马用水系统的研究小组，在美国《国家科学院学报》发表论文称，他们测量确定了古罗马开始安装污水排放铅管的年代，从而对古罗马污水排放工程有了新认识。古罗马著名的铅水管排放系统，可谓建筑史上的奇迹。这些水管连接了广阔的古罗马帝国，并为其大量居民提供了稳定的水供给。干净的水经由沟渠运到城里，而污水则通过铅水管排放到下水道。

但有关这些铅水管排放系统的书面记录极为稀少。一项新研究显示，这些管道排水附近的沉积物底层或能给出一些线索。研究人员从古罗马帝国的一个港口城市奥斯提亚的口岸，钻取了177份土芯样本，该处位于罗马主城的西南。研究人员使用放射性碳定年法，测量了每个沉积物层的年代，然后分析了每层包含的化学物质。

结果发现，在公元前200年左右，样本中的铅浓度达到峰值。这暗示铅管是在这段时间被安装的。这与以往基于古罗马铅工业发展考古资料预测的时间相比，早了约150年。

此外，根据样本沉积物记录，科学家发现，100年后铅含量突然下降，这暗示着水管系统遭到了破坏。而这与贯穿公元前100年的古罗马内战时间相匹配。而内战可能让水管受到忽略，未能及时维护。

之前研究曾指出，这些水管可能导致铅污染，并使得古罗马人出现铅中毒。新研究也支持了这一观点，水管排出的污水让港口水也受到铅污染，并可能让鱼类和其他海洋生物出现了铅中毒。

2. 发现废水监测有助判断疫情来源

2020 年 4 月 22 日，意大利媒体报道，意大利国家高等卫生研究院当天发布的一份报告指出，该研究院的专家通过对罗马和米兰两座城市的废水进行取样分析，发现了新冠病毒的遗传物质，他们认为这将有助于对疫情状况的判断。

该项研究由意大利国家高等卫生研究院水质部门，及环境健康部门的专家共同参与，他们在 2 月 3—28 日及 3 月 31 日—4 月 2 日期间，分别对米兰和罗马的城市废水进行取样，在其中发现了新型冠状病毒的遗传物质核糖核酸。

意大利国家高等卫生研究院水质部门的负责人卢卡 · 卢琴蒂尼表示，这一检测结果，对通过城市废水监测来了解人口的感染状况具有意义。在该国复工复产的“第二阶段”，可以作为一个间接方式，更快发现可能的疫情传播区域。此外，他还强调，在废水中发现病毒遗传物质，并不意味着居民健康受到了威胁，根据该研究机构近期公布的调查结果，意大利目前的水循环和净化系统是绝对安全的。

（三）水体污染防治的新技术和新工艺

1. 水体污染防治的新技术

开发利用细菌清除海洋石油污染的新技术。2006 年 8 月，有关报道称，德国赫姆霍茨传染病研究中心科学家曼弗雷德 · 布劳恩领导，意大利和西班牙专家参加的一个国际研究小组，着手研究利用细菌清除海洋石油污染的新技术。据悉，他们破译了一种能吞噬石油的单细胞细菌基因，利用这种细菌可解决海洋石油污染问题。

针对因战争和油轮事故发生的石油污染海洋事件，研究小组破译了一种在海洋里能吞噬石油的细菌的基因，这种单细胞细菌，具有很强的清洁水源的能力。根据专家的观察和研究，通常这种细菌在洁净的海水中数量很少，细菌在没有油污的情况下，虽能生存但不繁殖。一旦碰到油污，这种细菌就会急剧繁殖，快速吞噬油污。

研究小组破译了这种单细胞细菌基因之后，有望在人工环境下让这种细菌繁殖，并把它们投放到海洋有石油污染的地方，利用这些细菌来清除污染。布劳恩称，破译这种细菌基因，有助于人们更好地了解其吃油原理，并了解在何种条件下吃油效果最好。赫姆霍茨传染病研究中心还将与德国阿尔弗雷德-魏格纳极地与海洋研究所合作，对“吃”油细菌进行实际应用试验。

2. 水体污染防治的新工艺

考察博洛尼亚污水处理厂及其工艺流程。2020 年 3 月，有关媒体报道，博洛尼亚污水处理厂，是意大利北部城市的重要污水处理厂之一，年处理量约为 4000 万吨，日处理量约为 11 万吨。下面是一个考察组，介绍博洛尼亚污水处理厂及它的污水处理工艺流程。

博洛尼亚污水处理厂位于意大利北部城市博洛尼亚，地处意大利北部波河与亚平宁山脉之间。博洛尼亚位于巴丹平原，是大陆性气候，有低压和潮湿气候的特点，月均降水分布较为平均。

博洛尼亚是亚平宁山脚下的一个倾斜地点，可以通往三条溪流，其中最重要的一条是位于西边的波河支流雷诺河，它为各种机械化行业提供动力。这座城市逐渐倾斜的地势迫使所有城市水域向西北方向延伸。在城墙外，它们最终被收集在一个共同的河床上，正好向北穿过开阔的乡村。其中有一条纳维尔运河，同样是这样的流向，它就是这次考察的污水处理厂排水的河道。

博洛尼亚污水处理厂建于城市北边，厂区与市中心之间的距离约为 10 千米。该厂主要处理生活污水和垃圾填埋场的渗滤液，年处理量约为 4000 万立方米，相当于杭州西湖蓄水能力的 3 倍。

厂内地图模型，把各设施从 1~11 进行编号，具体如下：1 号为格栅和沉砂池；2 号为初沉池；3 号为生物纯氧曝气；4 号为两组二沉池；5 号为污泥消化；6 号为沼气储存器；7 号为沼气发电；8 号为污泥浓缩；9 号为污泥脱水；10 号为污泥焚烧；11 号为气味处理。

整个污水处理厂的总工艺流程图大体是，污水通过物理处理、生物处理，消毒后达标排放。处理污水过程中产生的污泥进行污泥处理。按照污水处理顺序及标号，可以依次看到污水处理工艺流程。

格栅和沉砂池：首先分离体积较大而易去除的固体物质，再利用重力沉降分离小型颗粒，使得比重大的无机颗粒下沉，而有机悬浮颗粒能够随水流带走。

初沉池：除去废水中的可沉物和漂浮物，这个初沉池与反硝化系统耦合在同一池中，以内外环形式进行，它与其他污水处理厂有所不同。

生物纯氧曝气：通过生物富氧处理方法，去除污水中的有机物。由于氧分压大，转移效率高，曝气池中能保持高浓度的溶解氧，且活性污泥浓度较高，故可大大减小曝气池容积，产生的污泥量少，污泥沉降性能好。

两组新旧二沉池：北边四组为新投入使用的二沉池，水从中间进周边出，内部圆环与最外环通过涵洞相连，增加了出水周长，从而提高了出水效率，出水较为清澈；南边四个为早期的二沉池，处理能力只有新二沉池的 50%。

博洛尼亚年平均处理污泥量为 12 万立方米，主要来源是：道排水沟中的液体和污泥废物（如沙质废物）；来自化粪池的粗物质有机废物；来自物理化学处理和生产过程的污泥。以下是污泥处理各个具体步骤：

污泥浓缩：通过污泥增稠来降低污泥含水率和减小污泥体积，从而降低后续处理费用。

污泥脱水：将浓缩或消化污泥脱除水分，转化为半固态或固态泥块。

污泥消化：污泥的厌氧生物处理，即污泥中的有机物在无氧条件下，被细菌降解为以甲烷为主的污泥气和稳定的污泥。

沼气发电：将厌氧发酵处理产生的沼气用于发动机上，并装有综合发电装置以产生电能和热能，具有创效、节能、安全和环保等特点。

污泥焚烧：利用焚烧炉将脱水污泥加温干燥，再用高温氧化污泥中的有机物，使污泥成为少量灰烬。

气味处理：通过生物滤池吸收污泥恶臭，主要是利用微生物除臭，通过微生物的生理代谢将具有臭味的物质加以转化，使目标污染物被有效分解去除，以达到恶臭的治理目的。

三、固体废弃物处理方面的新成果

（一）处理工业废弃物的新信息

1．处理工业放射性废物的新进展

国家放射性废物库选址有进展。2015 年 7 月，有关媒体报道，意大利

正加紧完成，一份建造国家放射性废物库潜在场址的地图。

意大利国有企业索金股份有限公司，负责意大利核设施退役及放射性废物管理工作。索金公司的业务范围，覆盖了1987年前运行的四座核电厂卡尔索、特里诺、拉蒂纳、加里利亚诺和四座核燃料循环设施，后来意大利政府经过全民公投后决定退出核电。

意大利新的核电发展计划是2008年提出的，但是2011年公投再次否决了该计划。然而，公投并没有影响到2010年提出的国家放射性废物库计划的开展。

从2010年开始，索金公司开始推进国家废物库的选址、设计、建造和运行工作，针对意大利产生的所有放射性废物，包括未来50年医学、工业、研究等活动产生的放射性废物。据估计该废物库要容纳的废物总体积为9万立方米。

2. 减少工业部门产生有害物质的新进展

——减少化妆品行业形成有害的微小塑料颗粒

2018年1月，有关媒体报道，磨砂类洁肤制品，是指在普通洁肤制品中添加一些微小颗粒，辅助清除皮肤污垢及老化角质的产品。不同产地或商家添加的微小颗粒成分不同，某些磨砂膏中的颗粒由塑料制成，体积极小且无法降解，最终会随水流汇入大海，污染海洋环境。

意大利政府宣布，准备从2020年1月起，禁止化妆品行业使用微塑料颗粒，以减少这种有害物质对环境的污染。

微小塑料颗粒，通常存在于美白牙膏、身体和面部磨砂膏等产品中。这些颗粒进入下水道，最终流入河流和大海，很容易附着在藻类植物上，成为鱼儿们的食物。

意大利某环保组织负责人卡门·迪彭塔说：“这么小的颗粒没办法清理，最终被冲到海里，一旦被鱼类误食，而人又吃鱼，最终很可能回到人体内。”

——减少电子电气设备产业形成有害物质

2016年8月7日，有关媒体报道，意大利环境部与经济发展部共同颁发的“生态设计”规章，当天正式生效。该规章是在电子电气设备广泛使用的情况下，降低其环境影响的重要举措。它通过一系列具体规定，鼓励制造商设计和生产生态友好型电子电气设备，在上游设计阶段就提高产品的生态品质，提高产品的生命周期和可靠性，限制有害物质的使用，从而减少有害物质对下游产品的影响，以利于报废时的处理和回收。

其中一条规定，如果一个产品能够证明可在报废后减少管理费用，即可申请减免环境税费，由专门委员会基于对该产品生命周期、可维修和拆卸性、是否具有 ISO 认证等因素的分析来评估减免比例。此外，还有一些规定，旨在促进制造商和回收处理设施运营商之间的数据交换和合作。

3. 回收工业废弃物的新进展

——玻璃回收产业发展良好

2016 年 2 月 18 日，有关媒体报道，意大利可持续发展基金会当天发布的《玻璃回收与欧盟循环经济新目标》报告称，意大利玻璃回收产业发展势头良好。自 2010—2014 年，玻璃回收率（包括玻璃包装、各类碎玻璃等）提高了 2 个百分点，从 2010 年的 68. 3%上升到 2014 年的 70. 3%。2014 年回收量达 161. 5 万吨，人均回收量为 26. 6 千克/人，约相当于节约了 302 万吨原材料，减少了 1900 万吨的二氧化碳排放。报告还称，玻璃回收产业否，已逐渐发展成为意大利重要的经济部门，创造了 2. 02 万个国内工作岗位和 14 亿欧元国内生产总值。在欧盟范围内，该产业创造了 12. 5 万个工作岗位和 95 亿欧元国内生产总值。

2015 年 12 月，为推动循环经济发展，欧盟制定了废弃包装材料回收的新目标，将玻璃包装回收率从此前规定的 60% 提高至 2025 年达 75%，到 2030 年达 85%。报告总结称，意大利达标压力不大，但仍需加强南北部的均衡发展，提高南部地区的玻璃回收率。

——钢制包装材料回收成效显著

2016 年 5 月 10 日，有关媒体报道，意大利钢制包装回收利用协会当天发布报告称，2015 年，意大利钢制包装材料回收利用成效显著，回收率同比提高 3. 5%，共回收约 34 万吨钢制材料，占全年市场使用量的 73. 4%，人均回收量达 3. 82 千克，并且回收品类也越来越丰富，包括食品盒、饮料罐、瓶盖、工业气雾剂罐等等。通过废弃材料的二次利用。节约了相当于 66 万吨铁、21 万吨碳，减排了 62 万吨二氧化碳。

报告称，2015 年，该协会借助意大利城市联盟与人工智能意大利国家包装材料协会，签订的合作协议开展回收活动，提高了城市覆盖率，截至2015年，已覆盖意大利总人口的80.3%。报告还称，协会将与各市政府合作，从未分类的垃圾中回收具有磁性的铁质材料，进一步提高回收利用效率。

——开发太阳能光伏组件回收工艺

2020年4月，有关媒体报道，意大利从事光伏组件回收研究的优素拉公司董事长毛罗·齐里奥，与意大利光伏组件回收协会专家拉迷尔·恩尔吉亚共同领导的一个研究团队，开发出一种组件回收工艺，声称可以回收高达99%的太阳能光伏组件原材料。开发人员声称，他们的技术仅需40秒即可完全回收标准光伏板，具体取决于尺寸和回收场地的条件。

恩尔吉亚表示，其开发的光伏面板移动回收设备，几乎可以完全回收包括玻璃、硅、铜和铝在内的原材料。这个过程，使用了一系列获得专利的机械设备。他表示，其技术可以在任何状态下，回收任何种类的光伏面板，包括破碎和弄脏的物品。

齐里奥说："最重要的部分是玻璃分离。白色玻璃需求量很大，因为很难找到不含杂质的玻璃。"

在开始回收之前，操作员将面板放置在机器上，该机器可以拆下铝框和电线盒。然后将模块放在托盘上，由瑞士电子公司ABB提供的机器人进行操作。机器人通过特殊的吸盘引导模块，并将其送入方形切割机。切割机将面板分成方形，准备进入回收过程。

据了解，在到达回收利用环节时，把回收的材料装袋，在电子秤上称重，然后由操作员更换，以保持操作过程的继续进行。

恩尔吉亚表示，根据尺寸和回收场地的情况，每个光伏板的回收大约仅需40秒，该系统每小时可处理1.2吨左右。

齐里奥表示："我们也可以将所有聚氯乙烯，硅和铜分开。"

恩尔吉亚表示，回收过程既可以固定也可以移动。固定回收位于一个13米长的集装箱内，可以用卡车在现场操作。

齐里奥说："这个回收工艺，直到两个月前才被推广，因为这是一个待开发的原型。"他接着说："目前已回收了99%的原材料，每天可处理多达800~1000块电池板。"

齐里奥进一步补充说："这里的工厂，仅通过机械分离进行工作，不使用加热或化学物质。实际上，它并不会产生灰尘。"他指出，有了光伏面板移动回收设备后，任何建筑物上使用的太阳能电池板，都可能意味着该技术具有可持续性。

(二) 处理生产和生活垃圾的新信息

1. 通过分类方式回收各种不同垃圾

——设计制造出用于垃圾分类的卖萌机器人

2012 年 4 月，国外网站登载了一篇《卖萌机器人，撩拨我的心》的文章，详细论述了意大利专家设计制造的一个卖萌机器人，它具有纯真无邪的大眼睛、若启若合的小嘟嘴等。请不要以为这种神奇机器人离人们的生活很远。事实上，早在 3 年前，就已经有这样的机器人在欧洲走街串巷，甚至用户发条短信，它就会上门服务。

不过，这台名为"达斯特博特（Dustbot）"机器人提供的服务，可不是供人们娱乐的。实际上，这个一脸天真的家伙，是个分类回收的垃圾桶。它打开肚子之后是这样的：内有玻璃、塑料、纸张和厨余 4 类垃圾分类系统。据说，它虽然长得很卖萌，但行为却是很严谨的：如果人们一不小心垃圾放错了类，是会被它拒收的。

当然，达斯特博特只是一个尝试性产品，最初设计的目的，是去那些卡车进不去的小巷子里收集垃圾。2009 年，在意大利投放试用的也仅仅只有 2 台而已。

其实，世界各国在处理垃圾，尤其是垃圾分类上所做出的努力，远远不止研发一个机器人那么简单，更庞大的系统比比皆是。譬如，在斯德哥尔摩的汉马贝滨海新城，垃圾筒简直是个无底洞，无论扔进去多少垃圾，都不会满溢。而且，就算你在垃圾筒旁蹲守上一年，也逮不住一个收集垃圾的。原来，此区采用的是垃圾地下自动收集系统，类似一个巨大的地下吸尘器，各种垃圾在"吸管"中，以每小时 70 千米的速度奔向垃圾收集站，速度媲美地铁。

与传统方式相比，这套垃圾自动收集系统效率更高：在垃圾量正常的情况下，用传统方式收集垃圾需要用 150 个小时，而垃圾自动收集系统用时仅需 1.4 小时，其效率是传统方式的 100 多倍。当垃圾量多时，这套系统的优势更加明显，1 小时就能处理传统方式耗时 400 小时才能处理的垃圾。

——大力推行垃圾分类与上门回收服务

2019 年 7 月，国外媒体报道，在减少环境污染和利用可再生资源的问题上，垃圾分类是必不可少的基础工程。作为全球垃圾分类的先行者之一，欧盟近年来甚至提出了垃圾“零废弃”的目标。意大利更是通过立法的形式要求地方政府组织垃圾分类和处理。下面分析意大利的垃圾分类以及垃圾回收的处理方式。

位于南欧的意大利有 6000 多万人口，每年生活垃圾总产量约为 3200 万吨。根据哥本哈根资源学院的调查数据，意大利平均每人每年产生 529 千克生活垃圾。面对如此多的垃圾，意大利并没有制定国家级的垃圾管理规范，而是通过立法的形式要求地方政府组织垃圾分类和处理。

关于城市生活垃圾的管理，意大利政府向地方政府提出多项要求，包括：城市生活垃圾的处理要在省内完成；在每个管辖单位职权范围内要求至少 35%的垃圾实行分类回收；确保原材料的回收再利用，剩余垃圾要本着以产能为主的原则进行处理等。

尽管意大利垃圾分类在历史条件、建筑特色等因素限制下遇到了不少障碍，但地方政府和环卫公司的密切合作，也使得意大利的垃圾分类井井有条。

在意大利，不同的垃圾箱对应不同种类的垃圾，这项垃圾分类制度已实施 20 多年，近年来更是得到全面实行和普及。1997 年出台的关于垃圾分类的“Ronchi 法令”，彻底改变了意大利的垃圾管理模式。在这 20 多年间，意大利民众从最初的不适应，逐渐养成了垃圾分类的习惯。

整体上，意大利的垃圾处理情况也有了很大的改善。意大利高等环境保护研究所的数据显示，在 1997 年，意大利 80%的城市垃圾是在垃圾场填埋处理的，垃圾分类率低于 9%；到 2015 年，在垃圾场填埋处理的垃圾量降至 26%，垃圾分类率达到 47. 6%。不过，在全国范围内，垃圾分类制度的普及并不统一，罗马和那不勒斯等一些主要大城市落后于平均水平。

此外，在垃圾分类方面，意大利也有明显的南北差异。相对来说，北部地区的垃圾分类普及率高于南部地区。意大利高等环境保护研究所 2018

年垃圾分类报告显示，全意大利垃圾分类的平均水平为55.5%，威尼托是垃圾分类比例最高的大区（73.6%）。其次分别为特伦蒂诺-上阿迪杰、伦巴第。垃圾分类水平最低的地区主要集中在意大利南部，分别为卡拉布里亚、普格里亚、莫利塞和西西里。

分析指出，造成意大利垃圾分类水平不均衡的原因，主要是缺乏足够的废物分类厂（北部比南部多），以及不同地方政府对垃圾分类的宣传力度不同。此外，一些城市垃圾回收系统的效率低下，也导致一些民众有随意丢弃废物、焚烧垃圾等行为。

民众把垃圾分类投放之后，废物回收管理系统如何运行呢？一般来说，在意大利，废物回收管理可分为两大类：垃圾回收和垃圾处理。垃圾回收主要是由收集废物的工厂进行，垃圾处理则是由填埋场、焚化炉和生物处理厂进行。近年来，意大利政府正在努力让垃圾回收的比例超过垃圾处理。

数据显示，意大利是一个废物回收率比较高的国家，每年有超过50%由公民个人产生的城市垃圾被回收利用，高于欧盟的平均水平（47%）。在意大利，25%的垃圾最终仍被填埋处理，欧洲议会要求到2035年，垃圾填埋的比例应限制在10%。

如今，越来越多的意大利城市，采用了一种被称为“上门回收垃圾服务”的新系统，也就是说，会有专门的车辆直接到公寓或别墅的门口收集垃圾。根据建筑物的大小不同，用来收集垃圾的容器也不同，比如在独栋别墅用小的彩色袋子分类收集，而在公寓楼门口则用大的垃圾桶收集。这个系统是为了督促人们遵守垃圾分类的规则，不乱扔垃圾。每个家庭的垃圾分类情况都清晰可查，并对不遵守垃圾分类的家庭可以采取惩罚措施。

此外，每栋别墅、公寓楼都有具体丢放垃圾的时间。例如有的小镇每周一会有专门的卡车收集纸类垃圾，每周三则是收集玻璃垃圾的时间。每隔一至两天，居民都要把相应的垃圾箱放在门外，等待专业的垃圾回收人员拿走。举例来说，在罗马省的圭多尼亚市“上门回收垃圾服务”收集系统，规定垃圾桶的分类如下：棕色桶收集厨余和有机物（用可生物降解的袋子收集）；白色桶收集纸质和纸板（不可插入脏纸）；黄色桶收集塑料和金属包装（包装应清洁并去除纸标签）；绿色桶收集玻璃制品；灰色桶收集不可回收材料（不可插入液体废物）；尿布专用收集桶（尿布不可与有机物一起收集）。

在圭多尼亚市，一般来说，有机物和尿布每周收集三次，其他类型的垃圾每周收集一次。收集为 20 点 30 分至次日 5 点 30 分，垃圾必须留在门外。不遵守这些规定的人将会被罚款。

不过，垃圾分类规则在意大利各大城市中不尽相同。例如，米兰整个市区均实行“上门回收垃圾服务”。垃圾处理公司为居民提供带轮的垃圾桶，自 2014 年以来，米兰也要求有机物的收集。而在罗马，在街头有许多大型多口垃圾桶。罗马最近开始在一些地区，采取上门垃圾收集措施。在都灵，大部分采用上门回收垃圾制度，但在一些地区仍然继续在街上进行分类收集。在这些地区，有五种类型的垃圾桶：不可回收物、有机物、纸质、塑料、玻璃和金属。在佛罗伦萨，垃圾收集系统比较复杂。根据区域不同，使用垃圾桶、小垃圾桶、上门收集或地下垃圾桶分类系统手机。在巴勒莫，市中心和一些居住区使用门上门垃圾收集服务，而在其他地区街上的垃圾桶分为四类：纸质、塑料、玻璃加金属、不可回收。

2. 通过工厂化方式处理有机垃圾

建立有机垃圾厌氧消化处理企业。2016 年 11 月 22 日，国外媒体报道，在意大利威尼斯举办的 2016 生物质与废物能源化国际会议，安排到会代表参观了意大利巴萨诺有机垃圾厌氧消化处理企业。

这家工厂于 20 世纪 80 年代开始设计，一直到 2000—2003 年才建成投产。该厂年处理源头分类收集的有机生活垃圾 3.5 万吨，绿化废物 6000 吨。采用干式（40%含固率）厌氧消化加沼渣堆肥工艺进行处理。

有机生活垃圾源头分类效果一般，仍含有较多杂质，大多用塑料袋包装，前端需破袋、破碎，磁选，与部分绿化废物混合后筛分，8 厘米以下垃圾，进入三个圆柱形厌氧发酵罐，活塞泵送连续进料，停留时间 1 个月，沼气搅拌，蒸汽加热物料，47℃中高温发酵，甲烷含量 60%，利用三台燃气内燃机发电，年发电量约 1000 万度，电量基本满足厂内自用，多余时可上网出售，不够时从电网购电。

沼渣离心脱水后，与绿化废物按 4∶1 配比条垛式好氧堆肥，规模约 5000 吨/年，进料含水率 60%～70%，一次发酵 1 个月，堆体温度 70℃，二次发酵 2 个月以上，堆肥产品含水率约 40%，筛分后精堆肥约占 50%，免费提供给周边居民或公司使用，因仓库容积限制，淡季需付费请公司运走，另外 50%筛上粗堆肥送焚烧厂焚烧处理。

一次发酵车间全密闭微负压作业，臭气抽出后先湿式洗气脱酸，然后进入用木屑做填料的生物过滤池除臭，滤池占地面积较大，除臭效果良好，填料约 3 年更换一次。贮料仓渗滤液和沼渣离心脱出液，用管道送至 2 公里外的污水处理厂处理。

这家公司非私营企业，仅仅接受周边 75 个城镇有机垃圾，每吨垃圾处理收费约 80~90 欧元，保本运行。工厂建在填埋场边上，周边 200 米左右即有居民，多年来都有居民投诉。因此，特意建立娱乐中心供周边居民免费使用，一年 4 次与居民开展圆桌公关交流，用以化解邻避困境。

四、研制节能环保产品的新成果

（一）开发节能环保交通工具的新信息

1. 研制节能环保陆上交通工具的新进展

——推出欧洲首列太阳能列车

2005 年 10 月，国外媒体报道，意大利全国铁路公司，在罗马推出其研制的太阳能列车，这在欧洲国家尚属首例。据悉，这家铁路公司在前三年里，投资生产出了太阳能列车的样车，包括 5 节旅客列车车厢、2 节火车机头、3 节载货车厢。

太阳能列车有许多优点，其中最重要的是可以大大减少空气中的温室气体排放量。它的运行原理是，利用安装在每节车厢顶部的太阳能电池板，向列车的空调、照明及安全设施系统提供能量，但它目前还无法代替列车机头发电机提供动力。

这一创新技术，为未来列车展示了一个发展方向：节能、清洁、无污染。意政府表示，将进一步支持该公司在新能源方面进行的探索。这家铁路公司总裁在太阳能列车的介绍会上说，公司将继续在更换环保列车车型、加强列车安全性以及提供更优质服务上下功夫。

——研制“能驶入电梯的”迷你环保汽车

2012 年 5 月，英国每日邮报报道，意大利罗曼诺·阿蒂奥利汽车公司一个研究团队，设计制造出世界上最小的环保汽车，它的体形小得足以塞入办公大楼电梯内。这样，乘车者可以直接把汽车开进电梯，直达办公室。

这款被命名为“沃尔普”的环保汽车仅1米宽、1.5米高，重量达到350千克，它可以挤塞至狭小的空隙中，这意味着每天通勤工作人员可以直接将汽车驶入办公大楼，并在办公桌旁进行充电。

对于远途通勤人员而言，这并不是一个很好的选择，它的最高时速仅能达到48千米，由于车身较小，没有太多的空间放置行李。

“沃尔普”迷你型汽车能够挤塞停泊在两辆已停汽车之间的空隙中，可以缓解道路交通堵塞问题。

沃尔普汽车副主裁伊莎贝拉·阿蒂奥尼说：“沃尔普汽车是为每位希望能够自由驾驶、不在交通堵塞浪费时间和易于寻找泊车空间的城市居民设计的。我们公司的创始人罗曼诺·阿蒂奥利长期致力于研究新型清洁发动机方案，目前，沃尔普汽车不仅提供了城市环保，还是一种宝贵的交通工具，为生活在城市的居民提供便利服务。它能够自由驾驶，并不存在危险性。”

这种迷你型汽车作为“四轮车”允许道路行驶，意味着取得摩托车驾驶牌照的16岁年轻人也可以驾驶。它的销售价格预定为5600英镑，将于一年后在欧洲市场销售。

2. 研制节能环保空中交通工具的新进展

民用航空工业研发创新联盟推进实施“清澈天空”计划。2012年1月18日，国外媒体报道，意大利是欧盟民用航空工业分布的六个成员国之一。2010年欧盟民用航空工业增加值，占到欧盟生产总值的2.5%，直接和间接就业人数达300万，占欧盟就业总人数的1.2%。

由欧盟第七研发框架计划（FP7），2007年正式启动的民用航空工业研发创新联盟“清澈天空”（Clean Sky）计划，目前已形成拥有相对固定的欧盟16个成员国的86家机构成员组成的稳定“联盟”伙伴关系，以及300余家机构参与研发创新项目的研发创新联盟。其中的86家固定机构成员，囊括欧盟所有的航空工业大型企业34家、科技型中小企业20家、科研机构15家和大学17家。

欧委会按照 1∶1 的资金投入比例，支持创新联盟的研发创新项目。2007—2011 年，平均每年资助近 1.2 亿欧元，已累计资助近 6 亿欧元。

创新联盟的科技研发目标任务由欧委会和联盟科学技术理事会共同确立，所确定的民用飞机制造的四大研发目标是：更安全、更绿色、低成本和低噪音。研发创新优先领域的确定、评估和修正由联盟科学技术理事会主导，项目选择、评估及日常管理由其下设的办公室具体负责，欧委会鼓励研发创新成果的转化及转移。

目前，创新联盟的研发创新活动，主要集中在新一代“绿色飞行器”的研发设计和制造，并以六大优先领域形成产学研紧密结合利益共同体。分别是：智能固定机翼飞行器、绿色支线运输飞机、绿色直升机、环境友好型操作工序系统、绿色和可持续发动机、绿色设计。

（二）开发节能环保建筑的新信息

1. 设计建造节能环保建筑物的新进展

建成可吸食雾霾的世博会展馆。2014 年 6 月，国外媒体报道，意大利 2015 年米兰世界博览会，将由米兰市政府、伦巴第大区政府、米兰博览会基金会、米兰工商会等单位协办。米兰市申办 2015 年世博会的主题是：“给养地球：生命的能源”。他们保护地球的理念，从建造环保型的世博会展馆开始。报道称，2015 年米兰世博会的意大利展馆，采用生物动力学水泥，可以吸收空气中的确定污染物。在设计上，意大利展馆利用阳光激活二氧化钛颗粒，吸收周围空气的二氧化氮。

如今随着空气污染范围的不断扩大，雾霾已然成为全球第一大环境杀手，2012 年空气污染导致的死亡人数高达 700 万，超过吸烟导致的死亡人数，是此前估计的两倍。在世卫组织调查的 1600 座城市中，有超过一半的空气污染高出颗粒物水平安全上限，东南亚和西太平洋贫困地区的空气污染最为严重。

印度德里是世界上空气污染最严重的城市，每天因空气污染的早逝人数在 1 万左右，其中大部分死于中风、心脏病和癌症。更为可怕的是，死亡人数正在快速增加。印度科学和环境中心清洁空气计划负责人阿努米塔·乔伍德胡里表示：“目前，很多儿童出现肺部损伤和呼吸系统问题。在空气污染较为严重的冬季，医院收治的急诊患者人数快速增加。”

虽然专家们普遍认为，减少排放是遏制空气污染的一种有效方式，但越来越多空气污染严重的城市，将目光聚焦技术解决方案。2014 年，墨西哥城曼纽尔-戈亚-冈萨雷斯医院揭幕可以“吸食”烟雾的建筑物正面，这个正面面积 2500 平方米，采用二氧化钛涂层，能够与阳光发生反应，中和空气污染中的元素。设计师表示，这所医院每天能够抵消 1000 辆汽车对空气造成的破坏。

2015 年米兰世博会的意大利展馆，采用生物动力学水泥，共有 6 层，面积 1.3 万平方米。还有的把这种材料应用于公路，指出能够将污染减少 45%。生物动力学水泥成本并不高，只会提高 4%到 5%的建造成本。不过，采用这种材料的建筑仅限于对所在地区产生积极影响。

2. 研制节能环保建筑材料的新进展

推出具有太阳能电池板功能的环保节能砖瓦。2016 年 11 月 1 日，国外媒体报道，环保节能是近年社会大趋势，许多建筑会装置太阳能电池板吸收阳光，转化为能源供电。然而，太阳能电池板要不太笨重，就是外形可能与建筑物外貌格格不入。为此，意大利一家公司推出一款太阳能砖瓦，让太阳能电池板与建筑物融为一体。

内置的太阳能电池板，以完全可回收的无毒无害材料制造，提供包括木头、岩石、混凝土、陶瓦等不同材质的外观，适用于各种不同风格和功能的建筑物上，可用以装饰屋顶、庭院、墙壁，以至走廊等。

虽然太阳能砖瓦外形貌似不透明，但阳光可穿过表面，为砖瓦下方的太阳能板充电。不过，目前太阳能砖瓦的光电转化率只有 25%，只能作为辅助电源使用。

（三）开发环保技术用品的新信息

——研制出比活性炭更高效的污染吸附材料

2018 年 3 月，意大利布雷西亚大学埃尔扎·波恩特姆皮领导的研究团队，在《化学前沿》网络版上发表论文称，他们开发出一种低成本材料，可比活性炭更有效地清除废水和空气中的污染物，而且制备过程也更环保。

波恩特姆皮介绍，这种“绿色”吸附剂的合成原材料，主要由海藻酸钠和硅粉组成。海藻酸钠可以从海藻中大量提取，硅粉是硅合金生产过程中大量产生的副产品。合成过程简单，可大规模生产。

研究人员利用污染物“亚甲蓝染料”进行污水测验。结果显示，这种新材料可吸附并去除高浓度染料，有效率达94%；它还可吸附柴油尾气中的颗粒物。

研究人员说，与活性炭相比，这种新材料生产耗能更少，对环境更友好。目前，活性炭广泛用于降低大气和废水污染，但价格较为昂贵。新材料用途广泛，可用于涂层、喷抹，也可用于3D打印材料，有望设计为净水器或覆盖建筑物外立面以去除空气中的颗粒物。

第二节　生态环境保护的新进展

一、研究生态环境变化的影响及对策

（一）探索生态环境变化影响的新发现

——见证海岸环境污染拖累经济发展

2016年2月，有关媒体报道，著名的观光度假胜地阿马尔菲海岸，位于意大利南部坎帕尼亚大区索伦托半岛，海岸绵延萨莱诺海湾北部，环境优美、自然景观丰富。古老精致的房屋错落有致，掩映在青山碧海之间，构成一幅修长的美丽画卷。

阿马尔菲是意大利南部的一段海岸线，它以崎岖的地形，如画的风景和独特多样的城镇，被联合国教科文组织列为世界文化遗产。然而，这片意大利最美的海岸正受到污染的侵蚀，其负面影响甚至有可能牵连意大利的经济发展。

意大利警方宣布查处了一起污染案件，南部坎帕尼亚大区的两个净化厂因设备故障，向阿马尔菲海岸的核心区域排放了大量污染物质。目前，包括阿马尔菲和普莱伊亚诺两市市长在内的16人正在接受调查。当局在新闻发布会上称，这一事故不仅会破坏当地环境，还有可能对游客的健康造成威胁。

意大利环保组织“环境联盟”专家乔治·赞佩蒂在接受采访时说：“很遗憾，这在意大利并不是个案。未经处理的废水直接排放入海，已经

造成了许多海域的污染，而其中一些区域目前仍然对游客开放。”

环境联盟从 1986 年，就启动了一项名叫“绿色帆船”的海洋污染调查项目。2015 年，科学家用 2 个月的时间在意大利半岛（又称亚平宁半岛）周围水域，采集了 266 份海水样本。调查结果显示，样本中 45%含菌量超过法定标准。这意味着，在意大利的海岸线上，平均每 62 千米就分布有一个污染点，总共约有 120 处海域受到污染。

报告显示，全意大利最纯净的海岸位于撒丁岛、威尼托及弗留利–威尼斯朱利亚大区，而位于中部的马尔凯、阿布鲁佐和南部的西西里等热门海岸观光景点均为污染重灾区。

据赞佩蒂介绍，水泥厂循环水违法处理，工厂排污处理效率低下，污水、油污和垃圾的非法倾倒，是造成意大利海岸区域污染的主要原因，而目前 25%的地区还没有足够的污水处理系统。

赞佩蒂认为，污染不仅破坏了当地环境，还对经济发展造成很大的阻碍。意大利在过去的几年中，已经因为向河流和海洋倾倒废水接到了欧盟的两笔罚单，而目前的污染状况很有可能招致更多处罚。不仅如此，污染对在意大利社会和经济发展中扮演着非常重要角色的旅游产业，也有可能造成很严重的打击。

（二）加强生态环境保护的新信息

1. 用环保与人文并举的理念建设环境优美的智慧城市

2013 年 10 月，国外媒体报道，作为实现新型城镇化的重要路径，环境优美的智慧城市受到了世界各国越来越高的重视。特别是近年以来，各国对信息消费的大力推进，则为智慧城市建设提供了良好的信息环境。

作为发达国家的意大利，在节能环保和可持续发展的趋势下，正在积极进行环境优美智慧城市的实践。在第七届北京—意大利科技经贸周期间，环境优美的智慧城市成为中国与意大利双方共同关注的话题。意大利有关专家介绍了智慧城市建设的经验，也为中国提供了诸多启示和借鉴。

中国是四大文明古国之一，而意大利是欧洲文艺复兴运动的发源地，两国都有优秀的历史和文化传统。当前两国在智慧城市的建设中，也都面临着相似的问题，即文化遗产的保护和环境问题。

在意大利对外贸易委员会中国区总协调官安东尼奥·赖世平看来，中意双方的智慧城市建设有一个共同的基点，就是和谐。他说："科学技术能够实现很多想法，但我认为更重要的是以人为本。意大利实现智慧城市的目标和手段有很多，我们期望通过适合的解决方案，让科技应用更加和谐，让经济发展更加和谐。"

比如，博洛尼亚是意大利最大的机械制造中心，也是法拉利、兰博基尼等世界知名跑车的产地。同时，博洛尼亚也出产知名的奶酪、帕尔马火腿，以及其他的农副产品。

赖世平说："这种和谐的发展模式，是智慧城市建设非常重要的基础。通过这一模式，我们可以实现提升居民生活品质的目标。"

事实上，像这样的城市，意大利还有很多。赖世平介绍，从历史发展来看，意大利的城市是通过源自古希腊和古罗马的广场文化逐渐形成的，城市通过广场文化，将企业文化、商业文化及手工业和旅游文化都汇集在了一起。

而这样的城市，被看作是天然的智慧城市"实验室"，吸引了企业的兴趣。这些企业在意大利城市的人文古迹上，应用可以吸收污染的新材料，并构建分布式能源体系。

欧洲智慧城市项目协调员莫罗·埃斯波西托说："我们提出的解决方案，不仅关注节能和环保，而且具有人文关怀，从而实现技术与美景、传统与现代的和谐共处。"

中国电子学会物联网专家委员会副秘书长王新霞，对意大利这一环保与人文并举的发展模式表示赞同。他说："无论多么高精尖的技术，都应该能够服务于我们生产效率的提升，服务于地球给予我们的能源和各种各样产品利用率的提升，以及我们的政府职能和我们每一个人生活质量的提升。"

而在中国，一提起智慧城市，人们往往会联想起物联网、云计算等基础设施的建设。但在意大利的相关专家看来，智慧城市建设不仅仅是科技。

埃斯波西托指出："以人为本的发展模式，意味着不仅仅要把技术看作是人类社会的先进手段，还要通过技术让人类社会发展得更加智慧。技术作为手段和工具，为的是达成人类社会建设和发展的目标，但手段本身不能作为目的。”

此外，埃斯波西托认为，并不存在一个放之四海而皆准的智慧城市模式。每个城市都有自己的历史，因而也都应该有自己独特的智慧城市建设模式。

比如，有的城市更关注社会生活，有的更关注艺术生活，有一些是海港城市，还有一些城市处于后工业化阶段，这些城市的建设目标，是将以前的工业化城市变成更加适合人类居住的后工业化城市。

而要实现上述多样化的智慧城市的建设，显然不能仅仅依靠技术手段，而是需要市民的参与。据了解，意大利北部的布雷西亚市的智慧城市设计，科技部分只占33%，更多的是政府部门之间，以及政府与市民之间的交流。

意大利专家们指出，环境优美的智慧城市，不仅仅是一个硬件意义上的城市，同时也是一个软件层面的城市，通过市民的参与，共同制定成立城市管理的政策，从而在城市中建立起幸福的生活和秀美的环境。

意大利国家城市协会顾问罗伦·左波路芝表示，对于环境优美的智慧城市建设而言，很重要的一方面是制订措施的过程中，要让市民参与其中，这样才能建立决策者和市民之间的交流渠道，使他们更积极地参与到智慧城市的建设中去。

比如，意大利普利亚大区巴里市，据该市长米歇尔·埃米利亚诺介绍，为了实现在2020年之前减少30%有害气体排放量的目标，该市鼓励居民出行时多选择公共交通工具。同时，该市还建设了一些停车场，提供给来城市的外地人口，他们可以把车停在停车场，然后乘坐共同交通工具。埃米利亚诺说：“我们并没有花费太高的成本，但是在两年之内，就在空气净化方面取得了良好的效果。”

2. 通过完善法律法规加强生态环境保护

2014年9月，国外媒体报道，意大利政府主管环境保护的部门是意大利环境及国土部，该部的主要职责是拟订国家环境保护政策、规划，起草法律法规草案，制定部门规章，组织制定各类环境保护标准、基准和技术规范，监督法规和规章的执行。该部负责意大利国土、海洋、河流、湿地、山林等生态环境资源的保护工作。

意大利是欧盟成员国，在立法方面与欧盟立法保持一致，在欧盟法规的框架下，根据本国的实际情况出台相应的法规，在环保方面也是如此。

意大利基础环保法律法规，包括《统一环境法》《自然环境保护法》《废物处理及污染防治法》等。

意大利对排污设施、设备的建设管理，以及对废弃物进行综合利用方面需符合欧盟标准，严禁以破坏生态环境资源换取商业利益。违规处罚包括对生态环境损害进行赔偿、要求恢复生态环境原貌甚至停止项目运作。意大利环保法律法规遵循欧盟有关法律和指令，特别是欧盟对其进口、生产和使用化学物质进行注册、评估、授权和限制的第1907/2006号法规（简称REACH法规）。

在水资源利用和污染防治方面，2000年10月欧盟通过关于建立共同体在水政策方面行动框架的第2000/60/EC号指令，2006年4月3日意大利通过152号立法法令，将该指令转化为国内法。根据该立法，意将全国划分为8个河流流域区，每个区均制定了管理规划，并设立了流域区管理机构进行监管执法。同时，2008年12月30日第208号法令和2009年2月27日第13号法律针对水资源和环境保护制定了特别措施，确立了流域区管理机构与地方政府共同实施管理规划。

另外，在转化欧盟第2000/60/EC号指令之前，意大利第183/89号法律即已确立了流域范围规划的概念以及水资源节约，第152/1999号立法法律明确了实现环保和水资源节约目标的具体规划措施。关于地表水技术标准，根据欧盟关于地表水污染和水质恶化的第2006/118/EC指令规定，硝酸盐不高于50毫克/升，杀虫剂中的活性物质总量不超过0.5微克/升，单项活性物质含量不超过0.1微克/升。另外，对于重金属、硫酸盐、氯化物等污染物质，欧盟正根据成员国建议制定污染物控制标准。

意大利于1966年制定了有关大气污染防治的法律。但由于该法对罚金规定得较少，未能得到很好执行。意大利控制污染物质监控对象包括：二氧化硫、一氧化碳、氮氧化物、臭氧、非甲烷类碳氢化合物、颗粒物、金属、PM_{10}、$PM_{2.5}$、挥发性有机化合物及多环芳烃类物质等。目前，意大利大气保护主要通过“空气质量管理国家规划文件”来实施。在此文件指导下，各大区依据实际情况制定本大区的规划文件。

为保护森林和动植物，意大利设立了自然保护区、国家公园和湿地公园。目前，上述保护区总面积约为130万公顷。另外，地方政府负责本区域内森林等的保护，对大型树木进行砍伐前需要报市政当局审批。

此外，意大利于2003年将环境法与财政法案联系在一起，可以使生态环境保护在预算上先行列支，使生态环境保护的投入更加明确。意大利对环境保护的投入大约占GDP的1%。意大利在制定生态环境保护政策上的主导原则是，以鼓励环保者为主旨，以预防为主，不以惩罚污染者为目的。因此，在税收法律方面有鼓励在生态环境保护上投入的措施。

尽管出台了环保法规，但是由于地方政府的独立性强，中央法规没有得到彻底执行，加之执法机关也存在执法不严的问题，意大利环境违法现象时有发生。

在环境评估方面，根据欧盟和意大利相关规定，任何自然或人工工程如可能对环境产生重大影响，必须进行环境评估。意大利443/2001号法律即已明确，政府有责任监管公共或私人基础设施建设和重大生产设施建设项目。为此，2006年意大利专门制定了163/2006号法律，规定中央政府会同地方政府上述项目的设计、批准和实施进行监管，特别是制定了环境评估的程序，包括环评时间和程序要求。同时，为实施欧盟关于“就部分工程和项目对环境影响评估”的第2001/42/EC指令，2006年意大利出台了第152/06号环境法规，后于2008年4月3日第152/06号立法法令修订，规定对设计环境保护的不同方面（如土壤保护、废弃物处理、空气污染、环境损害）等进行监管，对战略性环境评估、环境影响评估，以及整体环境授权批准等程序做出了规定，专门设立环境评估技术委员会（CTVIA，由环境部任命的50名相关领域专家组成）。

意大利环保部设环境评估司，司内设环境评估技术委员会，该司与地方环境机构配合，对于项目可行性进行评估，并对项目环境生产进行监督。一般手续为向地方政府提出项目申请，重大设计环保类项目提交环保部评估司进行评估。

意大利环评具体程序包括意大利环境部环评公告、材料核查、环评技术委员会（CTVIA）技术调查、CTVIA审查、对环评涉及的其他因素征求法律意见、做出决定等。根据2006年第152号环评程序法规定，一般环评程序持续时间为150天，根据涉及因素的复杂性以及参与方要求，环评程序最长可达330天。

3. 加强生态环境突发事件的应急管理

2017年4月，国外媒体报道，意大利海水污染多为突发性事故，由于其性质复杂、发生突然、危害严重，造成了处理处置上的层层困难。政府非常重视突发公共事件的应对工作，于1982年成立了应对各类紧急事务的民防部。在事件的应对和处置过程中，意大利政府积累了许多成功的经验，并逐步形成了符合本国国情的突发公共事件应对体系，生态环境应急体系发展日趋完善。

意大利是由政府统筹各类突发公共事件的应对工作的，突发生态环境事件是其中一类，生态环境应急人员仅在突发生态环境事件时，作为技术支撑部门参与应急处置事项。

1976年意大利塞维索发生二英泄漏的恶性事故后，欧盟着手研究制定旨在预防和控制工业风险的塞维索指令。该指令最初于1982年颁布（即塞维索指令Ⅰ），并在1996年（即塞维索指令Ⅱ）和2003年（即塞维索指令Ⅲ）两次进行修改。意大利通过几次国内重大事故逐步将欧盟塞维索指令引入国内，并不断加以丰富和细化。

意大利经验表明，严密的指挥调度体系和应急联动机制，是生态环境突发事件得以妥善处理的基础。

1992年意大利在内政部成立了国家民事救援办公室。

2001年意大利国家民事救援办公室从内政部脱离，并入国家民防局，由总理直接领导，负责全国范围的应急指挥协调和救援工作。

2002年成立国家应急指挥委员会，由意大利的海陆空三军代表、消防、警察、内政、交通、安全、环保、卫生等部门的最高长官组成，负责重大应急事件救援决策的协商。

2004年建成了新的指挥中心大楼，建立了应对突发公共事件决策指挥系统、应急救援信息共享系统、资源配置体系和联合办公机制等，建立了从中央到地方省市垂直的管理体系，使得灾难一旦发生，能够快速做出反应。环保部门作为主要的技术支撑部门，参与突发生态环境事件应急处置工作。

意大利根据各部门的专长，对环境突发事件处置中各部门的职责分工进行了科学、明确的界定，使得应急处置中的部门联动更加高效、协调。根据意大利法律规定，突发事故现场只有消防和医疗部门具有指挥权，警察、军队、环保等其他参与人员必须听从其指挥，在事态未控制前不得进入污染区域。

另外，意大利还通过信息公开，加强生态环境突发事件应急的力量。

意大利法律规定，对于每个高危工业企业必须制订两个预案：一是日常工作安全预案；二是突发事件应急预案，而突发事件应急预案又分为内部预案和外部预案。企业至少每5年应当向主管部门提交安全报告，说明风险位置、危害程度、影响范围、预防事故及控制事故的措施、周围环境信息、工作人员培训、公众知情等情况；至少每隔3年联络地方政府，审查和测试应急计划，修改预案，组织应急处置演练；要将企业安全隐患及应对措施告知周围居民。

二、研究影响生态环境的气候变化

（一）研究气候影响生物生存环境的新信息

1. 探索气候变化影响植物的新进展

推进气候变暖对山区植物影响的研究。2012年3月，在欧盟研发框架计划的资助支持下，意大利科学家参加的一个研究团队，承担了“可持续发展、气候变化及生态系统”项目研究。他们的研究成果发表在《自然》杂志上。该研究团队在2000—2009年，进行了长达10年的全球气候变暖对山区植物种类变迁的大型研究。他们的研究显示，全球气候变暖，对山区植物种类的变迁，具有明显而重要的影响，

一般情况下，山区的海拔愈高气温愈低。考虑到山区海拔高度和气候温度，是影响山区植物种类变迁的主要因素，研究人员在世界五大洲范围内的17座山脉区域选择了60处观测地点、确定了867个植物种类作为观测对象。

2001—2008年，观测点的气温持续变暖，研究人员从确定的867个观测植物种类中，排除“喜暖”植物种类后，最终筛选出764个植物种类作为研究对象。期间，研究人员根据观测和收集到的数据建立了一个数学模

型，并绘制出全球气候变暖，海拔高度和温度，对山区植物种类变迁的影响图。

研究人员称，尽管全球各测试点的具体数据有所不同，但对欧洲各测试点的数据模型进行分析比较，山区植物种类变迁的趋势，具有很强的可比性，因此变迁影响图，对全球各大洲具有指导意义。

研究人员在研究过程中证实：①生态系统中的山区植物种类的，无论停留或迁移，均对气候变暖表现出快速的相适应状态；②所观测的植物种类随着时间的推移一直进行着变化；③山区植物种类，在向更低温度的变迁适应过程中，必须面对原生植物种类的激烈竞争，或自身衰落或使原生植物种类退化消失。

2. 探索气候变化影响动物的新发现

发现气候变化影响700多种濒危动物物种。2017年2月，意大利智慧大学科学家米凯拉·帕西弗西主持，成员来自意大利和英国的一个国际研究小组，在《自然·气候变化》杂志发表论文称，目前有700多种濒危的哺乳动物和鸟类，受到气候变化的负面影响，其中人类的“近亲”——灵长类动物，是受影响最严重的物种之一，因为它们热带栖息地的气候数千年来一直很稳定。

这篇论文指出，灵长类动物和有袋目哺乳动物中，受气候变暖影响的数量最多。仅两组哺乳动物、啮齿动物和食虫动物，可能会从气候变化中受益。一方面，由于它们的繁殖率高而快；另一方面，也因为它们并不囿于某个特定的栖息地，而且常常生活在地洞中，而地洞为它们提供了一种对天气变化几乎“免疫”的环境。

在最新研究中，研究人员开发出一款模型，将动物的体重和其他属性同气候中的变化因素，如温度变化进行比较。论文作者指出，根据他们的模型，位列国际自然保护联盟濒危物种红色名录中的动物，其中，873种陆生哺乳动物中的410种占47%，1272种鸟类中的298种占23.4%，受气候变化影响远超此前预期。以前人们认为，仅7%的哺乳动物和4%的鸟类会受气候变化和极端天气的威胁。

帕西弗西说：“哺乳动物更容易受气候变化的负面影响，这也和它们的饮食更有针对性有关。最新研究也与此前对于动物灭绝风险的研究相吻合：饮食比较单一的物种利用资源、适应新环境、抵抗选择性压力的能力更弱。”

栖息在寒冷高山区域的鸟类面临的风险也更高，因为生活在高海拔和更寒冷地方的物种群，前往更冷或更高的地方以避免温度升高的机会更少，灭绝风险也随之增加。

3. 探索气候变化影响人类的新发现

发现气候变化可改变发展中国家的人口模式。2017 年 10 月 23 日，意大利埃尼·安里科·马特伊基金会专家索黑尔·沙耶领导的研究小组，在《自然·气候变化》杂志网络版发表论文称，他们研究发现，因气候变化而进行的迁移可能改变发展中国家的人口模式，最终降低未迁移人口的局部收入不平等。研究认为，人口迁移也可以通过人口结构变化而非单独的人口移动，缓解气候变化的部分负面影响。

人口迁移可能是气候变化带来的最严重后果之一。目前，在全球气候变化的大背景下，人口迁移带来的影响非常复杂，分析气候与人口分布之间的关系是一项重大科学问题，同时也是需要着重关注的政策问题。

此次，沙耶研究小组创建了一个一体化评估模型，囊括了发展中国家气候变化、人口结构变化与人口迁移等要素。研究中，他们发现，气候变化一定程度上可以缓解人口分布不均的现象：一些身怀技能的个体拥有更大的迁移机会，生育的子女数量更少，在子女教育上投入更多。这在一定程度上改变了那些未迁移工作者的技能组成，因为有技能的个体迁徙走了，一些留在当地的工作者被迫提升自己的技能，他们的收入也因此提升，从而可以缩小收入不平等差距。

研究人员表示，过去有关人口迁移的研究，都集中于人口迁移如何通过将人口从脆弱地区转移到较不脆弱地区，从而来缓解气候变化的负面影响。此次论文作者，针对人口迁移对于生育率（一名妇女生育的子女数）的影响，重新建立了一个模型，表明人口迁移也能通过改变无力迁出的贫困人口和农民的人口结构特征，进而缓解气候变化的负面影响。

（二）研究影响气候变化因素的新信息

1. 探索遏制全球气候变暖因素的新发现

发现海底病毒能驱动碳循环减缓全球气候变暖。2008 年 8 月 27 日，有关媒体报道，意大利安科纳的马士理工大学学者达诺瓦罗领导，戴尔安诺等一群海洋科学家参加的一个研究团队，近日发现一种深海病毒，出乎意料能有效驱动所谓的碳循环，这种碳循环可以维系海洋生命，并帮助遏制全球气候变暖。

据报道，海洋中有类称为“原核生物”的微生物，其中许多都会感染天然海洋病毒。这种生物死亡后，富含碳的遗骸会缓慢沉降至海洋底层，在这里其他细菌便会吞食掉遗骸。这些原核生物成为较大型生命形式的食物，这种模式循食物链类推。

研究人员很久以前就知道，海面上的病毒可扮演双重角色，一方面摧毁生物；另一方面却也维系了生物。

虽然如此，但现在证据显示，这些小型病原体在海底深处也默默工作着；深海是个黑暗且不适居住的环境，缺乏养分，可以算是地球上最后一个未开发的生态系统。

意大利研究团队详细研究自全球数十个地点取来的沉积物样本，而这些地点的深度从 183 米，到足以让人粉身碎骨的 4603 米深不等。戴尔安诺说，深海中病毒数量高得惊人。他说，病毒不只有助于维系深海的生命，对于了解海洋碳循环也意义重大。

2. 探索大气污染物影响气候变化的新进展

启动大气污染物与气候变化相互作用的研究项目。2012 年 5 月 4 日，在欧盟第七研发框架计划的资助下，由意大利等 12 个欧盟成员国以及瑞士、挪威和以色列共 15 个国家，26 家科研机构气候研究人员共同参与的，欧洲气体气溶胶气候大型研究项目正式启动。研究小组设计制作的大气监测飞船，于 5 月 14 日开始为期 20 周的欧洲低空科学探索旅行，横跨意大利、法国、德国、奥地利、荷兰、丹麦、瑞典、芬兰、斯洛文尼亚等欧洲国家上空，采集分析大气中的化学物质成分，所获取的数据将作为未来科学研究的基础，积极应对气候变化和改善欧洲的空气质量。

监测飞船独一无二的长期低空飞行，将前所未有地在距地面 2000 米以内的低层大气空间，对欧盟进行化学污染物空中分布的全面检测。实测数据将与地面计算机模拟系统及已有气候变化知识，进行相互验证和对比研究，从而增强对人类活动排放的绝大部分空中化学污染物，与大气元素相互作用机理的理解。监测飞船，携带超过 1 吨重的仪器设备，可以在海拔高度 2 千米以内的低层空间盘旋，垂直升降行动自如，一次升空可飞行工作 24 小时。

监测飞船的此次检测飞行，将主要集中于羟基自由基和微细气溶胶或悬浮颗粒物，即影响气候变化和人类健康主要化学物质的数据采集。羟基自由基因为其降解空气污染物的作用，有时也被称作“大气清洁剂”。

研究人员希望，通过对化学物质所测数据的分析研究，及其形成演变过程，增加大气化学污染物、大气自身清洁机制和气候变化之间相互作用的知识。

（三）研究气候变化的新方法

1. 推进古气候研究的新方法

——通过钟乳石研究获得古气候模型

2012 年 6 月 8 日，意大利都灵理工大学两名研究人员，在《物理评论快报》杂志上发表研究成果称，他们通过钟乳石的研究，获得分析古气候的模型。

钟乳石自形成之日起，即记录了数千年间的气候特点。降雨时，雨水与土壤中丰富的矿物质结合，渗透至岩洞。当水中的二氧化碳和钙达到一定浓度时，就会和洞穴中的空气反应产生方解石，形成钟乳石。

两名研究人员在研究过程中发现，岩洞天花板上的钟乳石，一般沿着表面以不同厚度向下延伸，形成涟漪层。研究人员利用流体力学、地球化学和物理理论等多学科专业知识，对这种水渗透现象数学建模，通过不同层的碳酸钙浓度，确定各种气候阶段的降水变化。有关专家认为，这项成果，有可能应用于未来的气候预测。

——通过南极冰层钻探揭示地球古气候

2019 年 4 月 10 日，国外媒体报道，意大利威尼斯大学科学家芭芭拉·斯坦妮和卡罗·巴班特主持的研究小组，由 14 位专家学者组成，承担了一个名为“超越 EPICA”的项目。他们日前在奥地利维也纳举行的欧洲地球科学联盟会议上，公布了项目的有关细节，希望找到 150 万年前的冰层，以加深对地球古气候的了解。

研究人员表示，他们将于2019年下半年前往南极洲东部冰盖，开始钻探几千米深的冰芯。他们正在研究一个耗资1300万欧元的欧洲项目，将利用冰芯内的二氧化碳和其他气体气泡，了解地球过去的气候。

迄今为止，钻探到的最古老的冰，是一个可追溯到80万年前的冰芯。它在15年前“出土”。但这给人们留下了一个关于地球古气候变化关键时期的知识空白，这个时期被称为中更新世过渡时期。

在这段时间里，地球从每4万年在温暖和寒冷阶段之间转换的节奏，变成每10万年循环一次。对于为何出现这种情况，目前有不同的理论。意大利探险队希望，能提供解释这一现象的证据。

斯坦妮说：“我们需要理解为何地球在90万年前发生了这种变化，以及为何人类生活在一个以10万年为周期的世界里。如果不这样做，我们就不能说真正了解了目前的气候系统。”她补充说，这些冰还将提供重要的新数据，以改进关于地球未来气候演变的模型。

过去3年间，该研究小组一直利用雷达探测冰层下方，寻找最适合钻井，以及最有可能产生足够老的冰层的地方。他们的研究表明，在南极洲东部的康考迪亚站40千米外，有一个被称为“小圆顶C”的地方。

不过，在零下50℃的环境中钻井将非常困难。巴班特说：“那里的条件极其恶劣。在这样的探险中，会有很多地方出错。”

2. 推进极端气候研究的新方法

发明用来评估热浪量级的气候指数。2014年11月，意大利伊斯普拉欧洲委员会联合研究中心，物理学家西蒙纳·鲁索主持的一个研究小组，在《地球物理研究杂志·大气》上发表了热浪量级指数（HWMI）。它将酷热事件的几个与气候有关的测量结果，合并为一个单一的数字，从而使研究人员能够将发生在不同地区和不同年份的热浪进行比较。

根据研究小组设计的这个用来评估热浪量级的气候指数，检测2010年夏季窒息俄罗斯西部的炎热天气，它导致5.5万人死亡，可以发现是过去33年来最有破坏性的热浪事件。该指数在考虑极端温度严重程度的同时，还涉及热浪的持续时间，将成为评估未来气候变化影响的一个基准。

鲁索表示：“就像地震的震级一样，这是一个在全世界及不同的气候条件下都有效的量级。”

并未参与这项研究的苏黎世市瑞士联邦理工学院气候学家埃里希·费舍尔认为，其他类似指数并不能体现热浪的复杂性。他说："有一个长期存在的问题，那就是没有热浪的一个通用定义。一次热浪的大部分影响，取决于热量的强度及其持续时间的整合。而这个新的指数更为综合。"

这个热浪量级指数，整合了对异常炎热天气的日最高温度及持续时间的分析。它将热浪分为了 7 个类别，范围从正常（HWMI 大于 1）到极端异常（HWMI 大于 32）。

该指数把 2010 年俄罗斯热浪及 1980 年袭击美国的一次热浪列为极端事件，其分值分别为 5. 43 和 4. 10，相比之下，2003 年造成 7 万多人死亡的欧洲热浪的分值为 3. 48。

澳大利亚悉尼市新南威尔士大学气候科学家莎拉·珀金斯认为，这一指数很有用，但也指出 HWMI 还需要进一步完善，例如，需要考虑每天的最低温度而不仅仅是最高值。她说："当涉及人类健康时，如果在炎热的日子里没有凉爽的夜间气温，那你很可能会得病。"

基于新的指数，鲁索及其同事根据不同的气候变化模式，预测了 21 世纪的热浪频率及强度。

在一个"适度"的气候变化场景中，研究人员预测，在 2020—2052 年，美国的一些地区将至少经历一次极端热浪。而在同一时期，南美洲北部地区、非洲和欧洲南部将经历 3 次这样的事件。研究表明，到 2100 年，欧洲和美国将经历最严重的热浪，甚至将超过之前每两到三年一次的水平。

根据这项研究，如果温室气体排放仍以目前的速度持续增加，进而使全球平均气温升高接近 4℃，则美国和欧洲每一到两年将经历一次非常极端的热浪（HWMI 大于 8），而到 21 世纪末，超极端热浪（HWMI 大于 16）将每 10 年出现一次。

德国波茨坦市气候影响研究所气候科学家迪姆·库穆表示，这一预测结果与较早前的研究是一致的。他说："热浪出现的频率正在上升握，特别是在地中海和热带地区。未来，这种情况将持续下去。"

三、研究生态环境灾害防护的新成果

（一）地震灾害防护研究的新信息

1. 地震预测预警研究的新进展

——研制可在四小时前预警的地震预测空间探测器

2005 年 4 月 19 日，德国《明镜》周刊报道，意大利全国核物理研究所物理学家罗伯特·巴蒂斯顿领导，意大利佩鲁贾大学、罗马托尔·韦尔加达大学、罗马第三大学研究人员参与的一个研究小组，研制出一种新的地震预测空间探测器。科学家希望它能在地震发生前 4~5 小时，发出预警信息，以减少地震造成的损失。

这个名叫“拉齐奥·希拉德”的带电粒子探测器，在 2005 年 4 月 17 日进入国际空间站后，意大利宇航员罗伯托·维托里，在距离地球 370 千米高空的国际空间站进行安装调试。

这一科研项目的目的，在于准确探测地球周围的范艾伦辐射带的气层变化与地震之间的关系。范艾伦带是 1958 年科学家詹姆斯·范艾伦发现的一种高能粒子辐射带。科学家目前认为，在地震发生前，范艾伦辐射带内总会出现受干扰情况，由此判断测量范艾伦辐射带的变化可以预报地震。

范艾伦带电粒子带是围绕地球的一个带电粒子带。它里面的带电粒子能被地球磁场捕获，正是这些带电粒子阻挡了宇宙的带电粒子，保护了地球上的生命。

地震前产生的低频电磁波在穿透大气层进入太空后，会和范艾伦带电粒子带发生作用，测量这里由此产生的带电粒子数量和运动方向的变化，也就间接测量了电磁波。这样，范艾伦带电粒子带，就成为科学家的“环球天线”了。空间站是目前能利用的，最靠近范艾伦带电粒子带的，人造宇宙飞行器。

维托里在空间站只呆 1 周，但这个实验还要在空间站继续进行，整个实验将可能持续半年，即到这一届空间站乘组完成任务时为止。巴蒂斯顿指出，从高高的太空预报发生在地表深处的地震，是科学家的“希望和梦想”。

——地震早期预警研究取得新进展

2006年12月15日，意大利国家地球物理与火山研究院尼尔森博士，与意大利那波利大学物理系科学家联合组成的一个研究小组，在美国《地球物理研究通讯》杂志发表论文称，他们发现了可以作为地震早期预警信号，使地震早期预警研究取得重要进展。

该研究小组通过对1976—1999年间，发生在欧洲震级在4~7.4级的207个地震数据研究分析后发现，地震仪记录的震前异常数据经过低通滤波后，其第1秒内的最大值经过一个数学模型转换后，与其后十几秒后记录到的大震震级呈线性相关，因此该发现可以作为地震早期预警信号。《地球物理研究通讯》杂志的编辑认为，这篇文章具有重要研究价值，并把该成果向世界各大媒体做了介绍。

尼尔森博士认为，虽然从发出预警到大地震发生之间只有十几秒钟的短暂时间，但充分利用好这段时间可以进一步将地震危害降到最低，如切断电源、煤气，让市民找到躲藏空间，让火车、汽车等交通停运等。下一步他将利用意大利南部地震多发区的地震数据，进一步完善这项研究。

目前，世界各国积极开展地震早期预警研究。2006年，中国天津市建立了滨海地震监测预警中心，未来青藏铁路也将建立地震预警系统。美国地调局与加州理工大学、加州大学伯克利分校等合作探索地震预警系统研究，以争取这十几秒的逃生时间。日本于2006年8月建立了全国地震预警系统，希望能及时向铁路、建筑、电力、医疗等部门发布地震预警，并利用手机短信向民众发布警报。墨西哥专家也在积极研究南部沿海地区的地震预警，并提出利用卫星发布警报。

——推测“晴空闪电”或可成预测地震关键

2014年3月11日，俄罗斯《共青团真理报》报道，一个由意大利、美国和日本科学家组成的国际研究小组，根据意大利和日本曾经出现的情况，做出推测说，地震预测的关键可能在于地震之前晴空中的奇特闪电。

该研究小组指出，在意大利和日本强震前夕，人们都看到有神秘发光物出现，由此推测地震前晴空中出现的神秘闪电，可能是由地壳层的相互运动造成的。还有一种推测：该神秘强光，可能是由地壳运动产生的超级动力电荷所造成。

为探究该类神秘闪电与地震的关系，研究人员使用面粉和普通特百惠容器进行了实验。在实验过程中，研究人员观察到一个新的物理现象，即摇晃容器可产生高达200伏的电压，并且使用除面粉以外的其他粉末状物质也会产生电压。研究人员解释，类似的情况也发生在地表以下，即地壳的摩擦及运动能够产生上百万伏的电压。而这些电压很可能就是天空中出现闪电的原因。由此，研究人员推测，该类神秘闪电可能为人们预测地震提供依据。

其实，关于地震前夕有神秘闪电的传说，已经有上百年的历史，但一直都得不到科学家的重视。直到互联网和社交网络的出现，科学家们才开始真正关注这种已趋频繁的现象。网络上，甚至还有意大利大地震时期及日本福岛大地震出现的闪电及闪光物体的照片。

此外，科学家补充道，并非所有晴空中的闪电都是地震来临的征兆，未来将进一步确定何种晴空闪电能够预测地震。

2. 结构抗震性能研究的新进展

提出一种结构抗震性能分析的新方法。2006年4月，意大利欧洲防震减灾高级研究院有关专家组成的一个研究小组，在《工程力学杂志》上发表论文称，他们发现了一种用来评估实际结构地震脆性破坏的新方法。

研究人员说，基于最初的、有限的非线性动力分析模拟，该方法在求解一般系统的承载需求和能力关系可靠性之后，建立了结构需求的可能特点。用这种方法得到的结果与应用蒙特卡洛算法得到的结果一样，但相比之下，这种方法大大减少了计算量。

研究人员在两个实际工程中应用了这种方法，一个钢筋混凝土墩结构的钢制箱型梁高架桥；另一个是三维钢筋混凝土结构的房屋建筑。前者主要受到规则和不规则激震力的作用，后者主要受双向激震力的作用。模拟结果都证明了这种算法的精确性和优越性。

3. 构建城市地震防护网研究的新进展

提出利用手机内置传感器创建城市地震防护网。2013年10月，物理学家组织网报道，意大利国家地理和火山学研究所地震学家安东尼奥·德亚历山德罗和朱塞佩·安娜领导的一个研究小组，在《美国地震学会通报》上发表论文提出，在智能手机上安装一个微小芯片，可创建实时城市地震网，以增加在大地震期间收集强烈运动的数据量。

微机电系统加速计可测量汽车、建筑和装置地面运动和振动的加速度。在20世纪90年代，微机电系统加速计彻底改革了汽车安全气囊行业，并被用于许多日常设备之中，包括智能手机、视频游戏和笔记本电脑。

意大利研究小组测试了安装在苹果手机上的微机电系统加速计，并与美国凯尼公司生产的地震传感器ES-T力平衡加速计相比较，以检测其是否能可靠和准确地探测出由地震引起的地面运动。

测试表明，当位于震中附近时，微机电系统加速计可以探测中度到强烈的地震（超过5级）。而该设备产生的噪声妨碍其准确地检测到较小地震，因而限制了其应用。意大利地震学家改进了这项技术，使得微机电系统传感器对于5级以下地震也能敏感检测到。

研究人员说，改进后的微机电系统技术，能在手机和笔记本电脑中广泛使用，大幅度提高地震发生时采集数据的范围。他们建议，微机电系统传感器当前的状态，可用于创建一个城市的地震防护网络，将实时的地面运动数据传输到一个中心位置进行评估。每当地震发生时，政府部门可借此获得丰富的数据量，识别潜在危险最大的地域，从而能够更有效地分配资源。

（二）火山灾害防护研究的新信息

1．研究古代火山灾害的新进展

重现遭受火山灰湮没的庞培家族最后时刻。2008年12月，国外媒体报道，在意大利那不勒斯举行的有关古老DNA的国际会议上，那不勒斯腓特烈二世大学火山学家克劳德·斯卡帕迪领导的一个研究小组，报告了他们对庞培家族被火山灰下掩埋研究的新发现。

公元79年，意大利维苏威火山突然灾难性爆发长达19个多小时，庞培古城因此而遭大量火山灰湮没，数千人死亡。在厚6米的火山灰覆盖下，这座城市得以保存，为今人提供了有关古人生活状态的珍贵信息，也使该研究小组得以重现庞培家族的最后时刻。

科学家分析了庞培房子里的火山灰，检查了火山灰下掩埋的13具尸骨，再现了维苏威火山爆发时所出现的情景。阿波坦查大道是庞培城的主要街道，这里的波利比奥斯房子是最值得研究的地方之一。斯卡帕迪表示，这处房子出土了丰富多样的考古发现。而且，这里最能体现庞培火山灰完整的堆积层。

据火山学家分析，第一阶段的火山爆发实际上只导致了38人死亡。斯卡帕迪表示，而先前认为大多数死亡出现在维苏威火山爆发的头一个小时。许多逃亡的尸骨表明有断裂的骨骼，意味着他们死于房顶坍塌或从喷发出来的火山烟尘云中掉落下来的大块碎石。

通过检查火山灰的密度，研究人员发现其堆积速度为每小时15厘米厚，因此导致波利比奥斯房子的房顶坍塌得需要6个小时。大约下午7点，波利比奥斯家人在后面的房间里找到了躲藏处，因为这里更加陡峭的屋顶没有被掉下来的东西砸坏。斯卡帕迪表示，这里有三名成年男子，三名不同年龄段的成年女人和4个男孩、一个女孩和一个已经足月的胎儿。而且，此胎儿和这位16~18岁年轻女人的尸骨在一起。

通过分析线粒体DNA，揭示其中6人属于同一家庭，其中5人的年龄表明他们是兄弟姐妹。另一位大约25~30岁的人可能是堂兄弟。三位成年女人没有血缘关系。DNA分析还表明其中两位亲戚患有脊柱裂。脊柱裂为脊椎轴线上的先天畸形。最常见的形式为棘突及椎板缺如，椎管向背侧开放，以骶尾部多见，颈段次之，其他部位较少。病变可涉及一个或多个椎骨，有的同时发生脊柱弯曲和足部畸形。脊柱裂常与脊髓和脊神经发育异常或其他畸形伴发，少数伴发颅裂。

研究人员表示，波利比奥斯房子里的人最可能包括父母和他们的孩子、一位堂兄弟和他年轻的怀孕妻子，外加二位佣人。他们目击此火山可怕的爆发情景，在8月25日的早晨，近3米深的火山灰已经完全覆盖了街道和建筑物的地基。波利比奥斯一家全部死在其房子后面的房间里。

斯卡帕迪表示，一些火山灰下的尸骨姿势表明他们死时正在床上睡觉。当第一阶段的火山爆发结束后，火山爆发的烟尘云坍塌，产生了一系列的火山碎屑流。这是快速流动的气体和熔岩流，其温度达到了200℃~700℃。他说：“首批火山碎屑流从北流来，覆盖了此房子的后面部分。之后再流经花园，到达房子的前部分。没有人能从这里逃脱出来。火山灰遍及房子的各个角落，让屋里的人窒息而死。”然而，火山灰层揭示，并非所有的庞培居民都是因毁灭性的气体和岩石流致死。他接着说：“我们发现有死者，位于此气体和岩石流所形成的基底火山灰层上面几厘米的地方。一些居民行走在屋外得以幸存到第二波火山碎屑流的到来。”

在上午 7—8 点，最后一波火山爆发产生更多的浮石雨，埋葬了庞培。波利比奥斯房子的牢固的房顶坍塌了，剩下死亡一般的长久沉静。斯卡帕迪表示，这种火山爆发很难让人幸存下来。他说：“虽然我们估计有 75%～92%的庞培人，在第一波火山爆发时逃离了庞培，但不知道他们是否逃脱成功了。有好几百受害者，埋葬在城墙外的小挖掘坑里。”

2. 研究当地火山灾害的新发现

发现埃特纳火山喷发可能导致时间快进 15 分钟。2011 年 7 月 10 日，英国《每日邮报》网站报道，位于意大利西西里岛的埃特纳火山昨天再次喷发，不仅导致当地机场一度关闭，而且还使部分民众在第二天早起了 15 分钟。

2011 年 7 月 9 日下午，埃特纳火山突然喷发，炙热的熔岩顺着东南面的斜坡滚滚而下，浓密的火山灰在冲向高空后被风吹散。这是自今年以来该火山的第 5 次喷发，虽然此火山活动较为猛烈，但持续时间不长，一度被关闭的西西里岛卡塔尼亚机场在 10 日上午重新开放。

此外，当地居民还惊讶地发现，在火山喷发以后，他们的电子表、闹钟甚至电脑上的时间都比之前跑快了 15 分钟，不少民众在第二天因此被闹铃提前叫醒，有人还在脸书网站上开辟专区讨论此事，一些网友将其与太阳活动、水下光缆电子干扰甚至外星人阴谋联系了起来。不过，造成这一现象的真实原因尚不清楚。

埃特纳火山位于意大利西西里岛东岸，它高约 3295 米，是欧洲最高的活火山。它前面最近一次喷发是在 2011 年 5 月 11 日，当时卡塔尼亚机场也曾被迫关闭。该火山最猛烈的一次喷发发生在 1669 年，持续了 4 个月之久，喷出的熔岩约达 7.8 亿立方米，其破坏程度十分严重，造成卡塔尼亚等附近城市 2 万人丧生。

3. 研究火山爆发预警系统的新进展

创建全球首个自动化火山爆发预警系统。2018 年 11 月，意大利佛罗伦萨大学地球物理学家毛里齐奥·里佩佩领导的一个研究团队，在《地球物理研究杂志·固体地球》发表论文称，他们创建了全球首个自动化的火山早期预警系统。在意大利西西里岛埃特纳火山爆发前约 1 个小时，该系统向附近有关部门发出了警报。

这种预警方法依赖于这样一个事实，即火山声响是极其嘈杂的。虽然它们隆隆的爆发声，听上去像喷气发动机甚至是高音的口哨声，但也会产生人们无法听到的低频次声波。和地震波不同，次声波能穿行上千千米，从而使科学家得以从远处感知火山爆发。

里佩佩研究小组探索的是欧洲最大的活火山埃特纳火山。起初，他们想创建一个简单的系统。该系统可利用来自现有次声传感器阵列的数据探测火山爆发，并且自动向相关部门发出警报。不过，当发现火山在爆发前通常产生次声波从而使预测成为可能时，他们的野心变大了。

尽管这一发现令人惊奇，但科学家表示，这是行得通的。埃特纳火山是一座拥有暴露岩浆的开放式通风口火山，随着火山爆发前气体从岩浆中喷出，火山口中的空气来回晃动，从而创建了像木管乐器中的声音一样的声波。同时，正如乐器的声音依赖于形状，火山口的几何结构也会影响其产生的声音。

该研究团队在 2010 年年初创建了早期预警系统，并且在接下来的 8 年里分析了其在 59 次火山爆发期间的表现。该系统是一个分析来自传感器阵列的次声信号的算法，它成功预测了其中 57 次爆发，并在火山爆发前约 1 个小时向科学家发送了警报信息。由于测试很成功，科学家在 2015 年编程了这一系统，使其能向意大利民防局和西西里岛上的卡塔尼亚城，发送自动的邮件和文本信息警报。

（三）海上灾害防护研究的新信息

1. 海啸灾害防护研究的新进展

提出沿海地区应建立地中海海啸预警系统。2005 年 11 月 22 日，国外媒体报道，当天，意大利外交部与意大利环境部联手，在罗马共同举办关于地中海和北大西洋地区建立海啸预警系统的研讨会。会上，意大利中部城市博洛尼亚大学地球物理学教授斯特凡诺·廷蒂发言时提醒说，意大利的大部分沿海地区处于海啸发生的危险地带，尤其是南部卡拉布里亚大区与西西里岛相连的墨西拿海峡一带海啸发生的危险程度更高，因此，建立地中海海啸预警系统非常必要。

廷蒂指出，从历史上看，意大利南部沿海地区曾经历过数次地震和海啸袭击，其中最严重的，是1908年发生在墨西拿海峡特大地震引发的海啸，给周围数十个城市和村镇造成重大人员伤亡和财产损失。他强调，除南部卡拉布里亚大区、西西里岛之外，撒丁岛也处于海啸发生的危险地区，因为这些地区的地理特点构成了引发海啸的有利条件。廷蒂认为，火山活动、地震以及海底地壳板块的运动都可能成为引发地中海以及意大利沿海地区遭受海啸袭击的主要原因。

廷蒂说，从目前情况看，建立环地中海地区的海啸预警系统非常必要，因为预警系统将会对海啸可能发生的时间和地点做出早期预测，以使人们做好防范准备，降低海啸对人类生产活动造成的影响。他强调，首当其冲的是，地中海沿岸国家应加强协调，互通信息，尽早在这些国家内构建一个泛地中海地区海啸预警网络。

2. 海上灾害救援设备开发的新进展

制成世界上首艘抗灾医疗专用游艇。2012年2月21日，英国《每日邮报》报道，意大利29岁的游艇设计师马里诺·阿尔法尼成功设计出世界上首艘配有顶尖医疗设备的医务游艇。

阿尔法尼在与儿时朋友塔代奥·巴伊诺聊天时，萌生出设计医务艇的想法。巴伊诺是位医生，前不久刚从非洲执行医疗任务归来。阿尔法尼意识到，若有了医务艇，那些生活在缺乏或根本没有医疗设施的沿海地区病人，以及在海上遭遇突发事件的船员、游客们都能得到有效救治；此外，那些在沿海自然灾害中的受难民众，也能及时得到医务艇的救助。

有关报道获悉，2012年1月13日，“科斯塔·康科迪亚”号邮轮途经意大利吉利奥岛附近海域时触礁，导致17人死亡、15人下落不明。2004年的印度洋海啸侵袭数国，道路交通网惨遭破坏。截至2005年1月10日的统计数据显示，印度洋大地震和海啸造成至少15.6万人死亡。如果在上述灾难发生后能有医务艇第一时间赶赴现场，也许伤亡数字会有所减少。

据介绍，阿尔法尼设计的医务艇为双体船，因此可驶近海岸。船体由铝合金制成，长 35.05 米、宽 14.63 米、高 7.62 米。该船配有容量 5 万升的燃料箱，动力源自两个柴油-电力推进装置，最高速度可达每小时 18.52 千米。

阿尔法尼在医务艇上配备了目前最尖端的医疗检测区、手术室、实验室、康复病房以及一个专为高压氧疗法而配备的高压氧舱。医务艇上甚至还设有小型直升机停机坪，船尾还有救护车的停车库。

有关专家表示，医务艇可以在某些自然灾害的救援工作中大显身手。医务艇预计将载有 3 名驾驶人员、9 位医疗护理人员，预计每天可治疗 50 人，每月可达 1500 人。医务艇可载有 3 名驾驶人员、9 位医疗护理人员。

阿尔法尼表示：“我们的陆地被大海所包围，而我们却没有一种工具能提供海上应急医疗服务，这实在是不可思议。”

阿尔法尼曾获得意大利米兰理工大学的建筑学学士和游艇设计学硕士学位，他现在拥有自己的工作室，主要开展游艇设计、建筑设计和室内装饰设计等业务。这次的医务艇设计在本月为他赢得了 2012 年的“千年游艇设计大奖”。

第八章　生命科学领域的创新信息

意大利在生命基础领域的研究，主要集中于发现一种与肺癌有关基因，开展地中海贫血症基因疗法试验，用转基因表皮培养物重建皮肤，成功解读硬粒小麦全基因组图谱，用基因条形码技术梳理新物种样本。发现可“燃烧”脂肪的蛋白质，发现新冠病毒可能会破坏血红蛋白，发现人体消化酶有望帮助对抗耐药细菌。发现大脑细胞的寿命是正常细胞的两倍，发现调节性 T 细胞可促进心肌细胞增殖；在成人体内分离出干细胞，发现新的干细胞培植方法，以干细胞治疗肌营养不良症取得进展，发现促进间充质干细胞骨形成的新型转录因子。在微生物与植物领域的研究，主要集中于揭开细菌适应低温环境生存特性原因，发现罕见细菌新物种，发现对人类无害病毒可用来对付抗药细菌，发现新冠病毒可能与儿童类川崎病症状相关。研究玉米和燕麦等粮食作物的发展，研究油橄榄林木病害的防治，研究西红柿、石榴和葡萄等蔬菜水果的栽培，研究海底农场和垂直农场的尝试。在动物领域的研究，主要集中于探索恐龙、古代欧洲野牛、两亿多年前的昆虫琥珀等古生物，探索自体克隆马、斑驴、独角鹿、白化鹿幼仔、白犀牛、河狸鼠和鲸类等哺乳动物，探索家禽、蜻蜓、栉水母和水母等其他动物。

第一节　生命基础领域研究的新进展

一、基因领域研究的新成果

（一）基因治疗方面的新信息

1. 致癌基因研究的新发现

发现一种与肺癌有关的基因。2009 年 12 月，意大利米兰大学等机构的研究人员发现，一种名为 NOTCH 的基因变异与肺癌有关。原因在于，负责控制这一基因的 Numb 蛋白质，对其丧失了控制力。研究表明，33%肺癌患者体内的 NOTCH 基因，发生了变异。

研究人员接下来将开展临床试验，研究对 NOTCH 基因进行干预后的治疗效果。

2. 基因治疗方法研究的新进展。

——地中海贫血症基因疗法试验初获成功

2010 年 9 月，意大利、法国和美国等国相关专家组成的一个研究小组，在新一期英国《自然》杂志上发表论文说，地中海贫血症患者往往要靠定期输血来保持健康，而他们以基因疗法治疗一名地中海贫血症患者的试验，取得初步成功。这名患者已不再需要输血，并拥有一份正常的工作。

研究人员说，这名男性患者，从 3 年前开始接受基因疗法。当时他 18 岁，患有 β 型地中海贫血症。这种病由基因缺陷引起，患者自身不能生成正常的红细胞，因此需要通过输血来保持血液的供养等功能。这名患者从 3 岁开始输血，严重时每个月都要输血。

在基因疗法试验中，研究人员先利用患者自身的骨髓造血干细胞，培养出包括红细胞在内的血液细胞，然后使用病毒作载体，将无缺陷的基因引入这些细胞中，再用化学手段去除多余细胞，只留下基因缺陷得到修正的红细胞，最后将这些红细胞移植回患者体内。

结果显示，患者自身生成正常红细胞的能力逐渐上升，在接受治疗一年后就不再需要输血了。现在该患者虽然仍有轻微贫血症状，但迄今一直不需要输血，并且已经有了一份全职的厨师工作，这说明基因疗法取得了初步成功。

不过，也有专家对这一结果持谨慎态度，比如认为试验成功与这名患者自身的一些生理特点有关，可能难以在其他患者身上复制成功经验。试验中使用的病毒带来了一定的副作用，有引发癌症的可能。但是总的来说，这次试验打开了使用基因疗法治疗地中海贫血症的大门，为许多患者带来了希望。

据研究者介绍，β 型地中海贫血症多见于地中海地区和东南亚。现有治疗手段除了定期输血外，还有移植造血干细胞等，但通常很难找到匹配的干细胞捐献者，因此基因疗法成为一个新的研究方向。

——用转基因表皮培养物重建皮肤

2017 年 11 月 9 日，意大利摩德纳大学雷焦艾米利亚校区科学家米歇尔·德卢卡主持的一个研究小组，在《自然》上发表论文称，他们重建了一位交界性大疱性表皮松解症（JEB）7 岁患者全身约 80% 的皮肤，且皮肤功能完全正常。

交界性大疱性表皮松解症是一种严重的可致皮肤发生松解的遗传疾病，常具有致命性。LAMA3、LAMB3 或 LAMC2 基因突变，影响层粘连蛋白 332（表皮基底膜的一种组分），导致皮肤出现大疱和慢性伤口，不仅影响患者的生活质量，还可能引起皮肤癌。

过去对两名患者的治疗证明，移植转基因表皮培养物（基因改造的表皮细胞群）能够生产功能正常的表皮，修复交界性大疱性表皮松解症的皮肤损害。但是，这只能重建小面积范围内的皮肤。

面对上述这名 7 岁患者，该研究团队利用其身体上无大疱区域的皮肤细胞，培养了原代角化细胞，并利用逆转录病毒载体对其进行基因改造，以抑制 LAMB3 基因的非突变形式，借此重建表皮。之后，转基因表皮移植物被敷在准备好的真皮创伤部位，覆盖患者受到影响的体表。

研究人员表示，在接下来的 21 个月里，再生的表皮紧密地附着在下层真皮上，甚至在受到诱导发生机械应力作用后也能正常愈合，没有形成大疱。

德卢卡研究团队通过克隆跟踪发现，这些人体表皮靠有限数量的长寿干细胞维持，这些细胞能够普遍自我更新，生成祖细胞补充终末分化的角化细胞。

（二）基因研究方面的新信息

1. 斥巨资建造研究基因组学等内容的生命科学中心

2016 年 2 月 24 日，意大利媒体报道，意大利总理马泰奥·伦齐当天公布一项名为“意大利人类技术区 2040”计划。这可以说，该计划是意大利政府给本国科学界的一份厚礼：一座由政府斥巨资建造的崭新的生命科学中心，坐落在该国时尚与科学之都米兰的原世博会会址上。该项目在未来 10 年将会接受 15 亿欧元的资助，主要聚焦于基因组学、个性化医疗、癌症，以及神经退行性疾病研究领域。

有关专家认为，这是挽救意大利科学的一个大胆举动。它代表了“二战以来意大利医学、科学和公民项目最好的机遇”，参与创建该计划的肿瘤学家乌姆贝托·维罗内西在发表于《共和日报》的撰文中写道。

这项计划帮助意大利政府解决了一个问题：2015 年 5—10 月举办世博会之后，米兰西北区域 110 公顷的空间可以用来做什么。该计划由意大利技术研究所、位于米兰和其他意大利北部城市的高校及研究机构共同提出，呼吁建立 7 个新中心，分别聚焦在医学基因组学、农业和食品科学、大数据分析以及纳米技术等领域。

很多意大利研究人员赞成政府向科学领域投资，因为这一领域已经遭受了大幅经费削减和政治忽略。但也遭到一些人的批评，他们认为这一计划策划过程中存在不透明性。一些人担心，该计划不会让最好的研究人员和机构受益，而是让那些关系更强硬的人或机构获利。

2. 成功解读硬粒小麦全基因组图谱

2019 年 4 月 8 日，一个由意大利、加拿大和德国等国科学家组成的国际研究小组，在《自然·遗传学》杂志上，发表题为“硬粒小麦基因组突出了过去的驯化特征和未来的改进目标”的文章，绘制并解读了硬粒小麦的全基因组图谱，这对于比较和挖掘小麦祖先中的优异等位基因具有重要意义。

野生二粒小麦是硬粒小麦和面包小麦等重要经济作物的直接祖先。现代作物的野生亲缘种可作为各种优良性状（如抗病性和营养品质）的遗传多样性来源。栽培作物及其野生祖先间的比较基因组学分析，是检测新的有益等位基因、了解作物进化和选育历史的关键策略。

在本研究中，研究人员分析了硬粒小麦品种 Svevo 的全基因组，并通过遗传多样性，分析揭示了数千年经验选择和育种所带来的变化。与驯化和育种相关的遗传分化显著特征区域，在基因组中分布广泛，但是在着丝粒周围区域有几个主要的多样性缺失。

此外，5B 染色体上携带一个编码金属转运蛋白的基因（TdHMA3-B1），该基因具有非功能性变异，会导致镉在谷物中大量累积。“高镉”等位基因在硬粒小麦品种中广泛存在，但是并未在野生二粒小麦品种中发现，“高镉”等位基因从驯化的二粒小麦到现代硬粒小麦中的存在频率逐渐增加。TdHMA3-B1 的快速克隆拯救了一个有益的野生等位基因，证明了 Svevo 基因组在小麦改良中的实际应用价值。研究人员表示，这项成果，有助于进一步提高面食小麦的品质和产量，为小麦的育种创新提供了巨大的潜力。

3. 用基因条形码技术梳理新物种样本

2019 年 6 月，国外媒体报道，意大利维罗纳大学遗传学家马西莫·德莱顿率领的一个研究团队，利用短链基因，即所谓基因条形码技术，在婆罗洲岛的森林中，很快便发现了一个蜗牛新物种。他说：“多年来，我一直梦想着改变这些规则，把一个便携式基因组实验室带到样本所在的地方。野外基因条形码技术，现在已经为黄金时段做好了准备。”

生物多样性专家估计，地球上有 870 万~2000 万种植物、动物和真菌，但迄今为止，只有 180 万种得到了正式描述。而昆虫是一个未被发现的物种领域。一直在用小型基因测序器开发条形码技术的，新加坡国立大学生物学家鲁道夫·梅尔表示：“总体而言，它们在陆地栖息地的生物量，可能超过所有野生脊椎动物的总和。”

在 30 个国际合作伙伴的资金和实物服务的支持下，国际生命条形码即将开始为期 7 年的后续工作。该项目名为“生物圈”，将在全球 2500 个地点收集样本，并研究物种间的相互作用，旨在将其参考图书馆扩大到 1500 万条的条形码记录，其中 90%来自未描述的物种。

二、蛋白质及酶研究的新成果

（一）探索蛋白质的新发现

1. 发现可“燃烧”脂肪的蛋白质

2006 年 9 月 19 日，有关媒体报道，意大利国家研究委员会下属机构有关专家组成的一个研究小组，在美国《国家科学院学报》上发表论文称，他们发现了一种可“燃烧”实验鼠体内多余脂肪的蛋白质，有望为研制新型减肥药奠定基础。

研究人员说，这种名为“TLQP-21”的蛋白质是在老鼠大脑中发现的。他们把该蛋白质从老鼠大脑中提取出来，并对一些雄性老鼠进行了相关实验。

研究人员首先为这些雄性老鼠喂食普通食物 4 天，然后给它们喂食含猪油的高脂肪食物。研究人员还将这些老鼠分成两组，分别向其大脑中注射包含 TLQP－21 或不含这种蛋白质的溶液。实验结果发现，与未注射 TLQP－21 的老鼠相比，注射了该蛋白质的老鼠体重增加幅度，明显偏小。

研究人员说，上述结果表明，TLQP－21 可加快老鼠的新陈代谢，因此喂食高脂肪食物也不会让它们发胖。但他们也指出，TLQP－21 在人体中是否也具有同样的作用还不清楚，需要进一步研究。

2. 发现新冠病毒可能会破坏血红蛋白

2020 年 5 月 4 日，俄罗斯卫星通讯社报道，意大利药理学者安娜丽莎·基乌索洛表示，发现了新冠病毒的可能致病机制：新冠病毒会破坏血红蛋白，而血红蛋白是血液中用于运输氧气的蛋白质。

据报道，根据基乌索洛的理论，新冠病毒破坏血红蛋白，从而让人体中的氧气减少，导致二氧化碳积累。也就是说，红细胞无法将氧气输送到全身，最终导致急性呼吸窘迫综合征（ARDS），这种状况下液体会积聚在肺部气囊中，阻止人体获得氧气。

基乌索洛认为，这种理论可以解释，为什么男性相对于女性受到新冠病毒的影响更大，而孕妇和儿童感染新冠病毒的可能性较小。

基乌索洛指出，血液中的血红蛋白值，可能是一个评估新冠病毒感染情况的重要参数。男性体内血红蛋白的正常值要高于女性，这也解释了为什么男性患有新冠肺炎的概率会高于女性。而儿童则是因为对铁的需求更高，因而血红蛋白值较低，所以儿童和孕妇的感染概率较低，且感染后恢复情况较好。

基乌索洛还表示，老年人或是中年糖尿病患者也更容易患上新冠肺炎，这是因为他们体内的糖化血红蛋白水平升高，糖化血红蛋白是血红蛋白附着于血液中的糖而形成的。

基于这种理论，基乌索洛评估了新冠肺炎治疗备选药物羟氯喹的药效。根据基乌索洛的说法，羟氯喹通过与芽子碱甲酯的铁原卟啉结合而阻断疟疾致病的关键酶。铁原卟啉是血红蛋白分子的一个成分，可帮助氧气与其结合，因而也对治疗新冠肺炎有效。

但基乌索洛也承认，羟氯喹可能有不良副作用，尤其是在患有心脏病的患者当中。

基乌索洛的理论得到了一些顶级科学家的认可，但也有一些专家表示疑惑。耶路撒冷希伯来大学药物模型和药物设计研究所所长，弗劳恩霍夫药物发现与传递项目中心负责人阿米拉姆·戈德布鲁姆表示，在最近3个月提交的8500多篇与新冠病毒有关的论文当中，都没有提及新冠病毒会攻击血红蛋白的卟啉。

戈德布鲁姆对《耶路撒冷邮报》表示："据我所知，新冠肺炎重症发作时，血氧的降低是因为肺细胞转变为更坚硬的纤维状实体，这与肺气肿相类似。"如果病毒"吞噬"了血红蛋白的卟啉，那么第一个作用应该是贫血，这会影响人体氧气的摄入量，但也会让人身体虚弱，这一点很容易得知。

（二）探索酶方面的新发现

——发现人体消化酶有望帮助对抗耐药细菌

2018年8月20日，意大利那不勒斯费德里克二世大学，与美国麻省理工学院共同组成的一个研究小组，在《美国化学学会·合成生物学》杂志上发表论文称，人体胃中有一种消化酶，能用于开发一种新型抗生素，这种抗生素可以治疗耐药细菌感染，帮助遏制日益严重的细菌耐药性问题。

人体会产生许多抗菌肽帮助免疫系统抵抗细菌感染，但这些肽自身通常不足以用作抗生素药物。该研究小组认为，除了抗菌肽，人体内其他一些蛋白质也可能用来杀菌，并为此开发了一种搜索算法，在人类蛋白质序列数据库中，寻找与已知抗菌肽结构类似的蛋白质序列。

研究人员表示，这种算法搜索了近2000种人类蛋白质，找到了800种可能具有抗菌能力的蛋白质，最终锁定由胃壁细胞分泌的胃蛋白酶原。这种蛋白质与胃酸混合后转化为胃蛋白酶A和其他一些小片段。胃蛋白酶A能消化食物，而其他小片段此前未知有什么功能。

研究人员发现，这些小片段可以杀死培养皿中培养的多种细菌，包括沙门氏菌和大肠杆菌等食源性病原体，以及能感染囊胞性纤维症患者肺部的绿脓杆菌等，且在类似胃部的酸性环境和中性环境中，均显示出杀菌效果。研究人员希望，这一发现有助于开发出治疗耐药细菌感染的新型抗生素。

三、细胞领域研究的新成果

（一）探索细胞方面的新发现

1. 发现大脑细胞的寿命是正常细胞的两倍

2013 年 2 月，有关媒体报道，意大利帕维亚大学，神经外科医生洛伦佐·马格罗斯等人参与的一个研究小组发现，植入老鼠体内的钾鼠神经细胞或者大脑细胞，能够伴同老鼠一起进入老年阶段，是原始家鼠寿命的两倍。这些发现，对于寿命延长狂热者来说是个好消息。马格罗斯说："我们缓慢但却持续不断的延长着人类寿命。"

虽然人体内的大部分细胞正在不断地被替换，但是人类会一直拥有他们出生时几乎全部的神经细胞。该研究小组想要了解，神经细胞是否能够比它们所属的生物体存活得更久。研究人员从家鼠体内收集了神经细胞，并且把它们植入到大约 60 只老鼠胎儿的大脑内。

接着，研究小组让这些老鼠度过一生，在它们进入垂死状态而且不太可能活过两天的时候，为它们实施安乐死，然后对它们的大脑进行了检查。研究人员发现，这些老鼠完全正常，在它们生命末期没有任何神经疾病的迹象。

家鼠的寿命只有大约 18 个月，而老鼠的寿命是它们的两倍。而当老鼠死亡的时候，从家鼠植入的神经细胞仍然存活。那就意味着，有可能当这些细胞被植入到一个更长寿的物种当中后，它们就能够存活得更久。

这些发现表明，我们的脑细胞，不会在我们身体衰退前死亡。马格罗斯说道，虽然这项研究是发现于老鼠而非人类，但是它们也能够对治疗变性疾病的神经细胞植入产生影响。但是，大脑细胞有可能无期限存活，并不能代表人类能够永生。马格罗斯称，老化不仅仅取决于身体中器官的寿命，而且科学家们仍然不能确切的了解是什么导致了人类老化。

2. 发现调节性 T 细胞可促进心肌细胞增殖

2018 年 6 月 26 日，意大利国际遗传工程与生物技术中心科学家塞伦纳·扎克齐格纳主持的一个研究小组，在《自然·通讯》杂志上发表的一项细胞生物学研究成果显示，他们分析了调节性 T 细胞对心肌细胞增殖能力的影响。这项小鼠研究揭示了允许胚胎心脏内心肌细胞增殖的细胞因子，并且表明这种因子也可以促进母体心肌细胞的增殖。这些发现，可能对治疗突发性心脏病具有潜在意义。

心脏肌肉是身体中再生能力最差的组织之一。其实，心肌细胞会在胚胎心脏发育期间增殖，但在出生后就丧失了这种能力：成年哺乳动物大部分心肌细胞已经失去了再生能力，这是成年心脏在受损后不能自发再生，也就是一旦损伤则永久丧失的主要原因之一。

在发生心肌梗死、心力衰竭时，主要病理过程是心肌细胞的丧失，因此，人们一直梦想能使心肌再生，改善心脏的自我修复能力。

意大利研究小组发现，已知可使母体对胚胎产生免疫耐受的免疫细胞，即调节性 T 细胞，也可以促进胚胎心肌细胞的增殖。此外，他们还发现，这些免疫细胞也可能在怀孕期间促进母体心脏的心肌细胞增殖。在心脏疾病的小鼠模型中靠近小鼠心脏缺血伤口的部位，注射调节性 T 细胞，会刺激心肌细胞增殖，进而促进心脏再生反应。这被认为是调节性 T 细胞释放促增殖分子的结果。

研究人员表示，心肌细胞再生一直是亟待攻克的难题，尽管还需要进一步的调查来证实调节性 T 细胞的促增殖作用，但是这些发现增加了人们对怀孕期间的心脏生物学的理解，并提出了促进心脏修复的潜在方法。

（二）探索干细胞方面的新信息

1. 分离与培育干细胞研究的新进展

（1）在成人体内分离出干细胞。2006 年 9 月，意大利安莎通讯社报道，意大利科学家在干细胞研究方面，取得了一系列重要进展，特别是在医治肾脏和肝脏疾病方面。研究人员称，干细胞似乎能够转变成许多其他种类的体内细胞，并且他们的研究结果是在成人体内完成的，而不是使用胚胎干细胞。

在佛罗伦萨，由免疫学家塞尔吉奥·罗马格纳尼带领的一个研究小组，已在成人体内分离出肾脏干细胞，而这种细胞将来可能用于受损肾脏的自我修复。它能够在实验室内进行培养，也具有多向分化能力，比如可以分化为骨骼细胞、脂肪细胞甚至神经细胞，这为逆转肾脏的退行性疾病带来了希望。该研究结果发表在《美国肾病学会》杂志上。

都灵贝内德托·布索拉蒂领导的研究小组也宣布，他们在成人体内分离出肝脏干细胞，发现它能分化为肝细胞、骨骼细胞、血液细胞，甚至分泌胰岛素的胰脏细胞。其研究结果发表在《干细胞杂志》上。

（2）发现新的干细胞培植方法。2007 年 1 月，国外媒体报道，意大利米兰比科卡大学教授法布里齐奥·盖兰，与美国麻省理工学院张曙光博士共同领导的一个研究小组，发现了一种新的干细胞培植方法。

研究人员发现，细胞可以在一个以生物材料构建的三维环境组织中成长和自动排列，并在移植后具有“分裂”的能力。该环境并不是简单的充满水的环境，而是一个错综复杂的蛋白纤维复合体，细胞之间和输送氧、营养素和荷尔蒙等物质的微型空间相互接触。

用于实验的是老鼠的细胞，但研究人员认为，在未来几年，这一方法将超过所有目前使用的方法。所用的生物材料，由很细小的含蛋白质的碎片式物质（肽纳米纤维）组成。根据受损细胞的部位，可以培养不同的干细胞，如表皮细胞或神经元细胞等，并能够根据不同的细胞选择不同的氨基酸，以构造不同的微观培养环境。有关专家指出，这项发现在干细胞研究领域具有重要意义。

2. 干细胞分化机理研究的新进展

启动胚胎干细胞分化机理的大型研究项目。2012 年 2 月 27 日，国外媒体报道，欧盟第七研发框架计划资助 1200 万欧元，支持意大利等 8 个欧盟成员国组成的一个研究团队，正式启动用于探索胚胎干细胞分化机理的大型基础研究项目。

报道称，由欧盟 8 个成员国：意大利、比利时、丹麦、德国、西班牙、荷兰、瑞典和英国的一流科研机构和企业科研人员组成的研究团队，将开展胚胎干细胞早期裂变不同路径的研究，及其控制方法。

当胚胎干细胞通过被称作分化的演进过程，分裂和发展成细胞组织时，每个胚胎干细胞均具有分化成不同类型功能细胞组织的潜力，如神经细胞、肌肉细胞和血液细胞组织等，而决定细胞组织功能的分子结构是非常复杂的。

研究人员的研究工作，将主要集中在胚胎干细胞早期分化阶段的，非常精细和具有活力的蛋白质结构：核心蛋白复合体和核小体重塑脱乙酰基酶复合体，两者作为基本的要素，决定着基因的活化和去活化，在适当的时间对适当的细胞组织类型。

该项研究工作需要大量尖端前沿技术的支撑，如结构生物学、光子显微学、蛋白质组学、高通量测序和各种计算机模型。该项研究取得的知识成果，不仅可以建立起人类疾病和医治方法的新模型，如癌症和肝细胞组织等再生医学；还可以帮助研究人员设计分子结构，以便更好地控制胚胎干细胞在生物体外的分化过程，其应用前景广阔、意义重大。

3. 运用干细胞治疗疾病的新成果

（1）以干细胞治疗肌营养不良症取得进展。2006 年 11 月，国外媒体报道，意大利圣拉斐尔科学研究所一个研究小组，用干细胞使患有肌营养不良症的狗，恢复了行走能力。研究人员希望，这一方法未来能够治疗人类肌营养不良症。

假肥大型肌营养不良症，是由抗肌营养不良蛋白的基因变异造成的。这种蛋白能损害身体中骨骼肌、心肌和膈肌等所有肌肉。该病多在男孩子身上中发生，通常会导致患者在 30 岁前死亡。

此前，该所研究人员曾有过类似发现。他们选用的实验鼠，是由基因技术培育出来的，缺少抗肌营养不良蛋白。实验中，一种成体干细胞，可以恢复抗肌营养不良蛋白的产生。然而，这些实验鼠并没有患肌营养不良症，所以无法测试干细胞治疗这种疾病的疗效。

在本次实验中，研究人员从抗肌营养不良蛋白基因变异的狗身上，提取这种成体干细胞。并用基因方法，使干细胞具有正常的抗肌营养不良蛋白基因。然后，再把干细胞重新注入狗的腿部动脉。同时，将取自健康狗的成体干细胞，移植到患肌营养不良症的狗体内，并施加药物抑制免疫排斥。

结果显示，在不断给病狗注射取自健康狗的干细胞的过程中，5 只病狗中有 4 只的肌肉功能不断增强，恢复了行走能力。尽管这 4 只狗中又有 2 只旧病复发，但它们在实验后都存活了 1 年以上。不仅在接受注射的病狗的腿部，这些干细胞还在包括横膈膜在内的其他部位，使肌体产生了抗肌营养不良蛋白。但是，病狗自身经基因技术改进的干细胞，虽然能产生抗肌营养不良蛋白，但不能恢复肌肉功能。

研究人员准备继续利用生长因子做实验，以激发患病狗自身细胞抵抗疾病。研究人员还希望使用同样方法，用匹配的捐献细胞进行人体试验。

（2）发现促进间充质干细胞骨形成的新型转录因子。2019 年 7 月，一个由意大利和西班牙研究人员共同组成的研究小组，在《干细胞与发育》杂志上发表论文称，成骨分化是由细胞内信号和外部微环境信号，共同调控的复杂生物学过程。在适当的刺激下，间充质干细胞通过多个转录因子驱动的多步调控过程，向成骨细胞分化，其特征是大量骨特征蛋白的表达。

研究人员发现了小鼠体内一种新的转录因子，可以帮助调节间充质干细胞的骨分化过程。该研究描述了一种新的转录因子，被命名为成骨细胞诱导因子 1，它参与间充质干细胞向成骨细胞系的分化。

成骨细胞诱导因子 1 编码一种核蛋白。这种核蛋白，在小鼠多能间充质细胞 W20-17 和原代小鼠骨髓间充质干细胞中均受到蛋白酶体降解，并在成骨细胞分化过程中表达。

通过 RNA 干扰敲除成骨细胞诱导因子 1 表达，则显著抑制了间充质干细胞的成骨细胞分化和基质矿化作用，同时减少了成骨标记物 Runt 相关转录因子 2 和骨桥蛋白的表达。相反，成骨细胞诱导因子 1 过度表达，则促进了成骨分化和骨特异性标记物的表达，包括骨形态发生蛋白 Bmp-4 和 Smad 信号通路。当研究人员用 Bmp-4 拮抗剂处理时，发现成骨细胞诱导因子 1 对成骨分化的促进作用会被消除。

这项研究结果表明，新发现的转录因子成骨细胞诱导因子 1，至少部分通过调节 BMP 信号通路、激活相关转录因子 2 促进间充质干细胞的成骨分化与骨特征形成。随着人们对骨细胞分化研究的逐渐深入，间充质干细胞作为再生医学领域重要干细胞来源的潜力，也将被不断挖掘。

第二节　微生物与植物研究的新进展

一、微生物领域研究的新成果

（一）研究细菌方面的新信息

1. 细菌生存特性研究的新进展

揭开细菌适应低温环境生存特性的原因。2010 年 1 月，意大利卡梅里诺大学、法国国家科研中心和德国杜塞尔多夫大学共同组成的一个研究小组，在最新一期的美国《分子细胞》杂志上发表论文称，他们发现了细菌能够在低温环境下存活的秘密。

细菌具有强大的环境适应能力，能够在低温条件下存活。此前有研究发现，一种名为“冷休克蛋白”的蛋白质是细菌低温存活的关键，但它发挥作用的机制一直是个谜。现在，该联合研究小组发现，“冷休克蛋白”的信使核糖核酸具有感知冷暖的特殊能力，这是科学界首次发现信使核糖核酸具有这种能力。

信使核糖核酸的主要功能，是复制生物的遗传信息。感知温度的特殊功能使“冷休克蛋白”的信使核糖核酸，只有在低温的情况下才会表现稳定。也就是说，在低温下，信使核糖核酸反而能够更有效地复制细菌的遗传信息，帮助细菌生存繁衍。研究人员表示，这项研究成果将为抑制细菌生长提供新思路。

2. 细菌种类研究的新发现

千年古墓中发现罕见细菌新物种。2008 年 10 月，意大利墨西拿大学科学家克莱拉 · 厄兹领导的一个研究小组，在《国际系统与进化微生物学》杂志上发表论文称，他们最近在罗马的一座千年古墓中，新发现了两种极其罕见的细菌。这两种细菌，此前人类从来没有发现过，对于研究生物进化史具有重要的意义。

许多细菌生存于地下墓穴的墙壁之上，正是这些细菌导致了许多历史建筑的腐朽和损坏。近日，该研究小组在对圣卡利斯督墓窟的考古过程中，在墓窟腐朽的墓壁表面发现了两种新的微生物。圣卡利斯督墓窟是一座位于罗马，占地 222 亩的大型墓地的一部分。墓窟建造于 2 世纪末期，以教皇卡利斯督一世的名字而命名。历代教宗，自泽弗利诺起，至欧提基安止（除高尔内略和加利斯督两位教宗外），共有 30 多位教皇或殉教者埋葬在该墓窟。

科学家们从墓穴的绿锈中或墓壁涂层中分离出两种新的细菌。新发现的细菌均是克里贝拉属，并被分别命名为克里贝拉-卡塔克姆贝和克里贝拉-桑克提卡利斯提。克里贝拉属类最早发现于 1999 年。

科学家希望通过对这两种新细菌的研究，能够找到挽救古墓及其他历史建筑的方法，从而避免历史文化遗产被细菌腐蚀和破坏。此外，新物种的发现，也可以帮助人类进一步了解微生物的进化过程。

厄兹介绍道："墓穴的特殊条件允许一些物种的单独进化。实际上，我们此次所发现的克里贝拉属的两个不同物种，其标本采集地之间距离非常接近。这表明，在某种小环境中即使出现一点轻微的条件变化，都有可能导致细菌分别向不同的方向进化。"

"谁要是干扰了法老的安宁，死亡就会降临到他的头上。"这是古埃及第十八王朝法老图坦卡蒙国王的陵墓上镌刻的墓志铭。

科学家一直认为，是坟墓中隐藏的病菌导致了进入者的死亡。1999 年德国微生物学家哥特哈德·克拉默就曾在木乃伊身上发现了足以致命的细菌孢子。有的生物身体长成以后能产生一种细胞，这种细胞不经过两两结合，就可以直接形成新个体，这种细胞叫孢子，它在木乃伊身上可以寄居繁殖长达数个世纪之久。在得知这一重大医学发现之后，埃及科学家哈瓦斯每次发掘陵墓时都要在墓室墙壁上钻一个通气孔，等陵墓内的腐败空气向外排放数小时之后再进入。由于经验丰富，在过去 30 年职业生涯里，哈瓦斯虽然屡屡"惊动法老神灵"，可时至今日他依然健在。

3. 细菌开发利用研究的新进展

质疑肉毒杆菌毒素除皱安全性的研究。2008 年 4 月，美国《科学》杂志网站报道，意大利一个生物学专家组成的研究小组，通过动物实验发现，肉毒杆菌分泌的 A 型毒素，也就是美容除皱剂"保妥适注射液"（Botox）的主要成分，被注射入皮肤后可能还会进入中枢神经系统，甚至抵达脑干。这一发现使肉毒杆菌毒素除皱的安全性问题，再次引起人们关注。

肉毒杆菌 A 型毒素毒性极强，它能破坏一种名为 SNAP-25 的蛋白质，从而切断神经细胞间的通信使肌肉麻痹。肉毒杆菌 A 型毒素的这一功能，已被用于治疗斜视和肌肉痉挛等，后来整容医师开始用这种毒素麻痹面部肌肉以达到除皱效果。

该研究小组利用肉毒杆菌 A 型毒素，进行了治疗癫痫症的实验。他们给患有癫痫症的老鼠的大脑一侧注射毒素，结果却在老鼠大脑另外一侧也意外发现了这种毒素。研究人员随后给正常的小鼠及大鼠的眼睛、须部及大脑注射毒素。SNAP-25 蛋白质追踪研究结果表明，肉毒杆菌 A 型毒素可从注射部位向周边神经系统移动，有时能到达脑干部位。

美国媒体此前曾报道过肉毒杆菌毒素除皱致人死亡的事件，美国食品和药物管理局已就此开始调查。尽管新研究结果再次使人对肉毒杆菌毒素除皱的安全性产生怀疑，但也有科学家认为不必过分担忧。美国内华达大学的神经科学家克里斯托弗·范巴塞尔德说，只要注射不过量，肉毒杆菌毒素可以安全使用。

（二）研究病毒方面的新信息

1. 探索无害病毒的新发现

发现对人类无害的病毒可用来对付抗药细菌。2007 年 9 月，美国趣味科学网站报道，意大利那不勒斯的费代里科二世大学的研究小组，试着不用新的抗生素，而是用对人类无害的病毒，帮助人们杀死潜伏在医院的致命性抗药细菌。他们选用不会感染人类的病毒如噬菌体，对付金黄色葡萄球菌等抗药细菌，取得满意的杀灭效果。

金黄色葡萄球菌是医院里最常见的细菌之一，会引发皮肤损伤、肺炎、脑膜炎和中毒性休克等很多疾病。美国的医院每年约有 50 万病人感染这种葡萄球菌。这种细菌中的耐甲氧西林金黄色葡萄球菌，已经进化成“超级病菌”，对很多常用抗生素产生了抗药性。

对此，意大利研究人员发现了一种以葡萄球菌为食物的噬菌体。他们在小鼠身上分别注射致命和非致命剂量的细菌，包括耐甲氧西林金黄色葡萄球菌，然后对小鼠进行实验。结果发现，噬菌体疗法可以打败 97%的致命剂量细菌，注射了非致命剂量的小鼠则被完全治愈。

研究人员指出，虽然细菌最后都会像产生抗药性一样，对噬菌体产生抵抗性，但新的噬菌体可以很快分离出来，而新抗生素的研发则很慢，成本很高。专家认为，噬菌体疗法有一个不足之处：每种噬菌体只能对付非常特定的目标。使用一种噬菌体，不太可能杀死所有的耐甲氧西林金黄色葡萄球菌，其解决办法是多种噬菌体一起配合，协同作战。

2. 探索新冠病毒的新进展

发现新冠病毒可能与儿童类川崎病症状相关。2020 年 5 月 13 日，意大利贝加莫省医院卢乔·韦尔多尼等专家组成的一个研究团队，在英国医学期刊《柳叶刀》网络版发表论文说，意大利暴发新冠疫情后，当地一些儿童出现了类似川崎病的症状，新冠病毒可能与这种症状存在一定关联，但目前还无法得出确切结论。

川崎病又称黏膜皮肤淋巴结综合征，多见于儿童，会引起血管发炎等，严重时可导致心脏损伤。该病发病原因尚不明确，目前医学界认为可能与免疫系统过度反应有关。

研究人员在相关论文中说，2 月 18 日至 4 月 20 日期间，这家医院收治了 10 名出现类似川崎病症状的儿童，其中 8 人新冠病毒抗体检测呈阳性。而 2020 年 2 月中旬之前的 5 年里，这家医院仅收治过 19 例有相关症状的儿童病例。研究人员发现，新冠疫情期间收治的这些患病儿童，其症状比此前的川崎病患儿更加严重。

韦尔多尼说，这些发现，为研究新冠病毒对儿童的影响提供了更多证据。尽管这种类似川崎病的症状比较罕见，但如果适当治疗，大部分患儿可完全康复。

研究团队谨慎地表示，这项研究仅基于对很少量病例的分析，还需要更大规模的研究，来进一步明确这种症状与新冠病毒之间的关系。

在《柳叶刀》配发的评论文章中，英国皇家儿科和儿童健康学院院长拉塞尔·维纳说，尽管这项研究显示儿童出现类似川崎病症状，可能与新冠病毒有关，但需指出的是，这次疫情中新冠病毒对儿童总体上影响很小。他还表示，对这种现象的进一步研究，可能会提供有关新冠病毒引起免疫反应的重要信息，相关信息可用于研发疫苗等方面。

美国和英国在疫情期间也报告过类似儿童病例。美国纽约州州长安德鲁·科莫说，纽约州已有至少 85 名儿童患上一种不明原因炎症综合征，症状类似川崎病和中毒性休克综合征。目前尚不确定这是否由新冠病毒引起，一些病例的新冠病毒检测结果为阳性。

二、植物领域研究的新成果

（一）粮食作物与油料作物研究的新信息

1. 粮食作物研究的新进展

（1）禁种一种转基因玉米。2013 年 7 月 12 日，意大利农业部网站报道，意大利农业部、卫生部和环境部当天联合签署法令，禁止在意境内种植 MON810 转基因玉米。

MON810 转基因玉米，由美国孟山都公司研发并推广，是目前获准在欧盟种植的两种转基因作物之一。意大利农业部在其网站上发布公告说，签署这项禁令，是因为意大利和欧洲研究发现，抗虫的 MON810 转基因玉米，有可能对生物多样性造成负面影响，同时也不排除它可能对水生生物造成影响。

意大利农业部长农齐亚·德吉罗拉莫在该网站上表示，颁布禁令是为了保护意大利农产品的独特性，避免单一化。多样性和质量是意大利农业的根本，农业部不会为经济利益而冒险，并且转基因食品在价格上并未表现出明显的竞争力。

根据相关法律，由三部部长联合签署的法令，将在政府公报正式刊出后立即生效，但需要在 18 个月内通过议会投票成为正式法律，否则将失效。

（2）发现人类食用燕麦可追溯至旧石器时代。2015 年 9 月，意大利佛罗伦萨大学马尔塔·马里奥蒂·莉皮领导的一个研究小组，在美国《国家科学院学报》上发表研究报告称，狩猎采集者食用燕麦，最远可追溯至 3.2 万年前，早在农耕文明前就是一种生活方式。

莉皮说，这是已知最早的人类食用燕麦的行为。研究人员在分析了，来自意大利南部，一个古代石磨工具上的淀粉粒后，获得了此项发现。她介绍道，旧石器时代的人们，把野生燕麦碾碎形成粉末，然后可能煮一下或烘焙成简单的面包干。

他们还似乎在研磨谷粒前将其加热，或许是为了在当时较为寒冷的气候下把谷粒烘干。莉皮表示，这还会使谷粒更容易研磨，并保存得更加长久。

这个多段工艺过程，很耗费时间但却有益。谷粒具有营养价值，而将其变成粉末是运输谷粒的一种极好方式。这对旧石器时代的游牧民来说是非常重要的。

莉皮研究小组希望继续研究古代磨石，以便更多地了解旧石器时代的植物性饮食。美国华盛顿大学的埃里克·特林考斯说，磨石有着悠久的历史。人们很可能在 3.2 万年前，便开始捣烂并且食用各种野生谷粒。

2. 油料作物研究的新进展

（1）发现正在使当地大片油橄榄树枯死的病原体。2015 年 5 月，国外媒体报道，在意大利，有着悠久历史的油橄榄树，正沦为一种毁灭性病原体的牺牲品。瑞士苏黎世应用科学大学植物细菌学家布里恩·达菲说：“简直令人难以置信。这里是意大利、欧洲和全球油橄榄生产中心，而现在就像一颗炸弹发生了爆炸。”达菲到访过意大利萨兰托半岛，并且见识了连绵不绝的干枯油橄榄树奄奄一息的场景。

尽管采取了防控措施，疾病仍在向北扩散，威胁到整个意大利的油橄榄园，并在欧洲拉响警报。欧洲食品安全局就油橄榄减产和防控措施带来的成本不断上升，发出了预警信息。同时，意大利首次因为一种植物病害宣布全国进入紧急状态，并且任命了一位被赋予新权力的特别专员。法国向来自萨兰托半岛的所有受影响植物品种关闭了边境，并因此招致关于贸易战的指责。比利时布鲁塞尔自由大学昆虫学家克洛德·格雷戈尔表示：“对于欧洲来说，这是一个非常严重的问题。”

研究人员发现这一事件的罪魁祸首，是叶缘焦枯病菌。这种细菌在美洲分布广泛，并且自 1981 年起出现在欧洲检疫名单上。其中一个菌株似乎在美国加州油橄榄园引发轻微症状，但并未导致树木死亡。其他亚种则在南美柑橘园和北美葡萄园造成严重破坏。叶缘焦枯病菌通过在维管组织内繁殖，并因此逐渐堵塞树木的水分运送系统来杀死植物。很多看上去不影响植物健康的吸汁昆虫，以及上百种对植物只有轻微影响的宿主传播着这种细菌，从而使其很难控制。

叶缘焦枯病菌袭击意大利，是由意大利国家研究委员会可持续植物保护研究所植物病毒学家多纳托·博西亚发现的。2013 年夏天，他在其岳父的油橄榄园中观察到一些异乎寻常的症状。干枯的叶子黏在树干上好几个月，而不是掉下来。其他农民也注意到这个问题。2013 年 10 月，博西亚和他的同事确认罪魁祸首是叶缘焦枯病菌，并且在莱切省生长在受感染果园附近的巴旦杏树和夹竹桃上发现了这种细菌。很快，欧洲和地中海植物保护组织接到注意这种细菌的通知。数周内，意大利禁止油橄榄树苗和其他受影响植物体从莱切省移出。

不过，疾病仍在传播。到 2013 年 12 月，约 8000 公顷林木遭遇侵害。

通常，整片果园都会生病，其中最大和最老的树木受灾最严重。博西亚说：“人们眼看着父母和祖父母栽下的树木逐渐衰败。”两个月后，欧盟禁止运送来自受影响地区的大多数植物，而这伤害到了商用苗圃。同时，欧盟要求成员国开始进行针对叶缘焦枯病菌的检测。

博西亚和同事迅速查明了正在发生的事情。他们通过分离从哥斯达黎加出口到欧洲的，观赏性咖啡树和夹竹桃所含菌株的基因标记，发现它们与叶缘焦枯病菌基因标记相匹配。受到感染的植物，可能在未出现症状时，就已到达意大利。巴里阿尔多莫罗大学植物病毒学家乔瓦尼·马尔泰利说，这一事件暴露出欧洲的检验和检测都过于松懈。

2014 年 8 月，博西亚和同事在《经济昆虫学杂志》上报道称，在意大利主要媒介是长沫蝉。这些昆虫在欧洲很普遍，并且在油橄榄园中十分丰富。夏天，成年长沫蝉从草地飞到树上，以液汁为食，并且重复性地感染每棵树。检测发现，在遭受折磨的果园中多达 80% 的长沫蝉携带这种细菌。马尔泰利表示：“这非常可怕。它是一支装满了‘弹药’的昆虫大军。”

到 2014 年 10 月，据估计叶缘焦枯病菌已扩散到 2.3 万公顷的果园。意大利农业部将其资助增至原来的 3 倍，达 760 万欧元，以应对这种枯萎病，地方政府则额外下拨了 590 万欧元。为防止叶缘焦枯病菌向北扩散，政府当局划定了一个跨越半岛的 3 千米宽根除地带和缓冲带。工人们正在清除病树和诸如夹竹桃等宿主植物上的长沫蝉，并且将喷洒杀虫剂杀死成年沫蝉。在其他地方，农民们翻耕了上千公顷果园，以杀死沫蝉幼虫。

一些环境组织怀疑叶缘焦枯病菌是否是果树衰败的起因。他们怀疑的是过去曾折磨过油橄榄树的地方性真菌或豹蠹蛾。不过，欧洲食品安全局发布报告排除了这种理论。当时，这些组织召集抗议者阻止砍伐染病油橄榄树的行动。一位特派专员被授权实施树木清除行动，同时警察被招来阻止抗议者远离挥舞着电锯的林业工作者。

然而，叶缘焦枯病菌继续前进。受感染树木在控制区域以北约 30 千米处被发现。马尔泰利表示，快速行动有可能消除这个新的热点地区。更多的举措正在准备中。欧盟咨询委员会日前建议，欧盟应禁止从哥斯达黎加和洪都拉斯进口观赏性咖啡树。它还指出，各国应通过移除受感染植物和

100 米以内的宿主植物压制新的疫情暴发。

（2）油橄榄树死亡僵局迎来转机。2016 年 5 月 23 日，有关媒体报道，植物病理学家多纳托·博西亚，站在意大利南部普利亚地区的一座小山丘上，指向一片有着最沉闷棕色的景观极目远眺，满眼尽是已经死亡和正在死去的油橄榄树。博西亚说，6 个月前，树冠几乎都是绿色的，仅有少数明显的棕色斑点，标志着一种名为叶缘焦枯病菌的恶性病原体正在冷酷无情地蔓延。这种疾病此前在欧洲一直不为人所知。

3 年前，领导意大利研究理事会下属可持续植物保护研究所巴里分部的博西亚，与其他同行鉴别出这种细菌性病原体的一个亚种，并将其作为普利亚油橄榄树快速衰退综合征的起因。他们认为，该亚种可能跟随一种从美洲进口的观赏植物而来。一些木杆菌属种在美洲当地很流行。

不过，令人担忧的政治和法律僵局，阻止了控制这种病原体举措的实施。于是，它侵袭了近 20 万公顷的油橄榄树，并且正在杀死更多油橄榄树。如今，僵局显示出一些缓和的迹象。欧洲法院宣布，一年多前获得欧盟同意，从而为现在继续推行它们奠定了基础。这些举措包括：监控疾病的扩散、砍掉受感染的树木及其周围从表面看健康的树木，并且杀死携带细菌的昆虫。目前，并没有治疗木杆菌属的方法，而来自美洲的证据表明，它无法被根除。

同疫情做斗争的挑战依然存在。过去一年间，受感染地区不断扩大，从而使该疾病扩散至地中海盆地其他国家的机会增加。地中海盆地占据了全球 95%的橄榄油产量。

2015 年 2 月，意大利政府开始执行经欧盟同意的控制计划。不过，在当地政治家的支持下，抗议者驳回了油橄榄树快速衰退综合征由木杆菌属引起，并且无法被治疗或根除的证据。他们提出，这些举措是没有根据的，并且向地方行政法院提起诉讼。地方行政法院又将其转给欧洲法院。因其中存在的不确定性而惊慌失措的地方当局，甚至阻拦了监控举措。

除了经济上的重要性，油橄榄树还同这些地区有着深远的历史和文化关联。植物遗传学家弗朗西斯科·萨拉米尼表示：“因此，公众的抗拒是可以理解的。”他正领导一小群科学家，为意大利国家研究院准备一份针对此事的报告。

令公众认识进一步混乱的是，2015 年 12 月，检察官对包括博西亚在内的 5 位科学家和 5 名公职人员，是否因疏忽导致疾病扩散、欺骗政府官员、导致环境污染，以及一些其他事情展开调查。可持续植物保护研究所所长吉安保罗·阿克托托认为：“这些看法在逻辑上是非常荒唐的。”

约 8 周前，反对控制举措的起诉，开始得以解决。当时，总部位于帕尔马并且向欧盟提供独立科学建议的欧洲食品安全局发布了 3 份报告，支持叶缘焦枯病菌在引发疾病中所起的作用，并且就获得欧盟同意的控制举措表示认可。随后，普利亚地方当局批准了一项新的控制计划，其中将更大面积的区域认定为受感染地区。本月初，那里的行政官员同意重新启动监控。几天后，欧洲法院做出上述声明。

过去一年间，博西亚的工作一直在突出采取控制举措的必要性，并在可持续植物保护研究所巴里分部的温室中，向不同植物种类注射叶缘焦枯病菌的亚种。此项研究表明，柑橘和葡萄树对这种病原体是免疫的，但它会感染很多本土植物，比如薰衣草、夹竹桃和远志。研究人员表示，即便所有受感染油橄榄树都被摧毁，这种细菌仍会广泛藏匿于环境中，因此控制是最好的举措。

巴里试验还证实，和普利亚地区的主流栽培品种相比，油橄榄树的一些栽培品种包括托斯卡纳地区的主要栽培品种“莱星”，会表现出相对轻微的疾病症状。如果这种病原体扩散到其他地区，这会为应对病原体的努力提供信息。博西亚介绍说，这还有助于制定重植计划，尽管尚需要更多的生长季来观察“莱星”油橄榄树能否长期生存下来。

可持续植物保护研究所开展的其他试验，正在分析受感染树木的基因表达，以确定何种分子特征可能提供一些适应力。或许有一天，这会启发出针对受感染树木的治疗方法。

与此同时，巴里的科学家和一群忧心忡忡的橄榄油生产商正在受感染地区开展试验。一个代表当地 600 个小型油橄榄园的协会负责人恩佐·曼尼表示，当他在几年前试图让当地机构对一种似乎具有威胁性的新疾病产生兴趣时，他受到了阻挠。他说：“但我知道肯定出了一些问题。”如今，他正通过确认用于户外试验的土地和监控测试，帮助巴里的研究人员。

（3）用“空中天眼”监控油橄榄林木病害。2018 年 7 月 5 日，位于意大利伊斯普拉的欧洲委员会联合研究中心，科学家帕波拉·扎克特加达领导的一个研究团队，在《自然》网络版发表的一篇植物学研究报告称，他们利用一种新型机载遥感成像方法，扫描整个油橄榄树林，可以在树木出现可见症状之前，识别被有害细菌感染的油橄榄树。这种扫描方法，可以通过飞机或无人机部署，或有助于控制感染扩散，挽救欧洲南部标志性的油橄榄树。

研究人员说，叶缘焦枯病菌是一种极具破坏性的细菌，通过常见的刺吸式昆虫传播，会引发各种植物疾病。面对这种细菌，油橄榄树尤其脆弱，该病菌可导致油橄榄树枝干枯萎，树叶呈焦枯状。这种木质杆菌属微生物原本常见于美洲，近年来才在欧洲发现，目前正在地中海地区传播扩散。

意大利研究团队将一种特殊的摄像机安装在小型飞机上，对树林执行高光谱图像和热像分析，然后在地面对油橄榄树进行木质杆菌属感染检测。

研究团队发现，利用这种监控方式，可以在被感染树木出现任何可见症状之前，就远程检测到细菌感染情况，从而做到快速准确地绘制出，目标树林里感染了木质杆菌属细菌的油橄榄树的位置。

油橄榄主要分布于意大利、希腊等地中海国家，是这一地区重要的经济林木。研究人员表示，在意大利产橄榄油的阿普利亚地区，许多树林已经被木质杆菌属摧毁，这种疾病无药可治，唯一可以阻止疾病进展的方法是砍掉被感染的树木，而早期诊断则是有效控制疾病的关键所在。利用无人机的“空中天眼”，将有助于控制这种病菌的感染扩散。

（二）蔬菜与水果研究的新信息

1. 西红柿研究的新进展

（1）试用稀释海水栽培西红柿。2007 年 3 月，有关媒体报道，西红柿富含各种抗氧化物质以及维生素 A、C 和 E，是保证人类身体健康的重要食品，素有“超级蔬菜”的美誉。意大利一个研究小组，在一份研究西红柿栽培的报告中称，用一定剂量的盐水，例如稀释的海水培育西红柿，可以获得抗氧化效果更高的果实。

研究人员说，用含盐分的水浇灌培育出的西红柿，不是生长在土壤中，而是以玻璃纤维为生长基础。在果实呈通红色时采摘，可以保证西红柿中抗氧化成分的增加。

研究人员指出，用这种新方法培育西红柿不会改变植物的生长期，也不会减少产量。此外，以稀释海水替代淡水资源，将是对付地中海地区土地干旱的有效方法。

（2）完成西红柿基因组测序。2012 年 5 月 31 日，一个由中国、美国和英国等 14 个国家 90 家研究机构 300 多名研究人员组成的跨国研究团队，在《自然》杂志发表研究报告称，他们经过近 10 年的努力，完成了对西红柿的基因组测序工作。这项研究，不仅为培育高产、美味、抗病虫害甚至能适应环境变化的西红柿打下基础，也有助于科学家增加对植物生长机制的了解。

西红柿是人们常用的食物之一。2010 年，全球西红柿产量超过 1.45 亿吨，意大利人平均每年要吃 16.5 千克西红柿，美国人吃得更多。但西红柿基因测序，也是一项具有挑战性的工作。植物基因组通常比动物基因组更大和更加复杂，测序难度也更高。西红柿有 12 条染色体，约 3.5 万个基因。西红柿基因组有约 900 兆碱基，比人类的 1/4 稍多。

《自然》杂志认为，西红柿基因组测序有三个重要意义：一是能帮助科学家了解西红柿，甚至自然界的植物之间，为什么会有巨大差别。西红柿属于茄科植物，而茄科植物属种广泛，从土豆到青椒有 1000 多种，比较它们的基因序列，有助于科学家了解它们的进化过程。二是西红柿基因测序，可让科学家了解更多的植物生长基本机制，比如是什么基因使西红柿变红，人们喜欢红西红柿，但自然界植物中甚至在西红柿中红色并不常见。三是了解西红柿基因组，可以帮助科学家改进西红柿质量。比如不用转基因技术就改变西红柿的味道、储藏时间、抗病虫害性能等。

2. 石榴研究的新进展

发现石榴果汁有益于心脏健康。2005 年 4 月，国外媒体报道，意大利和美国有关专家组成的一个研究小组，公布他们的一项研究成果，表明石榴果汁可以使脂肪不堆积在人体的动脉壁上，可以保持人体心脏细胞更加的健康。

据悉，石榴当中含有易碎的种子，周围被果肉所包围，它是钾、维生素C和抗氧化物的良好来源。研究人员发现，在摄入石榴果汁之后，心脏细胞产生氧化一氮的百分比增长50%，可以减少血凝块形成的概率。

3. 葡萄研究的新进展

（1）绘制出黑品乐葡萄基因图。2006年4月，意大利媒体报道，黑品乐是美国加利福尼亚州出产的一种著名葡萄。其中该州桑塔丽塔山附近种植的黑品乐葡萄，是世界上最优质的黑品乐葡萄之一，也代表了加州葡萄的最高水平，口味粗犷而浓郁，但又不乏细腻柔滑的质感，是酿酒的上乘原料。

意大利和美国联合组成的研究小组，已经率先译出了黑品乐的基因组，了解到葡萄树含有19对染色体，其中包含了五亿个核苷酸，这些核苷酸构成了DNA链。接着，意大利科学家又着手绘制黑品乐葡萄基因图，进一步测定黑品乐的核苷酸完整序列和基因信息代码。这是世界首次测定水果的基因图。研究的目的是，帮助黑品乐更好地适应气候条件和抵御病虫害袭击，减少杀虫剂的使用。

该项研究者指出，葡萄酒有3000年的历史，是人类文明的重要组成部分，但葡萄的生物多样性几乎还没有得到研究。现在他们手上有了葡萄基因图，研发过程就会更快更科学。

（2）发现葡萄酒可让鱼“延年益寿”。2006年2月，意大利神经学研究所生物学家亚历山德罗·切莱里诺领导的一个研究小组，在《当代生物学》杂志上发表论文说，他们最新研究发现，葡萄酒中的一种成分能够延长鱼的寿命。这一结果意味着，葡萄酒很可能也可以让包括人类在内的其他脊椎动物延年益寿。

研究人员说，葡萄酒中的白藜芦醇有助于延长脊椎动物非洲齿鲤的寿命，并且随着喂食的白藜芦醇剂量的增加，这种小鱼寿命可以被显著延长。

切莱里诺等人给这种原产于津巴布韦的小鱼，喂食了三种不同剂量的白藜芦醇。最低剂量对这种平均寿命只有9个星期的鱼没有效果，但中等剂量让这种鱼的寿命延长了1/3，而摄入了高剂量白藜芦醇的鱼的寿命则延长了50%以上。此外，喂食了白藜芦醇的非洲齿鲤即使达到了10周的“高龄”，仍然表现出旺盛的生命力，不但游动活跃，对光线也十分敏感。

这一研究结果，引起了科学界的关注。尽管以往的研究表明，白藜芦醇能显著延长苍蝇和线虫等低级生物的寿命，但这种物质的抗衰老功效还是第一次在脊椎动物身上得到验证。研究人员通过解剖发现，喂食白藜芦醇的非洲齿鲤脑神经细胞衰老较慢，这不由让科学家推测白藜芦醇也许有保护中枢神经细胞的作用。

白藜芦醇在中国常被称为葡萄皮提取物，其化学名为芪三酚，是一种重要的植物抗毒素和抗氧化剂。它在很多食物中存在，如葡萄、桑葚和花生等。葡萄酒中都存在白藜芦醇，但红葡萄酒中含量较高。研究表明，白藜芦醇可通过保护细胞线粒体中的脱氧核糖核酸免遭化学损害，而发挥延缓衰老功效。

但其他一些科学家指出，不要对上述研究结果过度解读，因为动物实验还不足以提供该物质对人体有效的充足依据。他们还提醒说，不要把这一结果当作酗酒的借口。据计算，切莱里诺等人给鱼喂食白藜芦醇的最高剂量，相当于一个人每天喝72瓶葡萄酒。科学家说，由于白藜芦醇在进入血液之前会被消化系统破坏掉95%，它的效用会因此进一步弱化。

（3）研究发现红葡萄酒有助于预防龋齿。2009年12月2日，英国《每日邮报》报道，很多人知道，适量饮用红葡萄酒有助于预防心血管和神经系统疾病，还能预防某些癌症。意大利帕维亚大学药物化学系教授加布丽埃拉·加扎尼领导的研究小组发现，红酒还有利于口腔健康，能够预防龋齿。这项研究结果，将刊载于《食品化学》期刊上。

研究人员说，他们先从市面上购买普通红葡萄酒，然后进行脱醇处理，研究红酒是否对牙齿具有保护作用。之所以使用脱醇红酒，是为了研究发挥作用的是酒精还是其他物质。

口腔内对牙齿最具破坏作用的是变异链球菌。这种细菌依靠食物中的糖分生存。一旦变异链球菌粘上牙齿，就会对牙齿表面珐琅质进行去矿化，酸性物质即可乘虚而入，腐蚀牙齿。

在实验室中，研究人员发现，变异链球菌易与唾液混合，易粘上牙齿。而脱醇红酒能够阻止这种细菌粘上唾液或者牙齿。

研究人员说，阻挡变异链球菌的“功臣”，是一种名为“原花青素”的化合物。先前研究发现，原花青素具有抗氧化作用，存在于多种食物中，如葡萄、苹果、肉桂、可可和茶等。葡萄皮和葡萄籽中都含有原花青素，但研究人员不清楚葡萄汁是否也有护齿作用。

加扎尼说："对于葡萄汁，我们还没有数据。我们认为，从红葡萄酒得出的研究结果不适用于葡萄汁，因为葡萄汁和葡萄酒的化学成分差别很大。"她表示，正在研究是否能从葡萄酒中提炼原花青素，开发口腔护理产品。

一些红酒中酸类和糖分确实可能引起龋齿，但根据加扎尼的研究结果，红酒中也有保护牙齿的成分，可谓功过参半。此外，红酒对于人体健康益处颇多。先前研究显示，红酒能够提升脑力，增强免疫系统功能，预防糖尿病和肥胖，延缓衰老等。

美国哥伦比亚大学研究人员调查发现，适量饮用红酒的受访者比从不饮酒者思维更加敏锐。哥伦比亚大学神经学教授克林顿·赖特说，这是因为葡萄皮中的天然活性成分白藜芦醇促进健康血液流向大脑。英国伦敦大学国王学院研究人员上个月发表研究成果称，红葡萄酒中的类黄酮或能预防阿尔茨海默氏病。不过，饮酒切记要适量。研究人员说，过量饮酒可能引发高血压、肝脏疾病、不育症等。

（三）栽培农作物农场研究的新信息

1. 开办尝试在海底培育农作物的农场

2015 年 7 月，国外媒体报道，意大利萨沃纳的诺丽海湾有个叫尼莫花园的农场，正尝试革新农业生产，试图在海底培育农作物。在他们的海底农场，有五个透明"农作物豆荚"被固定在海底，在里面可以培育草莓、罗勒、豆子、大蒜和生菜。

海底农场项目的科学家说："'农作物豆荚'内壁的冷凝水，可以为植物提供水分。此外，'豆荚'的温度基本保持稳定，这都为植物创造了理想的生长条件。"

这些"农作物豆荚"大小不同，可以在水下 5.5～11 米浮动。科学家在"农作物豆荚"中，安装了远程摄像头，可以很容易监控里面的所有植物。他们还安装了传感器面板，它可以获取"农作物豆荚"内的实时数据。更有意思的是，任何人都可以通过互联网实时观看"农作物豆荚"。

该项目的一位发言人说："项目的主要目标，是在很难进行传统农业种植的地区，创造一种新的农作物生产方法，即使这些地区缺乏淡水、土壤贫瘠、温度变化极端。”

2. 垂直农场安装植物 LED 生长灯

2020 年 4 月，有关媒体报道，意大利的垂直农场运营商星球农场宣布，将与全球照明领导者昕诺飞公司开展进一步合作。基于双方最新的协议，这个欧洲最大的垂直农场，将应用飞利浦绿色能源力 LED 生产模组，搭配飞利浦成长控制系统，实现作物品质及产量的提升。该项目，将使星球农场全年不间断地为意大利客户提供美味的香菜和生菜。

昕诺飞公司在同期签署的另一项协议中确认，将在未来数年内，为意大利星球农场在瑞士、英国等欧洲其他国家筹建的 5 个垂直农场，安装植物 LED 生长灯。

飞利浦绿色能源 LED 生产模组，是昕诺飞公司在垂直农场领域的又一 LED 创新。它帮助种植者优化多层作物的栽培。通过飞利浦成长控制系统的管理，种植者可以轻松创造和使用定制化的光配方，用可调亮度、可控光谱的模组，满足不同作物在不同生长阶段的光照需求。这给了种植者极大的灵活性，他们可以创造和控制基于时间管理的光配方，提高作物收成，为封闭且气候控制的栽培设施提升运营效率。

星球农场联合创始人兼首席执行官卢卡·格里尼表示：“我们 5 年前开始同昕诺飞的合作。该公司是植物 LED 照明和光配方领域的专家。我们的合作，使得高品质作物可以全年生长，我们将继续拓展这一合作。成长控制系统帮助我们便捷地调整光配方，持续提升对我们至关重要的作物口感。”

2020 年年初，星球农场在米兰北部的卡维纳戈，完成欧洲最大垂直农场的建设。该垂直农场占地超过 9000 平方米，相当于 45 座网球场。星球农场采用从种子到包装成品的一站式全自动生成流程，让消费者成为第一个亲手接触到作物的人。

昕诺飞公司植物照明业务负责人乌多·范斯洛坦表示：“我们为欧洲最大的垂直农场项目提供了创新照明产品，以及照明和光配方领域的专业知识。为此我们十分自豪。我们合作的下一步，将会展示我们帮助全球各地的垂直农场种植者们提高作物质量、产量和口感。”他接着说：“星球农场在欧洲其他地区设立5个分场的计划，印证了垂直农场的快速增长和演化。我们希望能在这一行业激动人心的关键时刻，做出自己的贡献。”

星球农场与昕诺飞公司在2018年启动合作。当时，星球农场宣布将在米兰建设意大利首个垂直农场研究实验室。该实验室于2019年启用。昕诺飞公司，为星球农场提供了垂直农业领域的照明专业知识、飞利浦绿色能源LED生产模组和动态生长灯。

第三节　动物领域研究的新进展

一、古生物领域研究的新成果

（一）恐龙研究的新信息

1. 最大爬行动物化石身份鉴定为沧龙

2014年3月18日，国外媒体报道，意大利博洛尼亚大学古脊椎动物研究员费德里科·凡蒂等人组成的一个研究小组，当天宣布，两年前在意大利境内发现的最大爬行动物化石，经测定为7500万年前的大型海洋爬行动物沧龙。

凡蒂说，这一发现非常重要，它证明了这类原本被认为生活在其他地区的爬行动物，在意大利也存在，这为意大利研究人员提供了一个重要的“时间窗口”。

两年前，意大利一位业余化石爱好者，在艾米利亚-罗马涅大区诺瓦费尔特里亚附近一家采石场，发现了一块巨大的牙齿化石。随后，研究人员介入，围绕化石动物种类和地质背景展开分析研究，最终确定化石来自白垩纪晚期。

据凡蒂介绍，化石中这头庞大而凶猛的沧龙，身体总长度达10.66米，仅头骨长度就达2.43米，而牙齿的尺寸也“令人印象深刻”，长度有0.1米，直径近0.05米。据信，这头沧龙应处于当时海洋食物链的顶端。

沧龙科属于海洋爬行动物，最大的沧龙体长可达15米以上，体重超过10吨，被称作“海洋里的霸王龙”。沧龙出现在大约1亿年以前，6500万年前随着所有恐龙一起灭绝。

2. 化石证据表明半水栖埃及棘龙会游泳能吃巨鲨

2014 年 9 月，一个由意大利、美国及摩洛哥等国的古生物学家组成的研究小组，在《科学》杂志上发表论文说，新的化石证据表明，埃及棘龙是地球上第一种半水栖的恐龙，它的体形长达 15 米，并且它绝大部分时间生活在水中，以巨鲨、锯鳐和肺鱼为食，是迄今发现的唯一能适应水中生存的恐龙。

要是一头体形比霸王龙还大、既像鳄鱼又像鸭子的怪兽，在河流中追猎巨鲨，不难想象一定会出现异常恐怖的场景。科学家说，这种可怕场现象实发生在 9500 万年前的北非地区，它就是地球上已知的唯一一种半水栖肉食性恐龙埃及棘龙。不久前，在美国首都华盛顿，埃及棘龙复原模型在国家地理博物馆展出。

研究人员表示，这种恐龙与以往熟知的都不同。他说："研究这种恐龙就像研究来自外太空的外星人一样。"此前，尽管有证据表明一些恐龙能吃鱼，但许多科学家都认为恐龙是纯粹的陆栖生物，无法在水中生存。

研究人员在埃及棘龙复原模型前，向媒体介绍了这种恐龙的独特之处。它的鼻孔长在头顶上部，这使它们能边游边呼吸；扁平的大脚、长长的前肢、短小的后肢和骨盆，使它适合划水或在泥浆中行动；它的骨头致密，因此能像企鹅一样控制在水中的沉浮，而不是简单地漂在水上。

此外，埃及棘龙整个身体的重心偏在身体前部，这也使得它们在陆地上行走困难，却更适合在水中行动。该恐龙的颈、脊椎和尾巴，也同样发生了有利追捕水下猎物的适应性改变。

还有一个突出特点是，埃及棘龙背上有一个像船帆一样的背翼，长达 2.1 米，创造了最长的恐龙背翼纪录。研究人员说："埃及棘龙游泳时，这种背翼会有部分露出水面，它应该与游泳能力无关，但可以传递一些重要信息，比如告诉其他恐龙别靠近我的猎场。"

埃及棘龙第一批化石早在 100 年前就被发现，但在第二次世界大战中被毁坏。2008 年，研究人员在位于摩洛哥东部的撒哈拉沙漠地区寻找新化石时，偶然发现了相对完整的埃及棘龙化石，包括部分颅骨、骨盆及四肢等。新化石出土地区在远古时期曾流淌着巨大的河流，里面生存着巨鲨、腔棘鱼、肺鱼和鳄鱼一样的生物，该地区当时还有会飞的爬行动物及食肉恐龙。

3. 发现具有水陆两栖特征的恐龙新物种

2017 年 12 月，意大利乔瓦尼・卡佩里尼地质博物馆，古生物学家安德里亚・考主持的一个研究小组，在《自然》发表论文描述了恐龙的一个新物种，这种恐龙拥有像天鹅一样的脖颈和鱼鳍一样的前肢，并且生活周期中有一部分在水中。

研究人员说，他们开始研究的是埃氏哈兹卡盗龙，它们生活在白垩纪坎帕期（约 7500 万～7100 万年前），活动范围相当于目前蒙古所在的区域，属于手盗龙类。

手盗龙类包含鸟类及与它们亲缘关系最近的恐龙。在白垩纪，多个手盗龙谱系，演化形成与其各自生态系统相关的不同特征，包括主动飞行、巨大体型、奔跑和食草性。

该研究小组使用高分辨率同步辐射扫描方法，检查了一个局部仍嵌在岩石中的手盗龙化石，从中发现了许多奇特的特征，大部分是非鸟类手盗龙所没有的，但是水生或半水生的爬行类群和鸟类群却有这些特征。

研究人员认为，这些特征代表了一种水陆两栖的兽脚类恐龙新物种，它们靠双腿在陆上行走，姿势类似短尾鸟类（如鸭子），但是利用鳍一样的前肢在水中活动（像企鹅和其他水鸟一样），并依靠长长的脖颈来觅食和埋伏猎物。研究人员把这种新恐龙，与另外两种神秘而又不全的恐龙归在一起，提出一个新的恐龙亚科：哈兹卡盗龙亚科。

（二）古生物研究的其他新信息

1. 计划复活古代欧洲野牛

2010 年 1 月，英国《每日电讯报》报道，欧洲野牛曾广泛分布于欧洲各国，体型巨大，力量惊人。但是这一物种在 400 多年前已经灭绝，不过在许多史前洞穴的壁画中能找到欧洲野牛的图像。目前，意大利南部坎帕尼亚大区贝内文托市实验生物技术联盟主席多纳托・玛塔西诺领导的一个研究小组，正计划利用基因技术和选择繁育等方法，复活欧洲野牛。

欧洲野牛生活在 14 万年前至 17 世纪，肩高近 2 米，体重可达 1 吨。欧洲野牛长有弯曲的牛角。由于欧洲野牛身形庞大、有很强的蛮力，就连古罗马皇帝恺撒都对其赞不绝口。恺撒描述其“比大象稍小一些”，而且是古日耳曼部族人喜欢的狩猎对象。由于欧洲野牛笼罩着一种神秘色彩，因此它成为许多古代欧洲城邦的标志物。在古代，捕杀野牛成为勇气的展示，牛角会被制成覆盖银箔的酒器。

这种野牛曾经漫步于欧洲中部的森林里。然而，到了1400年左右，森林的消失使大部分野牛死亡，仅在波兰还有少量野牛存在。1627年，最后一头野牛死于波兰的森林里。而现在驯养的牛很可能是这种野牛的后代。如今，人们可以通过一些洞穴中古代人的绘画一窥欧洲野牛的形象。在法国南部的拉斯柯洞穴和西班牙奥尔塔米拉岩窟，发现了古代欧洲野牛的绘画。尽管欧洲野牛难逃同渡渡鸟和猛犸象一样的灭绝厄运，但是在最后一头欧洲野牛从地球上消失近400年后，意大利科学家计划复活这种古代巨兽。

意大利科学家将借助基因技术，通过对现代野牛进行选择繁育，最终让欧洲野牛重返地球。研究人员声称，他们已经首次绘制了欧洲野牛的基因图谱。这样，复活欧洲野牛的工作就有了蓝本，研究小组也知道了他们将要“复制”何种动物。

玛塔西诺说：“我们能通过保存下来的骨头等，分析出欧洲野牛的DNA，绘制出其基因图谱，这样就可以培育出同欧洲野牛几乎完全一样的物种了。”他接着说：“我们已经在三种野牛物种中进行了第一轮杂交。这三种野牛分别原产自英国、西班牙和意大利。现在我们只需等着看会生出怎样的牛崽。”

许多基因学家对复活欧洲野牛表示怀疑。稀有物种保护基金的克莱尔·巴伯说：“我们认为，只能复活同灭绝物种相似的物种，从基因学角度上讲，不可能制造出完全相同的物种。你需要杂交在基因上接近欧洲野牛的物种。如果现在还有保持着欧洲野牛特性的物种的话，那么这一计划就是可行的。这无疑是令人振奋的计划。”

如果意大利科学家的计划最终成功，人们还将面临另一个难题：如何制服像犀牛一样易怒、庞大的欧洲野牛。有关专家指出：“即便今天的野牛已很难对付，而对付欧洲野牛将更为棘手。欧洲野牛将比目前存活的野牛大许多，而且极为危险。”

2. 发现两亿多年前世界最古老的昆虫琥珀

2012年8月28日，《每日电讯报》报道，一个古生物专家组成的研究小组，日前在意大利发现了世界上最古老的昆虫琥珀，其中的三只昆虫已经有 2. 3 亿年历史，而且保存完好。

报道称，研究人员在意大利东北部检查了 7 万多滴琥珀，在显微镜的帮助下，发现了藏在琥珀中的两只肉眼难以看到的微小螨虫，以及一只比现代果蝇还小的苍蝇。这些昆虫生活在三叠纪，比此前发现的最古老昆虫琥珀的年份还要早 1 亿多年。

纽约自然历史博物馆馆长大卫·格里马尔迪说，更古老的昆虫一般都在岩石化石中发现，但是这些琥珀中的小昆虫保存得更完好，科学家们可以看到更多细节。

二、哺乳动物研究的新成果

(一) 马科与鹿科动物研究的新信息

1. 马科动物研究的新进展

(1) 培育出第一匹自体克隆马。2005 年 4 月 15 日，英国媒体报道，意大利科学家日前宣布，他们成功培育出世界上第一匹“自体克隆马”，这是通过不育动物制造出的来，它为挽救濒临灭绝的稀有马种带来了曙光。

自体克隆马项目的负责人，是意大利知名的动物克隆专家切萨雷·加利教授。这匹马的克隆技术，与培育克隆羊多利的完全一样，但整个过程可谓“历尽艰辛”，项目小组花费了三年时间，经过 226 次试验才获得成功。

报道称，这匹自体克隆小马，在 2005 年 2 月 25 日“足月怀孕”后，以“自然分娩”方式降生，出生时体重 42 千克，属正常范围。它的“爸爸”是一匹被阉割的阿拉伯赛马，名叫“皮埃拉斯”，曾经分别在 1994 年和 1996 年两次获得耐力世界冠军，现在美国的一个农场“安享晚年”。

(2) 公斑马“侵犯”母驴诞下“斑驴”。2013 年 7 月 24 日，安莎通讯社报道，意大利佛罗伦萨市诞生了首头“斑驴”。为雄性斑马和雌性驴的杂交后代。它是一头典型的驴，但全身遍布着斑马的黑白条纹。

据悉，这头斑驴出生在佛罗伦萨市附近的一个动物保护区内，被命名为“Ippo”。

此外，该保护区主人还告诉安莎通讯社记者：“Ippo 并非是人为杂交品种，而是那只雄性斑马执意越过栅栏，闯进母驴场，结果才有了这头小家伙。它是意大利唯一一头斑驴，目前身体状况很好。”

有意思的是，早在 2011 年，中国一家动物园就曾诞生过一头“驴斑”，为雄性驴子和雌性斑马的后代。

2. 鹿科动物研究的新进展

（1）发现神话传说中的罕见独角鹿。2008 年 6 月 13 日，国外媒体报道，意大利普拉托自然保护区科学研究中心负责人吉尔伯托·托兹，接受媒体采访时称，该自然保护区里发现一头独角鹿，鹿角长在头部中央，与传说中的独角兽非常相像。

托兹说：“神话传说正成为现实。独角兽一直被视为一种虚构的动物。”据悉，这头独角鹿是一头 1 岁大的狍，昵称“独角兽”，是在圈养条件下出生的，出生地为研究中心位于佛罗伦萨附近的普拉托的托斯卡镇公园。托兹认为，“独角兽”生下来就有遗传缺陷，它的兄弟姐妹都长着两只角。托兹表示，他还是第一次遇到这种情况，鹿中异类可能是古人打造独角兽传说的一个灵感。

独角兽是一种类似马的动物，拥有神奇的复原能力，经常在神话传说中出现，古代以及中世纪文字资料对此都有记载，“哈里·波特”系列小说更是不忘为此施以重墨。托兹在接受电话采访时说：“独角鹿的出现无疑是在说明，过去也曾发现过这种异类。所谓的独角兽并不是空想出来的。”

专家们表示，独角鹿虽然极为罕见，但也并不是闻所未闻，然而角长在头部中央的情况却是难得一见的。罗马动物园科学负责人弗尔维奥·弗拉蒂切里说：“通常情况下，独角会长在头部一侧而不是中央位置。此外，角的位置也可能是出生后不久一次外伤导致的。”据信，其他哺乳类动物也是编造独角兽传说的灵感源泉，其中包括独角鲸，它生有一颗螺旋形长獠牙。

（2）野外发现罕见的白化鹿幼仔。2010 年 1 月，英国《每日邮报》报道，在意大利野外，拍到一头罕见的白化鹿幼仔的照片，人们称其为

“白班比”。当时，这头小鹿听到林子里传来一阵沙沙声，随即将头转向声音传来的方向。幸运的是，等待它的并不是猎枪，而是过路人的照相机镜头。

据悉，白班比只有 8 个月大，是由穿过这片林地的马西莫·德恩和他的女儿黛博拉发现的。当时，两人正在意大利阿尔卑斯山脉贝卢诺景色秀丽的杜鲁门特地区旅游，穿过这片树林时发现了这头小鹿的身影。一同被发现的还有白班比的母亲，它的皮肤颜色非常正常。

意大利当局已宣布，禁止这一地区的狩猎者猎杀白班比。在这一地区，拥有狩猎证的人在 3500 人左右。相关部门有望采取措施，避免这头罕见的白化鹿，遭受迪斯尼影片中与之同名的小鹿同样的命运，那头小鹿的母亲惨遭猎人杀害。

贝卢诺省警察局长基安马里亚·索马维拉表示，在野外发现白化鹿极为罕见。他说：“我简直不敢相信自己的眼睛，我从未看到过一只类似这样的动物。照片中的小鹿显然患有白化病，它的母亲也一同在照片中出现，但皮色很正常。发现类似这样的动物可不是常有的事，而是非常罕见，上一次发现白化动物已经是几十年前的事情。”

当地狩猎协会的里恩德罗·格罗纳斯表示，白班比对照相机并不恐惧，真正让它恐惧的应该是狩猎者的子弹。他说：“类似这样的动物能够提高这条山脉的吸引力，同时也会孕育出各种各样的传说。白班比无疑是幸运的。据传说，猎人在发现白化鹿的同时也踏上一次通往死亡的灵魂之旅，如果猎杀白化鹿，他本人也将在同一年遭受同样的命运。当地狩猎者严格遵守相关规定，我们无须面对偷猎问题。”

格罗纳斯说：“白班比的存在让我们感到异常兴奋，它赋予我们的山谷神奇的一面，能够在冬季发现它近乎一个神话。但由于周身呈白色，在雪融化之后，这头鹿无疑会成为一个非常明显的目标，对鹿群中其他成员的生存构成潜在威胁。由于担心被捕食者发现，鹿往往采取彼此孤立的生活方式。白化病并不是一种真正意义上的疾病，但也会对鹿的生存带来一些麻烦。例如，它们不能长时间暴露在阳光下。”

（二）犀科与河狸鼠科动物研究的新信息

1. 犀科动物研究的新进展

濒危白犀牛体外生殖技术研究取得新进展。2018 年 7 月 5 日，意大利科学家卡塞雷·卡里、德国柏林莱布尼茨动物园及野生动物研究所托马斯·希尔德布兰德领导的研究团队，在《自然·通讯》杂志发表的一项研究报告称，他们利用辅助生殖技术，已能培育出濒临灭绝的北方白犀牛和其近亲亚种的杂交胚胎。

虽然此前研究人员曾对马等大型哺乳动物进行过体外受精，但这项研究是首个将犀牛胚胎在体外成功培养至囊胚期的例子。这一技术，有望让濒危基因得以保留，大大提高了部分保存北方白犀牛基因的可能性。

北方白犀牛，是世界上最濒危的哺乳动物。不久前，世界上最后一头雄性北方白犀牛离世，剩下的两头雌性北方白犀牛成为这一物种在地球仅存的成员。

此次，该研究团队通过体外受精培育了杂交犀牛胚胎，并用杂交胚胎建立了胚胎干细胞系。研究人员先将低温冷冻的雄性北方白犀牛精子解冻，但由于雌性北方白犀牛的卵母细胞（卵子）数量不断减少，研究人员只能通过卵细胞浆内单精子注射，把雄性北方白犀牛的精子注入其近亲亚种南方白犀牛的卵母细胞内，使其受精。随后，研究人员将由此形成的北方与南方混合白犀牛胚胎培养至囊胚期，再将其冷冻，以备将来移植到雌性南方白犀牛体内代孕。

研究人员指出，接下来的挑战是如何把冷冻胚胎放入代孕的雌性南方白犀牛体内，并使其成功怀孕、分娩。此外，他们也计划尝试从两头仅存的雌性北方白犀牛体内获得卵母细胞。

在论文随附的相关评论中，科学家表示：“这项研究，有望让功能性灭绝的北方白犀牛亚种的基因得以保留。”

2. 河狸鼠科动物研究的新进展

控制河狸鼠泛滥成灾的对策讨论。2018 年 5 月，有关媒体报道，在意大利，外来物种河狸鼠泛滥成灾，让人们叫苦不迭。此时，意大利杰雷德卡普廖利市市长米歇尔·马奇想出了一个办法，那就是吃掉它们。这话一出，立即引来了不少争议。

河狸鼠是一种体型较大的啮齿动物，约 100 年前，意大利从南美洲引进了这种动物，目的是养殖它们以获取皮毛。但是，随着河狸鼠皮毛的衣饰不再流行，很多河狸鼠逃脱或被故意放生，导致如今泛滥成灾的局面。

它们在意大利北部波河流域平原上大肆繁殖，农民纷纷抱怨它们毁掉了庄稼，它们打的洞穴还破坏了防洪堤坝。

于是，马奇市长在其脸谱网主页上发布消息说，只有意大利人肯吃河狸鼠，才有可能控制它们的数量，并称自己就品尝过河狸鼠，它的味道有点像兔肉。

这个消息一出，便在网上炸开了锅。有网友表示支持，而另一些人则称自己绝不肯吃。一名支持者在社交媒体上写道："河狸鼠是干净的食草动物，我已经吃过几次，应该和洋葱一起炖，或者用烤箱烤。我同意市长所说的，它们比兔肉味道更好。"

动物爱好者则表示对这个提议感到不快。一位批评者讽刺说："又有一位天才认为，可以通过捕杀毫无防备的动物来解决问题。"

不论这个主意招来多少争议，这位市长坚称自己没开玩笑，他表示，意大利一些地区的居民，已经赞同用烧烤或者炖煮的方式来食用河狸鼠。

河狸鼠的繁殖能力很强，一只雌性河狸鼠一次最多可以生育 12 只小鼠。没人知道意大利现在到底有多少野生河狸鼠。据估算，仅在意大利艾米利亚·罗马涅区就有大约 100 万只河狸鼠，伦巴第大区约有 130 万只。它们在南美洲生活时会被短吻鳄、体型较大的蛇和老鹰吃掉。但由于欧洲缺少这些天敌，河狸鼠数量得以快速增长。

（三）鲸类水生哺乳动物研究的新信息

1. 发现用面部特征识别海豚的新方法

2017 年 11 月，由意大利海洋生物学家组成的研究团队，在《海洋哺乳动物科学》杂志上发表论文称，他们多年来一直研究特里亚斯特海岸的宽吻海豚，而刚刚获得的一项发现，可能改变海豚在科学研究中被识别的方式，即人类可以通过简单地看它们的脸，就能可靠地识别这些海洋哺乳动物，就像我们识别彼此一样。

这看上去可能不像是一个革命性的概念，但对研究海豚来说却十分重要。然而，这个想法从来没有被测试过，因为科学家几乎总是依靠海豚的鳍来区分这些动物。可是，这种方法操作难度较大，因为切痕和标记会随着时间改变，而小海豚往往会有"非常干净"的鳍。

因此，意大利研究团队建立了一个海豚群。他们为 20 头海豚拍摄了面部照片，这些照片从左右两边分别拍摄，并把照片放在三个文件夹里：一个“参考文件夹”：里面有 20 头海豚的左面图像，还有两个文件夹放着海豚左边或右边各 10 张图片。

然后，该研究团队邀请 20 名生物学家，其中 8 名没有研究海豚的经验，通过将一个较小的照片组和参考组的照片相匹配来识别海豚。研究结果明显高于预期，有 3 名海豚研究人员能够正确识别所有的海豚。

这种面部特征，至少可以辨认 8 年，科学家希望这种新方法，能使人们更容易追踪和研究缺乏背鳍的海洋哺乳动物。但是海豚自己呢？尽管它们主要依靠声音认识彼此，但也可能会从对方的脸颊上得到一些东西。

2. 近海岸海豚和鲸鱼的死因调查

2019 年 8 月 2 日，《每日邮报》报道，意大利环境保护署当天称，2019 年年初以来，在托斯卡纳海岸发现了 32 头海豚和 2 头鲸鱼死亡。专家说，尸检显示许多死亡的鲸类死亡以前已经停止进食，这表明它们有可能感染了一种麻疹病毒。

意大利环境保护署发言人马尔科 · 塔鲁里表示，在仅仅四天时间里，就发现了 6 具海豚的尸体。

意大利生物学家塞西莉亚 · 曼库西说：“我们分析了 8 个样本的胃，发现它们有一半是空的，这些动物好像已经有两三天没有吃东西了。死掉的鲸类，包括宽吻海豚和短吻海豚及抹香鲸。”

《每日邮报》援引曼库西的话说：“这可能表明，海豚已经在一段时间内表现不佳，这可能是一种类似麻疹的病毒，这种病毒在 2013 年意大利造成数百头海豚死亡。”

意大利生物资源和海洋生物技术研究所的研究员吉安纳 · 法比，6 月研究了一个类似的现象，14 头海豚在亚得里亚海死亡超过 3 周。法比说，原因不太可能是塑料制品或污染导致的，因为在这两种情况下，尸体中都会出现明显的痕迹。他指出，可能是高温或大雨降低了海水盐度，从而引发了一场流行病。

2008—2018 年的一项研究发现，在托斯卡纳海岸平均每年有 18 种海洋哺乳动物死亡。

该地区是保护海洋哺乳动物的海洋生物保护区的一部分，由法国、意大利和摩纳哥于1999年创建，占地8.75万平方公里。

三、其他动物研究的新成果

（一）鸟类与昆虫动物研究的新信息

1. 家禽研究的新进展

发现小鸡识数方式与人类相似。2015年1月28日，意大利帕多瓦大学一个研究小组，在《科学》杂志网络版上发表研究成果称，他们的研究表明，刚出生的毛茸茸小鸡与人类，有一些共同之处：两者都倾向于把数字，想象成具有从左到右依次增加的性质。尽管小鸡无法像人类那样进行计算活动，但它们能在物体数量多寡之间做出区分。

研究人员通过记录小鸡，如何在上面印有方块的两张卡片中做出选择证实，小鸡喜欢左边的较小数字和右边的较大数字。为训练这些小鸡，科学家让小鸡熟悉一张有5个方块的卡片，并以藏在它后面的美味黄粉虫诱惑它们。

随后，这些小鸡面前放着两张相同的卡片，但每张有两个方块，这比它们之前被训练时的数字小。在这种情况下，小鸡们经常在左边卡片后面寻找食物。当测试被重复但两张卡片上有8个方块时，它们喜欢右边的卡片。

小鸡和人类之间表现出的相似性表明，人类的“心理数字线”同样是天生的，但仍受到文化因素的影响，从左到右的倾向可能基于语言而发生变化。例如，母语为从右往左写字的阿拉伯语的人，可能拥有相反的倾向。

研究人员建议，对数字线的特定倾向，可能源自对鸟儿和人类来说都很普遍的大脑非对称性。因此，你的心理数字地图，可能是拥有一个“鸟类般大脑”的结果。

2. 昆虫纲蜻蜓目动物研究的新进展

首次证实蜻蜓也有嗅觉。2014年3月，意大利佩鲁贾大学无脊椎动物生物学家曼妮尔·雷沃拉主持的一个研究小组，在《昆虫生理学》杂志上发表论文认为，蜻蜓是一种令人吃惊不已的动物。它们有六条腿，但其中的大多数不能行走。蜻蜓的眼睛由3万个微小的接收器组成，能察觉紫外线。尽管它们缺乏具备正常嗅觉所需的脑结构，但他们的研究发现，蜻蜓可能利用气味捕食。

人类鼻子里有很多嗅觉感受器，每一个嗅觉感受器能精准地辨别某个特殊的气味分子。当某种气味飘荡至人类鼻子里，这些嗅觉感受器，会将神经信号传送至被称为嗅小球的感觉中转站。科学家一直认为，大多数陆地哺乳动物和昆虫都具备的嗅小球，是辨别气味的唯一器官。因为蜻蜓和其“近亲”豆娘，都不具备嗅小球或其他更高级的嗅觉中心，大多数科学家认为这类昆虫根本无法分辨气味。

雷沃拉却持不同的观点。在电子显微镜的帮助下，她的研究小组对蜻蜓和豆娘的触须，做了更细致地观察。研究人员发现了类似嗅觉感受器的微小球状物。这些感受器，就相当于昆虫的鼻子，里面有很多嗅觉神经元。当雷沃拉把其感受器暴露在某种气味下时，它们会发出神经脉冲，这更印证了雷沃拉的观点——豆娘和蜻蜓能感知气味。

感受器要想作为真正的嗅觉器官，可不仅仅只是对气味做出反应这么简单——感受器发出的信号，必须影响蜻蜓和豆娘的行为。为此研究人员开展了一个风洞实验：蜻蜓最爱吃的“美食”果蝇，被隐藏在一个棉布制成的屏风后，果蝇的气味可以通过屏风飘散。豆娘向果蝇所在的屏风一侧移动，这首次证明了感受器发出的信号会影响蜻蜓和豆娘的行为。

该研究引发了一场争论——真正的嗅觉器官到底长啥样。未参与该研究的美国图森市亚利桑那大学神经科学家尼古拉斯·施特劳斯费尔德说：“如果一个生物体没有嗅小球，也没有更高级的嗅觉处理能力，那么它辨别气味时会受到很大限制。”

未参与该研究的俄亥俄州克里夫兰市凯斯西储大学生物学家约书亚·马丁说：“该研究为我们了解嗅觉结构的组织方式，打开了新视角。”纽约州斯克内克塔迪联合学院昆虫神经学家罗伯特·奥伯格说：“最重要的启示是，下次科学家要宣布某种动物不能感知气味时，可要三思而后行了。动物总是带给我们很多惊喜。”

（二）海洋无脊椎动物研究的新信息

1. 成群栉水母威胁沿海鱼类

2016 年 9 月 28 日，有关媒体报道，一种贪婪的疣状栉水母，曾摧毁了黑海地区的渔业，并因此变得臭名昭著。如今，它们正在亚得里亚海北部的沿海区域发展壮大。

这些外来动物到达亚得里亚海，最初是在 2005 年被注意到的。不过，2016 年，人们在克罗地亚北部沿岸、斯洛文尼亚和南至佩扎罗市的意大利沿岸，发现了大群栉水母，并拍下了它们的照片。这些水母差不多填满了意大利北部的浅海。

意大利国家海洋与地球物理研究所专家瓦伦蒂娜・蒂雷利表示："这是该物种，首次如此大规模地出现在亚得里亚海。"

来自克罗地亚海洋和沿海研究所的达沃尔・卢瑞介绍说："据估测，栉水母种群的密度在某些地方达到每平方米 500 只。虽然估测结果是仅针对成年栉水母做出的，但我们推断，幼年栉水母的数量要高很多。"

尽管它们对人类没有危险，但科学家仍对栉水母的新繁盛感到震惊，因为它们已经摧毁了黑海地区的鱼群。这是最著名的外来入侵者之一，于 1982 年"藏"在油轮压舱水中从美洲大西洋到达此地。由于没有天敌，栉水母以惊人的速度扩散。同时，它们以浮游动物及其卵和幼体为食，而这也是具有很高商业价值的鱼类的食物选择。

科学家表示，浅海栉水母可能通过压舱水到达亚得里亚海。不过，尽管形势很严峻，但他们认为，栉水母入侵亚得里亚海可能不会产生像黑海地区遭受的那种毁灭性后果。

2. 揭开地球上唯一永生动物水母的神秘面纱

2018 年 8 月，国外媒体报道，不死水母的故事起始于 1988。意大利海洋生物学专业学生克里斯蒂安・萨默，在意大利西北部靠近热那亚的浅水区，收集到一只微小的钟形水母体，它长着少量纤细的触须，粉红色的性腺呈吊灯形。在一个周五，他把这只水母放在一碗海水中，却忘了在周六把它放回到冰箱去。当他在下周一回到实验室时，发现水母体不见了。但它没有完全凭空消失，那只碗中留下了一只水螅体。

这一反常现象，让研究人员感到困惑。科学家认为，他们早已熟知水母的生命周期：受精卵长成毛茸茸的胶囊状幼虫，幼虫变形为水螅体，随后长成能够游动的水母体。水母体产生卵子和精子，完成繁衍后代的使命，直至最后走向死亡。但是，一个周末的时间显然不够碗中的水母体完成繁殖、长成幼虫、变形为水螅体的过程。这些转变需要花上数周的时间。那么，那个周末发生的转变，就只剩下一种惊悚的可能性：就像电影《返老还童》中的本杰明·巴顿一样，水母一定逆转了年龄，从生命循环中成熟的水母体逆转变回水螅体。

通常情况下，水母由受精卵发育而来，长成幼虫，之后变形为水螅体，最后成为能够自由游泳的水母体。不过，灯塔水母并不严格地受生命循环过程限制，成熟的水母体也可以逆向变回水螅体。

人们在几个世纪前已经知道，水母的生命循环并非一成不变。一些水母会跳过水螅体阶段，直接从幼虫（也叫浮浪幼虫）成长为水母体。也有很多水母一直从未经历水母体阶段，一直以水螅体生活。水螅体可以由其他水螅体变化而来。水母体也可以从其他水母体的下腹部生出来。除去水母生命循环中的可塑性，科学家相信存在着一个极限，一旦水母体到达了繁殖的年龄，这些不同寻常的变态行为再也不会出现。我们一直相信，一旦动物成熟至能够产生卵子和精子，之后唯一的选项就是繁殖和死亡。这种观念，一直延续到那只在一个周末让自己恢复年轻的水母出现。

意大利萨伦托大学的斯蒂法诺·皮莱诺在他位于莱切的实验室附近，发现了这类不死的水母：灯塔水母。在实验室，皮莱诺和合作者观察了水母从水螅体到水母体及水母体到水螅体的来回转变，其间没有经过从繁殖到死亡的生命过程。

在它们发育成熟成为自由移动的水母体之前，典型的水母幼虫会变成锚状的水螅体。但是一些水母会跳过一些阶段，或者就一直保持在水螅体阶段。

皮莱诺说："这就相当于一只蝴蝶重新变成毛毛虫，简直难以置信。这一定需要真正的变态，而且是相反的变态过程。"

皮莱诺也一直强调，通过感染、被捕食等情形，灯塔水母也会经历死亡。他说："如果它们确实是不死的，那么我们不难想象，海洋中会飘满灯塔水母，但我们并没有看到那样的景象。"但至少在理论上，水母可以永远沿着生命的循环向前，或是向后。在日本，一位科学家在他的实验室里把一只灯塔水母保存了几十年。

最近，我们了解到拥有这种永不衰老倾向的，可能不止这类小型水母。灯塔水母是非常小的物种。多数的水母体都在野外中被吃掉了，它们的永生也没有太大用处。

在2016年，与萨默类似的故事，发生在中国研究生何劲儒身上。他在研究另一种水母：海月水母时，将一只水母体抛在脑后忘掉了。几天后，水母体沉到水箱底部一动不动。水母分解成碎片，正常人都会认为它死了然后将它冲入下水道。但何劲儒没有这样做：他继续观察下去。几个月后，如同凤凰涅槃，水母体碎片开始重新组装——触须开始出现，嘴巴开始形成。最后，一个完好的健康水螅体从水母体的尸体中醒来。水母似乎逆转了生命的轮回，而不是简单的死亡。

就像动物一样，个体细胞也会经历生命循环。所有类型的细胞都由干细胞分化而来，这些干细胞就像一块原始的面团。特定的基因会在每个干细胞中表达或者不表达，这使得干细胞可以变为肌肉细胞、表皮细胞或者神经细胞，就像烘焙师可以使面团变成比萨饼、面包或饼干。但是你没有办法将饼干变为比萨饼。同样，肌肉细胞也不能转变为神经细胞。

皮莱诺希望，能够理解当水母的身体经历逆转年龄的过程时，在细胞层面到底发生了什么。灯塔水母的细胞生命存在极限吗？灯塔水母的细胞是否完全分化了？答案，有点难以置信，似乎是否定的。

正常情况下，控制胚胎变形为幼虫，或者从幼虫变形为水螅体的基因开关，是不可逆的。皮莱诺解释说："但是灯塔水母细胞可以启动倒回开关。"

当灯塔水母的水母体重回幼年期时，如肌肉细胞会关闭或开启一些基因，使其重新表达，这样细胞就倒回干细胞的状态。之后，干细胞会在水螅体中重新形成其他类型的新细胞。

灯塔水母的形状可以任意改变。它们的干细胞可以分化成特定的细胞，之后又可以回到更原始的状态。

完全分化的细胞可以重新变回干细胞的想法，对于医疗研究有着巨大的吸引力。如果我们能启动自身细胞的倒转开关，就有可能开发出疾病治疗的新方法，帕金森、癌症这样由细胞分化异常引发的疾病有望迎刃而解。皮莱诺说："癌症就是细胞不讲规则的增长，不受控制的增长。我们对于新增细胞没有办法。但在灯塔水母中，细胞能够从一种细胞重新编码为另一种，是一个受控制的过程。”我们需要了解，这种控制是怎么实现的。

得克萨斯农机大学海洋实验室的玛丽亚·米利埃塔，是皮莱诺在灯塔水母研究中的合作者。2009 年，她发现在日本、巴拿马、美国佛罗里达、西班牙和意大利附近海域生活的灯塔水母的基因基本一致，因而将它们归为同一物种。所以当海洋还没有被不死水母填满时，她证明了这种水母确实在全世界范围内都有分布。

米利埃塔发现，我们人类才是导致灯塔水母分布如此之广的原因：船舶的压载水将它们运送至全球各地。不像一些其他物种，不死的水母对生态系统几乎没有威胁，因为它们很小，对我们的威胁也不大，即使被叮咬也不会感到疼痛。然而，它在水母体和水螅体之间来回转变的能力，使它们能够承受船体的压力，从而帮助它们遍布全球。

报道称，米利埃塔的灯塔水母基因工作仍在继续。她现在的研究计划，是由两位日本生物学家：山中伸弥和他的学生高桥和利提出的。在 21 世纪初期，他们将 4~7 段称为转录因子的蛋白，注射到小鼠的皮肤细胞中。转录因子和 DNA 结合，控制哪段基因被表达。两位科学家发现，仅仅是这些少量的蛋白，也能够使皮肤细胞回到干细胞阶段。科学家又能将这些干细胞培养成神经细胞、血细胞和心肌细胞。因为这项开创性的工作，山中伸弥获得了 2012 年的诺贝尔生理学或医学奖。

科学家发现，不仅仅是灯塔水母在受刺激后回到生命轮回中的早期，其他的如海月水母同样也可以。

米利埃塔说，现在的主要障碍是，很多关于转录因子的工作都是在培养皿中进行的。但在动物体内，细胞与周围细胞有着持续的交流，它们通过分子信息告诉其他细胞如何运转。她说：“为了完全理解一个细胞如何变成全能干细胞，之后再转变成其他细胞，你需要知道它在有机体中是如何工作的。”山中伸弥和他的合作者在论文中指出了相同的问题。他说为了理解细胞的命运，灯塔水母细胞这种从成熟细胞转变为干细胞的机制，是我们的最佳研究对象。

这就是米利埃塔和皮莱诺正在研究的。他们已经收集了灯塔水母的水母体和水螅体，观察它们在逆年龄时哪些基因是活跃的。山中伸弥在小鼠试验中用到的转录因子，也受到了他们的特别关注。

米利埃塔列出了一系列他们希望能够解答的问题。她说："我们希望明白山中伸弥发现的基因在灯塔水母细胞中扮演了什么样的角色，这段基因是否存在？如果只有两三段基因，每一段具体控制着什么？我们可以将灯塔水母视作模型系统，来理解基因的行为吗？这是我们现在的努力方向。"

但至少，在收集完所有数据、证实试验的可重复性之前，不死水母的秘密依旧笼罩在神秘面纱之下。

第九章　医疗与健康领域的创新信息

意大利在癌症防治领域的研究，主要集中于探索前列腺癌、乳腺癌致癌因素，进一步表明吸烟是致癌因素之一；研究抗癌因素和抗肿瘤免疫机制；开发癌症检测和诊断技术，探索癌症的射线疗法、免疫疗法和靶向药物治疗。在神经系统疾病防治领域的研究，主要集中于研究大脑生理机制，发现大脑结构与人的性格密切相关，制成把脑细胞与硅电路相连接的“神经芯片”，研发出人工神经细胞突触、新型三维碳神经支架。通过脊髓修复让瘫痪动物行走自如，开展脊髓损伤致瘫恢复下肢运动的实验。发现男性长期抑郁易患阿尔茨海默病，发现可用抗炎药治疗癫痫。在心脑血管与呼吸系统疾病防治领域的研究，主要集中于发现有助于降血压方法，发现一种控制脑中风受体，发现有助于预防心脑血管疾病食物，开发出心脏自动监控软件系统，发明“心肌修补”疗法，移植迄今世界上最小的人造心脏。推进禽流感和新冠肺炎疫情防治研究。在疾病防治其他领域的研究，主要集中于发明能在肠胃中“爬行”的内窥镜，完成全球首例“纯机器人”肝移植手术，探索生长代谢影响因素，防治糖尿病和肥胖症。肾器官移植研究取得新突破，成功进行世界首例肩关节移植，大胆探索人体头部移植手术；推进假肢及其材料研制。研究提高女性生育能力，成功培育冷冻卵子试管婴儿，推进胎儿及新生儿习惯研究。研制护肤或抗衰老物品，推进与人类临终或死亡相关的医学研究。发现遗传病杜氏肌营养不良症的发病机制。

第一节　癌症防治研究的新进展

一、癌症病理研究的新成果

（一）致癌因素研究的新信息

1. 探索前列腺癌致癌因素的新发现

发现胆固醇高可能是诱发前列腺癌原因之一。2006 年 4 月，意大利媒体报道，前列腺癌，一直被认为与年龄、种族及家族病史有关。但意大利的研究小组发现，胆固醇高也可能诱发前列腺癌。这是首次把胆固醇和前列腺癌联系起来。

研究小组研究了 2745 名男性健康档案。这些人来自意大利四个不同地区，年龄在 75 岁以下，其中 1294 人患有前列腺癌，1451 人没患此病。研究显示，22%的前列腺癌患者，曾有胆固醇高症状。而没有此病的人群中，这个数字是 16%。研究人员在考虑了家族病史、吸烟习惯等其他因素后发现，前列腺癌患者有高胆固醇症状的可能性，比对照组要高一半以上。

研究人员说，男性的身体利用胆固醇制造雄性激素。过多的胆固醇，可能导致激素分泌不平衡，从而影响前列腺的健康。不过，研究人员又表示，目前还不清楚降低胆固醇，是否有益于前列腺的健康；胆固醇高可能诱发前列腺癌的结论，也需进一步证实。

2. 探索乳腺癌致癌因素的新进展

研究表明高脂饮食具有增加特定类型乳腺癌的风险。2014 年 4 月 9 日，意大利米兰国家癌症研究中心一个研究小组，在美国《国家癌症研究所杂志》发表的一项新研究表明，高脂肪摄入量与特定类型的乳腺癌高风险密切相关。

研究人员在论文中报告说，20 世纪 70 年代，就有人提出高脂肪摄入量与乳腺癌风险之间存在关联，但此前有关研究的结论却彼此冲突。而今，根据雌激素受体、孕激素受体及人类上皮生长因子受体-2 的表达状态，乳腺癌被分为几个亚型，每个亚型都有一组风险因子，他们怀疑这造成了此前研究结果的不一致。

研究人员对一项在欧洲 10 国实施的癌症与营养调查的数据进行分析，这项调查访问了近 34 万名女性，在平均 11.5 年的跟踪研究中，约 1 万人罹患乳腺癌。分析表明，高脂肪摄入量与雌激素受体阳性和孕激素受体阳性乳腺癌的风险增加显著相关。其中，饱和脂肪摄入量最高，即每天约 47.5 克的人群，与饱和脂肪摄入量最少，即每天约 15.4 克的人群相比，罹患这些亚型乳腺癌的风险高出 28%。

研究人员因此得出结论：“高脂肪饮食增加乳腺癌风险。最显著的是，高饱和脂肪摄入增加受体阳性疾病的风险，这表明饱和脂肪与受体阳性乳腺癌的病因有关。”

3. 吸烟是致癌因素研究的新进展

（1）研究表明少吸烟可降低癌症死亡率。2009 年 11 月 30 日，意大利肿瘤学专家克里斯蒂娜·博塞蒂参与的一个研究小组，在当天出版的欧洲肿瘤内科学会刊物《肿瘤学年报》上发表论文称，他们研究表明，得益于烟草消费减少和癌症早期筛查，欧洲死于肺癌的男性人数及死于宫颈癌和乳腺癌的女性人数，均有所减少。

论文内容显示，与 1990—1994 年这个时期相比，2000—2004 年，欧洲男性的癌症死亡率下降了 9%，女性的癌症死亡率下降了 8%。博塞蒂说，这种下降趋势已经持续数年，主要原因是：与吸烟减少有关。博塞蒂指出，烟草消费水平的下降，是肺癌及有关癌症死亡人数降低的主要原因。因此，进一步减少烟草消费仍是欧洲癌症控制的首要目标。此外，减少酒类消费、加强营养、控制肥胖，以及加强筛查、早期诊断和提高治疗手段也有助于防控癌症。

研究显示，在烟酒消费增加的国家，肺癌、口咽癌和食道癌的死亡人数都在上升。在英国苏格兰和匈牙利等地，由于吸烟女性人数增加，死于肺癌的女性人数有所上升。此外，欧洲国家之间癌症死亡率有很大差别，癌症死亡率最高的国家几乎是最低国家的两倍。

（2）研究显示二手烟同样可增加吸烟者患癌风险。2010 年 1 月 29 日，国外媒体报道，意大利热那亚国家癌症研究所研究人员玛利亚·皮卡尔等人组成的一个研究小组，在《环境健康》杂志上发表论文称，他们最新研究显示，二手烟的危害不只局限在不吸烟的人身上，那些吸烟的人在吸烟室等密闭环境下吸烟时，吸入自己产生的二手烟也会大大增加与吸烟有关的健康风险。

这项研究显示，那些每天抽 14 根烟的人，在通风不好的空间里吸烟时，吸入他们自己产生的二手烟，相当于每天多抽 2.6 根烟。研究人员表示，这一结果正好与以下论点相冲突：对吸烟者来说，与直接吸烟给健康带来的危害相比，二手烟的危害可以忽略不计。

皮卡尔多说：“有关主动吸烟的研究，应该始终关注主动吸烟和被动吸烟两种方式。”他们对 15 名在意大利做报刊经销生意的吸烟者，由二手烟提供的致癌原（烟草里致癌化学物）进行了分析。皮卡尔多说："我们之所以选择报刊经销商作为研究对象，是因为他们在狭小的报刊亭里工作，这意味着他们吸入的二手烟量几乎跟他们吸烟喷出的烟雾一样多。"该研究结果显示，二手烟提供的致癌原占普通香烟的15%～23%，占淡烟的21%～34%。

参与这项研究的普通吸烟者，每天抽14根烟；吸入自己产生的二手烟量，相当于每天多抽2.6根烟。另外，他们吸入其他吸烟者产生的二手烟量，相当于每天再多抽1.3根香烟。研究人员表示，该发现指出，在确定吸烟者的健康风险时，应该把吸烟者自己的吸烟习惯，以及他们在吸烟室等封闭空间里吸烟时吸入自己产生的二手烟考虑进去。

（二）抗癌因素研究的新信息

1. 抗癌饮食方案探索的新进展

研究称水果和奶制品食物可降低肝癌风险。2007年1月，意大利阿维亚诺国立肿瘤研究所雷纳托·塔拉米尼博士领导的一个研究小组，在《国际癌症杂志》上发表研究报告称，某些水果和奶制品食物能降低肝癌发病的风险。

塔拉米尼说，这项研究表明，饮食与这种癌症发病风险有关。对于其他类型的癌症，特殊的水果和蔬菜似乎也能起保护作用。

研究小组研究了185名肝癌患者和412名无瘤"对照"者。受试者回答饮食问卷，结果显示随着饮食的多样化程度提高，肝癌的发病风险降低。在考虑了其他可能影响发病风险的因素之后，研究人员发现高牛奶和酸乳酪摄入量，可降低78%的肝癌发病率。白肉的大量食用可降低56%的发病风险，而大量食用水果其风险可降低52%。蔬菜也具有明显的保护作用，但没达到统计学显著意义。此外，研究人员发现，该结果对于乙型和丙型肝炎病毒感染者仍然有效。

塔拉米尼建议，为防止肝癌，人们应当采用正确的饮食方案，富含水果和蔬菜。另外，限制酒、饮料，以及通过健康生活和避免针具共用，以防止肝炎病毒感染，也同样重要。

2. 抗肿瘤细胞探索的新进展

揭示中性粒细胞驱动非常规T细胞介导抗肿瘤免疫机制。2019年10

月，意大利人文大学的阿尔贝托·曼托瓦尼和塞巴斯蒂安·杰伊隆等科学家组成的一个研究小组，在《细胞》杂志上，发表论文《中性粒细胞驱动非常规T细胞介导对小鼠肉瘤和某些人类肿瘤的抵抗》，他们在文中揭示中性粒细胞，通过IL-12调控CD4-CD8-非常规αβT细胞极化，产生IFN-γ，介导抗肿瘤免疫；同时在部分肿瘤患者中，中性粒细胞的浸润和Ⅰ型免疫反应、良好临床疗效呈现相关性。

第一，研究人员敲除G-CSF-R（Csf3r-/-）造成小鼠外周血的中性粒细胞显著减少。在3-MCA诱导肉瘤模型中，Csf3r-/-小鼠发生肿瘤时间更早、生长更快、重量增加更多；将骨髓中Csf3+/+中性粒细胞，回输到Csf3r-/-负瘤小鼠有效限制肿瘤生长。野生型Csf3+/+小鼠的肿瘤相关中性粒细胞（TANs）上调CD11b、CD54表达，并且下调CD62L，显示出激活的状态。Csf3r-/-导致肿瘤相关巨噬细胞（TAMs）偏向于M2活化状态，下调IL12a、IL12b的表达。Csf3r-/-负瘤小鼠中IL12p70、IFNγ减少，研究表明TAMs与TANs共同合作诱导产生IL12p70、IFNγ，促进IFNγ依赖的抗肿瘤免疫。

第二，中性粒细胞在3-MCA诱导肉瘤模型中发挥抗肿瘤免疫，且依赖于IFNγ，那么IFNγ主要是何种细胞分泌？肿瘤环境中的T细胞是IFNγ的主要来源，而Csf3r-/-负瘤小鼠中只有CD4-CD8-非常规αβT细胞（UTCαβ）下调IFNγ表达，并且Csf3r-/-导致UTCαβ下调T-bet、Eomes，上调Rorγt表达，偏向于3型活化状态。

进一步分群后发现，Csf3r-/-小鼠肿瘤中iNKT、MAIT和DNTαβ增多，但只有DNTαβ的活化状态改变，偏向于3型；在肿瘤发生早期和晚期回输中性粒细胞均能够驱动DNTαβ的1型活化状态。研究人员分离Csf3r+/+、Csf3-/-小鼠肿瘤中的UTCαβ，用单细胞测序分析UTCαβ亚型的多样性。鉴定出12个cluster，其中cluster1和3分别对应着MAIT细胞表型和3型活化状态的Rorγt+DNTαβ，在Csf3r-/-中富集；cluster2和4表现为Ⅰ型活化状态的T-bet+DNTαβ和高表达Ly49家族基因，在Csf3r+/+中富集，与前面的表型一致。将DNTαβ和肿瘤细胞同时接种能够有效抑制肿瘤的生长，表现出抗肿瘤功能。

中性粒细胞如何调控UTCαβ的活化状态？相比于conventional T细胞，UTCαβ高表达Il12rb1、Il12rb2（编码IL-12受体）、Il1r5、Il1r7（编码

IL-18 受体）基因。IL-12 和 IL-18 刺激 UTCαβ 产生更多的 IFNγ，中和 IL-12p70 则诱导 Csf3r+/+UTCαβ 向 T-betlow 表型分化。中性粒细胞显著提高巨噬细胞分泌 IL-12 的能力，分泌的 IL-12 量足够诱导 UTCαβ 产生 IFNγ，但不足以诱导 conventional T 产生 IFNγ。

第三，研究人员检测未分化的多形肉瘤（UPS）病人样本，发现 I 型免疫反应基因、IFNγ 和良好的预后相关；CSF3R 表达和 UPS 病人整体生存率提高相关；TANhigh 的病人比 TANlow 有更长的生存期。CSF3R 高表达和 I 型免疫反应基因、IFNG 表达正相关。在结直肠癌病人（CRC）中观察到类似的现象。提示中性粒细胞-I 型免疫反应在部分类型的人类肿瘤，特别是 UPS 和 CRC，有抗肿瘤免疫功能。

本工作揭示了，肿瘤相关中性粒细胞，通过促进巨噬细胞产生 IL-12，诱导 UTCαβ 进入 I 型活化状态，释放 IFNγ，发挥抗肿瘤免疫功能。这和之前将中性粒细胞作为肿瘤促进因子的报道不同，为认识肿瘤微环境中性粒细胞的功能提供了新的角度。

二、癌症防治技术的新成果

（一）研究癌症诊断和预测技术的新信息

1. 研究癌症检测和诊断技术的新进展

（1）发现筛查宫颈癌更加高效的新途径。2013 年 11 月，意大利等国医学专家组成的一个研究小组，在《柳叶刀》杂志上撰文介绍说，宫颈癌是最常见的女性恶性肿瘤之一，宫颈涂片筛查，是目前最常用的宫颈癌筛查方法。而欧洲一项最新研究发现，进行针对人乳头瘤病毒的早期筛查，可以更高效地帮助筛查宫颈癌。

据英国国家医疗服务系统癌症筛查项目主管朱丽叶塔·帕特尼克介绍，英国已经有部分地区，开始推行针对人乳头瘤病毒的宫颈癌早期筛查，检测出人乳头瘤病毒的女性，再接受阴道镜等进一步检查，这一手段取得了良好效果。

该研究小组在文章中说，近年来关于人乳头瘤病毒与宫颈癌关系的研究越来越多，不过，基于这种病毒的筛查效率尚不清楚。他们最新的研究表明，从人乳头瘤病毒入手帮助筛查宫颈癌效率更高，且持续性更好。

他们对英国、意大利、荷兰和瑞典的17.5万名妇女的医疗记录，进行了长达6年半的跟踪研究，重点对比了采用这两种筛查方法的女性罹患宫颈癌的比例。结果发现，人乳头瘤病毒筛查效率更高，尤其是对于浸润性宫颈癌来说，与宫颈涂片筛查相比，人乳头瘤病毒筛查效率可提高60%～70%。此外，研究人员认为，就筛查周期而言，传统筛查3年一查，而人乳头瘤病毒筛查可延长至5年以上。

（2）研究表明“过度诊断”可能导致甲状腺癌误诊率高。2016年8月20日，有关媒体报道，意大利阿维亚诺国家癌症研究所，与法国里昂的世界卫生组织下属国际癌症研究机构共同组成的一个研究小组，联合发布研究报告指出，过去几十年来，多个高收入国家甲状腺癌发病率升高的原因，很大程度上源于“过度诊断”，把某些几乎不会引起症状或死亡的肿瘤，误诊为癌症。

研究人员根据国际癌症研究机构出版的《五大洲癌症发病率》中的统计数据，对意大利、法国、澳大利亚、日本、挪威、韩国和美国等12个高收入国家的甲状腺癌误诊病例数量进行估算。医疗检查水平的不断提高，以及颈部超声检查、CT扫描、核磁共振等新型诊断技术的使用，会把健康人群甲状腺腺体上的一些非致命性疾病，误诊为癌症。研究人员发现，过去20年中，这些高收入国家总共有47万多名女性和9万多名男性被误诊为甲状腺癌。其中，自20世纪80年代引入超声波扫描技术进行癌症筛查后，美国、意大利、法国曾是甲状腺癌“过度诊断”情况最严重的国家，但近年来问题最多的是韩国，甲状腺癌已成为韩国女性最常被诊断出的癌症。不过数据显示，在2003—2007年间，韩国近90%的女性甲状腺癌病例属误诊！

报告还发现，各国男性被误诊罹患甲状腺癌的分布，虽与女性相似，但误诊的概率普遍远低于女性。研究人员指出，大部分被误诊为甲状腺癌的患者，都要经历甲状腺全切除术，以及颈淋巴结清扫术、放射治疗等对人体造成伤害的疗法，但这些疗法未必能提高其生存率。

2. 研究癌症预测技术的新进展

找到预测白血病发展的新方法。2016年1月，意大利与加拿大联合组成的一个国际研究小组，在《癌细胞》上发表论文称，他们日前发现，健康血液干细胞向癌细胞转化具有清晰的、独立的步骤。该项发现，是在血癌早期阶段进行识别和准确预测病情发展方面取得的重大进展。研究人员称，新研究已经确定了其中的两个步骤。研究小组的论文，描述了骨髓增生异常综合征向急性髓细胞白血病转化的重要鉴别方法。

研究发现，重要的GSK-3基因的一个变体被删除时，该基因的其他变体开始激活，但此时仍是非癌的。当该基因的第二个变体被删除时，急性髓细胞白血病就会开始活动。

研究小组把这些初步研究结果，应用于先前从骨髓增生异常综合征患者，其中部分最终发展为急性髓细胞白血病患采集的人体血液样本。研究人员所做的追溯研究证明，病人血液样本的基因表达分析，可准确预测哪些患者病情最终会发展为急性髓细胞白血病。

研究人员表示，其下一步目标，是要开发出更好的血癌预测方法，并以可预测的基因表达，作为药物靶标来预防白血病的发展。

（二）研究癌症治疗方法的新信息

1. 射线疗法与免疫疗法探索的新进展

（1）建立首家利用超级射线“杀死”癌细胞的治疗中心。2010年2月，意大利《晚邮报》网站报道，意大利第一家全国肿瘤粒子治疗中心，在帕维亚落成，它采取与众不同的治疗方法，将利用超级射线“杀死”癌细胞。

报道说，在这个治疗中心，医生能够把看不见的射线射入DNA中，将癌细胞直接杀死。这种由同步加速器制造出的粒子束，可直接对躺在手术室内的患者进行治疗，并可通过亚原子粒子束，对5%不可手术治疗的肿瘤或抗放射治疗的癌症“发挥奇效”。

意大利全国肿瘤粒子治疗中心技术主任桑德罗·罗西介绍道：“由意大利核物理实验室提供的同步加速器装置，是一个产生碳粒子和质子的粒子加速器。这些粒子的初始速度为每秒钟30千米，可根据肿瘤在病人体内的位置深浅，通过加速器加速至治疗所需的速度。”此后，粒子束被引入治疗室。在治疗室中有个重达150吨的磁铁，用于将粒子束弯曲90°，从上而下照射病人。每次的治疗时间为2~3分钟，平均一个疗程需进行十多次照射。

全国肿瘤粒子治疗中心科学主任罗伯特·奥雷齐亚说："这种治疗手段并不能完全代替传统的放射治疗，仅是一个更多样化的治疗手段而已。"粒子治疗法，对一些较为棘手的肿瘤病症，如肉瘤、中枢神经系统肿瘤、头颈部肿瘤、黑色素瘤，以及所谓的非小细胞肺癌或肝脏恶性肿瘤具有疗效。如今世界上有5万名患者接受质子治疗及6000名患者接受碳粒子治疗后，获得了满意的效果。粒子治疗的另一特点是，粒子深入患者肌体有效"摧毁"肿瘤的同时，能使健康的肌体组织不受影响。

意大利全国肿瘤粒子治疗中心，是继日本的千叶、兵库和德国的海德堡之后，世界上第四个类似的治疗中心，目前处于试运行阶段，2011年10月之后逐步转入日常运转，正常运行后，年接待量约为3000名患者。

（2）发现CAR-T细胞免疫疗法副作用可被抑制。2018年5月28日，意大利圣拉菲尔科学研究所科学家阿提里奥·博丹泽领导的研究团队，与美国纪念斯隆·凯特琳研究所科学家迈克尔·萨德兰领导的研究团队，各自在《自然·医学》杂志网络版发表独立完成的研究成果，他们分别证明，再加上白介素-1（IL-1）抑制剂后，CAR-T细胞免疫疗法将可以更安全，应用范围也更广。

前景可观的CAR-T疗法，标志着肿瘤治疗进入一个新时代。其本质是一种基因修饰自体T细胞的免疫治疗，也是使用患者自己的T细胞进行的"定制化治疗"。有两种类型的CAR-T细胞疗法获批，用于治疗极其难治的癌症，另外还有更多类型在临床试验中显示出治疗效果。然而，这些治疗存在严重的潜在副作用：可引起死亡的神经毒性和细胞因子释放综合征，这仍是有待克服的主要挑战。

由于缺乏动物模型，人们迟迟未能准确了解CAR-T细胞如何导致这些副作用。为了解决这个问题，意大利研究团队改造了小鼠，使它们拥有类似人体的免疫系统。他们发现，细胞因子释放综合征和神经毒性都是由炎性分子IL-1引发的，在治疗方案中加入抑制IL-1的阿那白滞素可以阻断该分子。

而美国研究团队则使用了另一种小鼠模型，发现细胞因子释放综合征是由IL-1和其他炎性分子引起的，并且可以用药物抑制剂进行治疗。除此之外，他们将IL-1抑制剂基因直接插入CAR-T细胞，以此预防而非治疗细胞因子释放综合征。

在随附的新闻与观点文章中，有关细胞及基因治疗的科学家认为，两个独立实验室得出的互补性发现表明，通过阿那白滞素靶向 IL-1 或改进 CAR-T 细胞设计，可以消除细胞因子释放综合征和神经毒性的风险。但值得注意的是，由于小鼠模型只是近似人类疾病情况，因此这些发现还有待临床试验的验证。

2. 利用药物治疗癌症探索的新进展

（1）研究显示靶向药物治白血病疗效更高。2013 年 7 月 19 日，意大利通讯社报道，意大利罗马大学托尔・韦尔加塔校区血液肿瘤教授弗朗切斯科・洛科科领导的一个研究小组，与德国研究人员合作，在《新英格兰医学杂志》上发表论文称，他们进行的研究显示，靶向药物治疗急性早幼粒细胞白血病的生存率，高于结合药物的化疗。

据报道，意大利 40 个血液病研究中心和德国 27 个类似机构合作，以 150 多名急性早幼粒细胞白血病人为研究对象，其中各一半的病人分别接受靶向药物治疗和化疗。

研究人员说，两年的跟踪研究发现，接受靶向药物治疗的病人，在这期间的无事件生存率约为 98%，而接受化疗的病人无事件生存率约是 91%。

洛科科说，靶向药物治疗可避免化疗的副作用，如感染、恶心、呕吐和脱发等，而且接受靶向治疗的病人住院时间比化疗病人短，可改善患者的生活质量。

洛科科说，靶向药物治疗不会像化疗那样全部“杀死”肿瘤细胞，而是起重组或转换作用，让它们变成“好细胞”。这种方法还可用于治疗其他类型白血病。据悉，这种靶向治疗法，最先由中国工程院院士王振义提出，他的研究开拓了医学界治疗肿瘤的新思路与新途径。

（2）发现用药物阻断癌细胞转移的新机理。2019 年 8 月，意大利国家研究委员会遗传与生物物理研究所，与癌症研究基金会分子肿瘤研究所共同组成的一个研究小组，在《癌症研究》杂志上发表论文称，他们发现，目前正在使用的一些针对不同适应证的药物，可能具有阻断癌细胞转移和扩散的功效，如治疗哮喘病的药物布地奈德（budesonide），可以减少乳腺癌细胞的转移扩散。

细胞动态改变自身行为的能力，如移动和远距离迁徙等，是胚胎发育和受损组织修复的基础，也是癌症转移等疾病发展的基础。

目前，人们仍不清楚细胞转移机制及癌细胞扩散机理。该研究小组分析了数千种治疗不同适应症的常用药物，发现了一些阻断体内细胞移动和迁徙的机理。

有些细胞内胶原蛋白的合成迅速增加造成代谢失衡，在不改变 DNA 序列的情况下改变了细胞的表观遗传特征，从而改变了细胞特性，让正常细胞或癌细胞获得了移动或转移能力。胶原蛋白和 DNA 这种关系，是由一类特定的酶：依赖于维生素 C 的双加氧酶介导的。

该研究结果，除了确定细胞迁移的新机制外，还为转移性癌症的药物治疗开辟了重要视角。研究人员表示，他们的研究成果，由意大利癌症研究基金会和国家教育大学科研部共同资助完成。

第二节　神经系统疾病防治的新进展

一、大脑生理及疾病防治研究的新成果

（一）大脑生理研究的新信息

1. 大脑创造力探索的新发现

研究发现人一天中大脑最具创造力的时间。2008 年 10 月 20 日，英国《每日邮报》报道，意大利米兰天主教圣心大学一个研究小组，公布一项研究称，“夜猫子”可能是最具创造性的“思想家”，也许是因为他们与普通人相比，更有可能打破常规。

根据最新的这项研究，如果你真想让自己更有创造力，最好能晚睡，至少要坚持到晚上 10 点 04 分以后再睡觉，因为这是我们在一天当中最具创造力的时刻。

研究人员指出，此时，我们的创造性思维最为活跃，而下午 4 点 33 分，不啻为我们一天当中“最黑暗的时刻”：此时我们的思想最无创新性，创新思维和集思广益的能力会被一种难以言表的困惑所取代。对于我们来

说幸运的是，工作时间一般从上午 9 点持续到下午 5 点，否则，“思想黑暗”的时间会更长。

下午也许是创新思想的一片荒地，在一项涉及 1426 个成年人的调查中，98%的受访者表示，下午是他们“最无灵感”的时候。约 1/4 受访者认为午夜时分是他们创造性思维最为活跃的时候。当“电灯泡”最终在大脑“关闭”时，58%的受访者称奇思妙想此时离他们远去，因为他们未能将它们马上记下来。

女性记下奇思妙想的方式优于男性，而 1/3 年龄在 35 岁以上的受访者选择将好主意写在手背上。44%的受访者认为，让大脑运转起来的最佳方式是洗个澡。2006 年的一项研究结果曾表明，夜间活跃型人群，俗称“夜猫子”的最有创造力。

2. 大脑结构探索的新发现

（1）研究发现大脑结构与人的性格密切相关。2009 年 4 月 11 日，英国《独立报》报道，每个人独特的性格看似难以捉摸，其实大脑构造中早已有所体现。一个由意大利帕尔马大学、英国赫尔大学与美国华盛顿大学医学专家组成的研究小组，发现人的性格与大脑结构密切相关。大脑不同区域的形状、大小能影响性格，大脑结构也可能随性格而变化。

该研究小组对 85 名受试者的大脑进行扫描，观察、测量大脑各个区域的形状和大小。此次测量精确到立方毫米。通过比较受试者大脑结构异同和不同区域的大小，按心理学家根据临床研究得出的个性评测系统，研究人员把受试者大体归为 4 种个性类型。它们包括：冲动、任性的“猎奇型”性格；悲观、羞涩的“伤害回避型”性格；容易成瘾、沉溺的“奖励依赖型”性格和勤奋、刻苦的完美主义者“持久型”性格。

研究人员说，通过测量大脑特定区域的大小，能了解大脑结构上的区别，反映出人们不同的个性。研究人员接着说，具有“猎奇型”性格的人，大脑位于眼眶上方的区域比其他人大，这个区域较小的人则较易胆怯，总想寻求他人同意、赞许。

大脑额叶皮质纹状体区受伤的人，易患孤独症；而属“奖励依赖型”性格的人，这一区域的组织，比其他类型的人少得多，造成了他们较易沉溺某种事物不能自拔的个性。屡教不改的赌徒，多属于这种类型。“伤害回避型”性格的人，大脑眶额皮层和枕骨后的区域脑组织比其他人少得多。

这次研究结果显示，性格与生俱来。但在成长过程中，随着经历的丰富和个性的改变，大脑也会随之发生变化。研究人员说，研究将有助于通过扫描大脑结构，根据特定区域的形状和大小测试儿童未来的性格。

（2）发现大脑褶皱或与人有多神经质相关。2017 年 2 月，国外媒体报道，意大利卡坦扎罗大学科学家罗伯塔·里切利领导的一个研究小组，公布研究成果称，他们发现了大脑结构一些元素与一些人格特征之间的联系。该成果表明，只要看看一个人的大脑，或许就可以了解这是个什么性格的人。

报道称，这项研究扫描了 500 名志愿者的大脑，评估了他们的 5 个特征：神经质、开放性、外向性、亲和性和自觉性。

研究人员主要关注皮质结构（大脑的外层）。他们发现神经质的人情绪更加多变，皮质会更厚、褶皱更少。而更加开放（好奇和富有创造性）的人，则显示出相反的结构。

大脑结构和人格之间的联系，或许可以解释人们成长中如何成熟。大脑褶皱和皱纹据说会增加大脑的表面积，但也会让皮质变薄。在儿童和青少年以及成人时期，皮质会持续拉伸和折叠。随着人们长大，神经质程度大体会降低，变得更尽责、更亲和。

里切利说：“我们的研究，支持性格在某种程度上与大脑成熟相关的概念。”

（二）大脑疾病防治研究的新信息

1. 研究病人大脑生理反应的新进展

进一步认定安慰剂能提高脑部多巴胺水平。2004 年 5 月，有关媒体报道，安慰剂效应表现为，患者信任不疑地吃下医生给的药，病情果然减轻不少，然而那个药丸只是淀粉加葡萄糖做成的“假药”。这种现象在医学实践中很常见，但人们并不清楚其中的道理。意大利的科学家说，他们在一项最新试验中，观察到了安慰剂效应对人脑细胞的作用，显示该效应有着生理基础。

都灵大学医学院的一个研究小组，在试验中给帕金森氏症患者注射普通的盐水。结果发现，他们的脑细胞，出现了与接受药物注射时同样的反应。专家认为，这种反应是安慰剂促使脑部多巴胺水平升高所引起的。帕金森氏症病人大脑中缺少一种称为多巴胺的神经传导素，导致丘脑底核等区域的神经细胞异常兴奋，患者出现肌肉僵直、震颤和行走困难等症状。此前研究曾发现，安慰剂能够通过提高脑部多巴胺水平来产生疗效。本项目研究成果，对此提供了新的证据。

研究人员给患者注射三剂脱水吗啡，它能使患者脑部过度兴奋的神经细胞平静下来。大约 24 小时后，研究人员在患者清醒的状态下给他们做手术，在其丘脑底核部位植入电极。每个电极所带的传感器能够监测约 100 个神经细胞的兴奋情况。在手术过程中，研究人员给患者注射盐水安慰剂。结果，盐水也能使神经细胞平静下来，效果与脱水吗啡相同。这一现象，不能解释为脱水吗啡在脑部有残留，因为脱水吗啡的效果只能维持 1 个小时。

研究人员说，安慰剂之所以会产生这样的生理反应，有两种解释：一种是“认知”假设，患者期待药物起作用的心理激发了生理反应；另一种是“条件反射”假设，患者所处的医疗环境引起了生理上的条件反射。科学家正进行下一步试验，在不预先给患者注射脱水吗啡的情况下，观察安慰剂会对脑细胞产生什么样的作用。他们希望这能为寻求安慰剂效应的直接解释带来一线曙光。

2. 研制防治大脑疾病设备的新进展

开发出把脑细胞与硅电路相连接的“神经芯片”。2006 年 3 月 27 日，美国“生活科学”网站报道说，随着生物科技的迅速发展，活生生的有机体和机器之间的界限，已变得越来越模糊。意大利帕多瓦大学的科研小组，开发出一种“神经芯片”，它把人类的脑细胞与硅电路连接在一起：在面积仅为 1 平方毫米的芯片上，压缩了 1.6 万多个晶体管及成百上千个电容器，并利用大脑中的特殊蛋白质即神经细胞，把脑细胞黏合在芯片上。

这种用作黏合剂的蛋白质即神经细胞，可使芯片上的电子与活的细胞进行交流。当电容器刺激神经细胞时，神经细胞发出的电子信号可以被传感器记录下来。科学界认为，这一成果，将有助于人类，在未来制造出复杂的人工神经中枢和“活电脑”，以治疗各种神经疾病。

研究人员指出，要形成治疗神经疾病和制造“活电脑”的技术，可能尚需几十年的时间。不过，短期内，“神经芯片”也可以提供先进的技术，帮助制药工业筛选药物。制药公司可用芯片来测试药物对神经细胞的影响，以迅速发现有希望的研究途径。目前，科研人员正在研究刺激过程中避免损害神经细胞的方法，以及利用神经细胞的基因结构来控制“神经芯片”的可能性。

二、防治神经与脊髓疾病的新成果

（一）防治神经疾病研究的新信息

1. 研制神经疾病医疗器械的新进展

（1）联合研发出人工神经细胞突触。2019 年 1 月，意大利国家研究委员会电子和磁性材料研究所的科学家，与俄罗斯和法国科学家共同组成的一个研究小组，在《先进材料技术》杂志上发表论文称，他们首次用聚合物开发的电化学元件（忆阻器），代替神经突触连接两个神经元，以人工方式实现了神经元之间的直接通信。

在人类大脑中，连接神经元的突触，在两个神经元之间建立特定的单向信息流，这些连接是实现神经元基本功能的关键要素，如学习和记忆等功能，是基于通过突触的信息流重复次数改变电压阈值，进而重新配置神经元间的连接强度即突触的可塑性实现的。人工突触是目前脑科学前沿研究的热点，此次研发的人工突触，能够保留对其中传递的电流的记忆，从而实现与天然神经细胞突触相似的功能。

该研究成果对修复因事故造成的神经功能损伤，治疗神经退行性疾病、突触功能障碍，以及开发新一代“人脑—计算机”交互界面具有重要意义。

（2）研发出新型三维碳神经支架。2019 年 2 月 26 日，新华社报道，从中科院苏州纳米所获悉，由中国、意大利、美国学者组成的一个国际研究团队，在《先进材料》杂志上发表论文称，他们研发出一种三维石墨烯-碳纳米管复合网络支架。这种生物支架能很好地模拟大脑皮层结构，未来，研究者们不仅能借助支架清晰、直观地看到脑部疾病的发展过程，还有望将其植入大脑，用于阿尔茨海默病等多种神经退行性疾病的治疗。

碳神经支架是一种基于石墨烯、碳纳米管等新型超微碳材料的生物支架。它通过模拟体内复杂的微环境，构建神经干细胞和原代神经元的生长环境。研究人员发现，相比在二维的培养皿中观察、培养神经细胞，三维支架更接近脑部实际环境，神经干细胞的增殖和定向分化效率也大大提高。

此次研究中，研究团队成员用石墨烯模拟大脑内部四通八达的三维框架，用更微小的碳纳米管模拟神经元细胞，成功构建出“互联互通”的三维复合碳神经支架。利用这种支架培养原代大脑皮层神经元，能更好地模拟大脑皮层的复杂性。研究人员把脑胶质瘤细胞“种植”在构建的大脑皮层模型中，结合先进的成像和分析技术，就能清晰看到肿瘤细胞的发展进程。此外，他们还构建了药物治疗模型，利用三维支架观察不同抗癌药物对肿瘤的实际抑制效果。

研究人员说：“新支架不仅能用于药物的筛选，未来还可能被移植进人体，用于阿尔茨海默病、帕金森综合征等疾病的治疗。”针对多种神经退行性疾病的治疗，医学界已经提出移植神经干细胞的构想。三维碳神经支架将是很好的载体，它能帮助医生将神经干细胞精准放置到病变地点，并帮助其增殖、分化，以实现治疗的目的。

2. 支持神经疾病防治研究的新信息

神经学家获陌生人赠予的巨额遗产。2016 年 6 月 29 日，有关媒体报道，意大利米兰大学神经科学家埃琳娜·卡特内奥，在毫不知情之际获得一个陌生人赠予的 150 万欧元遗产，以支持她的科研活动。刚得知这个消息时，她认为这是个骗局。

在会计师弗朗哥·菲奥里尼手写的简短遗嘱中，只有一句话：把所有资产转给埃琳娜·卡特内奥，让她用在科研里她觉得合适的地方。

卡特内奥说：“我不知道他为何决定这样做。但这传达了一个有希望的信息，像菲奥里尼这样的人，为意大利的科研未来做出了自己的贡献。”卡特内奥为无法对菲奥里尼说谢谢感到遗憾，她计划利用这些钱设立意大利青年科学家奖学金。

供职于米兰大学的卡特内奥，并不是一位普通的研究人员。2013 年，时任总统乔治·纳波利塔诺将长特内奥任命为参议员。卡特内奥最著名的成就，便是阻止 Stamina 基金会进行未经证实的干细胞疗法。

2016 年 5 月 21 日，64 岁的菲奥里尼去世。因患小儿麻痹症而只能使用轮椅的他，曾是一家建筑公司的主管，并于 15 年前提早退休。2016 年年初，菲奥里尼受到严重感染，最终去世。菲奥里尼的好友兼律师保罗·盖迪尼，在接受《自然》采访时表示，菲奥里尼没有直系亲属，朋友也不多，甚至很少出门。盖迪尼说："他口风很紧，从不提及个人隐私。但他热爱阅读，经常与我谈论历史、医学和政治等话题。"菲奥里尼收藏了 5000 多本书，其中包括哲学和科学书籍。可能是阅读让菲奥里尼知道了卡特内奥，在他立遗嘱之前，卡特内奥因科学活动时常在媒体现身。当时，她对政府拨款透明度和一个耗资 15 亿欧元的生物医学和营养研究中心计划表示不满，并抱怨大量资金不应集中在单一项目上，尤其是在意大利科研界作为一个整体已连续多年缺乏资助时。

帕多瓦大学神经科学研究所所长图利奥·波赞指出："很多匿名捐助者会捐献给医学研究大笔金钱，但赠给只是通过媒体知道的个人并不多见，这体现了宣传科研的重要性。"

（二）防治脊髓疾病研究的新信息

1. 脊髓修复让瘫痪动物行走自如

2016 年 9 月 20 日，《新科学家》杂志网站报道，因声称已攻克人头移植手术主要障碍而声名鹊起的意大利神经外科专家塞尔吉奥·卡纳维洛，与韩国建国大学和美国莱斯大学同行组成的研究团队，在《国际神经外科学》杂志发表了三篇论文。

这些成果显示，他们进行的多个动物实验表明，化学物质聚乙二醇（PEG）能帮助修复狗和老鼠的受损脊髓，使其恢复行走能力。卡纳维洛表示，这些修复技术将帮助他们 2017 年开展人头移植手术，但这一时间表受到一些科学家的质疑。

据报道，该研究团队在第一项实验中，韩国研究人员把 16 只老鼠的脊髓切断，向其中 8 只脊髓两端注射聚乙二醇，其他 8 只注射安慰剂。4 周后，注射聚乙二醇的老鼠中有 5 只恢复了部分活动能力，而另 3 只和对照组的 8 只全部死亡。

第二组实验中，研究团队把聚乙二醇升级成具有导电性能的石墨烯纳米粒子形式，以帮助神经元细胞发育并相互融合。升级版聚乙二醇注射到刚刚被切断脊髓的 5 只老鼠体内后，其中一只老鼠一周后站了起来，两周后恢复行走并可自己吃东西，而注射安慰剂的对照组没有看到这种恢复。

最后一个实验，韩国研究人员把一只狗的颈椎脊柱切断，使其 90% 脊髓受损，然后马上向其注射聚乙二醇，到第三周，这只狗能够行走并恢复了正常生活。但这个实验没有对照组。

《新科学家》采访了 10 多位专家，但他们大部分都不愿对这些实验发表看法。美国凯斯西储大学神经科学家杰瑞·斯尔沃表达了质疑，认为实验狗样本数太少，而且论文没有提供 90% 脊髓受损的组织学图片，因此还不足以支持即将进行的人头移植手术。他说；“这些研究表明，3~4 年后，才能开展人体脊髓修复实验，开展人头移植试验至少要等 7~8 年。”

面对质疑，卡纳维洛坚信，他们的研究能让脊髓两端融合，并最终修复人体受损脊髓，或者通过人头移植手术让脊髓受损严重的瘫痪患者重新站起来。

2. 开展脊髓损伤致瘫恢复下肢运动的实验

2016 年 11 月 9 日，一个意大利学者参加，由瑞士苏黎世联邦理工学院科学家格雷古瓦·库尔蒂纳主持，其他成员来自中国、德国、法国、英国和美国的国际研究团队，在《自然》杂志上发表了一项神经科学重要成果。他们报告了一种最新研发的装置——可植入体内的无线“大脑–脊柱接口”，实验中，它成功地让猴子在发生脊髓损伤后，最短仅用 6 天就恢复了瘫痪下肢的运动能力。该装置采用的元件已获批可用于人体研究，标志着用这种方法治疗人类半身不遂，往临床测试方向又迈进了一步。

以往研究显示，参与规划并执行运动的脑区所破译的信号，如果能有效使用，则有可能控制机械臂或假手的运动，此前案例还显示其可以控制病人瘫痪的手。但是，下肢的情况并不在此列，因为用这种方法恢复行走过程中复杂的腿肌激活模式和协调性，一直以来都没有获得成功。

此次，该研究团队开发出一种“大脑—脊柱接口”。该装置可以破译来自控制腿部运动的运动皮质区信号，从而刺激在脊髓下部“热点”植入的电极，正是这些“热点”负责调节腿肌的屈伸。实验中，研究人员在两只因局部脊髓损伤而导致一条腿瘫痪的猕猴身上，进行了测试。一只在没有经过特殊训练的情况下，于伤后 6 天就恢复了瘫痪下肢的部分运动能力；另一只经过两个星期也恢复到相同水平。

三、防治其他神经系统疾病的新成果

（一）记忆与心理情绪研究的新信息

1. 记忆研究的新发现

研究发现喝葡萄酒能提高记忆力。2007 年 5 月，一个由意大利生物学与医学专家组成的研究小组，在美国神经病学专业杂志《神经病理学》上发表论文称，他们研究发现，喝葡萄酒不仅能增强食欲，还能提高记忆力，预防阿尔茨海默病。

这是首次针对轻度认知功能损伤者进行的研究，轻度认知障碍是介于正常衰老与痴呆之间的一种认知功能损害状态，但不伴有显著的日常生活能力下降为特征。

意大利学者这篇论文显示，每天一杯葡萄酒可增强记忆力，降低阿尔茨海默病发病率。适度饮酒者与滴酒不沾者相比，发展成痴呆症状，包括发生在老年期及老年前期的一种原发性退行性脑病的速率，减少了 85%。专家称，为防止记忆力衰退，可经常少量饮酒，日积月累即可达到效果，但是长期饮酒过度也会导致阿尔茨海默病。

研究过程中，意大利研究人员调查了 1500 名 65~84 岁年龄段老年人的酒精消费量，同时检查其大脑功能，并对 121 名轻度认知障碍患者连续跟踪调查三年以上，了解其病情发展情况。结果发现，一天饮用一杯葡萄酒的轻度认知障碍患者，与从不饮酒的患者相比，病情恶化程度降低了 85%。

由于酒精能够促进血液循环，阻止大脑动脉硬化，因此可以预防阿尔茨海默病。此外，专家已证实，葡萄酒富含黄酮类化合物、天然抗氧化物质，这些都能够清除体内产生的毒素，防止血液凝固。

2. 心理情绪研究的新发现

发现人类右耳“耳根更软”。2009 年 6 月，意大利基耶蒂大学心理学家卢卡·托马西、达尼埃莱·马尔佐利主持的一个研究小组，在最新一期德国《自然科学》月刊网络版上发表论文称，他们发现，人类右耳“耳根更软”，更容易听从意见，执行命令。于是，他们建议，想向对方提的要求获得满足，就对着他的右耳说吧！

该研究小组的研究，是从观察人在社会活动中如何倾听和如何反应开始的。他们选择 3 家夜总会作为观察点。在第一家夜总会，研究人员发现，286 名顾客在嘈杂的背景音乐声中交谈时，72%的人用右耳倾听。这一结果，与实验室研究和调查问卷结果一致。第二项试验中，研究人员分别接触 160 名夜总会顾客，先低声咕哝几句引起对方注意，然后等待对方回头或侧耳听，再提出要根烟。结果发现，58%的人侧右耳，42%的人则“伸长”左耳。其中，女性则更明显地表现出对右耳的“偏爱”。这项试验不涉及得到香烟数量与左右耳的关系。第三项试验中，研究人员向顾客讨要香烟时，有意识地靠近他们的左耳或者右耳，结果从右耳倾听者处得到的香烟明显多于左耳倾听者。

这一系列试验显示，人类大脑对双耳听到的声音处理方式不同，右耳接收到的信息被优先处理，接收到的命令更易获执行，这就是“右耳优势”。研究人员指出，即便双耳都受到声音刺激，人们还是更喜欢用右耳倾听，进入右耳的音节被左脑半球优先处理。

作者在论文中写道：“这些结果，与左右脑半球的不同分工相一致。”因为左脑半球更具逻辑性，更善于解码口头信息。

此前研究发现，人的左脑半球支配右半身的神经和器官，是语言中枢，主要负责语言、分析、逻辑、代数的思考、认识和行为；右脑半球支配左半身的神经和器官，是没有语言中枢的“哑脑”，但具有接受音乐的中枢，负责可视、综合、几何、绘画等形象思维。

研究人员还分析说，人类左右脑半球分别负责积极与消极的感情与行为，因此对着右耳说话，话语就被传送到大脑中更“顺从”的部分。作者在论文中说，此前一些研究利用先进仪器，大量使用成像技术，记录并观察自由活动物体的神经活动，以提供大脑分工的生理证据，而他们的研究有所不同，完全在人类自然的社会交往中进行。

研究人员说："这项研究具有非常重要的意义，它是少数几项研究之一，证明大脑不同半球的自然分工对人类日常行为的影响。"他们还说："我们的研究证明，人类和其他物种的一个共同特点，都在社会交往中表现出偏侧行为，这种交往不仅包括特定物种间的语言交流，也包括情感互动。"

（二）神经系统疾病防治的其他新信息

1. 发现男性长期抑郁易患阿尔茨海默病

2005 年 4 月，有关媒体报道，意大利罗马男性健康协会的研究小组发现，曾经长期抑郁的男性，可能会引发记忆或认知出现问题，从而会大大提高患阿尔茨海默症的可能性。不过，这一规律，对于女性来说并不适用。

研究小组历时 14 年，对该协会的 1357 名抑郁症患者，进行了调查研究。其间每两年，都会使用标准仪器，测量病人抑郁症的症状和发病频率。结果发现，那些曾有抑郁症史的男性，患阿尔茨海默病的概率是其他人的两倍。

研究者说，抑郁症与阿尔茨海默病的病状，在男性和女性中是不相同的。他们的大脑结构有差异，因此对荷尔蒙的反应也不同。恰恰正是这些雄性和雌性荷尔蒙，对这两种症状的产生起到了重要的影响。研究者还说，这一研究结果，在公共健康和经济发展方面有重要意义。它表明，预防抑郁症，对于降低阿尔茨海默病的发病率很有帮助，对男性更是如此。

2. 发现可用抗炎药治疗癫痫

2011 年 4 月，每日科学报道，意大利米兰药学研究所的一个研究小组，在《神经疗法》上发表论文称，如果用通常的抗痉挛药物治疗癫痫发作无效的话，可以尝试用抗炎药来治疗。该研究小组用小鼠实验表明，定期给小鼠服用某种酶抑制剂，对其急、慢性癫痫发作，都有明显的抑制效果。这一发现，有可能找到一个替代抗痉挛药物的新途径。

一种被称为 ICE/Caspase-1 的酶，可以在小鼠大脑中制造一种名为

IL-1Beta 的促炎分子来诱发癫痫。研究小组用人工诱发的方法，分别对 21 只成熟公鼠和 46 只实验鼠，制造了急性和慢性癫痫发作，然后对其注射了酶抑制剂 VX-765。通过观察发现，酶抑制剂有很强的抗痉挛效果。定期服用酶抑制剂，可明显抑制慢性癫痫发作，治疗 4 天后停药，癫痫会再次发作，同样的剂量对急性发作也有效果。

鉴于酶抑制剂抗痉挛效果明显，研究人员称，该发现为研制替代抗痉挛药物，找到新的靶标体系，也为治疗癫痫提供新途径：当患者对通常治疗药产生抗药性后，可尝试用抗炎药来治疗。

第三节　心脑血管与呼吸系统疾病防治的新进展

一、心脑血管疾病防治的新成果

（一）防治高血压研究的新信息

1. 发现黑巧克力有助于降血压

2005 年 3 月，意大利阿奎拉大学一个研究小组，在《美国临床营养学杂志》上发表研究报告称，通常人们认为巧克力热量高、含脂肪多，多吃容易发胖，但他们的一项小规模研究发现，黑巧克力有一大好处，那就是有助于降血压和促进食物中糖的代谢。

研究人员说，黑巧克力中富含一种名为类黄酮的抗氧化剂，类黄酮可中和人体新陈代谢产生的一种会损害细胞的副产品。其他多项研究也表明，类黄酮有益于心脏和血液循环，减轻血液凝结。

在这项研究中，研究人员让 15 名健康人，连续 15 天每天吃 100 克黑巧克力，发现他们的血压有所下降，对胰岛素的敏感度有所增强，而胰岛素在人体糖代谢中的作用非常重要。但这 15 人改吃白巧克力后，则没有取得类似效果。

此前的研究也表明，吃不同种巧克力的确对健康有不同影响。一项研究发现，牛奶巧克力就不能提高血液中抗氧化剂的水平，这可能是因为牛奶会干扰人体从巧克力中吸收抗氧化剂。另有研究表明，血压高的老人在吃黑巧克力后血压有所下降，但他们吃不含类黄酮的白巧克力，就没有什么效果。

2. 研究表明听古典音乐可降血压

2008 年 5 月 18 日，美国媒体报道，在日前召开的美国高血压学会会议上，意大利佛罗伦萨大学科学家组成的一个研究小组，公布的一项最新研究表明，轻度高血压患者每天聆听半小时左右的古典音乐，可以显著降低动态血压中的收缩压。

据报道，研究人员对 48 名，年龄在 45~70 岁之间的轻度高血压患者进行研究，让其中 28 人每天听半小时左右的古典音乐或节奏类似的其他音乐，同时进行缓慢的呼吸训练。其他 20 人则作为对照组，日常活动没有其他变化。

研究人员发现，1~4 周之后，听音乐的那组患者收缩压水平显著降低，而另一组未出现明显变化。

一个人昼夜 24 小时内每间隔一定时间测得的血压值称为动态血压，包括收缩压、舒张压、平均动脉压等参数。

（二）防治心脑血管疾病研究的新信息

1. 发现一种控制脑中风的受体

2006 年 9 月 25 日，意大利研究委员会网站报道，由米兰大学药学系玛丽亚·皮娅领导的研究小组，与意大利研究委员会神经科学研究所、比萨大学、乌尔比诺大学以及蒙齐诺心血管中心的研究人员一起合作探索，发现脑中风是由一种新的受体所控制，它以前被称为 GPR17。研究人员发现，在易缺血部位（脑、心脏和肾），大量存在发炎原分子的这种受体，确定这个受体与脑缺血伤害过程密切相关。

研究人员首先克隆脑 GPR17，并验证它的性质。接着，他们在脑梗区诱发脑中风并伴有受体，研究表明受体“表现”在大量的正在死亡中的神经元中。研究还发现，用药物抑制 GPR17，或通过生物技术消灭受体中的蛋白，都可以完全保护实验动物免受缺血的危害。这些数据表明，GPR17 代表了共同的靶子。

研究人员介绍说，这个受体的发现探索了一条治疗之路，并有三个方面的意义：一是消灭 GPR17，具有对脑中风病人的保护效果，包括病发初期。事实上，在脑中风病发到诊断治疗这段时间，对病人来说是最关键的。至今仍没有药物，在一旦发病时，就可以有效地控制脑损伤过程。二是指明脑中风药物开发的一条可行之路，目前正在抓紧研制阻止 GPR17 活性成分的药物。实际上，一种抗血栓新药物，已进入临床实验阶段。三是 GPR17 在心脏中也存在，当遇见与脑缺血类似的心肌缺血时，可用阻止 GPR17 活性的同样方法治疗心肌梗死，这为心脏保护开辟了新的途径。

这一发现已申请了专利，其中米兰大学占 80%，比萨大学和意大利研究委员会各站 10%。

2. 发现富钾食物有助于预防心脑血管疾病

2011 年 3 月，意大利那不勒斯费德里科二世大学医学院一个研究小组，在最新一期《美国心脏病学会杂志》上发表称，他们研究发现，常吃富含钾的食物可降低人们患心脑血管疾病的概率。

研究人员调查分析了 24.7 万男性和女性研究对象的钾摄入量、日常饮食习惯和健康状况等数据，结果发现，如果每天能多摄入 1.64 克的钾，研究对象患中风的概率可降低 21%，患心脏病的风险也有所下降。

研究人员解释说，富钾食物有降低血压的作用，特别是对高血压患者和盐摄入量大的人来说，这一作用尤其明显。此外，钾还可起到缓解动脉硬化及防止动脉壁增厚的作用，而这些正是引发心脑血管疾病的重要因素。钾是人体维持生命所不可或缺的。鱼类、全谷类食品、香蕉、西红柿等都是富含钾的食物。

3. 发现地中海饮食仅有助于富人减少心血管疾病风险

2017 年 8 月，意大利流行病学家马里亚拉·波纳西奥领导的一个研究团队，在《流行病学期刊》上发表论文称，他们研究发现，更好地遵循地中海饮食与更好地保护心血管疾病有关，但对于低收入社会经济群体来说并非如此。

地中海饮食因其健康效应而闻名。它听起来非常健康：很多水果和蔬菜、全谷物和豆类，加上橄榄油、红酒及鱼肉和禽类，而没有红肉。

现在，意大利研究团队证实，如果遵循这一饮食，的确会减少心血管疾病的风险。但其中的问题是：除非你在经济上无忧无虑或是受过高等教育，这种益处才会显现。

研究人员连续四年，跟踪了生活在意大利南部的 1.9 万名男性和女性。

经过控制诸如吸烟和锻炼等习惯后，该研究团队发现，密切遵循这种饮食的志愿者得到的心脏问题保护程度更高，但这仅仅是对于那些接受过高等教育或是每年薪水超过4.7万美元的人有效。

科学家认为，更高的收入、受教育的个人，会倾向于以更加健康的方式准备蔬菜，其中可能含有更多维生素和抗氧化剂。他们还偏爱鱼肉和全谷物食品，以及有机蔬菜。可能他们能够支付的起更高质量的食物，如更好的橄榄油。

波纳西奥说："你可以买两三美元一瓶的橄榄油，也可以买10美元的一瓶的。但很有可能这两种油的营养含量不同，比如在多酚或其他营养物质方面。"

（三）防治心脏病研究的新信息

1. 开发出心脏自动监控软件系统

2006年4月，意大利安莎通讯社报道，意大利国家研究委员会比萨临床生理学研究所的费比诺·康佛第博士，成功自主开发出一套将心跳、血压等数据通过手机传输到医院的自动监测和数据传输软件系统。

该软件系统，把家庭用的便携式心脏监护仪和手机连接起来。一旦心脏监护仪记录的脉搏、血压等数据，超过了警戒水平，它立刻通过手机发送短信或电子邮件，将报警信号和心脏数据，发送到指定医院或医生的手机或电子邮箱里。

这项发明，首次把便携式心脏监护仪和移动电话直接联系起来。这样，心脏病患者在心脏出现异常情况时，不必再去医院排队挂号就诊，大大提高了心脏病患者的救护速度。该系统还可与常见的便携式血糖仪连接，用来监控糖尿病患者的血糖状况。

2. 发明"心肌修补"疗法

2011年7月1日，英国《每日电讯报》报道，一个由意大利、英国和西班牙科学家组成的研究小组，经过4年研究，发现了一种全新的"心肌修补"方法，通过注射特定的生长因子，能修复心脏病发作带来的心肌损伤，为大众带来能负担得起的心脏病疗法。

研究人员称，这项技术是直接向心脏注射一种类似胰岛素的蛋白，就能让受伤细胞自行修复并开始再生。他们在猪身上进行的动物实验显示，利用再生疗法注射特定的生长因子，即细胞天然产生的用于和其周围环境沟通的蛋白质，休眠细胞能开始再生，这为下一步临床试验“开辟了道路”。

研究人员指出，实验结果显示，注射生长因子 IGF-1 和 HGF，能使损伤心脏，在结构上、组织上和生理上获得显著的再生效果。这项新技术简单易行，费用低廉，大众负担得起，也可通过与目前的心脏病临床护理标准方法结合而广泛应用。

3. 成功移植迄今世界上最小的人造心脏

2012 年 5 月，路透社报道，意大利首都罗马的班比诺·杰苏医院，外科医生安东尼奥·阿莫代奥成功地为一名婴儿进行了人造心脏移植手术，这是一颗迄今世界上被成功移植的最小的人造心脏。

报道称，这家医院在上个月对一名只有 16 个月大的婴儿进行了人造心脏移植手术，手术获得了成功，这也是目前全球范围内成功进行的最小人造心脏的移植。医院方面并没有公布这名婴儿的身份和病情的具体信息，只是介绍说这名婴儿目前状况良好。但据记者了解，这名婴儿患有扩张型心肌病，这种病以心室扩大为特征并伴有心力衰竭。

阿莫代奥在接受电视媒体采访时说，这名婴儿从出生后一个月开始，就已经处于医护团队的精心照料之中。从外科手术的操作性上来看，这例手术并没有太高的难度，而唯一让他们感到担心的，是接受人造心脏移植的婴儿已做过多次手术，而他此前被植入用于辅助心脏功能的机械泵，感染情况不容乐观。

相比于重量达 900 克的成人人造心脏，最终被成功移植到婴儿体内的这颗“迷你”人造心脏，其重量只有 11 克，每分钟的血流量大约为 1.5 升。这枚“迷你”人造心脏，是由被称为“人工心脏之父”的罗伯特·亚尔维克博士所制造的。而在实施这例手术之前，这枚“迷你”人造心脏只在动物身上进行过测试。报道说，医院是在获得亚尔维克博士和意大利卫生部的特许之后，才进行这项手术的。

阿莫代奥医生表示，这例手术的成功，可以被看作具有“里程碑式的意义”，人造心脏目前是心脏移植中过渡性的替代品，但是也许未来有一天它会成为永久性的替代器官。

二、呼吸系统疾病防治的新成果

（一）防治禽流感研究的新信息

1. H7N1 型禽流感疫苗人体试验初步成功

2007 年 9 月，国外媒体报道，在欧盟科研计划框架支持下，一个由意大利、英国、挪威和法国等科学家组成的研究小组，对 H7N1 型禽流感病毒疫苗的研究，已经获得初步成功。经过对健康志愿者进行的首次临床试验表明，疫苗接种者的血液中已经出现了抗体，且没有出现其他不良反应。

欧盟在其科研计划框架内，资助了 H7N1 型禽流感病毒疫苗的研究和试验。H7N1 型禽流感病毒与 H5N1 型禽流感病毒不同，H5N1 型禽流感病毒常在亚洲传播并已经造成人的感染和死亡，而 H7N1 型禽流感病毒则主要在欧洲传播，它很可能会传染给人类。欧盟因此出资 210 万欧元，组织来自法国、英国和意大利的科研人员进行 H7N1 型禽流感病毒疫苗研究，目前的试验表明该疫苗安全且效果良好。

欧盟委员会负责科学和研究的委员亚内兹·波托奇尼克说："如果我们齐心协力，就有望取得研究成果，H7N1 型禽流感病毒疫苗研究项目就是最好的例子。"

这项研究属于欧盟的第五个科研框架计划。欧盟表示，在 2007 年开始实施的第七个科研框架计划（2007—2013 年）中，继续资助流感研究项目，并计划投入 2700 万欧元。

欧盟的流感研究合作项目将研究一系列重要问题，如开发新的诊断方法，研制创新性治疗药物，预防和减缓流感病毒的传播，开发一种以鼻腔喷雾方式接种的新型疫苗，以便更有效地抵御可感染动物和人的致命流感病毒。

2. 拟实施大规模新流感疫苗接种计划

2009 年 7 月 14 日，意大利媒体报道，该国卫生部副部长费鲁齐奥·法齐奥当天说，意大利计划在年内开展大规模甲型 H1N1 流感疫苗接种行动，以遏制新流感蔓延。

法齐奥说，意大利打算年底前给本国 860 万人接种甲型 H1N1 流感疫苗。如果不实施这一疫苗接种计划，意大利到 2010 年 3 月时，可能出现 1300 万名甲型 H1N1 流感患者，实施这一计划后，届时可将新流感患者总数减少至 300 万~400 万人之间。

据法齐奥介绍，优先接受新流感疫苗注射的群体，将包括医护人员、消防员、警员及 65 岁以上慢性疾病患者。第二批疫苗注射定于 2010 年 2 月开始，目标群体包括 2~20 岁的人。世界卫生组织 13 日说，所有国家和地区均需要接种甲型 H1N1 流感疫苗，原因是新流感大流行已势不可挡。

（二）防治新冠肺炎疫情研究的新信息

1. 新冠病毒的出现可能比首次发现早几个月

2020 年 6 月 18 日，意大利媒体报道，该国高等卫生研究院朱塞平娜·拉罗萨负责的一个研究小组，当天发表声明说，新冠病毒要比首次报告早许多，可能在 2019 年 12 月就已经出现在意大利北部地区。

据悉，意大利在 2020 年 1 月 30 日宣布首次发现新冠确诊病例，2 月 21 日开始报告本土传播病例。

报道说，这家研究院环境与水质卫生监测等部门专家，分析了 2019 年 10 月至 2020 年 2 月间，收集的 40 个城市废水样本，结果在 2019 年 12 月 18 日取样的米兰市和都灵市废水中及 2020 年 1 月 29 日取样的博洛尼亚市废水中，都检测到新冠病毒核酸。

拉罗萨介绍，他们把这 40 个样本，与 2018 年 9 月至 2019 年 6 月收集的 24 个废水样本进行对比，且上述研究结果，得到了两个不同实验室使用两种不同方法的证实。研究人员说，这项研究有助了解新冠病毒何时开始在意大利传播。

2. 研究显示新冠病毒 2019 年夏天或已在意大利传播

2020 年 11 月 15 日，意大利《晚邮报》报道，米兰国家肿瘤研究所发表的一项研究结果显示，该国 2019 年 9 月采集的居民血液样本中，已测出新冠病毒抗体，这意味着新冠病毒在意大利的传播时间远早于今年 2 月，可能要追溯至 2019 年夏天。

报道称，米兰国家肿瘤研究所，在 2019 年 9 月到 2020 年 3 月间，招募了 959 名身体健康的志愿者，参与一项肺癌检测。新冠肺炎疫情暴发后，研究人员对所有保存的血液样本进行了新冠病毒血清检测，结果显示 959

份样本中有 111 份呈阳性，其中 16 份对免疫球蛋白 G 抗体呈阳性，97 份对免疫球蛋白 M 抗体呈阳性。

检测呈阳性的血液样本来自意大利 13 个大区，其中 23 份为 2019 年 9 月采集，27 份为 10 月采集，26 份为 11 月采集，11 份为 12 月采集。另外，2020 年 1 月采集的有 3 份，2 月采集的有 21 份。同时，分析显示，这 111 份阳性样本中，有 6 份对新冠病毒中和抗体呈阳性，其中 4 份是 2019 年 10 月初采集的。

研究还提到，2019 年 11 月，意大利不少医生已在老年人和身体脆弱人群中，发现非典型间质肺炎，由于当时没有新冠病毒的相关信息，都被归为重型季节性流感。这篇名为《意大利疫情大流行前意外检测到的新冠病毒抗体》的研究论文，2020 年 11 月 11 日已发表在《肿瘤期刊》杂志上。

3. 2019 年第四季度或为新冠病毒的潜伏期

2020 年 11 月 17 日，意大利《晚邮报》报道，撰写米兰国家肿瘤研究所研究论文的主要作者之一、锡耶纳大学公共卫生学教授蒙托莫里，接受意大利电视总台记者专访时，解释在 2019 年第四季度，新冠病毒为何没有在意大利大规模暴发的原因。

蒙托莫里说，一种病毒如果发展为大流行需要一段潜伏期，一般以“钟形曲线”描述疫情发展，有低点和高点。因此，2019 年 10 月、11 月及 12 月可能是疫情曲线的低点，2020 年 1 月疫情曲线开始上升，2 月继续上升，并出现了伦巴第等地的疫情小高峰。

在世界范围内，新冠病毒的溯源工作在不断推进。意大利高等卫生研究院 2020 年 6 月发布的一项研究结果显示，新冠病毒可能在 2019 年 12 月就已经出现在意大利北部地区，专家在 2019 年 12 月取样的米兰和都灵市废水中及 2020 年 1 月底取样的博洛尼亚市废水中，都检测到了新冠病毒核酸。

此外，西班牙巴塞罗那大学 2020 年 6 月发布公告称，该校领导的一个研究小组，在 2019 年 3 月采集的巴塞罗那废水样本中，检测出新冠病毒。巴西圣卡塔琳娜联邦大学 2020 年 7 月发表的一份研究报告指出，由该校领衔的一个研究小组，在圣卡塔琳娜州首府弗洛里亚诺波利斯市，2019 年 11

月 27 日采集的废水样本中，检测出新冠病毒。

第四节　疾病防治研究的其他新进展

一、消化与代谢性疾病防治的新成果

（一）防治消化系统疾病的新信息

1. 发明能在肠胃中“爬行”的内窥镜

2004 年 10 月，意大利媒体报道，以往医生运用内窥镜检查时，通常是让患者吞下一个裹着微型摄像头的胶囊。胶囊进入人体后，外壳就会融化，摄像头便通过肠胃的蠕动在患者体内前行。但是，这种方法的缺点是，医生很难控制内窥镜的位置。因此，很多科学家都在思考，是否可以给内窥镜装上“腿”，想让它到哪儿，它就能到哪儿。

根据这一思路，意大利和韩国的科学家共同研制出一种新型内窥镜，它能在患者肠胃中“爬行”。这种新型内窥镜长 25 毫米、直径 10 毫米。从表面上看，它比目前医院中使用的内窥镜略大一点。但最重要的是，它长着由“形状记忆合金”制成的“腿”。这种合金能够“记住”最初的形状，内窥镜每“走”一步，腿就能像弹簧一样恢复到最初的形状，然后接着前进。专家们认为，这种新型设备能够大大改进目前的内窥镜检查水平。

2. 完成全球首例“纯机器人”肝移植手术

2012 年 6 月 25 日，法新社报道，意大利西西里岛巴勒莫市的地中海器官移植和高级专科治疗研究所，是当地一家著名的器官移植医疗机构，当天有关人员对外宣称，他们完成了全球首例由机器人单独操作的部分肝移植手术，取出捐献人的部分肝器官。

医学研究人员说，他们是在 2012 年 3 月实施这次手术。一名现年 44 岁的男子为救他患肝硬化的哥哥，捐献部分肝器官。手术过程中，只有机器人的“手臂”伸入捐献人腹部，后者只需承受 5 道微创“锁眼”切口和一道 9 厘米长的切口。

有关专家指出：“这是全球首例完全且单独由机器人技术完成的手术

实例。过去，美国使用机器人实施过一些活体肝移植手术，但那些手术均需要一名外科医生在手术台旁与机器人联手操作。”

对于选择 3 个月后公布这一手术案例的原因，这家医疗机构解释，医生需要确认接受移植人出院且身体状况良好。

报道称，这次手术运用“达·芬奇 SHDI 机器人外科手术系统”，持续 10 小时，器官捐献人术后 9 天出院，他的哥哥几个星期后康复出院。

这家机构说：“运用新技术实施移植手术极为重要，因为减轻患者创伤可能激励活体器官捐赠，增加移植数量。”

（二）防治代谢性疾病的新信息

1. 探索生长代谢影响因素的新进展

（1）发现胰岛素样生长因子 3 是源自睾丸的循环激素。医学生长因子，是一类调节微生物正常生长代谢所必需，但不能用简单的碳、氮源自行合成的有机物。

2004 年 12 月，意大利帕多瓦大学弗利斯塔博士领导的一个研究小组，在《临床内分泌学和新陈代谢》杂志发表论文称，他们研究发现胰岛素样生长因子 3 是一种循环激素，是由睾丸的睾丸间质细胞分泌的，可能有全身功能。

该研究小组研究了成年人中的此激素及其受体。他们报告说，正常男性胰岛素样因子 3 的血浆浓度平均为 562. 3 微克/毫升，正常女性的水平明显更低，只有 99. 5 微克/毫升；而睾丸切除男性、先天性睾丸发育不全综合征男性和重度精子生成过少的不育男性，分别平均为 69. 5、157. 5 和 289 微克/毫升。这些结果表明，胰岛素样因子 3 几乎专门是由睾丸生成的，它的浓度反映了睾丸间质细胞的功能状况。重度精子生成过少病人的居中浓度，提示他们有轻度睾丸间质细胞功能障碍。

作者还发现，血浆胰岛素样因子 3 水平和黄体化激素、睾丸激素浓度呈显著意义的正相关，表明睾丸间质细胞的胰岛素样因子 3 生成，与睾丸间质细胞功能的主要调节物黄体化激素有关。

弗利斯塔说：“综上所述，这些资料表明，可能存在与黄体化激素和胰岛素样因子 3 有关的垂体-睾丸轴。该激素系统对成年男性可能还有其他作用，如起着对干细胞旁分泌调节因子和其他地方内分泌因子的作用。

事实上，胰岛素样因子 3 浓度，可能比睾丸激素浓度，更好地反映了睾丸间质细胞的功能状况。”

（2）研究发现控制食物瘾的“机关”。2010 年 2 月，国外媒体报道，人有时会对某种食物上瘾，这种瘾会引发肥胖等一系列健康问题。意大利拉奎拉大学罗塞拉·文图拉主持，他的同事，以及罗马圣卢奇亚基金会专家联合组成的一个研究小组，通过实验鼠研究，最新发现了控制食物瘾的“机关”。

在这项研究中，研究人员在一段时间内严格限制老鼠的进食量，即先饿着它们，然后再给它们喂食大量巧克力，培养它们对巧克力的依赖，让它们染上“巧克力瘾”。

接下来，研究人员给“巧克力上瘾鼠”和参照组普通老鼠，施加微弱电脉冲。在普通老鼠对这种刺激表现狂躁时，“巧克力上瘾鼠”只要有巧克力吃，就可以安静地忍受折磨；而在切断“巧克力上瘾鼠”大脑皮层中去甲肾上腺素传导后，这些老鼠立即对巧克力失去兴趣，巧克力也不再是它们能够忍受痛苦的安慰剂。

文图拉认为，这项研究结果显示，通过调节大脑中去甲肾上腺素的水平，可能可以治疗部分人偏食或过量食用某些食品的毛病。

2. 防治糖尿病研究的新进展

（1）发现大多数Ⅱ型糖尿病患者缺乏维生素。2006 年 3 月，意大利萨克罗科雷医院相关专家组成的一个研究小组，在《糖尿病护理》杂志上发表论文称，他们研究显示，3/5 的Ⅱ型糖尿病患者体内缺乏维生素 D。研究人员建议，人们应定期检测维生素 D 水平，并适量补充维生素 D。

研究人员测量了 459 名Ⅱ型糖尿病患者血液中维生素 D 的含量，并与参照组进行比较分析。结果发现，Ⅱ型糖尿病患者中维生素 D 缺乏者所占的比例为 61%，远高于参照组的 43%，且女性患者居多。分析还表明，糖尿病没有得到控制、服用胰岛素和降胆固醇药物治疗的患者，相对更容易出现维生素 D 缺乏。

研究人员表示，这项发现与此前的一些研究结果相符。维生素 D 缺乏会影响人体钙元素的吸收，不利于骨骼健康。他们建议，人们应定期检测维生素 D 水平，并在日常饮食中注意适量补充维生素 D。

研究人员还发现，糖尿病患者中有 31%的人同时罹患心血管疾病，而这与维生素 D 水平低有很大关联。但他们指出，显然还需要进行更多的研究以确认是否维生素 D 水平低会诱发心血管疾病，以及补充维生素 D 是否有助于预防心血管疾病。

（2）发现小核糖核酸影响糖尿病人血管修复。2011 年 1 月，意大利专家参加，英国布里斯托尔大学科斯坦萨·伊曼纽利教授领导的一个国际研究小组，在《循环杂志》上撰文称，他们发现在糖尿病患者缺血性肌肉组织中，小核糖核酸 miR-503 表达非常高，血浆中 miR-503 水平也高于正常水平。miR-503 过度表达，会损害血管内壁内皮细胞功能，从而影响缺血后血管生成。而通过抑制细胞周期蛋白 E1 和 Cdc25 信使核糖核酸（mRNA），则可降低 miR-503 表达，从而改善血管内皮细胞功能，帮助微血管网络形成。

研究人员说，血管病变是糖尿病引起的主要并发症之一，发生在病人肢体的血管并发症会导致肢体溃疡无法愈合，往往最后不得不进行截肢，给病人带来极大痛苦。

研究人员利用患有糖尿病并有肢体局部缺血症状的小鼠模型确认，抑制 miR-503，可以起到恢复血液供应的作用。这一结果表明，miR-503 对糖尿病相关的血管并发症治疗，具有重要临床意义。

有关专家指出，新研究首次提供依据表明，miRNA 在糖尿病人血管修复中会起到副作用。因为每个 miRNA 可以调节多个基因，因此，相比于特定的基因标靶，miRNA 将是更好的糖尿病治疗标靶。

3. 防治肥胖症研究的新进展

（1）发现一种可用于减肥的抗肥胖分子。2006 年 10 月，有关媒体报道，意大利科学家用现代化的蛋白组学技术，首次在老鼠脑中发现了一种短肽分子（TLQP-21）。这种分子含有 21 个氨基酸，是由 vgf 基因编码的。把这种短肽注入老鼠大脑腹侧之后，会刺激老鼠提高能量代谢率、升高体温和肾上腺素水平，从而减少脂肪的储存。

研究者说，对于饮食中摄入大量脂肪的动物，如果连续注射这种肽两周，就能够防止由饮食引起的肥胖，并减少脂肪组织的储存，从而增加

‘瘦素’的含量，瘦素是一种与肥胖相关的激素。

实验表明，短肽分子（TLQP-21）可以作用于自主神经系统中的激活中枢。该中枢能够提高生物体能量代谢，而这种短肽分子的发现，也为防止脂肪累积提供了潜在的药理学靶点。

这个研究结果，让超重和肥胖人群振奋，因为他们在社会生活中所需的花费，往往是正常体重的人两倍。

（2）集成技术研制针对肥胖症的新食品。2012 年 5 月，国外媒体报道，欧盟第七研发框架计划资助 600 万欧元，集中了意大利等 9 个欧盟成员国的科研力量，专门研究针对肥胖症的食品问题。

当今世界，随着生活水平的日益提升，肥胖症结伴而行，已成为工业化发达国家面临的重要挑战。专家研究报告显示，按照目前肥胖症的增长速率，2050 年英国 60%的男士、50%的女士和 25%的儿童将成为肥胖症患者，体重超重者不在计算之内。

肥胖症严重威胁人类的健康，显著提高糖尿病Ⅱ型、高血压、心脏和肝脏，以及部分癌症的患病风险。同时，降低病患生活质量、增加公共医疗支出，肥胖症的直接医疗费用已占到欧盟公共医疗支出的 5%左右。

报道称，意大利、比利时、丹麦、西班牙、法国、荷兰、奥地利、瑞典、英国 9 个欧盟成员国，有关人体能量吸收、体重控制、肠胃消化和大脑食欲等方面的生物技术专家，组成研究团队。研究团队科技人员的组合，重视创新公私伙伴关系的搭配，除顶尖科研机构的科研人员外，还包括食品生产和销售领域大型企业、科技创新型中小企业的食品设计及生产专业人员。

研究团队将充分利用现代新兴食品生产加工技术，综合集成新的创新技术，开发具有饱感放大的食品。新兴技术包括：发酵培养基、真空技术、生物酶应用、乳化工艺、超滤技术、升华干燥、冻结保鲜、热量处理、蛋白修饰、脑神经学、食品结构、包装工艺等。

肥胖症患者和体重超重者很难控制自己的体重和节食，往往过量消费食品，尤其对高脂肪和高糖分食品很少具有饱感，这一定程度上是由于高热量密度食品，降低了肠胃荷尔蒙讯息的传递。研究团队的主要研发目标是，深入理解食品食欲的表现机理，生产出既保证基本营养量，又美味可口的新型食品，降低食欲、加速饱感和控制体重，让肥胖症患者快乐地减轻自己的体重。

二、器官移植与骨科领域的新成果

（一）器官移植研究的新信息

——常见器官移植探索的新进展

（1）肾器官移植研究取得新突破。2006 年 3 月，意大利安莎通讯社报道，位于意大利北部的贝尔加莫大学，其校内马里奥·乃格里研究所朱塞佩·雷米齐教授领导的一个研究小组，在《新英格兰医学杂志》上发表论文称，他们经过三年的医学研究发现，年长者即年龄超过 60 岁的人捐献的器官，与年龄在 60 岁以下的捐献者的器官，在器官移植中并没有什么显著的区别，这就意味着今后医学可以使用更多的年长者捐献的器官。

有关专家表示，这项研究是意大利在器官移植领域取得的重要成果，它为更多年长者捐献其器官铺平了道路。

报道称，该研究集中在肾器官的移植上，新的技术只需要几毫克的肾切片，在 8 小时内就可测试出是否可供移植，通常器官的寿命只有 20 小时。研究人员认为其研究成果也可用在其他器官的移植上。雷米齐教授还曾将两个轻微受损的肾，进行了成功的移植。该研究所的所长西尔维奥·加拉蒂尼教授认为，该项成果是“革命性”的，比专家们预期的还要好。

（2）成功进行世界首例肩关节移植。2008 年 5 月，意大利《共和国报》报道，意大利博洛尼亚里佐利矫形外科研究所，桑德罗·詹尼尼教授领导研究小组，成功地进行了世界上首例肩关节移植。

被实施器官移植的患者 47 岁，原是业余举重爱好者，他肩膀上连接肱骨顶端和肩胛骨的软骨严重受损，导致关节严重变形，以致骨头两端不能活动，即使轻微的活动也会带来巨大的疼痛。

手术前严重的疼痛，使他连穿衣和驾车等活动，都会带来极大的疼痛，并持续到晚上难以入睡。

研究人员从器官捐献者身上截取 1 厘米长的肱骨和 1 厘米长的肩胛骨，连同中间的软骨一起移植到接受者身上，并在新的组织中进行血液循环，从而与骨组织结构进行完全融合，使骨关节得以完全复原。被移植的部分通过螺钉固定在肱骨和肩胛骨上。捐献器官的截取，必须在捐献者死亡之后两星期内进行，以确保器官的血液循环。

（二）骨科假肢研究的新信息

1. 发明可用大脑控制的电脑手

2005 年 10 月，有关媒体报道，意大利比萨的圣安娜高等学院的一个科研小组宣布，他们发明了第一个由大脑控制的机械手。被称为“电脑手”的这个金属手，融合了史无前例的机械灵活性和一个精密复杂的电脑程序。这一机械和电脑有机统一的系统，可将佩戴者的大脑信号转变成动力，使用者可以移动假手并感觉到它的活动，一切就像真的一样。

研究小组先在患者身上对“电脑手”进行测试，其主要目的是设法完善传感界面。这个传感界面由一个微处理器、电极和一个植入佩戴者手臂下端的一个遥感系统组成，充当人机翻译器的角色，能够翻译和传送往来于假手与患者中枢神经系统的电信号。为了达到这个目的，研究小组已经发明了相关电极：可以记录神经细胞的电信号，并刺激佩戴者细胞提供感觉回馈。

除了与使用者的身体进行感觉交流外，“电脑手”在机械方面也实现了很多创新。例如，5 个手指可以独立活动，每个手指中的一个直流发动机，能够让机械手在 16 度内自由活动，这略小于人手 22 度之间的活动范围。每一个发动机，将拉动一个由特氟纶绝缘材料包裹的电缆。这些电缆模仿手指中的腱和肌肉，让它们能够弯曲，如达到可以抓握咖啡杯的程度。利用植入手指表面的压力传感器，机械手可以拿起细小的物体，而不会把它们捏碎。

研究人员认为，发明“电脑手”的主要目的，是让患者感到他们重新拥有上肢。为了设计一款功能完善的假手，制作者正在细心钻研美学，尽量设计出让患者感到满意的产品。据悉，这个“电脑手”，不再采用市场上常见的折叠式机械手形式，它将使用装饰性的硅树脂手套进行包装，让其看起来更像真手，还会安上必不可少的手指甲。总之，要让患者感觉更自然，不会觉得身体上又多出某个外来的东西。

2. 首次研制出用木头制造假肢材料

2009 年 6 月，意大利生物医学材料专家安娜·塔姆皮瑞领导的一个研究小组，在《材料化学》杂志上发表研究成果称，他们首次用木头制造成假肢材料，该材料最适合填补骨肿瘤移植或严重的骨折等医疗领域留下的空白，同时也可在工程和太空领域大展拳脚。

木头拥有细孔和通道，同骨头的内部结构非常类似，因为担心木头在人体内会腐烂，科学界一直认为，木头并不适宜制造假肢。现在，意大利科学家解决了这个问题。他们把木头的基本组成部分变成了可以制造骨头的材料，同时保留了木头天然的多孔结构和通道。

该研究小组首先把木材加热，让其中的水分和蛋白质挥发，只留下一个木材结构的碳骨架，接着，他们让碳骨架同二氧化碳和氧气发生反应，得到了白色的碳酸钙。这种方法得到的碳酸钙用化学方法很难与骨头区别开来，同时，它也拥有木头的基本结构。

研究人员表示，与由诸如钛等材料做成的合成骨替换物质相比，新物质更容易被整合进入身体，最适合于骨肿瘤移植或严重骨折的治疗。新物质拥有毛孔和通道，细胞可以通过毛孔进出该物质，就如正常的骨头一样；通道允许小血管通过骨结构重新生长。

以前，科学家也制造过用来替代碳酸钙的骨头替代物，并在生产过程中强迫气泡通过凝固的替代物，从而增加一些小孔，但得到的物质很容易碎裂。英国阿伯丁大学材料专家伊恩·吉布森表示："木材可以承受重压。"

按照目前的形状，新物质并不适合取代整个骨头，它最匹配骨头内部的"海绵式"骨头物质。骨头外部很少是多孔的，而且更加坚硬，骨质更紧密。然而，木头也能显示出这些特性。该研究小组希望最终研发出复杂的材料，能够模拟整个骨头。

塔姆皮瑞表示，新物质也能够在临床医学之外找到用武之地，比如，该物质能在极高的温度和机械压力下保持结构，便于广泛地应用于工程学领域及太空领域。

三、生殖、衰老与遗传病防治的新成果

（一）生殖及婴儿研究的新信息

1. 提高女性生育能力研究的新进展

（1）发现大豆有助于提高女性生育能力。2005 年 2 月，有关媒体报

道，意大利罗马妇产科研究中心一个研究小组发现，大豆有助于提高生育能力，从大豆中提取的雌激素不但能够帮助生育，还可以提高接受试管授精和胚胎移植女性的受孕概率。

共有 213 名进行胚胎移植的女性参与了实验，在卵子提取日之后，一部分服用了从大豆中提取的雌激素，另外一部分则服用了毫无作用的安慰剂。结果发现，服用雌激素的女性胚胎成活率达到了 25%，服用安慰剂的女性则为 20%。

在临床实验中，服用大豆雌激素的女性怀孕率比常人高出 18%，而孕妇中的分娩成功率也比常人高 14%。研究者指出，尽管大豆雌激素在试管授精和胚胎移植中得到常规应用之前，还需要进行大量的研究和实验，但是此次研究的结果显示，这种物质在不孕不育的研究与治疗领域具有突出的效果。而且，还有专家认为，中国和日本等国乳腺癌的发病率之所以较低，可能一个主要原因，在于豆腐和大豆等食品在这些国家非常流行。

（2）研究发现女性喝红酒或可提高性欲。2009 年 7 月 27 日，英国《每日电讯报》报道，意大利佛罗伦萨大学一个研究小组，在《性医学》杂志上发表论文称，他们研究发现，红酒可提高女性的性欲。与那些喜欢喝其他酒精饮品或从不饮酒的女性相比，那些适当饮一些红酒的女性的性欲更强。

研究小组发现，红酒里的化学成分通过增加身体关键部位的血流，达到提高性功能的目的。研究人员说："虽然这项发现还需要谨慎论证，不过它显示喝红酒和性欲更强之间存在潜在的联系。"

这是第一个研究喝红酒和女性性功能之间的关系的项目，在研究过程中，研究人员对 800 名年龄在 18~50 岁之间的女性进行调查。参加试验的人都没有性健康问题。她们被分成三组，一组每天喝一两杯红酒，第二组每天都喝点其他酒精饮品，不过数量少于一杯，而且不限红酒。第三组一点酒都不喝。

研究人员在论文中介绍了相关发现，他们表示，研究结果更令人感到吃惊的是，这些饮用红酒的人比其他两组的人年龄更大，一般这个年龄段的人的性欲正处于下降趋势。目前还不清楚红酒为什么会产生此类影响，不过已经有很多关于这个问题的分析。一种理论认为，红酒里的抗氧化剂对血管产生积极影响，扩充了血管，增加了身体关键部位的血流。

2. 试管婴儿培育研究的新进展

冷冻卵子试管婴儿获成功。2004 年 9 月，有关媒体报道，意大利博洛尼亚大学医学系的研究人员，经过多年的探索，终于成功的利用冷冻卵子，经微妙的解冻程序，再经过体外受精，把受精卵植入母体子宫着床，并顺利产下 13 名健康婴儿。

这是世界首次进行冷冻卵子受孕成功的试验，最难把握的一个环节，是如何利用高科技手段，把冷冻的卵子解冻还原，适应适当的受孕温度，又不会破坏它的原始结构，以免造成胚胎的缺陷。

试验过程中，博洛尼亚大学医学实验室，解冻 737 个成年妇女的冷冻卵子，其中只有 37%成功通过解冻程序。再经过精卵结合程序时，取得结合成功的仅为 45%。在植入母体子宫内后，又只有 104 个受精卵成功着床。

经过长期的实验，到 2004 年，已有 13 名经由这种方式成功受孕而诞生的新生儿，虽然该技术还不很成熟，却是全球首次类似实验成功的案例，已属十分难得。

3. 胎儿及新生儿习惯研究的新进展

（1）胎儿 18 周就能看出是否“左撇子”。2017 年 12 月，意大利高级国际研究生院与帕多瓦大学等机构相关专家组成的一个研究小组，在《科学报告》杂志发表论文说，早在胎儿 18 周的时候，一个人习惯使用左手还是右手就已经决定了。

一般情况下，是不是俗称的“左撇子”要在幼儿开始自己吃饭、用手写字和画画时，才能显现出来。

意大利研究小组通过分析胎儿运动，预测了 29 个胎儿的动作习惯。9 年后他们比照了这些孩子的习惯，正确率达到 89%以上。他们在胎儿 14 周、18 周和 22 周的时候，以 20 分钟为一个时间段，观察胎儿实时运动的超声影像。

研究发现，从第 18 周起，胎儿开始更多地使用后来成长为更习惯用的那只手，来执行对精准度要求更高的动作，例如指向眼睛和嘴巴的动作。

研究人员认为，这项研究为其他临床应用开辟了新思路。习惯用哪只手，是由某侧脑半球，相对于另一侧脑半球的优势所决定的。这个特征，有时会与一些与大脑不对称相关的疾病联系起来，例如抑郁症、精神分裂症和孤独症等。因此观测胎儿运动的方法，有可能用于发现新的生物标志，有望让医生对发育过程中的缺陷和问题，进行早期干预。

（2）发现新生儿拥有天生的秩序感。2017 年 8 月，意大利帕多瓦大学科学家罗莎·鲁加尼领导的一个研究团队，发表研究成果称，他们研究发现，新生儿似乎对数字有一种初步的感知：偏爱左边较小的数字和右边较大的数字。此项发现表明，这种从左到右的心理数字线，对于人类来说可能是固有的。

人们会将大多数想法在空间中具体化。相关专家指出："对于任何你想记住地拥有秩序感的东西，无论是一周 7 天还是音调，你往往会将其映射到一个空间连续体上。"

这种情况同样适用于数字。在西方文化中，人们倾向于将数值的增加，想象成沿着一条从左到右的心理数字线，而讲阿拉伯语和希伯来语的人以相反的方向想象数字顺序。

为弄清楚数字线是与生俱来的还是由语言和文化决定，鲁加尼团队研究了出生 11~117 小时的新生儿的心理数字线。这些婴儿的平均年龄仅有 55 个小时。

研究人员向每个婴儿展示了一系列图像。图像中，白方格内含有若干较小的黑方格。在一半时间里，这些婴儿看到的两个白方格，其中每个含有 4 个并排的黑方格。其他时候，他们看到的两个白方格，其中每个含有 36 个黑方格。

监控婴儿向哪里看的眼动追踪设备显示，当看到数量较少的黑方格时，婴儿向左看的次数较多；当看到数量较多的黑方格时，他们向右看的次数较多。

相关专家表示："在婴儿中发现这种从左到右的心理数字线，强有力地证明这是与生俱来的。"研究人员认为，人类固有的秩序感可能是从左到右的，因为从左眼接收视觉信息的大脑右侧在婴儿中较大。这或许是为何人们首先会更加关注左边。

不过，此项研究中的所有婴儿，都出生在意大利。因此，在以色列医院开展的试验可能会产生相反的结果。

（二）衰老及死亡研究的新信息

1. 护肤或抗衰老物品研制的新进展

有望把神秘“死亡微笑”毒药开发成抗皱妙方。2009 年 6 月，有关媒体报道，古籍记载，在数千年前，腓尼基人在地中海撒丁岛，遭遇过神秘而可怕的死亡。他们死亡时唯一的共同点，是面部都呈现强迫的笑容。实际上，这是中毒死亡留下的一种表征。目前，意大利莫利泽大学和卡利亚里大学联合组成的研究小组，已成功破解出这种毒药的具体成分，它是从一种天然植物提取的毒液制成的。

查阅史料发现，2800 年前，古代撒丁岛上失去自理能力的老年人和犯人，喝下一种神秘药物后，会变得失声大笑，最终从高山悬崖跌落致死，这可能是“死亡微笑”毒药的起源。但是，数千年来，它的配方一直是个谜团。

为了破解这个谜团，研究小组详细调查了有关这种毒药的蛛丝马迹。了解到在几十年前，撒丁岛一位牧羊人临终时面部呈现可怕的“死亡微笑”，深究其死亡的原因，得知他死亡前喝下了“藏红花色水芹”的汁液。藏红花色水芹，是一种长着像芹菜一样叶茎的野草，主要分布在撒丁岛的池塘和河流旁，是唯一在撒丁岛上生长的植物。

研究人员通过提炼藏红花色水芹汁液，对它的有机结构进行分析，确定这种植物含有较高的毒素，人们饮用后，会出现可怕的面部笑容症状，同时伴随着面瘫现象。研究者推断，正是藏红花色水芹汁液会对人体产生神秘反应，最终导致饮用者面带笑容而死，它也是古代撒丁岛人使用的死亡微笑毒药的主要成分。藏红花色水芹与一般略带苦味的有毒植物不同，它具有芳香气味，根部嚼起来是甜甜的，所以容易让人误食。

研究人员认为，这项最新发现，不仅破解了数千年前留下的一个谜团，而且人们对这种植物有了更深刻的认识，更重要的是可以充分利用这种植物的汁液，让它派上大用场。当然，不再是利用它来制造毒药，而是用它来制造护肤液和抗皱美容品。因为它可以释放面部肌肉，通过科学配方可以移除人们脸上的皱纹。

2. 推进针对临终患者的缓和医学学科建设

针对临终患者的缓和医学学科建设取得进展。2010 年 8 月，国外媒体报道，根据欧盟第七研发框架计划医学科研项目的安排，欧委会出资400万欧元，通过该计划下的一个专项项目，加强和协调欧盟对缓和医学的研究。欧盟成员国意大利、比利时、荷兰、英国、挪威等6所高校和科研机构参加了该项目的研究工作，并与欧洲其他研究针对临终患者缓和医学和老年病学的机构开展合作，涉及研究缓和医学及其相关的各学科和专业。

参加研究的科研人员称，欧盟对这一研究领域做出如此大规模的投入，实属罕见。该项目协调欧盟国家多部门和多学科开展缓和医学研究的培训。它将培训来自不同欧盟国家的12名初级和4名高级从事缓和医学研究的科研人员，提高欧洲开展缓和医学研究的水平和研究手段。

近10年来，欧洲人口老龄化的程度急剧增强，人口的老龄化对欧洲社会的各个方面都产生了深远影响，解决人口老龄化问题的紧迫性，需要欧盟对缓和医学的研发加大投入力度，需要加强各学科和不同机构的协调与合作，以便减少由于研究活动分散产生的资源浪费。欧盟希望在该项目的基础上，建立起针对临终患者缓和医学研发创新平台，提高缓和医学研究能力，培养缓和医学高级人才和博士学位研究人员，充分发挥欧洲缓和医学研究人员在国际上的显示度和卓越能力。

3. 人类死亡时间与年龄研究的新进展

（1）发现鼻纤毛搏动速率可用来计算尸体死亡时间。2011年10月4日，据美国媒体报道，不管电视剧里是怎么演的，判断一个人的死亡时间并不是件容易事儿。除非当时有人陪伴在逝者身边，不然这是项需要做出大量艰难推测的工作，各种环境因素和其他情况都会对尸体产生影响。不过，意大利的科学家们宣称，他们在人体鼻腔内发现了计算尸体死亡时间的“内置时钟”，这一发现，能够使有关死亡时间的推测更加精确。

法医有很多粗略判断人体死亡时间的方法，比如尸体腐化程度、僵硬程度和体温，但具体的死亡环境都会对这些判断依据产生影响，造成一些难以计算的变化。

然而，意大利巴里大学科学家的理论研究则认为，在人体死亡之后，阻止黏液、细菌和灰尘进入鼻腔内的鼻纤毛仍在搏动。为了证实这一假设，他们对100具停放时间较短的尸体进行实验，检测鼻纤毛在人体死亡后的特性。

科学家们发现，在人死后 20 个小时之内的时间里，不论身处何种环境之中，尸体的鼻纤毛仍在持续运动，但是搏动的速率却在以一个已知的加速度逐渐放缓。这就意味着，法医和医生可以通过测量尸体鼻纤毛的搏动速率来判断此人是何时死去的，这样有关人体死亡时间的推测，就可以更多地依赖科学、而非经验。

（2）人类“死亡率高原”研究的新发现。2018 年 7 月，意大利罗马萨皮恩扎大学人口统计学家伊丽莎白·芭比主持，美国加州大学伯克利分校人口统计学家肯尼斯·瓦赫特等人参加的一个研究小组，在《科学》杂志发表论文称，一个人可以不用节制饮食或使用昂贵的药物就能延缓衰老，前提是要等自己活到 105 岁。他们研究表明，死亡的可能性在极老的老年人中将不再上升，这也表明人们尚未达到寿命的极限。

随着年龄的增长，人们的死亡风险也会剧增。例如，在 50 岁的时候，人们在下一年一命呜呼的风险比在 30 岁时高出 3 倍多。当人们步入六七十岁后，死亡概率约每 8 年增加一倍。如果你足够幸运能活到 100 岁，那么你活到下一个生日的概率只有 60%。

但根据对实验动物如果蝇和线虫的研究，其中也有暂缓期。很多类似有机体展示了一种所谓的“死亡率高原”，即当到达一定年龄后，人们的死亡率不再上升。但是很难在人类中展示这一点，其部分原因在于很难获取到极高龄者的准确数据。

因此，在这项研究中，芭比和同事转向了意大利国家统计研究所的一个数据库。其中包括在 2009—2015 年，年龄至少在 105 岁以上的高龄者，总共 3836 人。由于意大利市政当局对居民的记录都很仔细，研究人员可以验证这些人的年龄。瓦赫特说：“这是迄今为止最干净的数据。”

研究小组称，105 岁以上的人死亡的风险趋于稳定。这意味着，一个 106 岁老人活到 107 岁的概率，与 111 岁的人活到 112 岁的概率是一样的。此外，当研究人员根据受试者的出生年份对数据进行分析时，他们注意到，随着时间的推移，越来越多的人似乎活到了 105 岁。

瓦赫特说：“这是强有力的证据，表明如果人类寿命有一个最大限度，我们还没有接近它。”但德比尔提醒说，目前的最高寿命纪录是 122 岁，年龄的最大值尚有待观察。

研究人员认为，“死亡率高原”可能存在，因为身体虚弱的人逐渐死亡，只留下最强壮的人活着。包括基因在内的许多因素或可解释这些人生命顽强的原因，识别这些因素或能找到提高生存率的方法。瓦赫特说，他希望这篇论文，能够解决关于人类是否存在死亡率高原问题的争论。

（三）遗传病防治研究的新信息

——发现杜氏肌营养不良症的发病机制

2010 年 1 月，意大利媒体报道，该国佛罗伦萨大学生物化学教授保罗・布鲁尼领导的一个研究小组，发现杜氏肌营养不良症的发病机制，利用药物干预这一机制，可能有利于控制这种疾病的发展。

杜氏肌营养不良是一种 X 染色体隐性遗传疾病，主要发生于男孩。据统计，全球平均每 3500 个新生男婴中就有一人罹患此病。患者一般在 3~5 岁开始发病，最早表现出进行性腿部肌无力月，如爬楼梯困难，导致不便行走。12 岁时失去行走能力，常年与轮椅为伴，20~30 岁因呼吸衰竭而死亡。针对该病，医学界目前尚无有效疗法。

在正常情况下，如果肌肉发生损伤，一种特殊干细胞会去修补，这种细胞名为成肌细胞。在一些化学信号指引下，成肌细胞来到损伤部位，生成新的肌肉组织。在杜氏肌营养不良症患者体内，这些干细胞无法生成新的肌肉组织，而是生成纤维组织，导致肌肉纤维化，不能完成正常功能。

布鲁尼研究小组发现，一种名为鞘氨醇 1-磷氨醇的特殊分子，与不同受体的结合，决定了成肌细胞是否能生成正常肌肉组织。这些受体分布于细胞表面，一旦它们与鞘氨醇 1-磷氨醇分子结合，就能“指令”成肌细胞的发育方向。例如，鞘氨醇 1-磷氨醇同受体 S1P2 结合，即向成肌细胞发出生成肌肉组织的信号；如果鞘氨醇 1-磷氨醇同受体 S1P3 结合，成肌细胞则向着纤维化组织的方向发展。当肌肉组织出现纤维化时，鞘氨醇 1-磷氨醇分子和受体 S1P3 都会大量增加。

研究人员表示，在了解这一机制的基础上，如果能利用药物阻止受体 S1P3 增加，就有可能防止肌肉纤维化，从而开发出控制杜氏肌营养不良症及其他肌肉病变的新方法。

参考文献和资料来源

一、主要参考文献

[1] 关文静. 意大利的创新国家体系的构建和借鉴意义 [J]. 世界经济情况，2010 (2).

[2] 梁洪波. 意大利的国家创新政策体系 [J]. 全球科技经济瞭望，2003 (4).

[3] 王缉慈，马铭波，刘譞. 重新认识意大利式产业区竞争力——对深圳金饰产业区等我国专业化产业区的启示 [J]. 中国软科学，2009 (8).

[4] 王周杨，魏也华. 意大利产业区重组：集团化、创新与国际化 [J]. 地理科学，2011 (11).

[5] 孙彦红. 试析近年来意大利产业区的转型与创新 [J]. 欧洲研究，2012 (5).

[6] 桑德拉·邦菲廖利，马小晶. 城市发展的时间研究：意大利式创新 [J]. 国际城市规划，2010 (3).

[7] 洛雷达·纳迪卢奇奥，陈欣. 意大利设计：科技与手工艺间的创新 [J]. 创意与设计，2011 (3).

[8] 赵志林. 意大利深厚历史文化背景下的设计创新 [J]. 中国民族博览，2017 (4).

[9] 沈建. 传统·对立·创新——意大利设计风格谈 [J]. 美术观察，2019 (4).

[10] 盖红波. 意大利发展可再生能源的政策举措及实践案例 [J]. 全球科技经济瞭望，2017 (9).

[11] 李俞霏. 意大利时尚产业的发展路径与策略 [J]. 东岳论丛，2014 (3).

[12] 任俊. 2008 意大利纱线用科技、环保、自然奏出纺织业的美丽

音符［J］．中国制衣，2008（10）．

［13］张慧文．意大利陶瓷产业发展经验与启示［J］．陶瓷，2014（6）．

［14］徐宁安．意大利重型机床产品综述［J］．世界制造技术与装备市场，2015（5）．

［15］梁珺淇，石伟平．工业 4.0 背景下意大利学徒制改革的创新发展研究［J］．机械职业教育，2019（3）．

［16］张明龙，张琼妮．国外发明创造信息概述［M］．北京：知识产权出版社，2010．

［17］张明龙，张琼妮．八大工业国创新信息［M］．北京：知识产权出版社，2011．

［18］杰弗里·布斯罗伊德，彼得·杜赫斯特，温斯顿·奈特．面向制造及装配的产品设计［M］．林宋，译．北京：机械工业出版社，2015．

［19］钟元．面向制造和装配的产品设计指南［M］．第 2 版．北京：机械工业出版社，2016．

［20］张丽杰，立华，孙爱丽．机械设计原理与技术方法［M］．北京：化学工业出版社，2020．

［21］张喜江．多轴数控加工中心编程与加工：从入门到精通［M］．北京：化学工业出版社，2020．

［22］雅各布·弗雷登．现代传感器手册：原理、设计及应用［M］．第 5 版．宋萍，隋丽，译．北京：机械工业出版社，2019．

［23］张明龙，张琼妮．国外电子信息领域的创新进展［M］．北京：知识产权出版社，2013．

［24］托马斯·弗洛伊德．数字电子技术基础：系统方法［M］．娄淑琴，盛新志，申艳，译．北京：机械工业出版社，2014．

［25］张明龙，张琼妮．美国电子信息领域的创新进展［M］．北京：企业管理出版社，2018．

［26］马科斯·玻恩，埃米尔·沃耳夫．光学原理——光的传播、干涉和衍射的电磁理论［M］．第 7 版．杨葭荪，译．北京：电子工业出版社，2016．

［27］莱金．光学系统设计［M］．第 4 版．周海宪，程云芳，译．北

京：机械工业出版社，2012.

［28］沃伦·史密斯．现代光学工程［M］．周海宪，程云芳，译．北京：化学工业出版社，2011.

［29］张明龙，张琼妮．国外光学领域的创新进展［M］．北京：知识产权出版社，2018.

［30］霍金．宇宙的起源与归宿［M］．赵君亮，译．南京：译林出版社，2009.

［31］布莱恩·克莱格．宇宙大爆炸之前［M］．虞骏海，译．海口：海南出版社，2016.

［32］伦纳德·萨斯坎德．黑洞战争［M］．李新洲，敖犀晨，赵伟，译．长沙：湖南科学技术出版社，2010.

［33］中国科学院国家空间科学中心等．寻找暗物质：打开认识宇宙的另一扇门［M］．北京：科学出版社，2016.

［34］张明龙，张琼妮．国外宇宙与航天领域研究的新进展［M］．北京：知识产权出版社，2017.

［35］张明龙，张琼妮．国外材料领域创新进展［M］．北京：知识产权出版社，2015.

［36］张琼妮，张明龙．国外材料领域科技研发进展概述［J］．中外企业家，2015（8）.

［37］封文江，武小娟，李达．金属氮化物的制备与性能［M］．北京：科学出版社，2013.

［38］杨军．贵金属基超结构纳米材料［M］．北京：科学出版社，2012.

［39］赵启辉．常用非金属材料手册［M］．北京：中国标准出版社，2008.

［40］徐惠彬．特种功能材料中的固态相变及应用［J］．中国材料进展，2011（9）.

［41］孙彦红．有机高分子材料使用寿命预测方法［J］．高分子通报，2011（12）.

［42］王军，王铁．基于自组装技术的纳米功能材料研究进展［J］.

高等学校化学学报 2020（3）.

［43］王益群，樊阳波，贾永鹏．纳米技术标准化现状研究［J］．中国标准化，2019（S1）.

［44］符博支，高洋洋，冯予星，等．聚合物纳米石墨烯复合材料导热性能研究进展［J］．功能材料，2019（8）.

［45］毛宗万．纳米技术在生物医药中的应用及展望［J］．药学进展，2019（5）.

［46］刘锐．纳米材料应用现状及发展趋势［J］．石化技术，2018（8）.

［47］张明龙，张琼妮．美国纳米技术创新进展［M］．北京：知识产权出版社，2014.

［48］于少娟等．新能源开发与应用［M］．北京：电子工业出版社，2014.

［49］张明龙，张琼妮．国外能源领域创新信息［M］．北京：知识产权出版社，2016.

［50］李国栋．国际太阳能发电产业的新进展［J］．电力需求侧管理，2012（1）.

［51］尹淞．太阳能光伏发电主要技术与进展［J］．中国电力，2009（10）.

［52］黄裕荣，侯元元，高子涵．国际太阳能光热发电产业发展现状及前景分析［J］．科技和产业，2014（9）.

［53］张希良．风能开发利用［M］．北京：化学工业出版社，2005.

［54］张庆阳．国外风能开发利用概况及其借鉴［J］．气象科技合作动态，2010（4）.

［55］陈石娟．海洋能开发利用存机遇有挑战［J］．海洋与渔业，2012（8）.

［56］张明龙，张琼妮，章亮．国外治理“三废”新技术概述［J］．生态经济，2010（2）

［57］宋宇．国外环境污染损害评估模式借鉴与启示［J］．环境保护与循环经济，2014（4）.

[58] 张明龙，张琼妮. 国外环境保护领域的创新进展 [M]. 北京：知识产权出版社，2014.

[59] 张明龙、张琼妮. 国外交通运输领域的创新进展 [M]. 北京：知识产权出版社，2019.

[60] 曹凯鸣. 现代生物科学导论 [M]. 北京：高等教育出版社，2011.

[61] 奎恩，雷默. 生物信息学概论 [M]. 孙啸，译. 北京：清华大学出版社，2004.

[62] 克雷格·文特尔. 解码生命 [M]. 赵海军，周海燕，译. 长沙：湖南科学技术出版社，2009.

[63] 沃森. 双螺旋 [M]. 刘望夷，译. 北京：化学工业出版社，2009.

[64] 惠特福德. 蛋白质结构与功能 [M]. 魏群，译. 北京：科学出版社，2008.

[65] 翟中和，王喜忠，丁明孝. 细胞生物学 [M]. 第三版. 北京：高等教育出版社，2007.

[66] 李颖，关国华. 微生物生理学 [M]. 北京：科学出版社，2013.

[67] 王三根. 植物生理学 [M]. 北京：科学出版社，2016.

[68] 柳巨雄，杨焕民. 动物生理学 [M]. 北京：高等教育出版社，2011.

[69] 蒋志刚. 中国哺乳动物多样性及地理分布 [M]. 北京：科学出版社，2015.

[70] 张明龙，张琼妮. 延年益寿领域的创新信息（国外部分）[M]. 北京：知识产权出版社，2012.

[71] 张明龙，张琼妮. 美国生命健康领域的创新信息 [M]. 北京：知识产权出版社，2013.

[72] 张晓杰. 细胞病理学 [M]. 北京：人民卫生出版社，2009.

[73] 伦内贝格. 病毒、抗体和疫苗 [M]. 杨毅，杨爽，王健美，译. 北京：科学出版社，2009.

[74] 郑杰. 肿瘤的细胞和分子生物学 [M]. 上海: 上海科学技术出版社, 2011.

[75] 张明龙. 区域政策与自主创新 [M]. 北京: 中国经济出版社, 2009.

[76] 张琼妮, 张明龙. 新中国经济与科技政策演变研究 [M]. 北京: 中国社会科学出版社, 2017.

[77] 张琼妮, 张明龙. 产业发展与创新研究——从政府管理机制视角分析 [M]. 北京: 中国社会科学出版社, 2019.

[78] Guido Nassimbeni. Local manufacturing systems and global economy: are they compatible? The case of the Italian eyewear district [J]. *Los Angeles, London*: Journal of Management, 2003 (21).

[79] P. Guerrieri, C. Pietrobelli. Industrial districts' evolution and technological regimes: Italy and Taiwan [J]. *Amsterdam*: Technovation, 2004 (24).

[80] Innovative Hot Spots in Europe: Policies to promote trans-border clusters of creative activity, Trend Chart Policy Workshop [G]. *Luxembourg*: Background Paper on Methods for Cluster Analysis, May 5-6, 2003.

[81] J. Rouse. Engaging Science, How to Understand Its Practice Philosophically [M]. *Ithaca and London*: Cornell University Press, 1996.

[82] R. Graham. Between Science and Values [M]. *New York*: Columbia University Press, 1981.

[83] K. Knorr-Cetina. Epistemic Cultures: How the Sciences Make Knowledge [M]. *Cambridge, MA*: Harvard University Press, 1999.

[84] P Weingart. The Social Assessment of Science, or De-Institutionlization of the Scientific Profession. M. Chotkowski and La Follette ed., Quality in Science [M]. *Cambridge, MA*: The MIT Press, 1982.

[85] J R Ravetz. The Merger of Knowledge with Power, Essays in Critical Science [C]. *Lodon and New York*: Mansell Publishing Limited, 1990.

[86] R Laudan. The Nature of Technological Knowledge [M]. *Dordrech*: Reidel Publishing Company, 1984.

[87] J C Pitt. Thinking about Technology: Foundation of the Philosophy of Technology [M] . *New York*: Seven Bridges Press, 2000.

[88] D Teece. Profiting from technological innovation: Implications for integration, collaboration, licensing and public policy [J] . *Amsterdam*: Research Policy, 1986 (15) .

[89] S Aronowitz. Science As Power, Discourse and Ideology in Modern Society [M] . *Minneapolis and Sao Paulo*: University of Minnesota Press, 1988.

[90] J Ben-David. Scientific Growth, Essays on the Social Organization and Ethos of Science [M] . *Los Angeles*: University of California Press, 1991.

[91] Gary Gereffi. International trade and industrial upgrading in the apparel commodity chain [M] . *Amsterdam*: Journal of International Economics, 1999 (40) .

[92] Ronald, McKinnon. Exchange Rate or Wage Changes in International Adjustment? [J] . *Berlin*: International Economics and Economic Policy, 2005 (2) .

[93] L F Cavalieri. The Double – Edged Helix, Science in the Real World [M] . *New York*: Columbia University Press, 1981.

[94] Michael E Porter. "Clusters and New Economics of Competition" [J] . *Cambridge, MA*: *Harvard Business Review*, No. 11, November1998.

[95] Ishan Senarathna , Matthew Warren , William Yeoh , et al . The influence of organisation culture on E-commerce adoption [J] . *London*: Industrial Management & Data Systems, 2014, 114 (7) .

[96] Susanne Sandberg, Hans Jansson. Collective internationalization-a new take off route for SMEs from China [J] . *Bradford*: Journal of Asia Business Studies, 2013, 8 (1) .

二、主要资料来源

[1]《自然》(Nature)

[2]《自然·通讯》(Nature Communication)

[3]《自然·纳米技术》(Nature Nanotechnology)

[4]《自然·天文学》(Nature Astronomy)

[5]《自然·材料学》(Nature Materials)

[6]《自然·医学》(Nature Medicine)

[7]《自然·气候变化》(Nature Climate Change)

[8]《自然·地球科学》(Nature Geoscience)

[9]《自然科学》(Natural Science)

[10]《科学》(Science Magazine)

[11]《科学报告》(Scientific Reports)

[12] 美国《国家科学院学报》(Proceedings of the National Academy of Sciences)

[13]《科学新闻》(Science News)

[14]《每日科学》(Science Daily)

[15]《新科学家》(New Scientist)

[16]《科学线人》(Scientific Informant)

[17]《英国皇家学会学报 B 辑》(Journal of the Royal Society B)

[18]《皇家天文学会月刊》(Monthly Notices of the Royal Astronomical Society)

[19]《公共科学图书馆》(Public Library of Science)

[20]《物理评论快报》(Physical Review Letters)

[21]《物理评论 D》(Physical Review D)

[22]《物理学报》(Acta Physica Sinica)

[23]《固体力学与物理》(Solid Mechanics and Physics)

[24]《工程力学杂志》(Journal of Engineering Mechanics)

[25]《电子工程时报》(Electronic Engineering Times)

[26]《简氏防务周刊》(Jane's Defence Weekly)

[27]《天体物理学杂志》(Journal of Astrophysics)

[28]《地球物理研究杂志·大气》(Journal of Geophysical Research Atmosphere)

[29]《地球物理研究杂志·固体地球》(Journal of Geophysical Research Solid Earth)

[30]《地球物理研究通讯》(Geophysical Research Communication)

[31]《国际地球物理学杂志》(International Journal of Geophysics)

[32]《美国地震学会通报》(Bulletin of American Seismological Society)

[33]《纳米技术》(Nanotechnology)

[34]《纳米快报》(Nano Express)

[35]《纳米·材料学》(Nano Materials Science)

[36]《小》(Small)

[37]《玻璃文摘》(Glass Abstracts)

[38]《太阳能电力世界》(Solar Power World)

[39]《光学设计》(Optica)

[40]《高级光学材料》(Advanced Optical Materials)

[41]《先进材料》(Advanced Materials)

[42]《先进材料技术》(Advanced Materials Technology)

[43]《材料化学》(Materials Chemistry)

[44]《化学前沿》(Frontier of Chemistry)

[45]《食品化学》(Food Chemistry)

[46]《美国化学学会会刊》(Journal of the American Chemical Society)

[47]《美国化学学会·合成生物学》(American Chemical Society Synthetic Biology)

[48]《美国自然人类学杂志》(American Journal of Natural Anthropology)

[49]《海洋哺乳动物科学》(Marine Mammal Science)

[50]《昆虫生理学》(Insect Physiology)

[51]《经济昆虫学杂志》(Journal of Economic Entomology)

[52]《当代生物学》(Contemporary Biology)

[53]《国际系统与进化微生物学》(International Journal of Systems and Evolutionary Microbiology)

[54]《细胞》(Cells)

[55]《分子细胞》(Molecular Cell)

[56]《干细胞杂志》(Journal of Stem Cells)

[57]《干细胞与发育》(Stem Cells and Development)

[58]《柳叶刀》(Lancet)

[59]《流行病学期刊》(Journal of Epidemiology)

[60]《新英格兰医学杂志》(New England Journal of Medicine)

[61]《癌细胞》(Cancer Cells)

[62]《癌症研究》(Cancer Research)

[63]《国际癌症杂志》(International Journal of Cancer)

[64] 美国《国家癌症研究所杂志》(Journal of the National Cancer Institute)

[65]《肿瘤学年报》(Annual Report of Oncology)

[66]《心理科学观点》(Views on Psychological Science)

[67]《神经病理学》(Neurology)

[68]《神经疗法》(Neurotherapy)

[69]《国际神经外科学》(International Neurosurgery)

[70]《美国心脏病学会杂志》(Journal of the American College of Cardiology)

[71]《临床内分泌学和新陈代谢》(Clinical Endocrinology and Metabolism)

[72]《循环杂志》(Circulation Magazine)

[73]《糖尿病护理》(Diabetes Care)

[74]《美国肾病学会》(American Society of Nephrology)

[75]《欧洲泌尿学》(European Urology)

[76]《性医学》(Sexual Medicine)

[77]《试验医学》(Experimental Medicine)

[78]《美国临床营养学杂志》(American Journal of Clinical Nutrition)

[79]《环境健康》(Environmental Health)

[80]《科技日报》2000 年 1 月 1 日至 2020 年 12 月 31 日

[81]《中国科学报》2000 年 1 月 1 日至 2020 年 12 月 31 日

后　记

我们这个相对稳定的科研团队，是21世纪以来从事学科建设过程中形成的。我们通过建设省级重点学科、省级重点专业和名家工作室，先后主持或参与10多项国家及省部重要课题研究。这些课题，主要集中在创新方面：有企业和产业组织创新、有区域经济创新、有科技管理创新，也有宏观体制及政策创新。为了做好研究工作，我们不仅重视创新信息的搜集与整理，而且重视不同国家创新经验的总结及学习。

发达国家拥有完善的科技创新体系，拥有雄厚的自主创新实力，拥有富足的可用创新资源，因此在世界创新成果中占有相当大的份额。我们自然而然地把研究重点放在发达国家，通过广泛搜集发达国家公布的科技成果，并在资料积累的基础上加以系统化整理，出版了《八大工业国创新信息》。

由于美国是当今头号科技创新大国，其信息储量特别丰富，我们经过资料搜集和初步整理后，先后针对美国在医疗健康、纳米技术、新材料、生命科学、电子信息和环境保护等方面进行系统化专题研究，并依据不同领域撰写成相应的创新信息类著作。同时，我们又对英国、德国、日本、俄罗斯、法国、加拿大、澳大利亚等国进行系统研究，分别出版有关这些国家的创新信息概述著作。近来，我们进一步拓展这项研究工作视野，又撰写成《意大利创新信息概述》一书。

本书从意大利产业和科技发展现状出发，集中考察其创新方面取得的新成果。本书着重分析了意大利在机械设备、电子设备与机器人、光学设备与激光技术、宇宙天体探测、新材料与纳米材料、太阳能开发利用、环境治理与保护、生命科学，以及医疗与健康领域研究取得的新进展。本书所选材料限于本世纪以来的创新成果，其中 90% 以上集中在 2005 年 1 月至 2020 年 12 月期间。

我们在撰写这部书稿的过程中，得到有关科研机构和高等院校的支持和帮助。本书的基本素材和典型案例，吸收了杂志、报纸、网络和广播电视等各类媒体的相关报道。本书的各种知识要素，吸收了学术界的研究成果，不少方面还直接得益于师长、同事和朋友的赐教。为此，向所有提供过帮助的人，表示衷心的感谢！

这里，要感谢名家工作室成员的团队协作精神和艰辛的研究付出。感谢浙江省科技计划重点软科学研究项目基金、浙江省哲学社会科学规划重点课题基金、浙江财经大学东方学院科研基金、台州市宣传文化名家工作室建设基金、台州市优秀人才培养资助基金等对本书出版的资助。感谢浙江财经大学东方学院，台州学院办公室、临海校区管委会、宣传部、科研处、教务处、学生处、学科建设处、后勤处、信息中心、图书馆、经济研究所和商学院，以及浙江师范大学经济与管理学院等单位诸多同志的帮助。感谢企业管理出版社诸位同志，特别是刘一玲编审，他们为提高本书质量倾注了大量时间和精力。

限于笔者水平，书中难免存在一些错误和不妥之处，敬请广大读者不吝指教。

张琼妮　张明龙

2021 年 3 月